M. H. Cummine .

AN ENGLISH-GAELIC DICTIONARY

OF EXPRESSIONS, IDIOMS AND PHRASES

D. CLYNE

GAIRM PUBLICATIONS : VOL. 65

AN ENGLISH-GAELIC DICTIONARY

OF EXPRESSIONS, IDIOMS AND PHRASES

FACLAIR BEURLA-GÀIDHLIG DE DHÒIGHEAN LABHAIRT,

GHNATHASAN-CAINNTE AGUS ABAIRT

BY

DOUGLAS CLYNE

B.M., B.Ch., M.A.(Oxon) FRCS Edinburgh, FRCOG

GAIRM PUBLICATIONS

GLASGOW

1985

Published in 1985 by

GAIRM PUBLICATIONS

29 Waterloo Street, Glasgow G2 6BZ, Scotland

Set by PROTEMPS

Townshend, Hayle, Cornwall

Printed by

ST. GEORGE'S PRINTING WORKS

Camborne, Cornwall

Thug an Comann Leabhraichean cuideachadh don
Fhoillsichear gus an leabhar seo a chur an clò

Tha sinn an comain Clas Ghàidhlig Eaglais nam
Bràthair Liath an Dun Eideann,a thug tiodhlac
airgid dhuinn a chuideachadh leis an leabhar seo

ISBN 901771 78 3

PREFACE

As a learner of Scottish Gaelic I soon found it necessary to consult a book of English-Gaelic phrases. Careful research, however, revealed that no such book existed. I decided, therefore, to fill the gap and this *Dictionary of English-Gaelic Expressions, Idioms and Phrases* is the result.

Much of the material on which this dictionary is based, has been drawn from the italicized phrases in *The Illustrated Gaelic-English Dictionary* by Edward Dwelly; from the phrases in dark type contained in *A Pronouncing Dictionary of the Gaelic Language* by Malcolm Maclennan; from a selection of idioms and phrases contained in the *Gnathasan Cainnte* by Duncan MacDonald; and lastly from idiomatic phrases in *Barrachd Gaidhlig* by Ruairidh MacFhionghain. I am most grateful to Gairm Publications, Acair and An Comann Gaidhealach, their respective publishers, for permission to extract material from them.

It occurred to me, however, that one of the difficulties in putting together a dictionary of this kind, was the need for a basic list of English idioms for comparison. I am most grateful, therefore, to Mr. Brian Phythian, MA, B.Litt., editor of *A Concise Dictionary of English Idioms* by William Freeman and to the publishers, Hodder and Stoughton, for their permission to use this excellent book as a memory guide.

I was most fortunate to enlist the help of three native Gaelic speakers, namely, Donald John Maciver the Principal Gaelic Teacher at Nicolson Institute, Stornoway; Duncan MacQuarrie, Gaelic Teacher at Inverness Royal Academy and Chairman of the Trustees of Sabhal Mòr Ostaig, who hails from the Isle of Mull; and Roderick MacNeil, Gaelic Teacher at Langside College, Glasgow, who is a native of the Isle of Barra.

THESE THREE NATIVE GAELIC SPEAKERS PROVIDED BETWEEN THEM ALL OF THE IDIOMS CONTAINED IN *A CONCISE DICTIONARY OF ENGLISH IDIOMS*, AND WHEREVER POSSIBLE THEY MADE USE OF EXISTING GAELIC EQUIVALENTS; IN OTHER CASES THEY RESORTED TO FREE TRANSLATIONS WHICH APPEAR FAIRLY FREQUENTLY IN THE TEXT. THEIR CONTRIBUTIONS ACCOUNT FOR ABOUT ONE-QUARTER OF THE DICTIONARY. I WISH TO EXPRESS MY WARMEST THANKS AND GRATITUDE TO THEM FOR ALL THEIR HELP AND ADVICE, WITHOUT WHICH THE DICTIONARY COULD NOT HAVE BEEN PRODUCED IN ITS PRESENT FORM. TRANSLATION FROM ENGLISH SLANG EXPRESSIONS HAVE (S) BESIDE THEM.

I am also indebted to Professor Derick Thomson for all the help and advice he has given me. He insisted upon an independent editor and I was fortunate to enlist the services of Mr. John MacArthur of Stornoway to act in this capacity. I wish to thank him most warmly for his meticulous editing and for alternative translations which he suggested in a number of cases. He also drew up a list of queries for reference to Professor Thomson, who made the final decision to retain a small minority of them.

I have followed the new orthography, as recommended by the Gaelic
Panel of the Scottish Examination Board, through its Sub-Committee
on Orthography. Thus the grave accent only is used; turus and
dorus become turas and doras; meadhon becomes meadhan; a mach and
a rithist become a-mach and a-rithist; o'n, do' n, fo' n, de' n
become on, don, fon and den; 'na becomes na, and so on. Lastly a
number of expressions were suggested to me by Dr. Tomàs de
Bhaldraithe's excellent *English-Irish Dictionary* (1959).

Tha mi 'n dòchas gum bi an leabhar seo feumail do sgoilearan ag
ionnsachadh na Gàidhlige agus do luchd-labhairt Gàidhlig cui-
deachd.

DUBHGHLAS CLIN

BLUE WATERS, PORTHPEAN, ST. AUSTELL, CORNWALL, 1985

ABANDON
Do not abandon me forever
I had to abandon it

Nobody will abandon his own
offspring

Na trèig mi gu bràth /
' B' fheudar dhomh mo chùl a thoirt
{ da
Cha chuir duine sam bith air
chùl a shliochd fèin

ABDICATE
The king will abdicate

Leigidh an rìgh dheth

ABDUCT
He abducted her

Ghoid/thug e air falbh i

ABET
He abetted her

Bhrosnaich e gu eucoir i; thug e
còmhnadh san eucoir dhi

ABEYANCE
In abeyance

The work is in abeyance

Am buidheachas; fo bhuidheachas;
na stad
Tha an obair na stad

ABIDE
To abide by or with

A chumail ris; a dh'fhantainn ris;
a sheasamh ris

ABLE
Able as you are at lying

Are they able?
As often as I was able; as I
could
I am really well off when I
am able to get about
I was able to defend myself
tolerably well
If I am able
If I were able
John was able to go to the shops

She is able to move about
This is the only tune I am
able to play
Will you be able?

Air cho math is gum beil thu air
na breugan
An urrainn iad?
Cho tric 's a b' urrainn dhomh

Is ann a tha mi gu math dheth
agus cothrom mo choise agam
Bha dol agam air mi fèin a
dhìon an ìre mhath
Mas urrainn mi
Nam b' urrainn mi
Chaidh aig Iain air a dhol do na
bùthan
Tha comas eirbheirt aice
Is e an t-aon phort a thèid agam
air a chluich
An tàr thu?; an tèid agad air

ABOLISH
Abolish

Abolished; forgotten; lost

Cuir air chùl; cuir às: thoir
thairis
Mu làr

ABOUT
About, concerning
About (maturity or state)
About a dozen who died in the
war
About five miles
About going homeward
About her feet; about his feet
About me; around me
About ten years

About that

Mu thimcheall
Gu h-ìre
Mu thimcheall aon dusan a bhàsaich
anns a' chogadh
Mu thuaiream còig mìle
A los dol dachaigh
Mu a casan; mu a chasan
Mun cuairt orm; mum thimcheall
Mun cuairt de dheich bliadhna;
mu thimcheall air deich bliadhna
A thaobh sin

1.

About this time yesterday	Mun àm seo an-dè
About three months	Beul ri trì mìosan
About to be	Gu bhith
About twenty	Timcheall air fichead
About two score	Mu dhà fhichead
About us	Mu ar dèidh; mu ar dèidhinn
About whom?	Cia uime?
Much about the same place	Mu thuaiream an aon àite
There are about two hundred	Tha aon dà cheud ann
There's one thing about him	Tha a dh'aon rud air
What about it?	Ciod mu dheidhinn?
While we're about it	Fhad 's tha sinn ris

ABOVE

Above	An uachdar
Above; above there	Suas; shuas
Above all	Gu h-àraidh; os chionn chàich; os cionn na h-uile
Above-board	Gun chleas; onorach
Above it	Os a chionn
Above; overhead	Os cionn
Above them	Os an cionn
Above your head; superior to you	Os do cheann

ABRADE

She abraded the design	Shuath i an deilbh

ABROAD

A journey abroad	Turas air choigrich
Abroad	A-null/thall thairis; on taigh
He went abroad	Chaidh e thairis
Published abroad	Air a chraobh-sgaoileadh
To travel abroad	A shiubhal thairis/thall-thairis
Wandering abroad	A' dol air aineol

ABROGATE

Abrogate it	Cuir air chùl; cuir mu làr e

ABSCESS

Core of an abscess	Màthair-ghuire
Lancing an abscess	A' leigeadh air at

ABSCOND

John absconded with the loot	Theich Iain air fògradh leis a' chreich

ABSCONDER

An absconder; an outlaw	Fear-cùirn; fear-fo-choill

ABSENT

He absented himself	Chaidh e fhèin on taigh
He that is absent; he that is no more	Am fear nach eil an làthair; am fear nach maireann
When the master is absent John looks after the shop	Nuair a bhitheas am maighstir air falbh, bithidh Iain a' coimhead na bùtha

ABSOLVE

Absolve him from the oath	Saor/sgaoil o na mionnan e

ABSORB

It absorbed the perspiration	Shùgh e am fallas
The sponge absorbed the water	Shùgh an còs an t-uisge

2.

ABUNDANCE
An abundance of fish	Neart/tacar èisg
Bless me abundantly	Beannaich mi gu pailt
I have my abundance; I have my satisfaction	Tha mo leòr agamsa; tha agam na dh'fhòghnas

ABUSE
Abusive terms; terms of abuse	Droch bheul/chainnt

ACCEDE
Accede to	Gabh ri
I accede; admit; allow	Tha mi ag aontachadh

ACCENT
An acute accent	Stràc gheur
A grave accent	Stràc throm

ACCEPT
I accepted the summons	Ghabh mi ris a'ghairm

ACCIDENT
By accident	À thaobh tubaist; gu tubaisteach
The clumsy are very liable to accidents	Is trom na tubaistean air na slibistean
We met by accident	Thachair sinn air thuairmeas

ACCOMMODATE
Accommodate yourself	Uidheamaich thu fhèin
Accommodate with; supply with	Cùm ri
The hotel accommodates twenty guests	Gabhaidh an taigh-òsda fichead aoigh

ACCOMMODATION
To ask for accommodation (a place to stay)	Àite-fuirich iarraidh; ionad-fuirich iarraidh; cuid oidhche iarraidh
To ask for an accommodation (to be accommodated)	Còrdadh iarraidh

ACCOMPLISH
I accomplished it; managed it	Chaidh agam air; rinn mi chùis air; rinn mi an gnothach air
I could easily accomplish that	Bu bheag orm (bu dheas dhomh) sin a dhèanamh

ACCORD
According to; as agreed	A-rèir
According to; as reported by	Mar a chualas
According to; on authority of	Le cead bho
According to the ways of the world	A-rèir gnàthachadh an t-saoghail
Of his own accord	As a cheann fhèin; d'a dheòin fhèin
With one accord	Gu h-aon ghuthach; le h-aon inntinn

ACCOUNT
A good account of	Deagh aithris dheth; deagh sgeul dheth
An account of	Cunntas air
An account to settle	Cunntas ri phàigheadh; geall ri choimh-lionadh
Account for	Dèan cunntas às; rach an urras
Call to account	Cuir ceist air; ceasnaich

3.

Consider of little account
Do not on any account come
across your own boundary
Give an account of yourself
Give a good account of yourself
I would not do it on any account
Keep an account of
It is of no account; of no value
On account .
On account of his excessive joy
On his own account

On my account
On no account; in no circumstances
On that account
On their account
Open an account
Pay your account
Square accounts

Take account of

Take into account
Turn to (good) account

Cuir an suarachas
Na tig air do bheatha a-nall air air do chòir fèin
Thoir cunntas ort fèin
Seas do chòirichean
Cha dèanainn idir e
Cùm cunntas/sgeul air
Chan fhiach e

Air chunntas
Aig meud aigheir
Air a cheann fhèin; air a shon-sa fhèin
Air mo shonsa
Air adhbhar sam bith na; air chor sam bith na
A thaobh sin; air an adhbhar sin
Air an son-san; às an leth
Fosgail/tòisich cunntas
Fàigh do chunntas
Cur crìch air; dèan rèite air; dèan sìth
Bi air d' earalas; gabh alla dheth; gabh cunntas air; thoir an aire do
Cuimhnich; thoir fa-near
Cuir gu feum; dèan feum dheth

ACCOUNTABLE
Be accountable for

Bi an urra ri

ACCRUE
The money accrued to John

Thàinig an t-airgead gu Iain

ACCUMULATE
Accumulating silver/wealth
He accumulated a fortune

A' càrnadh airgid
Chuir e fortan mu seach

ACCURATELY
Accurately; exactly

Gu h-eagnaidh

ACCUSATION
A ground of accusation
He levelled accusations against the servant
Receive not an accusation

Cùis-chasaid
Rinn e casaidean air an t-seirbheiseach
Na gabh casaid

ACCUSE
Accuse me
Accusing him
They accuse her of dabbling in black magic
They accused her of being a liar
They accused him of being blind drunk many a time

What made you accuse me of that?

Cuir às mo leth
A' cur às a leth; a' fàgail air
Tha iad a' cur oirre gu bheil an sgoil-dhubh aice
Thog iad oirre gu robh i ris na breugan
Bha iad a' fàgail air gun robh e gu math tric air a dhearg dhalladh
Dè a thug oirbh siud a chur às mo leth?

ACCUSTOM
I am accustomed to eat bread

Is àbhaist dhomh aran ithe

4.

I am accustomed to working hard	Is àbhaist dhomh obair gu cruaidh
I was accustomed to be	Chleachd mi bhith

ACE

She was within an ace of drowning	Bha i an impis a bhith air a bàthadh; theab i bàthadh

ACHE

It aches	Tha cràdh/pian ann

ACHIEVE

He achieved his target	Thug e gu buil a thargaid

ACHILLES

An Achilles heel	Laigse chruaidh

ACKNOWLEDGE

Acknowledgement of the truth	Aidmheil na fìrinne
Don't acknowledge for a moment that you have seen him	Na leig ort aon uair gum fac thu e

ACQUAINT

Acquaint one with	Thoir fiosrachadh do neach
Acquainted with	Eòlach air
He will acquaint you	Bheir e fios dhut
May we be better acquainted!	Deoch m' eòlais ort!

ACQUIRE

An acquired taste	Blas coisinnte

ACQUIT

Acquit yourself	Bi dòigheil; bi tapaidh
How badly you acquitted yourself!	Is olc a rinn thu!
You've acquitted yourself well!	Nach math a rinn thu!; nach math a fhuaireadh thu!

ACROSS

Across the road	Air an taobh thall an rathaid
Go across; go over; go thither	Theirig a-null

ACT

Act a part	Bi ann an riochd; bi 'g aileis air
Act up to	Dèan sodal air
Act upon; take definite action	Dèan gnìomh
An Act of Parliament	Achd Pàrlamaid
Caught in the act	Glacte san tùrn
In the act of	An sàs ann
To act as	A riochdachadh

ACTION

An action-at-law	Cùis-lagha
He is a man of action	'S e fear gnìomha a tha ann
In hot action; smoking	Na smùid

ACTIVE

Active on my feet	Seòcail air mo chasan
An active clever young man	Gille innidh sgiobalta
He is active	Tha sgoinn air
He is wonderfully active for a man of his years	Tha e iongantach beò a-rèir cùrsa a latha

ADAM

Not known from Adam	Neo-aithnichte gu tur

ADAPT
James adapted his programme — Dh'atharraich Seumas a phrògram

ADD
I added to my profit — Chuir mi ris a' bhuannachd agam

ADDRESS
He addressed Donald — Labhair e ri Dòmhnall
I addressed the letter — Chuir mi seòladh air an litir
Paying his addresses' to her — A' cumail làimh rithe

ADEQUATELY
He performed adequately — Choimhlion e gu cothromach/
h-urranta

ADHERE
It adhered to my hands — Lean e ri mo làmhan

ADJURE
Adjure by oath — Cuir fo mhionnaibh
I adjure you — Tha mi a' cur mar ghuidhidinn ort

ADJUST
He adjusted it; he arranged it — Chuir e air dòigh e; sgioblaich e
e

ADMIRE
She admired it — Bha meas aice air
They admired him — Bha iad a' saoilsinn mòran dheth

ADMIT
I admit; accede; allow — Tha mi ag aontachadh; tha mi a'
gabhail ris
I admit that — Tha mi ag aideachadh sin
She admitted him to the house — Leig i a-steach don taigh e

ADMITTANCE
There is no admittance here — Chan eil inntrinn an seo

ADO
With much ado — Le mòran othail

ADOPT
She adopted James — Ghabh i ri Seumas

ADVANCE
Advance as far as the town — Thoir an aghaidh gu ruig' am baile
Advance him the money — Thoir an eàrlas dha
Advanced in years — Air a thighinn gu là
How far have you advanced? — Dè an ìre aig a bheil thu?
In advance — Roimh làimh

ADVANTAGE
He took of advantage of me — Ghabh e fàth orm
I had the advantage of him; I — Bha làmh-an-uachdar agam air
had the upper hand over him
Taking an unfair advantage — A' gabhail brath air
That is no advantage to me — Cha sochair sam bith sin dhòmhsa
They took advantage of the — Ghabh iad car air an tràghadh
eddying tide
To the best advantage — Cho math 's a ghabhas; san dòigh
as fheàrr

ADVERSITY
The day of adversity — Là a' chruadail; là an doirbheis

6.

ADVICE

He is foolish who won't take advice, and he is foolish who takes all advice
Is gòrach nach gabh comhairle, agus is gòrach a ghabhas a h-uile comhairle

I will give you advice
Bheir mi comhairle ort

It is easier to give advice than to take it
Is fhusa comhairle thoirt seachad na comhairle ghabhail

Right advice
Comhairle na còrach

They asked the advice of the young men
Chuir iad an comhairle ris na daoine òga

To follow someone's advice
A dhèanamh comhairle duine; a ghlacadh comhairle duine

ADVISE

Be advised; take counsel
Gabh comhairle

I would advise you to do that
Bheirinn a' chomhairle ort sin a dhèanamh

They advised me to send for her
Chomhairlich iad dhomh a chur ga h-iarraidh; chuir iad nam shùil

AFAR

Afar off
Fad às

From afar
Bho chèin

AFFAIR

A private affair
Cùis chleith; gnothach dìomhair

He was having an affair with another man's wife
Bha e a' cumail ri bean duine eile

It is a sad state of affairs
Is bochd an càs e

When the affair assumes a serious aspect
Nuair a thig a' chùis teann-ri-teann

You are managing your affairs well
Tha thu air chùl do ghnothaich

Your management of that affair
Do làimhseachadh air an nì sin

AFFECT

That will not affect you one way or the other
Cha chuir siud ann no às dhut; cha chuir siud sìos no suas thu

What does not reach the ear cannot affect the heart
An nì nach cluinn cluas cha ghluais cridhe

AFFECTION

He has no affection for her
Chan eil gaol sam bith aige oirre

I followed with unwise affection
Lean mi le aigne neo-ghlic

I have no great affection for him nor for her
Chan eil mòran agam mu dheidhinn no mu deidhinn

I never had any affection for her
Cha robh meas agam riamh oirre

AFFECTIONATE

Affectionate is the breath of a mother
Is blàth anail na màthar

An affectionate daughter
Nighean ghràdhach

She enquired affectionately
Dh'fheòraich i le bàidh

AFFIRM

He affirmed
Chuir e an cèill

AFFIRMATIVE

In the affirmative
Gu cinnteach/dearbh; gun teagamh

AFFLICTION

Bread of affliction
Aran na h-airce

He looked on my affliction
In keen affliction

AFFORD
He cannot afford it

We could afford to speak freely

AFLOAT
The boat is afloat
There is no boat afloat

AFOOT
He is afoot

AFRAID
Be not afraid
I am afraid (temporarily)
I am afraid (permanently)
I am much afraid
I am afraid of you
I am not in the least afraid
I got afraid of him
Neil is afraid of Donald

Of whom should I be afraid?
They were afraid of him

AFTER
After
After a fashion
After all

After her
After him, it
After that; after this
After they have
Be after; intend; want

But after all, he would not
  yield to him
He knew the police would be
  after him

AFTERNOON
Good afternoon (greeting)
Good afternoon (farewell)

In the afternoon
Tomorrow afternoon
Yesterday afternoon

AFTERWARDS
Shortly afterwards

AGAIN
Again and again
As much again
Half as much again
Now and again
Say that again; repeat that
Time and again

Dh'amhairc e air m' àmhghar
An iomagain gheur

Chan eil e a' ruigsinn air; chan
  eil aige na phàigheas e
B' urrainn dhuinn bruidhinn gu
  fosgailte

Tha am bàta air bhog; air sheòladh
Chan eil bòrd air sàl

Tha e air a chois

Na gabh eagal
Tha eagal orm
Is eagal leam
Is mòr m' eagal
Tha eagal agam romhad
Is beag m' eagal
Ghabh mi eagal roimhe
Tha eagal aig Niall roimh
  Dhòmhnall
Cò roimhe a bhitheadh eagal orm?
Ghabh iad eagal roimhe

An dèidh; an dèis
Air dhòigh
An dèidh sin agus na dhèidh;
  an dèidh gach cùis
Na dèidh
Na dhèidh; às a dhèidh
Na dhèidh sin; na dhèidh seo
An dèidh dhaibh
Cuir roimhe; bi a dhìth; iarr;
  mo shùil ann; rùnaich
Ach ged a bha, cha ghèilleadh e
  dha
Bha fhios aige gum biodh na polais
  an tòir air

Feasgar math
Feasgar math leat; feasgar math
  leibh
Feasgar; an dèidh meadhan là
Feasgar a-màireach
Feasgar an-dè

Goirid an dèidh sin

A-rithist is a-rithist
A cheart urad eile
A leth chuid; a leth uimhir
An dràsda 's a-rithist
Can sin a-rithist
Uair is uair

8.

When will you come again?   Cuin a thig thu a-rithist?

AGAINST
Against   An aghaidh
Against him; against her   Na aghaidh; na h-aghaidh
Against them   Nan aghaidh
Strongly against   Fad an aghaidh

AGE
A man who has reached the age   Duine inbhidh
  of discretion
A man of mature age   Duine inbheach
At his advanced age   Na sheann aois
Coming of age   A' tighinn gu inbhe/ìre
For ages (future)   Gu cian nan cian
For ages (past)   Bho chèin nan cian; bho chionn fada
                                    nam fad
From age to age   Bho linn gu linn
He is not of age; he is a minor   Tha e neo-inbheach
In full age   An làn aois
John lived to a good old age   Fhuair Iain là mòr/saoghal fada
Old age   Aosdachd; an aois
Ripe or green old age   Fìor aosda; fìor shean
Under age   Fo aois
What is your age? How old are   Dè 'n aois a tha thu?
  you?
When you come of age   Nuair a thig thu gu aois

AGILE
Agile movements; athletic feats   Lùth-chleasan

AGITATE
She agitated them   Chuir i troimh-a-chèile iad

AGO
A long time ago; long ago   O chionn fhada
Eight years ago   Bho chionn ochd bliadhna;
                                    ochd bliadhna air ais

AGOG
All agog   Air a' chorra biod; air bhiodagan

AGREE
Agree to; accede to   Gabh ri
Agreeing with   A' cur aonta air
Cigars do not agree with me   Chan eil siogàran a' tighinn orm
I agree with that   Tha mi leagte le sin; tha sin
                                    a' còrdadh rium
I agree with what you say   Tha mi a' toirt aonta do na tha
                                    thu ag ràdh
I agree with you   Tha mi a' dol leat
I do not agree with you, at   Chan eil mi a' dol leat idir an
  present   dràsda
To agree on   Aontachadh air; co-chòrdadh

AGREEABLE
Agreeable words   Briathran blasda
Agreeable to the terms of   A-rèir ceannaibh a' chùmhnaint
  the covenant
How agreeable they are!   'S iad tha còrdaidh!

AGROUND
A boat aground on a rock   Bàta (a' gabhail) air sgeir
Run her aground   Thoir ruith cladaich dhi

9.

AID
Aid us — Dèan còmhnadh leinn; dèan cobhair oirnn
In aid of — Na chobhair; na chuideachadh; na thaic
Without your aid — As aonais/iùnais/eugmhais do chuideachaidh

AIL
What ails her? — Dè tha a' cur oirre; dè tha a' tighinn rithe

AIM
Aiming at a mark — Ag amaiseadh air comharra
Aiming at her — A' stràcadh oirre
Take sure aim — Cinntich
You have lost your aim — Chaill thu d' amas

AIR
Air a grievance — Dèan casaid/gearan
An air charter firm — Buidheann fhasdaidh itealan
An air line — Buidheann adhair
By air — Air itealan
I am airing a grievance against — Tha rud agam ris/ri thogail ris
In the air (spreading about) — A' sgaoileadh sgeòil
In the air (unsettled) — Gun choimhlionadh; gun chrìch
Into thin air — às an t-sealladh
John has a more prosperous air since he married — Tha Iain air togail air bho phòs e
Norman sent a letter by air — Chuir Tormod litir air a' phost-adhair
The air is cold — Tha an àile fuar
The balminess of the air — Tlus nan speur
The open air — An àile

AIRS
Give oneself airs — Bi mòr às fhèin; bi mòr aiste fhèin

AIRT
From what airt is the wind? — Ciod e an taobh a tha a' ghaoth?
What airt is the wind from? — Ciod e an àirde às a bheil a' ghaoth?

ALACRITY
He moved with alacrity — Ghluais e le sunnd; le sùrd; le suigeart

ALARM
Don't be alarmed about me in the least — Na biodh eagal ort air mo shon-sa air chor sam bith
Give the alarm — Èigh na creachan
Sound ye an alarm — Èighibh caismeachd

ALAS
Alas! — Mo bhròn!; mo thruaighe!
Alas and alas! My ruin! — Mo chreach, mo chreach!

ALERT
Alert your guard — Bi nad earalas
On the alert — Fuireachail
We became fully alert — Bha sinn deas

10.

ALIKE
They were very much alike	Bha iad fìor choltach ri chèile

ALIVE
Alive and kicking	Gu beòthail; gu frogail
Dead or alive	A dhubh no gheal
He is alive; he is present	Tha e an làthair
He is barely alive	Tha e beò air èiginn
He is not alive; deceased	Cha mhaireann e; nach maireann
Is he alive?	Am maireann da?
Take alive	Beò-ghlac

ALL
All along; all the time; from the beginning	Fad an t-siubhail; fad na tìde; fad na h-ùine
All and sundry	A h-uile neach fon ghrèin
All around	Ceithir-thimcheall
All at once	Gu lèir; còmhla
All but	A h-uile rud seach
All changed	Uile air caochladh
All day long	Fad an là
All ends up; in every way	Anns gach dòigh
All fools day	Là na gocaireachd
All for the best	Airson a' chuid as fheàrr; airson deagh ghean
All in; exhausted	Sàraichte; traoighte
All in; everything included	Gach nì gabhta a-steach
All in all	Uile gu lèir; gu tur
All my eye and Betty Martin; complete nonsense	Amaideas gu h-iomlan; tur amaideas
All out; using full power	Le làn neart
All over; characteristic	Coltach
All over; entirely covering	Còmhdaichte gu lèir/gu h-iomlan; o cheann gu ceann
All over; finished	Crìochnaichte
All over the place; mixed up	Bha e na rù-rà
All over the place; throughout the world	Feadh an t-saoghail
All-round; complete	Coilionta
All set; completely ready	Làn dheiseil
All that	Na tha; sin uile; uile
All that came	Na thàinig
All that I can	Nas urrainn mi
All the best (in a letter)	Gach deagh dhùrachd
All the best; every success	A h-uile soirbheachadh
All the same; generally alike	Uile ionann; den aon ghnè
All the same; nevertheless	Gidheadh; ge tà
All there; he is all there	Cha b' ann an-dè a rugadh e
All, throughout	Air fad
All-time record; the best ever	As fheàrr aig àm sam bith
At all	Idir
For all that	Air a shon sin; an dèidh sin 's na dhèidh
In all	Uile gu lèir
My all	Mo chuid den t-saoghal
Not at all	Chan eil idir; chan ann idir
That is not all	Chan e sin a-mhàin
That is not it at all	Chan e idir
They are all so	Tha iad mar seo uile
They are not all there	Chan eil iad ann gu lèir

11.

When all's said and done

Aig ceann na cùise; aig deireadh an là; aig a shon sin; an dèidh sin 's na dhèidh

ALLEGE
It was alleged

Chaidh fhàgail air

ALLOW
Allow for
They will not allow him to perish
You shall not be allowed to carry it out; you shall not have your own way

Cuir an taobh; cuir mu seach
Cha leig iad leis a dhol a dhìth

Chan fhaigh thu leat e

ALLOWANCE
Allowance should be made for Neil's limited mentality

An rud nach d'fhuair Niall chan iarrar air e

ALLUSION
He made an allusion to me

Rinn e iomradh orm

ALMOST
Almost
Almost, nearly
Had I almost
He almost fell

Ach beag; is beag nach; ach gann
Gu ìre bhig
An do theab mi
Cha mhòr nach do thuit e; theab e tuiteam
I almost fell where I was standing
Is beag nach do thuit mi às mo sheasamh
I had almost
Theab mi
She was almost ready
Bha i gu bhith deiseil

ALMS
He gave alms
They will go begging for alms

Thug e dèirc
Thèid iad an dèirc

ALOFT
He went aloft

Chaidh e 'n àirde

ALONE
Alone
A man all alone
All alone

Leis fhèin; na aonar
Duine na aonar
Air a dhlò; leis fhèin

ALONG
Along with me

Còmhla/cuide/maille rium

ALONGSIDE
Right alongside them

Ceart làimh riu

ALPHABET
Alphabetical order

Òrdugh aibidealach

ALREADY
He had done that already

Rinn e sin a cheana; rinn e sin mar thà

ALSO
He came also

Thàinig esan cuideachd; thàinig esan mar an ceudna

ALTER
That did not make him alter his ways

Cha tug sin fiaradh às

12.

ALTERNATE
Alternate layers — Linnich mu seach

ALTERNATELY
Do it alternately; in turn — Dèan mu seach e

ALTERNATIVE
The poor man had no alternative — Cha robh dà rian aig an duine bhochd air

There was no alternative but to make for home — Cha robh air ach dèanamh air an dachaigh

ALWAYS
Always; every time — A h-uile uair; 's gach àm
He was always so — Bha e riamh mar sin

AMAZE
You would be amazed at the progress he has made — Nam faiceadh tu fèin am piseach a tha an dèidh a thighinn air

AMBITIOUS
An ambitious man — Duine glòir-mhiannach

AMBUSH
An ambush — Feallfhalach
Place of ambush — Sgairte falaich
To ambush him — A thighinn air gun fhios

AMENDS
Make amends — Dèan càirdeas/rèite; thoir ceartas do

AMONG
Among ourselves; among yourselves; among theirselves — Eadarainn fhèin; eadaraibh fhèin; eatorra fhèin
Among us; among you; among them — Nar measg-ne; nur measg-se; nam measg-san

AMOUNT
He had a fair amount of whisky; a bit of a spree — Bha tè mhath air
She had the same amount of sense — Bha a cheart uimhir de chèill aice
The same amount; equal — A' cheart uimhir/uiread
To amount to — A thighinn gu
What amount of money did they want? — Dè 'n t-suim airgid a bha iad ag iarraidh?

ANCHOR
Coming to anchor — A' tighinn gu h-acair
Dragging the anchor — A' tarraing na h-acrach
Drop the stone-anchor — Cuir a-mach a' chruaidh
Riding at anchor — A' laighe ri h-acair
The boat dragged the anchor owing to the force of the wind — Tharraing am bàta an acair aig neart na gaoithe
The ship anchored — Thilg an long acair
They weighed anchor — Thog iad an acair
Weighing anchor — A' togail na h-acrach

ANCIENT
Anciently; of old — O shean

AND
And more than that — Agus rud eile dheth

13.

And so on	'S mar sin air adhart
You and I	Thusa 's mise

ANEW

They started anew	Thòisich iad às ùr; thòisich iad a-rithist

ANGRY

Become angry	Gabh fearg
Don't anger yourself	Na cuir fearg ort fhèin
He angered me	Chuir e fearg orm
He was angry with him	Chas e ris
He was very angry; went wild	Chaidh e air a' chuthach

ANGUISH

Mental anguish; cardiac pain	Dòrainn; cràdh cridhe
The cause of my anguish	Fàth mo chràidh

ANKLE

Small of the ankle	Caol na coise
To the ankles	Gu ruig na h-adhbranna

ANNIHILATE

Annihilate; do away with	Cuir às do
I will annihilate you	Bheir mi sgrios oirbh; mortaidh mi thu

ANNIVERSARY

A wedding anniversary	Cuimhneachan là bainnse
This is the anniversary of his birthday	Is e seo co-ainm là a bhreith; is e seo ceann bliadhna là a bhreith

ANNOY

Annoyed; troubled	Fo bhuaireas; air mo chur thuige
He became very annoyed; he went off course	Chaidh e bhàrr a shiùil
How annoyed I am with you	'S tu gam shàrachadh; is mi tha leamh dhiot
It will not annoy him	Cha chuir e dragh air
The man annoyed his son	Chuir an duine dragh air a mhac

ANNUITY

He settled an annuity on her	Shuidhich e suim bhliadhnail oirre
He settled £20 per annum on her	Shocraich e fichead punnd Sasannach oirre sa' bhliadhna

ANNUL

They annulled it	Chuir iad às e

ANSWER

Answer (verb)	Thoir freagradh do
An answer to a letter	Fios freagairt
Answer back	Freagair air ais
He is answerable to you; under your control	Tha e fo do smachd-sa
Know all the answers; alert	Bi deas is seòlta
The answering of the riddle	Fuasgladh na ceiste
Answer (be answerable) for	Bi an urra ri

ANTICIPATE

Anticipating; dreading	A' leughadh an eagail
You have just anticipated my very words	Thug thu dìreach am facal às mo bheul

ANTLER

An antlered stag — Damh cròiceach
The antler of a deer — Cabar fèidh

ANVIL

On a hard anvil — Air cruaidh theallach; air innean ceàrdaich

ANXIETY

The affair caused me much anxiety — Chuir an rud a bha ann gu mòr mun cuairt mi
You keep me in anxiety — Tha thu gam chumail ann an iomagain

ANXIOUS

He is anxious or solicitous — Tha e fo imcheist; tha e fo iomagain
He was anxious that you should come — Bha e an càs gun tigeadh thu
I am anxious about them — Tha iomnaidh orm air an son
They will be anxious — Bithidh iad fo chùram

ANY

Have you any? — A bheil gin agad?
There is not any — Chan eil gin ann

ANYTHING

Anything — Càil; dad; nì sam bith; rud sam bith
Anything else — Rud sam bith eile
Is anything the matter? — A bheil càil ceàrr?

APART

Keep them apart — Cùm air leth iad
They are living apart — Tha iad a' fuireach air leth

APE

He aped or mimicked me — Rinn e atharrais orm

APPARITION

He saw an apparition — Chunnaic e manadh
They saw an apparition — Chunnaic iad fuathas/uabhas/-taibhse

APPEAL

Appeal (verb) — Tog cùis
He appealed to the king — Thog e a' chùis ris an rìgh

APPEAR

Appearing for (legally) — Ag oibreachadh mar fear-tagraidh
He appeared suddenly — Thàinig e am fianais gu h-obann
Here he appears on the horizon — Seo e a' tighinn eadar sinn is fàire
The judge appeared likely to let me go — Bha a thuar air a' bhreitheamh mo leigeil ma sgaoil

APPEARANCE

Make (put in) an appearance — Nochd
To all appearances — A-rèir a h-uile coltais/a h-uile sgeul
To keep up an appearance — A chumail aghaidh ris an t-saoghal

APPEND

I appended a postscript to the letter — Chuir mi fo-sgrìobhadh ris an litir

APPETITE
I have no appetite for food	Chan eil càil do bhiadh agam
Loss of appetite	Call càlach; dìth càlach
To whet the appetite	A thogail na càile; a' geurachadh càlach

APPLAUSE
The applause of all	Moladh an t-saoghail
To get applause	Àrd mholadh fhaighinn

APPLE
Apple of one's eye	Clach na sùla
Apple of one's eye; something loved and highly prized	Rud a tha gràdhaichte gu mòr
Apple-pie order	Fìor ghrinn

APPLICATION
To make proper application or improvement of it	Buil cheart a dhèanamh dheth

APPLY
Apply to him for redress	Dèan do ghearan ris
Apply it to yourself	Cuir riut fèin e
He applied his mind to it	Leag e inntinn air
To apply for	A chur a-steach airson
To apply to	A chur airson .... gu

APPOINTED
On the appointed day	Air an là shònraichte/shuidhichte

APPOINTMENT
He kept an appointment	Thug e còmhdhail dha
Keep an appointment	Cùm còmhdail
She made an appointment with him	Rinn i ceann-latha ris
To make an appointment	Àm a shuidheachadh

APPORTION
Apportion the sauce carefully	Dèan riaghailt air an annlan

APPRAISE
The jeweller appraised the ring	Chuir an seudair luach air an fhàinne

APPRECIATE
A friend's advice unasked is never appreciated	Comhairle caraid gun a h-iarraidh, cha d'fhuair i riamh a meas 'bu chòir dhi
He appreciated her endeavour	Chuir e luach air an spàirn aice

APPRENTICE
He served his apprenticeship in Glasgow	Chuir e a-steach a thìde ri ceàird ann an Glaschu
Neil should be apprenticed to some trade	Bu chòir Niall a chur ri ceàird air choreigin

APRIL-FOOL
An April fool's errand	Air ghocaireachd
Send on a fool's errand	Cuir air ghocaireachd

APPROACH
Approaching land	A' teannadh ri tìr
Approaching the town	A' casadh air a' bhaile

16.

APPROBATION
Respect and approbation

Meas agus miadh

APRON
Tied to one's mother's apron strings

A' deoghal na cìche; balach mamaidh; balach a sheanmhar

APPROPRIATE
They appropriated the money

Ghabh iad seilbh air an airgead

APPROVE
He did not approve; he took a poor view

Bu chiar leis; cha deach e leis

APPROXIMATE
He will not approximate to it

Cha dhlùthaich e air

ARBITRATOR
An arbitrator

Fear-eadraiginn; fear-rèiteach-aidh

ARCH
The arch of a bridge

Bogha na drochaide

ARGUE
Arguing something away

A' bhreug bhòidheach

ARISTROCRACY
The aristocracy; the important people

Urracha mòra; maithean

ARITHMETIC
They are doing arithmetic

Tha iad ris a' chunntas

ARM
A babe in arms
An armful
Armed with guns and pistols
At arms's length
He bared his arm
He spread his arms
The armpit
The bend of an arm
Under his arm
Up in arms
With open arms

Naoidhean cìche; pàisde beag
Achlasan; ultach
Gu gunnach dagach (Poetic)
Aig astar
Rùisg e a ghàirdean
Sgaoil e a ghàirdeanan
An achlais; bag/lag na h-achlaise
Bac an righe
Fo achlais
Às an ciall; às an rian; feargach
Fàilte fial; gu toileach

ARMY
He is in the army
He joined the army
The main body of an army
The rear of an army
The van or front rank of an army

Tha e san arm
Ghabh e san arm
Corp airm
Deireadh feachd
Sreath aghaidh; sreath beòil; toiseach an airm

ARMORIAL
Whose armorial-bearing was the fir-crop

Dha 'm bu shuaicheantas giuthas

ARRANGE
Arrange (verb)
He arranged that affair
It is out of arrangement

Cuir air dòigh; cuir an làthair
Shocraich e an gnothach sin
Is beag dealbh/rian a tha air

ARRANT
He is an arrant fool

Tha e na dhearg amadan

ARREST
A warrant to arrest	Barantas-glacaidh
Arrest him	Cuir an làimh e
Arrest (at law)	Cuir sàradh

ARRIVAL
On our arrival	Air dhuinn ruigheachd

ARRIVE
Had you arrived?	An robh thu air ruighinn?
He arrived home at dead of night	Rinn e an taigh dheth ann am marbhan na h-oidhche
He, having arrived	Air dha teachd
I arrived five minutes too early	Thàinig mi còig mionaidean ro luath
If he has arrived he was none too soon	Ma ràinig e, cha b' ann roimh 'n tìde
Will he arrive tonight?	An ruig e nochd?

ARTICLE
An article of clothing	Ball aodaich
An article of clothing (jest)	Bad aodaich

AS
As for me; for my part	Air mo shon-sa
As if	Mar gun; mar gum biodh
As if he were	Mar gum bitheadh e
As it were	Mar gum b' eadh
As readily as	Cho deas ri
As well as	A bharrachd air; cho math; cho math ri; maille ri; a thuilleadh air; cuideachd

ASCEND
Ascend	Tog ri
Ascending the acclivity	A'dol suas am bruthach; a' togail a' bhruaich/na h-uchdach; ri bruthach
Ascending the face of a hill	A' dìreach an uchd

ASCENDANCY
Get the ascendancy over	Faigh làmh-an-uachdar air
I have the ascendancy over him	Tha cothrom agam air; tha e agam; tha grèim agam air

ASCENDANT
He got the ascendant in defiance of you	Fhuair e bràigh-ghill ort, gun taing dhut
In the ascendant	Ag èirigh suas
Their star is in the ascendant	Tha 'n reul ag èirigh

ASCERTAIN
She ascertained the facts	Chuir i à teagamh na cùisean

ASCRIBE
They ascribed that to him	Chuir iad sin às a leth

ASHAMED
Are you ashamed?	A bheil nàire ort?
Ashamed	Fo nàire
Feel ashamed	Gabh nàire
I am ashamed	Is nàrach dhomh; tha mi air mo nàireachadh
I should be ashamed of myself	Is còir dhomh nàir a bhith orm

18.

ASHES
Reduce to ashes — Cuir na luath; cuir na smàl

ASHORE
Ashore; on dry land — Air tìr
Ashore, at the water's edge — Aig oir na mara
What the sea has washed ashore — Rud a chuir am muir a thìr

ASK
As he had been asked — Mar a chaidh iarraidh air
Ask of him — Iarr air; faighneachd dheth; sir air
Asking for you — A' gabhail do naidheachd; gad fhaighneachd
Asking him a question — A' cur ceiste air
He asked for it (S) — Thug e air fhèin e
He asked for trouble — Thug e an trioblaid air a cheann fhèin

ASLANT
Aslant — Air fhiaradh; air a shiobhadh

ASLEEP
Are you asleep? — A bheil thu nad chadal?
Before he went to sleep — Mun deach e chadal
He is asleep — Tha e na chadal
To be asleep — A bhith na chadal (M)/na cadal(F)
To go to sleep — A dhol a chadal

ASPECT
Of the gloomiest aspect — As gruamaiche snuadh
When the affair assumed a serious aspect — Nuair a thàinig a' chùis teann-ri-teann

ASPIRE
To aspire — Bi an dèidh air

ASSAIL
The enemy assailed the king — Thug an nàmhaid ionnsaigh air an rìgh

ASSAULT
He assaulted me — Thug e ionnsaigh orm
I assaulted him — Tharraing mi air

ASSEMBLE
Assembled; mixed — An ceann a chèile
The people are assembled — Tha am poball cruinn

ASSEMBLY
A large assembly — Còmhlan mòr
The General Assembly — An t-Àrd-Sheanadh

ASSIMILATE
He assimilated the food — Ghabh e a-steach am biadh

ASSOCIATE
I associated that with him — Chuir mi sin às a leth

ASSUME
He assumed command himself — Ghabh e fhèin ùghdarras os làimh
She is assuming a new name — Tha i a' toirt ainm ùr oirre
Too many assumed airs or fantastic ornaments — Tuilleadh is a' chòir de òrachan

ASSURANCE
Make assurance doubly sure — Dèan làn chinnteach

ASSURE
I assure you — Mo làmh-sa dhut
I can assure you — Thèid mise an urras dhut

ASTERN
Full astern — Cùm gu dheireadh
Full astern; back-water — Cùm fodha
Pull well astern lest she might run aground — Cùm agad gu math mus buail i

ASTONISH
To my astonishment — Gu m' iongnadh

ASTRAY
Going astray; aside — A' dol a thaobh; a' dol air seachran
He went astray — Chaidh e iomrall
Leading astray; misleading — A' cur air seachran
We are astray and have lost our bearings — Chaill sinn ar slighe gu tur

ATTACH
He is attached to her — Tha tlachd aige dhi
I was very attached to John — Bha ceangal mòr agam fèin ri Iain
Strings attached — Fo cheanglaichean; fo chùmhnantan
These two are greatly attached to each other — Tha an dithis aca mòr aig a chèile
Very attached to him — Glè cheangailte ris

ATTACK
A violent attack of illness — Ruathar tinneis
He attacked me — Thug e an aghaidh orm; thug e làmh orm
He made ready to attack me — Rinn e airson a bhith agam
The attack; the charge — An dol sìos
They attacked him severely — Dhall iad air
They attacked us — Bhuail iad oirnn
They attacked us unawares — Thàinig iad oirnn nan sgealbaidh

ATTAIN
I cannot attain to it — Cha ruig mi air

ATTEMPT
An attempt was made repeatedly — Thugadh oidhirp uair is uair
Attempt; make an attempt — Thoir oidhirp; feuch air
Attempt to do it — Thoir ionnsaigh air
Do not attempt such a thing — Na cuir ceann na leithid sin
He attempted it — Thug e ionnsaigh
I attempted it vigorously — Rinn mi dìcheall
I made the attempt — Thug mi an ionnsaigh
That was a courageous attempt — Cha b' olc an tairgse sin

ATTEND
Attend; consider — Thoir an aire; thoir fa-near
Attend; observe — Thoir aire
Attend to that — Cùm fair' air sin
Attend to — Fritheil

ATTENDANCE

His attendances in church are
few and far between

Chan fhaicear e anns an t-searmon
ach mar rionnag san oidhche
fhrasaich

ATTENTION

Call (draw) attention to
He did not pay much attention
to the complaint

Dèan soilleir
Cha do ghabh e ris a' ghearan ach
mall; cha tug e mòran aire dha 'n
ghearan

Pay attention to

Gabh beachd air; gabh suim dheth;
thoir an aire do; thoir fa-near

Pay no attention to him
Pay no attention to what he
says
Pay particular attention
Take pains to; pay attention
To give attention

Na toir feairt air
Na toir aire do na their e

Gabh beachd air
Gabh beachd air
Aire a thoirt

ATTENTIVE

Attentive to his business

Fritheilteach aig a ghnothach

ATTENTIVELY

Attentively; obstinately;
keenly
I listened attentively
So attentively; keenly

Gu dùr

Bhioraich mi mo chluasan
Cho dùr

ATTITUDE

Attitude of mind

Beachd

ATTRACT

Attracting people
He attracts many customers

A' tarraing dhaoine
Tha e a' tarraing mòran don bhùth

ATTUNE

Attune; trim; tune
Attuned; in the mood

Cuir an seirm; cuir an co-chòrdadh
Air a dhòigh

AUDACITY

Do not have the audacity

Na biodh a dh'anam ort; a bhathais
ort

Do not have the audacity to
show your face here

Na gabh a dh'anam ort do shròin a
nochdadh an seo

AUDIENCE

In the audience

Anns an èisdeachd

AULD

For auld lang syne!

Is fhada bhon dà là sin!

AUTHORITY

Full authority; discretionary
Get power/authority over; get
the better of
I received full authority
My story is not without
authority
Who is your authority?
Without authority; of anonymous
authorship or origin
Yield to my authority

Làn chumhachd; làn ùghdarras
Faigh smachd air

Fhuair mi àrd-ùghdarras
Chan eil sgeul gun urra agam

Cò is urradh dhut
Gun urrainn

Gèillibh do m' cheannsal

AUTHORIZE
Do not authorize him to leave — Na ceadaich dha falbh

AUTOMATON
An automaton — Fèin-ghluaiseadair

AVAIL
Of little or no avail, without result — Gun fheum air talamh; gu beag fheum

AVENUE
Explore every avenue — Lorg gach cùil; lorg gach oisean; rannsaich gach freumh

Leave no avenue unexplored — Na fàg lòn gun lorg

AVERAGE
Average — Thar-ceann
On an average — An cumantas; air meadhan-mheas
One with another; on an average; on good terms — A-rèir a chèile

AVERSION
Pet aversion — Gràin an uilc air/oirre; gràin bàis

AVERT
Avert famine — Seachain gorta

AVOID
Avoid evil and it will avoid you — Seachain an t-olc is seachnaidh an t-olc thu

AWAIT
He is awaiting the result — Tha e a'fuireach ris an toradh

AWAKE
Are you awake? — A bheil sibh nur dùisg; a bheil sibh nur faireachadh?

Awake — Na dhùsgadh; fo chùram
Spiritually awakened — Air a dhùsgadh; fo chùram

AWARE
Before he became aware of — Mun deachaidh e na fhaireachadh
I am aware of — Tha mi eòlach air
I am fully aware — Is fiosrach mi

AWAY
A little way away — Tamull às
Although John was far away he was not long in coming — Ged a bha Iain fada às cha robh e fada a' tighinn
Away — Air falbh
Away! Begone! — Gabh uam; thoir do chasan leat!
Away with him! Away with him! — Beir uam e! beir uam e!
To be away — A bhith air falbh

AWFULLY
Awfully ill, terribly ill; very ill — Bochd da-rìribh

AWKWARD
Your business must be done very awkwardly — Is beag toirt a bhitheas air do ghnothach

22.

BABE
A baby	Leanabh-cìche
A female child	Leanabh-nighinne
A foster child; nursing	Leanabh-altruim
A male child	Leanabh-gille; leanabh-mic
A puppet; a doll	Leanabh-liùdhach; leanabh-liùdhag

BACK
At the back of	Air cùlaibh
Back and forth	Air ais is air adhart
Back and front	Cùl(aibh) is beul(aibh)
Backbone	Cnàimh an droma
Back him (as a horse)	Tùbh e
Back of anything	Cùl; cùlaibh
Back of the wrist	Cùl an dùirn
Back stairs (literally)	Rathad cùil
Back stairs (unofficially)	Gu neo-oifigeach
Back to back	Cùl ri cùl
Back to front; vice versa	Truimeach air thearrach
Behind your back	Air cùl do chinn
Break the back of	Dèan deagh ionnsaigh air
Go back on a person	Bris do ghealladh
Going back on his word	Dol air ais air fhacal
He was with his back to the door	Bha a chùlaibh ris an doras
His back is to the wall	Tha a dhruim ris a' bhalla
Keep back	Fan air ais
On your back; (1) literal; (2) ill in bed	(1) Air do mhuin; (2) tinn air an/a leabaidh
Put one's back up (S)	Tog colg; gabh frionas
The back of the door of a house	Cùl doras taighe
When my back is turned	Nuair gheibh e cothrom orm
With one's back to the wall	Ann an duilgheadas

BACKBITE
A backbiter	Fear cùl-càinidh
What backbiters they were!	Nach b' e sin na coin-ghearraidh!

BACKGROUND
In the background	As an t-sealladh
Keep/remain in the background	Cùm thu fhèin às an t-sealladh

BACKWARDS
Backwards and forwards	Air ais is air aghaidh
They sat leaning backwards	Shuidh iad ri taic

BACKWATER
Backwater with the oars	Cùm/leig fodha

BACON
Bring home the bacon (S)	Dèan sealg; dèan iasgach
Save his bacon (S)	Glèidh a chuid

BAD
A bad egg; bad lot; bad hat (S)	Droch isean
Bad blood	Droch fhuil
Bad debts	Seann fhiachan
Bad for him	Dona dha
Bad form	Droch bheus
Bad goods; a worthless person	Droch bhathar
From bad to worse	Nas miosa 's nas miosa

Go bad
He was not bad
I am not so bad as that
In a bad state; in a bad way
Let it, or him, be ever so
  bad
That was not so bad
With bad grace

Grod
Cha bu tàir e; cha robh e dona
Chan eil mi cho dona/tàir ri sin
Air droch chàradh
A dh'aindeoin olcais

Cha robh sin cho dona
Glè aindeoineach

BAFFLE
That baffled me and I had
  to abandon it

Chaidh siud nam aghaidh agus
  b' fheudar dhomh mo chùl a
  thoirt às

BAG
Bag and baggage
It's in the bag (S)
The whole bag of tricks (S)

Thu fhèin agus do chuid
Tha e agad
A h-uile càil a bh' ann

BAGPIPE
A masterpiece of bagpiping
At playing the pipes
Piping
Playing on the pipes
The pipes will not cheer my
  spirits
The skirling of the chanter
The skirling of the pipe
  drones
The sound of the bagpipes
Thomas is an expert player
  of the bagpipes

A'ghlas-mheur
Air cluiche na pìoba
Pìob ga spreigeadh
A' pìobaireachd
Cha tog pìob mo chridhe

Gàirich siùnnsair
Gleadhraich nan dos

Nuallan na pìoba
The lùdag mhath aig Tòmas air
  cluiche na pìoba

BAIL
A bail-bond
Bail out
I will go bail for you

Bann-urrais
Dol an urras
Thèid mise an urras air do shon

BAIT
Have you good bait?

That one went off with the bait

A bheil boite/friasg/maghar math
  agaibh?
Thug e siud leis am biathadh

BALANCE
Balancing himself
On balance; taking everything
  into consideration
Striking a balance; assessing
  the value or importance of
  objects or facts

Ga cho-chothromachadh
Le gach uile nì a mheas

Ann an cuimseachd

BALD
As bald as a coot
Instead of hair there shall
  be baldness

Cho maol ri balgan-buarach
An àite fuilt bithidh maoile

BALE
Bale out; escape by parachute
Bale the boat

Leum a-mach le paraisiut
Taom am bàta

BALL
The ball at their feet
The ball in my court

Am ball fon casan
Cothrom agam

Keep the ball rolling   Cùm a' dol e

BALLOON
The balloon went up   Fhuaras comharra

BALLOT
A ballot-box   Bocsa crannchuir
A ballot-paper   Pàipear crannchuir
He was chosen by ballot   Thuit an crann air
Refer to the ballot   Cuir crainn

BAMBOOZLE
He bamboozled the lawyer   Chuir e am fear-lagha mu a
    and nobody was sorry   chorragan, agus bha a chead
                             aige

BAN
I will put you under ban   Tha mi a' cur bacadh ort

BANDY
They bandied words about with   Thilg iad a-null 's a-nall
    each other   briathran le chèile

BANG
The door shut with a bang   Dhùin an doras le brag/clap

BANISH
Banishing dreariness, melan-   A' cur dhinn a' chianalais
    choly or sadness from us
He will banish sorrow   Fògraidh e doilgheas

BANK ON
He banked on Donald   Chaidh e an urras air Dòmhnall

BANNS
Their banns were proclaimed   Bha iad air an èigheach anns
    in church today   an eaglais an-diugh

BARGAIN
Bargaining for   A' feuchainn a-null agus a-nall
Driving a hard bargain   A' faighinn fiach do chuid
                             airgid
Into the bargain   A bharrachd air sin
Making the best of a bad   A' dèanamh na cùise as fheàrr
    bargain   de an tè as miosa

BARK
Bark up the wrong tree (S)   Air a' phuing cheàrr
Barking lines   A' cartadh lìon
His bark is worse than his   Tha a bheul nas miosa na ghnìomh
    bite

BARREN
Neither will she be barren   Ni mò bhitheas i neo-thorrach

BARTER
They bartered commodities   Rinn iad suaip

BASE
At the base of the mountain   Aig bonn na beinne
Of base extraction   De shloinneadh ìosal
The base of the crag   Bonn na creige

BASHFUL
You need not feel the least   Cha ruig thu leas ailleanachd
    bashful   sam bith a bhith ort

BASTARD

A bastard child	Leanabh riataiche; leanabh dìolain
Bastardy; illegitimacy	Dìolanas; riatachd; riataiche

BAT

Off one's own bat	Air ùghdarras fhèin

BATTLE

A battle	Blàr-cogaidh
A battle cry	Gaoir iolach catha
Battle drunkenness	Misg-catha
Battle royal	Blàr nan con; blàr nan ceàrd
Battle sickness; cowardice	An tinneas-feachd
Do battle	Cuir cath
Engage in battle	Dol an caraibh
Every battle in which I struck a blow	Gach cath sna bhuail mi beum
Give battle	Dèan cath
In battle array	An òrdugh catha
Pitched battle	Cath aghaidh ri aghaidh
The battle in order	An cath an eagar
The battle of the brave	Feachd nan sonn
The first battle they fought	A' chiad bhlàr a chuir iad
Two asleep on the field of battle	Dithìs nan cadal san àr

BAY

A bay to anchor ships	Poll-acaireachd/-acarsaid/ -acraiche
A sea bay	Bàgh; camas; loch-mara; òb
At bay	Gu dùbhlan
Bay of a hound	Galan gadhair; tabhann

BEAN

Full of beans (S)	Glè bheothail
Without a bean (S)	Gun sgillinn ruadh

BEAR

Bear enquiry/investigation	Gabh cnuasachd
Bear false witness	Tog fianais bhrèige
Bear out (carry away)	Giùlain air falbh
Bear out (confirm)	Dearbh
Bear testimony	Dèan luaidh air
Bear up	Tog ort
Bear with it; put up with it	Cuir suas leis
Bear witness	Dèan/thoir/tog fianais
Bearing a charmed life	Seunta
Bearing a meaning	Le ciall
Bearing down upon	Tighinn a-nìos air
Bearing malice; bearing a grudge	A' cumail suas gamhlais; tighinn a-nìos air
Bearing the name of	An t-ainm aig air; a sheula air
Bearing with one another	A' giùlan le cach a chèile
Bring to bear	Thoir air
I cannot bring him to a bearing	Chan urrainn mi a thoirt gu cùrsa
Losing one's bearings	Dol air chall; dol air seachran
No bearing on	Gun ghnothach ri . .
To bear fruit	A thabhairt toraidh
We cannot bear the idea	Chan urrainn dhuinn a chur leis a' bheachd

26.

BEARD
Beard the lion in his den — Thoir aghaidh air

BEAT
Beat about the bush — Bi leam leat
Beat back — Till (Transitive verb)
Beat down (crush opposition) — Brùdh às
Beat down (compel a person to reduce his price) — Thoir sìos e
Beat him — Gabh air
Beat hollow (S) — Gabh gu math air
Beat it (S) — Teich às a seo; dèan às
Beat up (S) — Dèan dìol air; pronn
Dead beat — Seachd sgìth; cho sgìth ri cù; claoidhte

BEAUTY
A beauty spot — Ball-seirc
For beauty — Airson maise
Her beauty was unequalled — Bha a h-àilleachd gun choimeas
His beautiful wife — A bhean eireachdail
Improving in beauty, elegance — A' dol an ciatachd
The beauty of their holiness — Sgèimh an naomhachd
The Beauties of Gaelic Poetry — Sàr Obair nam Bàrd Gàidhealach
They stood in their beauty — Sheas iad nan sgèimh

BECALMED
We were becalmed — Thàinig fèath oirnn

BECAUSE
Because — A bhrìgh; a chionn gu
Because of; by virtue of — A bhrìgh; do bhrìgh
Because he dealt bountifully with us — Chionn gu do bhuin e ruinn gu fial
Because he has some money, he will be among the important people — A thaobh is gum beil beagan airgid aige, bithidh e am-measg nan daoine mòra
Because he is — A' thaobh 's gum beil e
Because the king does not restore the banished — A chionn nach eil an rìgh a' toirt fògarrach air ais

BECKON
She beckoned to him to come nearer to her — Smèid i air a thighinn na bu dlùithe dhi

BECOME
Becoming to a man — Tlachdmhor do dhuine; iomchaidh do ...
Does that become you? — Am math thig e dhut?
He became bald-headed when he was young — Thàinig a' mhaise-mhullaich air na òige; thàinig sgall air
It becomes me — Is ion dhomh
It does not become you — Cha tig e ort
What is to become of him? — Ciod is cor da?

BED
A feather bed — Leabaidh itean
A folding bed — Leabaidh togalach
A wisp from every bed (said of someone who courts everyone) — Sop às gach seid
Bed and board — Cuid oidhche
Between you, me and the bedpost — Eadarainn fhìn, 's ceann an taighe/'s an clobha

Die in one's bed   Bàsaich air an leabaidh
Front side of a bed   Bòrd-slios
Go to your bed   Thoir do leabaidh ort
He took to his bed when he   Thug esan a leabaidh air
  heard that   an uair a chuala e siud
His bed and board   A bhòrd 's a leabaidh
I shall go to my bed   Bheir mi mo leabaidh orm
Make the bed   Càirich an leabaidh
Making the beds   A' càradh nan leapaichean
Out of bed on the wrong side   Ann an droch fhonn
Sit on the edge of the bed   Suidh air bòrd-slios na leapa
The bedstead   Stoc leabaidh
The head of the bed   Bràigh na leapach; ceann-adhart
When she made the bed she   Nuair a chàirich i an leabaidh
  placed the key on the table   chàirich i an iuchair air
                               a' bhòrd
Will two beds be enough?   An dèan dà leabaidh an gnothach?
Yes, but a bed in each room   Nì,ach leabaidh anns gach seòmar

BEE
  A bee in one's bonnet(S)   An t-aon rud fa-near dha
  A bee sting   Gath an t-seillein
  A drone or idle bee   Seillean-dìomhain; seillean-lùnndach
  Make or follow a bee-line   Dèan dìreach air

BEEF
  Do you like roast beef?   An còrd mairtfheòil ròsta riut?

BEER
  A drink of beer   Deoch leanna
  Small beer   Deòir chaol; leann caol
  Sour beer   Leann goirt
  Strong beer   Beòir làidir; leann làidir

BEFALL
  No harm will befall me   Cha tig dad rium
  The catastrophe that befell me   A' bhuille a thàinig orm
  What has befallen you is sad   Is bochd mar a dh'èirich dhut

BEFIT
  It is befitting his case that   Is còir/cubhaidh/dùth dha
    he should be so   gum bheil e mar sin;
  It is befitting indeed that I   Chan ion dhomhsa ach a bhith
    should praise you   gad mholadh
  It is more befitting that you   Bu chàra dhut dol dachaigh
    should go home

BEFRIEND
  Befriend me   Bi càirdeil rium

BEG
  Begging the question   A' seachnadh na ceiste
  He begged me   Ghuidh e orm
  I beg to differ   Chan eil sinn aig aont

BEGGAR
  Beggars can't be choosers   Chan eil taghadh aig fear-na-
                          faoighe
  Beggar description   Cha ghabh e innseadh

BEGIN
  About the beginning   Mun toiseach
  Begin it   Teann ris

Begin; make sure	Leig air; teann ri
From beginning to end	Bho thùs gu èis; bho thòiseachadh
	gu crìch
In the beginning was the Word	Anns an toiseach bha 'm Facal
Once we began	Aon uair is gun thòisich sinn
The very beginning	Fìor thoiseach

BEGONE

Begone; take to your heels	Dèan às

BEGUILE

A beguiling/smooth tongue	Teanga leacach/lìgeach
The Devil has beguiled you	Thug an Donas a' char asad
Why have you beguiled me?	Carson a mheall thu mi?

BEHAVE

Badly (well) behaved	Modhail no mì-mhodhail
Behave yourself	Giùlain thu fhèin gu modhail
He behaved just like the rest	Rinn e cleas chàich
He behaved very badly to her	Is dona a ghnàthaich e i; is olc
	a bhuin e rithe
You behaved very badly	Is olc a fhuaradh tu; is olc a
	ghiùlain thu thu fhèin

BEHAVIOUR

I am sick tired of your	Tha mi air mo shàrachadh agad le
behaviour	do dhol-a-mach
On one's good behaviour	Fo bheus; modhail
Your behaviour	Do dhol-a-mach
Your own bad behaviour	Do dhroch ghiùlan
Your own behaviour or conduct	Do ghiùlan fhèin

BEHEAD

They beheaded the king	Thug iad an ceann den rìgh

BEHIND

Behind the byre	Air cùl na bàthcha
Behind the counter	Air chùl a' chunntair
Behind the scenes	Air chùl gnothaich
Behind the times	Seann-fhasanta

BEHOVE

It behoves us to go home	Chugainn a bhith falbh dhachaigh

BELABOUR

Belabour him	Èirich air
He belaboured her	Dh'èirich e oirre ➔

BELCH

He belched	Rinn e brùchd
He is belching	Tha e brùchdail

BELIE

They belied him	Thug iad a bhreug dha

BELIEF

Beyond belief	Do-chreidsinn
To the best of my belief	Cho fad 's is aithne dhomh

BELIEVE

Believe me!	Feuch riut!
Do not believe him	No toir fideadh air/èisdeachd dha
I can easily believe that	Is soirbh leam sin a chreidsinn
I can hardly believe it	Is doirbh leam a chreidsinn
To the best of my belief	A rèir mo bharaile

Would you believe it? He
actually went in search of
a wife

De a tha agad air? Ach gun
deachaidh e air tòir mnatha

BELITTLE
Belittle or depreciate

Cuir an neo-phrìs

BELL
Ringing the bell

A' bualadh a' chluig

BELLOW
What are you bellowing at?

Ciod a' bhàirich a th' ort?

BELLY
A bellyful
Belly-ache
He got his bellyful
None but a dog eats a bellyful

Làn broinn
Brù-ghoirt; grèim-mionach
Fhuair e a sheid
Chan ith a shàth ach an cù

BELONG
Belong to
Belonging to or hailing from
Glasgow
They belong to the proprietor
To whom does this belong?

Buin do
De mhuinntir Ghlaschu

Is leis an uachdaran iad
Co dha a bhuineas seo?

BELOVED
My beloved of all men
My beloved son!
My dearly beloved son
The children of my beloved
mother
Thou art my best beloved

Mo chiall de na fearaibh
A mhic mo ghaoil!
Mo mhac ionmhainn
Clann mo mhàthar ghaoil

Is tu m' annsachd; mo chiataibh

BELOW
Below one's breath
Hit below the belt
You will find them below the
end of the beach

Fo anail
Gabh cothrom nach eil ceart
Gheibh thu iad fo cheann
na tràghad

BENCH
I sat on the bench taking a
rest

Shuidh mi air a' bheing, a'
leigeadh dhìom mo sgìos

BEND
Do not bend it
It has a bend.
The bar of iron is bent
The bend of the arm
You bent the stick

Na cuir fiaradh ann
Tha bog air
Tha car anns a' ghàd iarainn
Bac an righe
Chàm thu am maide

BENEATH
He is beneath contempt
It is beneath me
That was beneath me

'S ann fo tharcais a tha e
Chan fhiach leam e
Cha bu diù leam sin

BENEFICE
The young minister got a
benefice

Fhuair am ministir òg beathachadh
eaglais

BENEFIT
Confer a benefit
Give me the benefit of the
doubt
It is of no benefit to me

Thoir buannachd
Thoir sochair na h-aimhreite
dhomh
Chan eil tàbachd sam bith ann
dhòmhsa

30.

BENIGHTED
We were benighted

Thuit an oidhche oirnn

BENT
Bent upon
He has a bent for it
He is bent on my destruction
His heart bent on sin

An geall air
Tha alt aige air
Tha e air tì mis' a mharbhadh
A chridhe socraichte air peacadh

BENUMB
He is benumbed with cold
My hands are benumbed

Tha e air lapadh leis an fhuachd
Tha mo làmhan air ragachadh;
  tha mo làmhan san aingealaich

BEREAVED
Malcolm's family was sorely
  bereaved

Thàinig sgrìob chruaidh air
  an teaghlach aig Calum

BERTH
Give a wide berth
He has found a snug berth

Seachainn
Dh'amais e air deagh bhuathal

BESEECH
I beseech you
I besought him earnestly that
  he would grant me my life

Tha mi a' guidhe ort
Ghuidh mi air gu dùrachdach e a
  leigeadh mo bheatha leam

BESIDE
Beside oneself
Besides that

Na bhreisligh (M); na breislich (F)
A bharrachd air sin

BESIEGE
Besiege the castle
They besieged it

Cuir sèisd air a' chaisteal
Theannaich iad e

BESPATTER
They bespattered their
  opponents with mud

Thilg iad poll air na nàimhdean
  aca

BEST
All the best
At best
Everyone doing his best

For the best; all for the best
Have the best of
Make the best of
Man in his best estate
Put your best foot forward
Second best
The best man
The best of cedar
The best of oats; choice oats
The best of the seed
To the best of my recollection

A h-uile là a chì 's nach fhaic
Airson a' chuid as fheàrr
Gach fear ag obair mar a thàrradh
  aige air
Airson feàrrad
Faigh a' chuid as fheàrr
Dèan a' bheairt as fheàrr
An duine d' a fheobhas
Dèan do dhìcheall
San dara àite
An gille-comhailteachd
Roghainn de sheudar
Brod an t-sìl
Smior an t-sìl
Ma is math mo chuimhne

BESTIR
Bestir yourself; get a move
  on; pull up your socks
If you don't bestir yourself
  you will scarcely overtake him

Cuir car dhiot; cuir driuch/spìd;
  sgoinn/sùrd ort
Mur a cuir thu sgoinn ort bithidh
  e cruaidh ort gum beir thu air

31.

We shall bestir ourselves;
be fully awake; become fully
alert

BESTOW
Everything God has bestowed
on you

BET
To bet, lay a bet, mortgage,
wager
To bet, mortgage, pawn, pledge
You bet, boy!

BETAKE
Betake yourself
Betake yourself to the
mountains
Betake yourself to the plain
or fair field
He betook himself again to
exercise at running

BETIMES
Do it betimes

BETRAY
He that betrayed him
He wants to betray you

BETROTH
A betrothal

He betrothed his daughter to

BETTER
Better and better
Better half; spouse
Could not be better
Getting the better of
He is better than any
relation of yours
He will not get the better of
me
I am better of
I had better say nothing

It is better for me
It is better than it looks
It will be better still

No better singer than he can
be found
So that it was better for me
They had better be going
Think better of
To better oneself
To get the better of
We had better
We had better be gone
Who know better than
You are better of that

Thèid sinn nar faireachadh

Gach nì a bhuilich Dia ort

Cuir geall; cuir an geall

Thoir an geall
Abair fhèin e,a bhalaich!

Thoir ort
Tog ort chum a' mhonaidh

Gabh rèidh a' bhlàir

Ghabh e a-rithist gu gluasad nan
eang

Dèan tràth e

Esan a bhrath e
Tha miann air do bhrath

Ceangal pòsaidh; gealladh-pòsaidh;
rèiteach
Shuidhich e a nighean air ...

Nas fheàrr is nas fheàrr
Cèile
Cha b' urrainn na b' fheàrr
Dol os cionn
Tha e nas feàrr na duine a
bhuineas dhut
Cha tèid aige orm

'S fheàirrde mi
B' fheàrr dhomh gun rud sam bith
a ràdh
Is feàrr dhomh
Tha e nas fheàrr na choltas
Is ann a' dol nas fheàrr a
bhitheas e
Chan eil iad ann a bheir bàrr
air air seinn
Gus am b' fheàrr dhomh
Tha bhuapa a bhith falbh
Atharraich beachd
Adhartas a dhèanamh
Faigh smachd air
'S fheàrr dhuinn
Tha uainn falbh
Is fheàrr aig a bheil fios na
Is fheàirrd thu sin

32.

BETWEEN

Between jest and earnest	Eadar fealla-dhà is da-rìribh
Between one and two o'clock	Eadar uair 's a dhà
Between ourselves	Eadarainn fhèin
Between the two	Eadar an dà chuid
Between the two of them	Eadar an dithis aca
Between you, me and the bed (or gate) post	Eadarainn fhìn 's ceann an taighe/'s an clobha
Read between the lines	Faic an fhìor sheagh

BEWAIL

Bewailing my virginity — A' caoidh airson m' òigheachd

BEWARE

Beware! Take care! — Bi air t' fhaiceall!

BEWILDER

Astray; bewildered	Air fainneal
I got quite bewildered	Chaidh mi am breislich

BEWITCH

Betwitch him	Cuir draoitheachd air
Bewitching cattle	A' toirt air falbh an toraidh

BEYOND

Beyond expressison	Thar labhairt
Beyond many	Thairis air mòran
Beyond one's expectation	Barrachd na bha dùil
Beyond the breakers	Cùl na tuinne
He went beyond that	Chaidh e thairis air sin
I went beyond or excelled them	Chaidh mi thairis orra
I went beyond twenty	Chaidh mi thar fichead
The back of beyond	Cùl an t-saoghail
The millions beyond counting	Na muillionan thar chunntais

BIB

Best bib and tucker — An deise as fheàrr

BID

Bid fair to	Air choltas dèanamh
Bid farewell	Fàg slàn aig; fàg beannachd aig
Bid for this (as in a sale)	Tairg air seo
Bid welcome	Cuir fàilte
He left without bidding anyone good-bye	Dh'fhalbh e gun beannachd fhàgail aig duine

BIDE

Let him bide his time	Leigeadh esan leis
You bide your time	Leig thusa leat; fuirich thusa ort

BIER

On the bier — Air an t-snaoith/eilitriom

BILL

A bill of exchange	Bile malairt
A bill of fare	Bile bidh
Billing and cooing	A' suirghe ris/rithe; a' suirghe ri chèile
Clean bill of health	Slàn fallain

BILLOW

A billow arose	Dh'èirich tonn
A mountainous billow arose	Dh'èirich stuagh

The raging billows of the shore

Onfhadh na tràghad

BIND
Bind one to act in a given manner

Cuir am fiachaibh

BIRD
A bird of passage; a straggler
A bird in hand is better than two in the bush
A little bird told me
An early bird

Eun-siubhail
'S fheàrr eun san làimh na dhà-dheug air iteig
Chuala mi fathann
Fear mocheireach; fear moch -èirigh

Bird of ill omen
Birds of a feather flock together; everyone likes his equal
He got the bird
Kill two birds with one stone

Droch chomharradh
Is ionmhuinn le gach neach a choslas

Cha tugadh creideas dha
'Na bhiadh 's na cheòl (the fox eating the bagpipes)

BIRTH
A birthday
From birth to death
In one's birthday suit
That was his birthright that was expected of him

Latha breith
O bhreith gu bàs
Dearg-rùisgte
Bu dual da sin; b' e sin a chòir-bhreith

BISCUIT
That takes the cake or biscuit

Nach ladarna sin

BIT
A small bit of bread
Bit by bit
Every bit
Every bit as big
He takes the bit between his teeth
Not a bit (of it)
You won't get a bit of it

Crioman mìre
Beag air bheag; uidh air n-uidh
Na h-uile mìr
A cheart cho mòr
Tha e làidir na bheachd

Chan e gu dearbh
Chan fhaigh thu gainmhein/ gearradh/sgath dheth

BITE
A serpent bit me
Bite
Bite (or lick) the dust
He bit my head off
That was not a bite but a feast
Two bites of the cherry
We were once bitten twice shy
You bite off more than you can chew

Theum nathair mi
Bìd; teum; thoir grèim à
Tuit air do bheul fodha
Dh'ith e mi
Cha b' e mìrean a bha 'n siud ach fleadh
Dà chothrom
Dh'ionnsaich sinn a leasan

Is motha le do shùil na le do bhrù

BLACK
Black and blue
Black art or magic
Black looks
Black out; become unconscious
Black out; obliterate; obscure

Dubh is geal
Sgoil dhubh
Sùil mhìcheutach
Fanndaich
Dubh a-mach; doilleirich

34.

He is as black as thunder;   Tha bus/stùirc air
  as black as a thundercloud
In black and white   Sgrìobhte
In one's black books   Na nàmhaid
The Black Watch   Am Freiceadan Dubh
  (The Royal Highland Regiment)

BLADE
A thin blade   Lann thana
A well-shaped blade of steel   Dias chuimir den stàilinn
The blade of a knife   Iarann sgine

BLAME
Do not blame me for it   Na bi ga àrach ormsa
He has only himself to blame   Chan eil ach e fhèin ri
                              choireachadh

He realized that he himself   Ghabh e thuige fèin gur ann
  was to blame   aige fèin a bha a' choire
I did not blame him   Cha robh àrach agamsa air
I did not manage it, but I   Cha deachaidh agam air,ach is ann
  was myself to blame   agam fèin a bha a' choire
The blame of that lies on you   Tha a chron sin ort
To blame; at a fault   Àraich; is coireach

BLANK
His death leaves a blank   Fàgaidh a bhàs àite falamh ann

BLANKET
A wet blanket   Plaosg de dhuine

BLAST
A violent blast   Uspag throm
Blasting by lightning   Losgadh dealanaich
Going against the blast   A' dol an aghaidh an t-sìon

BLAZE
A big, blazing fire   Bràthadair teine
It blazed/was boiling with   Chaidh e na bhuidealaich
  rage

BLEMISH
Lively without blemish   Aotrom gun ghaiseadh
The blemish on the face   An cron a bhitheas san aodann
  cannot be hid   chan fhaodar a chleith
Thou hero without blemish   A churaidh gun ghiamh/ghò
Without blemish or disease   Gun ghaoid gun ghalar

BLESSING
He'll get his blessing; he'll   Is dubh dhasan; tha mhì-thalamh
  have the deuce to pay   thuige-san
May the blessing of God be with   Beannachd Dhè leat
  you

BLIND
A guiding vision to the blind   Fradharc fàil don dall
Blind impulse   Rùn làidir gun beachdachadh
Blind-mans-buff   Dallan-dà
Blind side   Taobh dall
Blinding me   Gam dhalladh
He is blind to   Chan fhaic e
None so blind   Chan eil aon cho dall
Stone blind; without a ray of   Gun deò lèirsinn
  vision

The blind leading the blind
To blind with science

Turn a blind eye to

BLINDFOLD
The guards blindfolded the
prisoners

BLISTER
Honey on your lips, though
there be a blister on your
tongue

BLOOD
A prince or princess of the
blood
Bad blood
Blood is thicker than water

Blood sports
Blood-and-thunder
Blue blooded
From the royal blood
He drew blood
He shed his blood
Hot blood
In cold blood
In the blood
It made his blood boil
It makes my blood run cold
Let blood
One can't get blood out of
a stone
The blood flowed

BLOODSHED
They made bloodshed
To bloodshed and death

BLOOM
In full bloom

BLOSSOM
Although the fig tree shall
not blossom

BLOT
Blot one's copy book
Blot one's escutcheon
Blot out; be mistaken

BLOW
A blow on the cheek
Blow; inflate
Blow for blow
Blow hot and cold
Blow off steam; get rid of
surplus energy
Blow it; hang it
Blow out, meaning extinguish
Blow out; a large meal (S)
Blow the expense

Na doill a' treòrachadh nan dall
A thoirt car à duine le briathran
domhainn
Na leig ort

Chuir na freiceadain sgàil air
sùilean nam prìosanach

Mil air do bheul, ged bhiodh
leus air do theanga

Prionnsa no ban-phrionnsa den
fhuil rìoghail
Droch fhuil
Thèid dualchas an aghaidh nan
creag
Sealg
Cath agus èigheach
De na tighearnan
On fhuil rìoghail
Dh'fhuilich e air
Dhòirt e 'fhuil
Fuil bhras
Le shaor thoil fhèin
San fhuil
Chaidh e air bhoil
Tha e a' cur gaoir nam fheòil
Tarraing fuil
Chan fhaighear dad às

Ruith an fhuil

Dhòirt iad fuil
Gu fuil is gu bàs

Fo làn bhlàth; fo fhlùr bhàn

Ged nach cuir an crann-fìge uaith
blàth

Mill deagh ghnìomh
Mill cliù
Dubh às; bi fo mhearachd

Fead san leth-cheann; sgal
At; sèid
Buille air a' bhuille
Bi àrd is ìosal mu seach
Leig srian le

Dearg air
Sèid a-mach; cuir às
Fèisd
Coma dè 'chosgais

36.

Blow up; blame severely (S)   Cronaich
Blow up; exaggerate   Cuir am meud
Blow up; explode   Sgàin; spreadh
Blowing over   Dol seachad
Blows his own trumpet   Baraileach às fhèin
(Come) to blows   An dàil a chèile; an cràic a chèile
You shall get a blow right in   Gheibh thu dòrn ann an toll na
    the ear   cluaise

BLUE
Blue ribband, or ribbon   Àrd inbhe
Light blue and dark blue   Gorm soilleir agus dubh-ghorm
Yell blue murder   Tog na creachan

BLUFF
Call his bluff   Cuir fhacal an gnìomh

BLURT
He blurted it out when off   Thàinig e a-mach leis gun fhios
    his guard   da
He blurted that out unawares   Thuit siud às a bheul gun
    fhaireachdainn

BLUSH
At the first blush   Air a' chiad rughadh

BOARD
A board of directors   Bòrd luchd-comhairle/luchd-
    stiùiridh
Above board   Gun chleas; gu h-onorach
Go by the board; sweep the board   Sguab às
On board ship   Air bòrd
Sweep the board; take all the   Sguab am bòrd (literal); faigh
    rewards   na duaisean gu h-iomlan
The Board/Department of   Bòrd an Fhearainn/an Aiteachais
    Agriculture
The Parochial Board for the   Bòrd nam Bochd
    care of the poor
They boarded ship   Chaidh iad air bòrd
Without a throb on the board   Gun phlosg air dèile

BOAST
Boast not of tomorrow   Na dèan uaill às an là màireach
Where is there cause for   Càite a bheil adhbhar uaille?
    boasting?

BOAT
A boat grounding on a rock   Bàta a' gabhail air sgeir
A boat becoming leaky   Eathar a' sgaoileadh
A boat secured in winter   Eathar anns a' bhruthaich
    quarters
A boat was seen   Chunnacas bàrca
Hauling the boat   A' tarraing na h-eathrach
He is a boat-builder   Tha e na shaor-dubh
In the prow of the boat   Ann an taoim/toiseach a' bhàta
In the same boat (S)   San dearbh shuidheachadh
In the stern of the boat   Ann an deireadh a' bhàta
On a small, narrow boat of   Air fleasgairt bhig chaoil
    three sails   nan trì seòl
The boat dragged the anchor   Tharraing am bàta an acair aig
    owing to the force of the wind   meud na gaoithe

37.

The boat is high and dry on
  the beach
The boat is making no headway
  in her tacking
The boat makes some headway
The boat, on her next tack,
  weathered the island
The boat went on its next tack

The boat will scarcely be able
  to ride the storm
The boat, with difficulty,
  arrived at her destination
The boat's seams are giving way
  through exposure to the heat
  of the sun
The side or gunwale of a boat
We saw a boat that had lost
  her nets
We turned the boat
We'll launch the boat
Whose boat?

BOB
Bob up; arrive suddenly
Her hair was bobbed; trimmed
  short

BODILY
Bodily, neck and crop

BODY
A man who is healthy in body
  and sound in mind
A public body
In a body
Our body garments
That will keep body and soul
  together (in me)
What a handsome body he has

BOIL
A boil full of orifices
Boiled over; became angry

Half-boiled
He is boiling it
He was boiling with rage;
  it blazed
Is the kettle boiling?

BOISTEROUS
A boisterous night
The boisterous weather
With a boisterous noise

BOLD
A bold front; effrontery

Bold as a lion

Tha am bàta tioram tràighte air
  a' mhol
Chan eil an t-eathar a' dèanamh
  an aoin-uisge dheth
Tha am bàta a' dol an ceann
Chaidh am bàta air an ath
  ghualainn os cionn an eilein
Chaidh am bàta air an ath
  ghualainn
Bithidh e cruaidh air a' bhàta
  gun cùm i a ceann ann
Thug am bàta a ceann-uidhe
  a-mach air èiginn
Tha am bàta ri sgaoileadh leis
  an teas air aghaidh na grèine

Beul a' bhàta
Chunnaic sinn bàta a bha air
  na lìn a chall
Chuir sinn am bàta mun cuairt
Cuiridh sinn am bàta air bhog
Cò leis am bàta?

Thig am follais
Bha am falt aice air a ghearradh
  goirid

Eadar cheann is chasan

Duine a tha slàn na chorp agus
  na inntinn
Comann poblachail
Cruinn cothrom còmhla
Ar n-èideadh cuirp
A chumas an deò annam

Nach ann air tha 'n corp
  eireachdail

Niosgaid làn dhorsan
Dh'èirich a chabair air;
  dh'èirich sradag; lasaich air
Letheach bruich
Tha e ga bhruich
Chaidh e na bhuidealaich;
  bha cuthach air
A bheil an coire goil?

Oidhche dhoirbh/dhòbhaidh/gharbh
An geamhradh borb
Le toirm an-fhèilidh

Craiceann a' bhoinn air a'
  bhathais
Dàn mar leòghann

38.

You are very bold

Is ann ort a tha an fhaochag/a'
bhathais

BOLSTER
Bolster me up, support me

Cuir/cùm taice rium

BOLT
A bolt from the blue
Bolt away and bring it to me

Nì a thàinig gun fhios
Dèan air falbh nad chruaidh-leum
agus thoir thugam e
Bolt upright
He bolted off as if for dear
life
The horse bolted

Stobach na shuidhe
Ghabh e air falbh aig peilear
a bheatha
Ghabh an t-each an caoch

BOND
There is some bond of clanship
between them

Tha leanmhainn a thaobh cinne
eatorra

BONE
A bone of contention
Bare-bones; skinny
Bone dry
Every bone shaking with
horror
I have a bone to pick with you

Spannach iorghail
Cnàmhan lom
Cho tioram ris an spìon
Dlùthchrith air gach cnàimh le
oillt
Chan eil mi buileach buidheach
asad
Make no bones about it

Dèan an fhìrinn innse

BOOK
Bring to book
(Go) by the book
In one's good (or bad) books
She was brought to book for it

Thoir an èirig às
Leis an lagh
Deagh/droch bheachd air
Thugadh air cunntais i air an
adhbhar
Suit your book
Take a leaf out of a person's
book
When will your book be
published?

Còrd riut
Gabh eisimpleir

Cuin a bhitheas an leabhar agad
air fhoillseachadh?

BOOT
Boots very much worn and
shapeless
He got the boot (S)
The boot's on the other foot
To boot

Cluaran bhròg

Chaidh a chur a-mach
Ceann trom a' mhaide air a-nis
A bharrachd

BORDER
About the borders
Bordering on
The border of the road
The borders of Christendom
Without a border

Mu na crìochan
Cha mhòr; an impis
Oir an rathaid
Fraighean na Crìosdachd
Gun oir

BORE
He bores me to tears

Tha e gam bhathachadh gu cùl an
dà chluais

BORN
Born before one's time
Born of a woman
In all my born days

Rugadh roimh àm
Air a bhreith le mnaoi
Fad mo shaoghail; fad mo bheatha

It is in Canada we were born
Newly born

The last born of the family
The town where I was born
You were born with a silver
 spoon in your mouth

BORNE
Borne in upon me
I have borne with you long
 enough already

BORROW
Borrowed plumes

To borrow money

BOSOM
Her bosom like the foam of the
 waves
In the bosom of each other

BOTH
Both A and B
Both good and bad
Both great and small
Both head and foot
Both of them
Both of you
Have something both ways
On both sides

BOTHER
He need not bother
I can't be bothered
What is bothering you?

BOTTLE
Bottle-neck
Bottle up

BOTTOM
A bottom of sand
A net on the bottom of the sea
Anatomical bottom
At the bottom of
Bet one's bottom dollar
Bottom of the door
Bottom of the chest (inside)
Get to the bottom of
The bottom of the abyss
The bottom of the deep
The bottom of the hill
The bottomless pit
The very bottom of the loch
Touch bottom

BOULDER
He sat on a boulder

Is ann an Canada a rugadh sinn
Dìreach air a bhreith (M);
 air a breith (F)
Deireadh linn
Am baile far an do rugadh mi
Is ann dhut a rug an cat an
 cuilean

Air a thoirt steach orm
Tha mi air cur suas leat fada gu
 leòr mar thà

Itean mòra/brèagha air eòin fad
 às
Faigh iasad airgid; gabh iasad
 airgid

A broilleach mar chobhar nan
 stuagh
An caidreabh a chèile

A agus B
Eadar mhath is olc
Eadar bheag agus mhòr
Eadar cheann is chasan
Le chèile
Araon thus' agus esan
An dà thaobh
Air gach taobh

Cha leig e leas
Chan fhiù e a chur dragh orm
Ciod a tha cur ort?

Staing; adhbhar dàlach
Cùm agad fhèin

d àil -delay
dàlach
dàlaichean.

Grinneal gainneimh
Lìon air uchd a' ghrinneil
Màs; tòn
Aig bun na cùise
Thèid an urras; thèid am bannaibh
Bonn an dorais
Clàr na ciste
Rannsaich
Grùnnd an aigein
Grùnnd an domhain; aigeal
Bun na beinne
Ifrinn
Fìor ghrùnnd an locha
Cho ìosal agus a thèid

Shuidh e air sorchan

40.

BOUNCE

He bounced in; rushed in — Thug e roid a-steach

BOUND

A bound; a standing jump — Cruinnleum
Beyond the bounds of — Seachad air na crìochan
Bound hand and foot — Air a cheangal cho cruinn ri mult
Bound to win — Buaidh cinnteach (dha)
Bounding speedily over the deep — A' leum thar sàile na dheann
He bounded away — Dh'fhalbh e na chruaidh-leum
He bounded out through the door — Gheàrr e cruinn-leum a-mach air an doras
I'll be bound; I'm certain — Air m' onair
Make a bound; cut a leap; skip — Geàrr sùrdag
Out of bounds — Toirmisgte
With a bounding race — Le ruith dara-tomain
Within (reasonable) bounds — Riaghailteach
You are bound to do it — Thig ort a dhèanamh

BOW

A bow on the stretch — Bogha air laight
Bow to the inevitable — Strìochd; gèill
Bowing and scraping — A' bogail is a' beiceadh
Draw a long bow — Bi air earalas
Drawing the long bow; exaggerate — A' toirt ceuma leatha; a' leudachadh
He bent his bow — Chuir e 'bhogha air lagh
Two strings (or another string) to one's bow — Cliath-dhuine aige

BOWL

Bowling along — A' sràidimeachd
Bowled over; overturned — Bun os cionn
Bowling over; overcoming — Buadhachadh

BOX

Box on the ears — Sglog mun chluais
He gave him a box or thump — Thug e dorn dha
I shall box your ears — Cuiridh mi teas as na cluasan agad

BRAG

Brag (boast) not of tomorrow — Na dèan uaill às an là màireach
He is bragging — Tha e a' dèanamh teuchd

BRAIN

A brain wave — Beachd tùrail
A brain trust; specialist panel — Fòram eòlais
Cudgel, or wrack one's brains — A sic-rannsachadh
Dashing out their brains — A' smàladh an eanchainn asda
His brain is in a muddle — Tha an ceann aige a dhol na bhreislich
Make my brain reel — Mo cheann na bhrochan
Picking a person's brains — A' dèanamh feum do sgil duine eile

BRANCH

A branch of An Comann — Meur den Chomann
Branch out — Leudaich

41.

BRAND
Brand new — Ùr nodha

BRASS
A brass farthing — Sgillinn ruadh

BRAZEN
Brazen out — Cùm gu dana ri beachd

BREACH
Breach of faith — Briseadh geallaidh
Breach of promise — Briseadh dùil
Breach of the peace — Aimhreit
Heal the breach — Leasaich
Step into the breach — Gabh àite

BREAD
A small bit of bread — Crioman mìre
Bread crumbs — Pronnan arain
Bread-winner — Fear an taighe
Bread without butter or cheese — Aran tur
Daily bread — Aran làitheil
Ginger-bread — Aran cridhe
Know which side his bread is buttered on — Fios càite a bheil a mhathas
On bare bread — Air aran lomnochd; air aran tur

BREAK
Break a journey — Bris turas
Break away; break loose — Bris air falbh
Break down; collapse under pain or emotion — Bris sìos
Break down; smash by force — Cuir na spealgan
Break in;(1) enter a building by force; (2) interrupt; (3) train a horse — Bris a-steach
Break off — Cuir stad air
Break one's heart — Bris cridhe
Break out; begin, like cheering — Tòisich
Break out; force one's way out — Buail a-mach; bris a-mach
Break the back of — Thoir deagh ionnsaigh air
Break the bank — Bris air a' bhanca
Break the ice — Fàiltich
Break the news — Innis dha
Break the thread — Cuir maille air a' chainnt
Break through — Fuasgail a' cheist
Break-through (Noun) — Soilleireachadh
Break with — Dèan sgaradh
Breaking a horse — A' stamhnachadh
Breaking stones — A' pronnadh chlach
Broken down — Briste sìos
He broke his word — Chaidh e air ais air 'fhacal
Make the break — Dealaich
The weather broke — Thromaich an tìde
When he bade me good-bye I almost broke down — Nuair a leig e beannachd leam, cha mhòr nach do bhris orm

BREAKDOWN
A breakdown — Briseadh sìos
A nervous breakdown — Tinneas inntinn

42.

BREAKER

Beyond the breakers
There is halo round the moon,
and the breakers boom on the
shore

Cùl na tuinne
Tha cuibhle mun ghealaich, agus
fuaim mòr aig a' mhuir

BREAKFAST

Serving breakfast
When is breakfast served?

Riaghladh a' bhidh maidne
Cuin a bhitheas am biadh maidne
deas?

BREAKNECK

Off he rushed at breakneck
speed

A-mach gun do ghabh e na dhearg
leum; a-mach gun do ghabh e
na dheann ruith

BREAST

Breast-pocket
Make a clean breast of it

Pòcaid-broillich
Aidich gu tur e; leig dhìot e

BREATH

A breath of fresh air
(Literal)
A breath of fresh air;
something delightful or
refreshing
A breath of wind
In the same breath
Out (short) of breath

Làn beòil de àile ghlan

Cuideigin no rudeigin a tha
aoibhneach beòthail no ùrachail

Deò ghaoithe
Aig an aon àm
Anail na uchd; anail an àird
a chlèibh

Shortness of breath
Take one's breath away
Take your breath; rest
The breath of his nostrils
The breath of life
The breath of your mouth
There is not a breath in him
With one's last breath

Luas-analach
Cuir mòr iongnadh
Leig d' anail; gabh d' anail
Anail a shròin
Anail na beatha
Faiteal do bheòil
Chan eil sgrid ann
Leis an uspaig dheireannaich

BREATHE

Breathe again with relief
He breathed his last
Breathing-space
Not to breathe a word
To breathe deeply
We were breathless

Analaich às ùr le furtachd
Chaidh am beò às; chaochail e
Faochadh
Air do mhionnan na can smid
Anail mhòr
Bha luas-analach oirnn

BREEDING

Bad breeding; lack of manners

Droch oilein

BREEZE

A fresh breeze
A stiff breeze of wind
Like a gentle breeze
The breath of the skies;
breeze
The fresh breeze of the
mountain
We have a favourable breeze
With a smart breeze of
northerly wind

Lasgan gaoithe
Sgrìob chruaidh air a' ghaoith
Mar aiteal beusach
Anail nan speur

Oiteag ùr nan sliabh

Tha soirbheas math againn
Le sgairt den ghaoith a tuath

BRIBE
He has been bribed
Who has not accepted a bribe?

Fhuair e duais eucoir
Cò nach do ghabh brìb?

BRICK
A brick; a regular brick
Brick up
Come down like a ton of bricks
Drop a brick

Duine glàn
Dùin suas
Leum air
Leig a-mach rudeigin; maslaich;
    nàraich

Make bricks without straw

Dèan breiceachan gun chonnlaich
    (Literal)

BRIDGE
The arch of the bridge

Bogha na drochaide

BRIDLE
He bridled the horse

Chuir e srian air an each

BRIEF
I hold no brief for him
In brief

Chan eil càil agam mu dheidhinn
Gu feàrr

BRIGHT
A bright spark (S)
It is a bright day

Fear tuigseach
Tha là soilleir ann

BRIMFUL
Brimful of
I got the basin full to the
    brim

Loma làn de
Fhuair mi stràc na mèise

BRING
Bring about
Bring alive
Bring along with you
Bring down (1) cause a penalty
    to fall on; (2) end a
    government
Bring down; lower
Bring forth
Bring forward
Bring from; deprive him of it
Bring; give up
Bring him over
Bring home to one
Bring in
Bring in; tame; cultivate new
    ground
Bring into play; cause to
    operate
Bring into play; give
    information
Bring or call into being
Bring off
Bring on
Bring round
Bring those to me
Bring to a close
Bring to bear
Bring to mind
Bring to a conclusion

Thoir gu buil
Beòthaich
Thoir leat
(1) Eirig air a' chùis;
    (2) thoir gu crìch

Leig sìos
Thoir a-mach
Thoir air adhart
Thoir bhuaithe
Thoir dhomh
Thoir thairis e
Thoir a-steach air
Thoir a-steach
Thoir a-steach

Thoir gu feum

Thoir brath

Beòthaich; las
Thoir gu buil
Thoir air adhart
Thoir mun cuairt
Thoir iad siud thugam
Cuir crìoch air
Thoir mu chuairt
Thoir gu aire
Thoir gu buil

Bring to notice	Thoir gu aire
Bring together	Thoir còmhla
Bring up	Thoir a-nìos
Bring up; care for and educate	Àraich; ionnsaich
Bring up; refer to some matter	Thoir an àirde
Bring up the rear	Bi air deireadh
Bring word	Thoir brath
Bring yourself to	Thoir ort fhèin
Bringing the house down	A' sgaoileadh le gàireachdaich
He brought it into play	Chuir e gu feum e
He brought to me the sheep I had missed	Thug e thugam a' chaora a bha air chall orm
He brought us together	Thug e sinn gu chèile
I brought that about	Thug mi gu ìre sin
I was brought up in Lewis	Chaidh mo thogail ann an Eilean an Fhraoich
We brought him to book	Rug sinn air

BRISTLE

Bristle with	Colg air; làn de
He bristled; he enraged against	Ghreannaich e rium; chuir e colg orm; chuir e friogh orm

BROACH

Broach; tap a barrel	Cur sàradh ann; leig am buideal
He broached the subject	Thog e an cuspair; chuir e an cèill an cuspair

BROAD

Broad-minded	Inntinn fharsaing
Broadly speaking	Airson na mòr chuid

BROADCAST

Broadcast	Craobhsgaoil; craol

BROKEN

Broken accents or English	Gàidhlig/Beurla bhriste; prabarstaich
Broken reed	Fear briste

BROOK

The bank of the brook	Bruach an uillt
The murmur of the brooks has subsided	Thrèig torman nan allt

BROOM

A broom to sweep the house	Sguab gu sguabadh an taighe
A new broom; new or changed ideas	Beachdan-smuain ùra

BROW

Highbrow	Fear uaibhreach
The briar green on the brow of the hills	An draigheann gorm air sgoirm nan càrn
Under a friendly brow	Fo leacainn aoidheil

BROWSE

He was browsing among the books	Bha e a' toirt ruith air na leabhraichean

BRUSH

A brush with another person	Aghaidh ri aghaidh
A floor brush	Sguab-làir; sguab-ùrlair
Brush up	Ath-ionnsaich

BRUTE
Brute force
What a brute you are!

Spionnadh an amadain
Nach bu tu an t-each!

BUCK
Buck up (S)

Tog ort

BUCKLE
Buckle to (S)
Buckle up

Gabh ris
Cuir umad

BUDGE
I will not budge an inch, do
what you will
Won't you budge?

Cha toir thu mise thar mo bhonnan
ge b' oil leat
Nach caraich thu?

BUILD
Alasdair built the house
with his own money
Build upon
He built large buildings

Thog Alasdair an taigh às a
phòcaid fèin
Stèidhich
Thog e aitreabh mhòr

BULGE
It bulges out
The wall bulges

The wall has a great bulge

Tha e a' brughadh a-mach
Tha brù air a' bhalla; tha 'm
balla ag aomadh
Tha bogha mòr aig a' bhalla

BULKY
Growing more bulky and clumsy

To be bulky

A' dol an dùmhladas; a' dol na
bungaid
Dùmhail

BULL
When a cow is brought to a
bull they say:

Tha i air theas (Argyll);
tha i fo dhàir (Wester Ross)
tha 'n dàir oirre (Western
Isles)

BULWARK
They shall break her bulwarks

Brisidh iad a beul

BUNCH
A bunch of keys
He is the best of the bunch
Try a bunch of grapes

Pasg iuchraichean
'S e as fheàrr aca
Feuch bagaid dhe na fìon-dhearcan

BUNGLE
They bungled his opportunity

Rinn iad gu cearbach a chothrom

BUOY
A buoy (1) at the end of
a cable; (2) just on the
surface; (3) a middle buoy
Can you see the buoy?

(1)Put-suaib; (2) put-sèis;
(3) put-meadhan

An dèan sibh a-mach am buidhe?

BURDEN
I have never been a burden on
the rest
That he would not be a burden
to us
The duck is no burden to the
loch

Cha robh mi riamh nam throm air
càch
Nach bitheadh e na uallach
oirnn
Cha truimide an loch an lach

BURN

A burnt child dreads the fire	Cha tèid a' phiseag ris an teine ach aon uair
Burn one's bridges/boats	Chan eil tilleadh ann
Burning the candle at both ends	Losgadh na coinnle aig gach ceann
Burn vehemently	Dian loisg
Burnt-offering	Iobairt loisgte
He burned his fingers	Loisg e chorragan
He burnt their houses over their heads	Chuir e na taighean nan teine orra mun cinn
Money burning a hole in his pocket	Airgead a' dèanamh toll na phòca

BURST

Burst of laughter	Glag gàire
He burst asunder	Sgàin e
Like to burst	Am impis a bhith sgàinte
There never was an extravagant burst of joy without gloom after it	Cha robh meadhail mhòr riamh gun dubh-bhròn na dèidh

BURY

Bury one's head in the sand	Thèid am falach
Bury the hatchet	Bi rèidh ris/rithe

BUSINESS

A business matter	Gnothach
Away! Go about your business!	Thoir am blàr ort!
A particular business	Gnothach sònraichte
Business-like	Coltach ri gnothach; sgafanta
Do your business with energy	Dèan do ghnothach le sgairt
Go out of business	Bris air
Going on business; on an errand	A' dol air cheann gnothaich
Have no business	
He is in business on his own account	Na gabh gnothaich ri Tha e air a cheann fhèin
How's business?	Ciamar a tha gnothaichean?
It is a shameful business	Is nàr an gnothaich e
Mind your own business	Cùm do shròn às
Private business	Gnothach uaigneach
The business end (S)	Ceann gnothaich; ceann feum
What business is it of yours?	Dè 'n umhail a th' agad-sa?
What is your business with him?	Dè do ghnothach ris?
You mean business	Tha sùrd oibreach oirbh
You will spoil the business	Millidh tu a' chùis

BUSTLE

Bustle about	Dèan othail
Why do you bustle so?	Ciod an othail a th' ort?

BUSY

They are busy at work (cultivation)	Tha iad trang ris an àiteach
Very busy	Glè thrang; gu math trang; uabhasach trang
What are you busy with now, at home?	Dè a tha sibh a' cur ris an dràsda, aig an taigh?

BUT
But, after all
But, at any rate
But by the way
But one; except one
He is but young
There was no alternative but
  to go

An dèidh sin 's na dhèidh
Ach, coma cò dhiù
Ach, eadar dhà sgeula
Mach o h-aon
Chan eil aige ach an òige
Cha robh air ach falbh

BUTT
Butting in (S)
Butting with his horns

A' cur facal a-steach
A' purradh le adharcaibh

BUTTER
As if butter wouldn't melt
  in his mouth
) Fresh butter

Mar nach leaghadh an t-ìm na
  bheul
Ìm ùr

BUTTONHOLE
Buttonhole; intercept and
  speak

Beir air

BUY
A good buy
Bought wisdom is the best

Deagh bhargan
Is e an ciall ceannaichte as
  fheàrr
I have bought a pair of
  brand new shoes
Which we bought so dearly
They bought for
They bought in
They bought out
They bought up

Cheannaich mi paidhir de bhrògan
  ùra nodha
A cheannaich sinn cho daor
Cheannaich iad airson
Cheannaich iad a-steach
Cheannaich iad a-mach
Cheannaich iad às; an àird

BY
By an author
) By and by
' By degrees

Le ùghdar
Uaireigin; uair no uaireigin
Airson a' mhòr chuid; am
  bitheantas
By heart
By him (her) self; alone
By him (her); unaided
By means of these two
By (movement)
By reason of
By the way
By what means will you do it?

Air teangaidh
Leis/leatha fhèin
Gun taic; gun chuideachadh
Ri linn an dithis seo
Seach
Fa chùis
O seadh; èisd seo
Ciod leis an dèan thu e?

BYGONE
A bygone
Let bygones be bygones

Seann rud
Leig seachad e

BYWORD
He became a byword
He shall be a byword

Fhuair e 'n t-ainm sin
Bithidh e na ghnàth-fhacal

CABER

Tossing the caber   A' tilgeil a' chabair

CACKLE

Cackling of the hens   Gàgail nan cearc
Where there are hens there   Far am bi cearcan bithidh gràcan
will be cackling

CADGER

Cadgers talk of pannier-saddles   Bithidh na caidsearan a' tighinn
(Everyone talks his own shop)   air na srathairean

CAJOLE

Cajole him away with you   Càirich air falbh le breug leat e

CAKE

A piece of cake (S)   Cha bhi maill ann; gun dragh/
     mhaill
Do you like cake?   An còrd aran milis riut?
Have one's cake and eat it   Gach nì gu do mhiann
Take the cake/biscuit/bun (S)   Cha robh càil idir ann chun a
     seo

CALAMITY

In the day of your calamity   An là d' urchoid; là na dunaidh
She never got over that   Cha d'fhuair i riamh os cionn
calamity that overtook her   na buille ud a thàinig oirre

CALCULATE

Calculated to   A dh' aon obair
Will calculate upon   Bithidh dùil ri

CALL

As some call her   Mar a their cuid rithe
Call; called   Can ri; ris an canar
Call a halt   Cuir stad air
Call a spade a spade   Abair an fhìrinn; bi dìreach
     an cainnt
Call for; arrive to take   Tadhal air a shon
away or accompany
Call for; demand   Grad iarr
Call forth   Eubh a-mach; gairm a-mach
Call in   Eubh a-steach; gairm a-steach
Call in question   Cuir teagamh air
Call names   Càin
Call off; change your mind   Atharraich d' inntinn
Call off; order to cease   Cuir bacadh air; cuir stad air
Call on; request   Iarr
Call on; visit   Theirig a chèilidh air
Call out; raise your voice   Beuc; eubh; glaodh; tog do ghuth
Call out; summon to keep law   Gairm airson sìth a ghleidheil
and order
Call over   Eubh a-nall; gairm a-nall
Call the tune   Bi smachdail
Call to mind   Cuimhnich air
I made a short call on him   Chaidh mi a chèilidh air
Let's go calling   Tiugainn a chèilidh
No call to   Cha robh adhbhar sam bith; gun
     adhbhar
So called   Air a bheil an t-ainm; mar sin
     ainmichte
To be called   A bhith air a ghairm

49.

Which we call	Ris an can sinn

CALM

A calm evening and the birds singing	Feasgar mall 's na h-eòin a' seinn
A calm night; a calm evening	Oidhche mhòdhar; feasgar sàmhach
A dead calm	Glag fhèath
A perfect calm	Fèath dubh/geal; finn-fhèath
In the calm sea	San fhairge shèimh; san linne shèimh
We were becalmed	Thàinig fèath oirnn

CALUMNIATE

| Thou hast calumniated us | Thog thu oirnn sgainneal; chuir thu sìos oirnn |

CALVE

| She (the cow) is near calving | Tha i 'leigeil fòipe |

CAMEL

| Break the camel's back | Cuir crìoch air |

CAMOUFLAGE

| They camouflaged the gun | Chuir iad breug-riochd air a' ghunna |

CAN

| Carry the can | Gabh an t-eallach; an urra ri |
| If I can | Mas urrainn mi |

CANDLE

Burn the candle at both ends	Dèan cus
Her candle does not go out	Cha tèid a coinneal às
Light the candle	Cuir thuige a' choinneal
Not fit to hold a candle to	Cha tig e 'n uisge na stiùireach dha
Not worth the candle	Chan fhiach e 'n t-saothair

CAP

A feather in your cap	Sin euchd bhuadhach agad
Cap in hand; humbly	Gu h-umhail
If the cap fits, wear it	Ma thig an ad dhut, cleachd i
Put on one's thinking cap	Meòraich air rud; beachd-smuainich air
Set one's cap at; attempt	Bhith ga ruith; call a casan às a dhèidh; ruith às a dhèidh; feuch
Take/send the cap round	Tionail
To cap; to go one better	Dèan an rud a b' fheàrr (bu mhiosa) buileach

CAPABLE

Capable of	Comasach air
I am not capable or qualified	Chan eil mi urrach
I will do all I am capable of doing	Nì mi nas urradh mi; nì mi nas urrainn mi
If I were capable	Nan deidheadh agam air

CAPACITY

| He showed his capacity | Nochd e a chomas |

CAPITULATE

| I would not capitulate to anyone | Cha strìochdainn do dhuine |

CAPSIZE
The boat capsized on them

Chaidh am bàta thairis orra

CAPTAIN
A captain of the guard that would not yield

Ceannard an fhreiceadain nach feacadh/strìocadh

CAPTIVE
He will take away our captives

Bheir e ar gèill/prìosanaich air falbh

CARD
Drop him a card
House of cards; unstable
On the cards (S)
Play your cards right; act sensibly
Playing at cards

Cuir linnich da ionnsaigh
Taigh chairtean; neo-sheasmhach
Dùil ri
Cluich do chairtean mar is còir; obraich gu tùrail
A' cluich air cairtean; ag iomairt air na cairtean

Put one's cards on the table

Bi onorach

CARE
Care nothing for

Coma dheth; is beag/coma leam; is beag orm

Have a care

Bi air d'aire/d'earalas; thoir an aire

I care no more for you than I do for a tinker
I care very little for that man
I couldn't care less!
I don't care which
If he does not care he will be ruined

Cha mhotha ormsa thu agus am fear a rinn a' phrais-bheag
Chan eil a' bheag agam mu cheann an fhir ud
Tha mi coma co-dhiù!
Tha mi coingeis
Mur a toir e an aire air fèin bithidh a bhonnan bàna os a chionn

Little do I care how you deal with him
Little does he care what you say to him
No one care; let him
The devil may care
They care not a whit for
To take special care over something
What do you care?

Is beag is motha ormsa ciod e a nì thu air
Is suarach aige-san dè a their thu ris
Tha a' chead aige
Dragh a' choin
Cha toir iad hò-rò
Aire air leth a thabhairt do rud

Dè an dragh a th'agadsa?

CAREER
A chequered career; with many changes, successes and failures

Cùrsa corrach

CAREFUL
A careful or frugal man
To be careful (not to)

Duine glèidhteach/cùiseach
An aire a thoirt (nach); a ghabhail cùram (nach)

CAREFULLY
Carefully laid aside; stored
Do it carefully

Air an spàrr
Dèan le grùnnd e

CARELESS
Careless about work/business

Gun chluain

CARESS
Caressing them   Mùirneach umpa; gam brìodaladh

CARNAGE
What carnage they have made!   Is iad a rinn am plod!

CARNAL
He had carnal connection with   Chaidh e oirre
her

CARPENTER
Employed as a carpenter   Ris an t-saorsainneachd

CARPET
On the carpet   Air beulaibh

CARRY
Although I carry on my duty   Ged a tha mise ann an ceann mo
I am not fit/don't care for   ghairme chan eil mi air a shon
it
Carry all before you   Sguab romhad e
Carry away; deprive   Thoir bhuaithe
Carry; carry away; bring or   Creach
take away by force
Carry on; behave irregularly   Bi ri mì-mhodh/mì-stuamachd
Carry on; continue   Cùm air; lean
Carry on; grieving   A' caoidh; a' caoineadh
Carry out   Cuir an gnìomh; cuir gu feum
Carry through   Cuir crìoch air
Carried off by the wind   Air falbh leis a' ghaoith
Carrying or leaving off   A' togail air falbh
It carried me back to the   Thug e m' òige air ais chugam
days of my youth
To carry something into effect   A chur rudeigin gu crìoch
What carry on has he?   Dè an dol-a-mach a th' air?
You will carry your point   Thèid leat

CART
Carting dung; laying manure   A' cur a-mach an leasachaidh;
     todhair
Empty the cart   Taom a' chairt
In the cart (S); in an awkward   Ann an suidheachadh cearbach
position
Put the cart before the horse;   Cuir a' chairt ron each (Lit)
put the effect before the   cuir an èifeachd roimh an
cause   adhbhar

CARVING
A carving of wood   Snaidheadh fiodha

CASE
A case in point   Eisimpleir; samhla
As the case may be   Mar a bhitheas e
In any case   Co-dhiù; ge air bith dè thachras
In case; in case of   Air eagal/earalas
In case he might come   Gun fhios nach tigeadh e
In that case   An lorg/mar/a chionn/air sgàth
     sin
In the case of   Ann an àite
It is a hard case   Is goirt a' chùis

CASH
(Buy in) for cash   Air airgead

To cash a cheque	Seic a thogail

CAST

Can you cast the stone further than I?	An cuir thu an dòrnag orm?
Cast a slur on	Cuir smal air
Cast a spell over	Cuir fo gheasaibh; cuir seun air
Cast about you	Cuiribh umaibh
Cast an eye over	Thoir sùil air
Cast aside	Tilg air falbh
Cast aspersions	Dèan cùl-chàineadh
Cast away	Cath/sad air falbh; tilg às
Cast down (adjective)	Brònach; dubhach
Cast down (verb)	Tilg sìos
Cast, or throw, in one's lot	Tilg a-steach a chrannchur
Cast, or throw, light upon	Dèan soilleir
Cast off; unwanted	Gun fheum/phrìs
Cast off; moorings	Leig ma sgaoil
Cast off; repudiate; throw away	Dol às aicheadh
Cast out	Tilg a-mach
Cast pearls before swine; give something of beauty to one who cannot appreciate it	Cuir rud luachmhor mu choinneimh duine gun mheas air an luach
Cast reflections on	Dèan ais-thilgeadh air
Cast sheep's eyes at; gaze in a foolish and amorous way	Dèan mìogshùil
Cast thy mantle about thee	Tilg d' fhallainn umad
Cast up	Dìobhair
Casting stones at	A' caitheadh chlach
Casting vote	Bhòta rèitich
He cast an eye on the map	Thug e sùil air a' mhap
He casts up that he did this	Tha e maoidheadh gun do rinn e seo
Ne'er cast a clout till May be out; do not discard winter clothing too early	Na tilg dhìot clùd gu deireadh a' Chèitein
She cast a foal	Thilg i searrach
We cast lots for it, and I got my share of it	Leag sinn croinn air, agus thuit mo chuid ormsa dheth
You need not cast that up to me	Cha ruig thu leas a' bhith a' stocadh sin rium; tilgeil orm

CASTLE

An Englishman's home is his castle	A h-uile na rìgh air an stairseach; a h-uile coileach da dhùnan fhèin
Castle in Spain/in the air	Às na neòil; às na rionnagan
You were a castle to me	Bu chaisteal dhaingneach dhomh thu

CAT

A cat may look at a king	Fuilingidh an rìgh don chat sealltainn ris
Cat's paw	Oiteag gaoithe
Cat nap	Norrag bheag
Fight like Kilkenny cats	Toirt sùilean dubha a chèile a-mach
Let the cat out of the bag	Leig mu sgaoil e

Like the cat cleaning its
face; scheming and planning
Like a cat on hot bricks
Put the cat among the pigeons;
create an uproar
Which way the cat jumps; the
outcome

CATASTROPHE
The catastrophe that befell
him

CATCH
Capable of catching you
Catch a person's eye
}Catch cold; he caught a cold

Catch hold
Catch off one's guard
Catch on; become fashionable
Catch on; understand
Catch one's death of cold
Catch out
∫Catch sight of
Catch up; (1) snatch up;
(2) become level with, equal
Catching flies
Caught by the throat
Do you think you have caught
a cold?
He caught (up to) him
He caught fire
{ He caught the ferry
He was caught and bound hand
and foot
He was catching as many fish
as he could handle
∫ I didn't quite catch what you
said
So as to catch
∫To catch a bus
We got a good catch

CATEGORY
In the same category
(like fish on a string)

CATTLE
Barren cattle
Lean cattle
Raising cattle
The cattle starving for lack
of fodder
There is no demand for cattle

CAUSE
A cause of anguish; belief;
complaint; condemnation;
discord; envy; grief; horror;
justice; reproach; sorrow;
weariness; wonderment

Coltach ris a' chat a' glanadh

Air bhioran
Cuir an ceòl air feadh na fìdhle;
cuir buaireas
Mar leumas an cat (Literal);
an co-dhunadh

A' bhuille/an droch thubaista
thàinig air

Comasach air breith ort
Glac a shùil
Gabh fuachd; thàinig an cnatan
air
Beir air
Beir air gun fhios dha
Fàs fasanta
Tuig
Air lapadh leis an fhuachd
Faigh gun fhios dha
∫Faigh sealladh air
Beir air

A' ceapadh chuileag
Air sgòrnan
A bheil thu 'n dùil gun d'fhuair
thu cnatan/fuachd?
Rug e air
Chaidh e na theine
ϩ Rug e air an aiseag
Chaidh breith air agus a
cheangal cho cruinn ri mult
Bha sad a dhà làimhe aige air
marbhadh èisg
∫Cha do thog mi buileach dè
thuirt thu
Gus ... glacadh
ϩBus fhaighinn
Fhuair sinn tacar math èisg

Air an aon ghad

Crodh seasg
Crodh caol
Togail sprèidhe
Crodh leis a' chaoile

Chan eil miadh sam bith air crodh

ϩ Adhbhar/cùis chràidh; chreideis;
ghearain; dhìtidh; aimhreit;
fharmaid; bhròin; uamhais;
chòrach; mhaslaidh; dhuilichinn;
airtneil; iongantais

A hard cause	Cùis-chruaidh
Cause to shake	Cuir air crith
Causing discord	A' cur a-mach air a chèile
The real cause of the matter	Màthair-adhbhar na cùise
They fell for a good cause	Thuit iad ann an deagh adhbhar
This is the cause of my sorrow	Is e seo fàth mo bhròin

CAUTION

| I cautioned him | Dh'earail mi e |

CAVIL

| Do not debate with cavilling | Na bi a' deasbad leis a' bharchainnt |

CEASE

Stop that racket!	Sguir den ghleadhraich sin!
Cease; desist	Leig dhìot
Cease; give over (from fatigue)	Thoir thairis
Their influence ceased; they died; were killed	Chaidh às daibh

CEMENT

| He cemented their friendship | Chuir e an càirdeas aca ri chèile |

CENT

| Per cent | As a' cheud |

CENTRE

In the centre	Anns a' mheadhan
Right in the centre	An teis meadhan
The centre of the chest	Carraig an uchd
The centre of the earth	Cridhe na talmhainn

CENTURY

| From centuries gone by | O na linn(t)ean a dh'fhalbh |

CERTAIN

A certain man	Duine àraidh
Fully certain	Làn fhiosrach
I am certain of it	Tha mi cinnteach às
I am quite certain of it	Tha seall-fhios agam air
To make certain	A dhèanamh cinnteach/deimhinn

CERTAINLY

| Certainly; decidely; assuredly | Air chinnte |
| Oh, certainly | O,gu cinnteach/gu dearbha/gu deimhinn |

CERTAINTY

| There is no certainty in their lips | Chan eil cinnte nam beul |

CESSATION

| There is no cessation of arms | Chan eil fosadh còmhraig ann |

CHAIN

| Chain-work | Obair-shlabhraidh |

CHAIR

Have a chair	Seo dhut cathair
Take the chair; at a concert or social function	Bi na fhear an taighe
Take the chair of a meeting	Bi na fhear cathrach

CHALK
As different as chalk from cheese

By a long chalk

Mar chloich an ionad càbaig

Is fhada uaith e

CHALLENGE
Challenges stinging them
Challenging
The warrior challenged the best of them

Bualadh nam bròg; gan teumadh
A' toirt dùbhlain
Thug an gaisgeach dùbhlan don fhear a b' fheàrr dhiubh

CHANCE
An eye to the main chance
Chance one's arm
He did not get a proper chance

It is only a chance
Sporting chance
Take your chance
Taking no chances
The chances are
There is no chance of our ever meeting
We chanced to speak about them
We met by chance
Your chance

A shùil roimhe
Gabh ri cunnart
Cha d'fhuair e oibreachadh air chòir
Chan eil ann ach tuiteamas
Cothrom na Fèinne
Gabh cuid do chroinn
A' seachnadh thuiteamas
Bithidh a h-uile cothrom ann
Chan eil coltas sam bith gun tachair sinn am feasd
Thàinig againn air labhairt umpa
Thachair duinn tachairt
Cuid do chroinn

CHANGE
All changed
Change a £1 note
Change hands
Changed days for him; he saw better days
Changing trains
Get no change out of
Give me change for a crown
He changed his countenance
He is changed; sadly changed

They changed their clothes

Uile air caochladh
Iomlaidich not
Atharrachadh seilbh
Ach bha là eile aig fear na mònadh
Dol gu trèana eile
Gun càil fhaighinn às
Thoir dhomh mùthadh crùin
Chaochail e a ghnùis
Tha an t-atharrachadh as motha air
Dh'atharraich iad an aodach

CHANGEABLE
Changeable weather

He is as changeable as the wind

Sìde iomlaideach; uair chaochlaideach
Tha e cho iomlaideach ris a' ghaoith

CHANNEL
A narrow channel
Across the Channel
On the other side of the Channel
The bed/channel of the river

Amar caol; sruth-chlais chaol
A-null air a' Chaolas
Air taobh thall a' Chaolais

Amar na h-aibhne

CHANTING
A while at chatting and chanting

Greis air canntaireachd is ceòl

CHAPTER
A chapter of accidents
Chapter and verse

Tubaisd bho thubaisd
Facal air an fhacal `

CHARACTER

A man without decision or character	Duine gun chur-leis
In character	Bithidh dùil ris; bha e dualach dha
Redeeming your character	Do chliù a shaoradh
Under a bad (good) character	Fo dhroch (dheagh) bheus

CHARGE

Charge with; accuse of crime	Tagair ceannairc
Charge with; entrust with	Cuir an urra
Charged with; filled; loaded	Làn de
Charging them	A' cur sparradh orra
Do not lay such things to my charge	Na cuir sin às mo leth-sa
He would always charge me with wrongdoing	Cha chuireadh e olc seachad orm
I solemnly charge you	Tha mi ag àithne dhut
In charge of the children	An urra ris a' chloinn
The charge of that thing to me	Uallach an nì sin ormsa
The charge in battle	An dol sìos
To charge batteries	Bataraidhean ùrachadh
Under my charge	Air mo chùram-sa

CHARITABLE

A liberal or charitable man	Duine coibhneil; tobhartach
Charitable people	Luchd-carthain

CHARITY

Charity begins at home	'S e 'n dachaigh bun tabhartais
Charity conceals faults	Ceilidh seirc ainimh

CHARM

He bears a charmed life	Tha sian air
It is a charming morning	Tha madainn àlainn ann

CHARTER

The charter of the land	Còirichean an fhearainn

CHASE

A wild goose chase; whistling on a cold trail	Fead air fuar-luirg
Chase away	Cuir teicheadh air
Chase him	Sìn air
Dogs in hot chase	Coin gan còpadh
He chased me	Ruith e às mo dhèidh
Like dogs on a leash at the time of the chase	Mar choin air èill ri àm na seilge
The chase of the plain	Faghaid an rèidh

CHASTEN

Have you chastened him? did you put him to flight?	An do ghabh thu air?

CHEAP

As cheap as water	Cho saor ris a' bhùrn
Cheap as dirt	Cho saor ri saor
The cheapness of this thing	Saorsa an nì seo; saoiread an nì seo

CHEAT

He cheated me; jilted me	Thug e an car mu thom asam

CHECK
Check out (S)	Dèan cinnteach à
Keep in check	Cùm sùil air; cùm smachd air; cùm fo rian

CHEEK
Cheek by jowl	Dlùth d' a chèile
Cheeky	Mì-mhodhail
Give him cheek	Thoir dha mì-mhodh
Have a cheek	Is ann ort a tha an aghaidh
Have the cheek to	Bha de bhathais ort na ...

CHEER
Cheer up	Bi aighearach; bi sùnndach; tog ort
Good cheer	Fonn math

CHERISH
The young man I so dearly cherished	An duine òg is mùirneach agam

CHEST
Chest disease	An tinneas broillich/maothain
Get it off one's chest	Leig ris e

CHICKEN
Chicken-hearted; faint-hearted	Lag-chridheach; lag-mhisneachail
Count one's chickens	Togail caisteil anns na neòil
He is only a chicken-hearted fellow	Chan eil ann ach maothag
The chicken-hearted shall never prosper	Cha bhuadhaich am meata gu bràth

CHILD
A child	Duine-cloinne
A male child	Leanabh gille; leanabh-mic
Children of the Gael, shoulder to shoulder	Clann nan Gàidheal ann an guaillibh a chèile
Female-child	Leanabh-nighinne
Foster-child; nursing	Leanabh-altruim
Pacify the child	Cuir cluain air an leanabh
Quick with child; pregnant	Beò-leatromach
She is with child	Tha i trom; tha i air turas chloinne
The children were with me continually	Bha a' chlann an còmhnaidh na mo chois
The children were looking out of the window	Bha a' chlann a' coimhead a-mach air an uinneig

CHILDBIRTH
A woman in child-bed	Bean-shiùbhla; bean-shiùla
Confinement; childbirth	Leabaidh-shiùla
Labour of childbirth	Saothair chloinne
Lying-in	Laighe-siùl; air leabaidh-shiùl

CHILL
Catch a chill	Faigh cnatan
Take the chill off	Blàthaich
You are quite chilled	Tha thu air do leitheadh

CHIME
Chime in (with)	Bris a-steach

CHINA
China work; earthenware; porcelain	Obair-chrèadha

CHIP
Chip in; contribute	Cuir ris
Chip in; interrupt	Bris a-steach; cuir maill air cainnt
Chip of the old block	Rud a bhitheas sa' chù bidh sa' chuilean
Have one's chips (S); be unsuccessful	Bi mì-shealbhach
Having a chip on one's shoulders; having a grudge	A' giùlan casaid; cùis ghearain a chur

CHOICE
A difficult choice	Cruaidh-thaghadh
Every man to his choice	Gach fear 's a roghainn
Hobson's choice; take it or leave it	Cuireadh MhicPhilip; gabh no fàg
Take your choice	Gabh do roghainn
The choice among men	Taghadh nam fear
There is a choice saddle, at any rate	Tha rogha dìollaid ann co-dhiù
There is pick and choice among them	Tha diùgha is roghainn ann
You have no choice in the matter	Chan eil roghainn agad anns a' ghnothach

CHOOSE
Choose the best	Tagh a' chuid as fheàrr
He was chosen by ballot	Thuit an crann air
Whoever you may choose	Cò as roghnaiche leat
You would choose a knife for a weapon	Thaghadh tu sgian mar arm

CHOP
Chop and change	Siud is seo; null 's a-nall

CHRISTMAS
The day (night) before Christmas	Là (oidhche) nam bannag

CHUCK
Chuck away; out; up	Tilg air falbh; a-mach; suas

CHUM
They are great chums	Tha iad mòr aig a chèile

CHUNK
Cut it in chunks; in pieces	Geàrr na òrdan e; na chnapan e

CHURCH
Have you noticed if the people have come out of church yet?	Am faca tu an do sgaoil an eaglais fhathast?
He became a church member	Thog e fianais
The church collection	Am brod
The church has been declared vacant	Tha an eaglais air a h-èigheach bàn
The church is overcrowded today	Tha an eaglais a' cur a-mach an-diugh
The Church of Rome	Eaglais na Ròimhe

The Church of Scotland	Eaglais na h-Alba
The Episcopal Church	An Eaglais Easbaigeach
The Free Church	An Eaglais Shaor
The Free Presbyterian Church	An Eaglais Shaor Chlèireach
Under the protection of the church	Fo dhìon na h-eaglaise

CHURN
She is churning — Tha i a' measradh

CIRCUIT
I made a circuit of the houses of the town — Chuir mi cuairt air taighean a' bhaile
The first circuit they made — A' chiad thimcheall a rinn iad

CIRCULATE
They circulated the news — Chuir iad am fios mun cuairt

CIRCULATION
The circulation of the blood — Cuairt na fola; saor-chuairt na fola

CIRCUMLOCUTION
He always speaks with circum-locution — Tha e a' bruidhinn an còmhnaidh le cuairt-chainnt

CIRCUMSPECTION
Full of circumspection — Làn nàistinn

CIRCUMSTANCE
In any circumstance — Air char sam bith
In/under the circumstances — Leis mar a tha cùisean
There are extenuating circumstances for him — Leigidh sin às e

CITE
We cited John — Ghairm/tharraing sinn gu cùirt Iain

CITY
Freedom of the city — Saorsa a' bhaile
The city hall — Talla a' bhaile mhòir

CIVILIZE
David Livingstone civilized many negroes — Chuir Daibhidh Mac an Lèigh fo rian mòran dhaoine dubha

CLAIM
Has he any claim on you? Do you owe him anything? — A bheil dad aige oirbh?
I have a right to claim my wages — Tha còir agam mo thuarasdal fhaighinn
They have some claim on that family — Tha grèim aca air an teaghlach sin

CLAN
There is some bond of clanship between them — Tha leanmhainn a thaobh-eiginn eatorra

CLAP
Clap eyes on — Laigh sùil air
Clap-trap — Drosgail cainnte
Clap your hands all ye people — Buailibh ur basan ·uil' a shluaigh
He clapped his hand on it — Phlàt e làmh air

CLASS
Lower and upper classes

Mithean is maithean

CLAW
A bird's claw
The lobster's claw
What can the joiner do
  without a claw hammer?

Spuir eòin
Ìne a' ghiomaich
Dè nì saor gun òrd-ladhrach? |

CLEAN
Clean away
Clean slate
Cleaning out a byre

Glàn às |
Tòisich às ùr
A' cartadh bàthaich

CLEAR
A clear day
Clear as crystal
Clear as the sun
Clear away outside!
Clear away; remove
Clear away you insignificant
  creature, lest you catch
  my eye!
Clear conscience
Clear off; clear out
Clear out; make clean
Clear out! Take yourself off!
Clear out of my sight!

Là soilleir
Soilleir mar chriostal
Glàn mar a' ghrian
Thoir am baile muigh ort!
Sgioblaich
Teann air falbh mus tèid thu fo
  mo shùil!
Saor chogais
| Tarraing; teich |
Sgioblaich
Thoir do chasan leat!
Às mo shealladh ort!; thoir às
  m' fhianais ort!

Clear the way
Clear up
Get clear away; escape
  completely
He cleared his chest/throat
It is clear/evident
I am clear of it
The coast is clear
The day will clear up

Rèitich an rathad
Dèan soilleir
Teich

Ghlan e a chliabh/amhaich
Tha e soilleir
Tha mi cuiteas e
Tha e sàbhailt
Togaidh an là air

CLEAVE
Cleaving heads
Let my tongue cleave to the
  roof of my mouth

A' sgoltadh cheann
Leanadh mo theanga ri mo
  chiobhall

CLEFT
In a cleft-stick; in a
  position where it is
  difficult to make a decision

Nuair a bhitheas a doirbh breith
  a thoirt; a' brath air leantainn
  ris

CLEMENCY
It is left to your own
  clemency
Refer it to his lordship's
  clemency

Tha e nad mhèinn fhèin

Fàg air uchd a' Mhoireir e

CLENCH
He clenched his teeth and
  off he went

Chuir e a fhiaclan an ceann a
  chèile is air falbh gun robh e

CLERK
Office gadgets are putting
  the clerk out of office

Tha innealan oifis a' cur a'
  ghille-pinn a-mach à obair

61

CLEVER

He is clever; he does well	Is gleusda a gheibhear e
That made you so clever	A rinn cho sgiobalta thu
They were clever at it	Bha iad ealanta air

CLICK

They clicked (S)	Thàinig iad ri chèile

CLIFF

Falling over the cliffs	A' dol leis na creagan
Keep away from the cliffs or	Cùm bho na creagan mus tèid thu
you might break your bones	às an rathad

CLIMATE

Under my native climate; in	Fo m' shìontan dùthchasach
my native atmosphere	

CLIMAX

Matters will ultimately come	Thig a' chùis gu aona-cheann
to a climax	air a' cheann mu dheireadh

CLINCH

Clinch an argument, dispute	Cuir crìoch air; cuir seula air
or matter	

CLOCK

About two o'clock	Mu dhà uair
Half past one (o'clock)	Leth uair an dèidh uair
It is about two o'clock	Tha e dà uair agamsa

CLOSE

At close quarters	Faisg air làimh
Behind closed doors	An dìomhaireachd
Bring to a close; finish	Cuir ceann fìnid air
Close by the seashore	Ri cois na mara
Close in upon (verb)	Dlùthaich air
Close season; when taking of	Àm dùinte
game or fish is forbidden	
Close to each other	Dlùth ri chèile
Close upon a month	Teann air mìos
Come close to me	Teann rium
Come close to the fire	Teann a-steach ris an teine
Closely related to	An dlùth dhàimh/chàirdeas ri
Foes closing in upon us	Nàimhdean a' druideadh oirnn
He had a close shave (S)	Theab e
My pores closed	Mo phòran dùinte
They closed upon her	Chas iad oirre
They kept her close-hauled	Chùm iad an àird i

CLOSURE

I applied the closure to him;	Chuir mi a' ghlas-ghuib air
I muzzled him; I silenced him	

CLOTH

Cloth fraying	Aodach a' sgaoileadh
Smooth cloth	Aodach mìn
The cloth has a nice nap on it	Tha caitein air an aodach
The cloth will shrink	Thèid an t-aodach a-steach
The hem of the cloth	Oir an aodaich; fàitheam an
	aodaich
Woollen cloth	Aodach ola

CLOTHES

A clothes-brush	Bruis-aodaich

A dress coat	Còta fleadhach
An article of clothing	Ball aodaich
Cast off your clothing	Cuir dhìot d' aodach
Clothed	Air a pealladh (F);
	air a phealladh (M)
Dress clothes	Aodach fleadhach
He rent his clothes	Reub e aodach

CLOUD

Behind a cloud	Air chùl neòil/sgòtha
Clouds in white fleeces	Neòil nan rùsgan bàna
Every cloud has a silver lining	Far an dùin doras, fosglaidh doras
In the clouds	Fad às
The cirro-cumulus clouds are very high	Tha neòil breac-a-mhuiltein glè àrd san adhar
Under a cloud	Fo ghruaim/neul
Without a cloud in the sky	Gun dùiseal san iarmailt; gun sgòth air adhar

CLOVER

In clover (S)	Am pailteas

CLUB

We clubbed together	Chaidh sinn còmhla

CLUMSY

The clumsy are very liable to accidents	Is trom na tubaistean air na slibistean
You are only a clumsy, badly-organised fellow	Chan eil annad ach buamastair

CLUTCH

A car clutch	Graimeachadh einsein
Clutch at straws	Greimich air sràbhan
He fixed his clutches in me	Shàth e dhubhain annam
In thy clutches	Nad chruidhean

COAL

A coal pit	Sloc-guail
A coal-burning grate	Cliath-theine guail
Carry coals to Newcastle	Fiodhrach a thoirt do Loch Abar
Gathering coal, to keep the fire alight overnight	Cnap-smàladh
When the coals run out, work is at an end	Nuair theirigeas an gual teirigidh an obair

COAST

On the coast of France	Air còrsa na Frainge
The coast is clear	Tha e sàbhailt

COAT

Does the coat fit?	A bheil an còta a' freagairt?
The coat becomes you well	Is math a thig an còta dhut
The coat is next my skin	Tha an còta leth ri mo chraiceann

COCK

Cock-a-hoop	An làn shunnd; air a dhòigh
Cock-eyed; having a squint	Càm-shuileach
Cock of the walk	A h-uile coileach d' a dhùnan fhèin
Cock your bonnet	Coc do bhoineid
Cock sure	Làn chinnteach

COCKLES
Warm the cockles of one's heart

Dèan aoibhneach

COEXIST
They coexisted together

Bha iad beò le chèile

COHERE
They cohered together

Lean iad ri chèile

COIN
They coined money
Pay back in his own coin

Choisinn iad airgead gu leòr
Thoir a chuid fhèin dha

COLD
A cold distant man
A cold shiver
Cold comfort
Give the cold shoulder to
Growing colder and colder
However cold the spring may be
In cold blood
Susceptible to cold
The cold embrace of death
The cure of a cold is to eat a bit

Duine fuar fada às }
Grìs fuachd
Sòlas suarach
Dùin do shùil air; cuir cùl ri
A' dol am fuairead
Air fuairead an earraich
Gu cùramach; a dh' aon ghnothach
Buailteach do chnatan/do fhuachd
Fuar ghlac a' bhàis
Is e leigheas a' chnatain cnapan itheadh

COLLAPSE
The house collapsed
They collapsed with exhaustion

Thuit an taigh 'na bhroinn
Leig iad romhpa le claoidheadh

COLLAR
We collared the thief

Ghlac sinn air sgòrnan am meirleach; rug sinn air amhaich am meirleach

COLLECT
Before I could collect my thoughts he was out of the door
If I had collected my thoughts he would not have caught me

Mus do sheall mi rium fèin, bha e gam fhàgail a-mach an doras
Nam bithinn-sa air a dhol nam tharraing cha robh e air breith orm

In the time of collecting the rents

An àm togail màil

COLLUSION
In collusion with each other
There is collusion between them

An taic a chèile
Tha iad ag iomairt an làmhan a chèile·

COLOUR
Give, or lend, colour to
Nail your colours to the mast
Off-colour
Showing your true colours
With flying colours

Cuir dath/dreach air
Seas do chòirichean
Droch thuar
Foilleasachadh do ghnè
Buadhach gun spàirn

COME
Come about
Come across; cross a road
Come across; find casually
Come along
Come along now

Thig mu chuairt
Thig tarsainn an rathad
Thig tarsainn air
Tiugainn
Thig a-nis

Come along with us	Falbh còmhla ruinn
Come and hurry on!	Siuthad, tog ort!
Come at once	Thig air ball
Come away	Thig air falbh
Come back	Thig air (d') ais; till
Come by	Lorg
Come clean (S)	Dèan soilleir
Come close to the fire	Teann a-steach ris an teine
Come down	Thig a-nuas
Come down on	Leum air
Come forward	Thig air d' adhart; thig air adhart
Come forward; in defiance	Thigibh uaibh
Come hell or high water	A dheòin no dh'aindeòin
Come here	Thig an seo; trobhad an seo
Come hither	Teann a-nall/a-nìos
Come in	Thig a-steach
Come into existence	Thig gu bith
Come into force	Thig gu bith
Come it strong (S)	Thig gu làidir
Come near	Teann am fagus
Come off; be successful	Thig gu buil
Come on; begin!	Siuthad!
Come on; hasten	Greas ort
Come now, tell us of your experience in the war	Siuthad a-nis, dèan seanchas duinn air a' chogadh
Come on out	Tiugainn a-mach
Come over here	Thig a-nall an seo
Come right	Thig ceart
Come round; modify your account or opinion	Atharraich d' inntinn
Come to	Thig gu
Come to grief	Thig gu deireadh salach
Come to light	Tog ceann; thig am follais
Come to pass	Thig gu buil
Come to the surface	Thig an uachdar
Come to terms	Gabh ri
Come true; actually happen	Thig gu buil
Come up	Thig a-nìos
Come up with; draw level with	Thig suas ri
Come upon	Buail air; thig air
Come what may	A dheòin no a dh'aindeòin
Come with me	Falbh leamsa
Come without delay	Thig gun dàil
Coming	A' teachd
Coming face to face	A' bualadh nam aghaidh
Coming in sight	A' tighinn san t-sealladh/air fàire
Coming on	Air an rathad
Coming round; recovering from a faint	Tighinn mu chuairt
Coming round; visiting someone nearby	Dol a chèilidh
Coming to a climax	A' tighinn gu aona cheann
Coming to a crisis	Gu h-aon is gu dhà
Coming to blows	Dol an caraibh a chèile
Coming with a bound	A' teachd le sùrdag

65

Do not come near me; keep at arm's length	Na taobh mise
Do not come near me	Na tig am chòir; na tig am chomhair
Emotion came upon me	Thàinig reachd orm
Everything that comes your way	Gach nì a thig ad charaibh
He came in contact with the cart	Thàinig e an taic na cartach
He came in sight of land	Thog e fearann
He came of age to learn a trade	Thàinig e gu aoise dol ri ceàird
He came off badly or well	Thàinig e às gu dona no gu math
He came rushing in	Thàinig e a-steach na dheann
He came to her assistance	Chuidich e leatha
He came to meet me	Thàinig e nam dhàil
He did not come near the town	Cha do thaobh e 'm baile
He is useless when matters come to a crisis	Chan eil feum ann, nuair a thig a' chùis gu h-aon is gu dhà
He was to come	Bha e ri thighinn
He will never come	Cha tig e am feasd
He will not come near us	Cha thaobh e sinne
Here comes John	Seo Iain agad
If it comes up to your expectations	Ma thig e ri do chàil
If it did not come to pass	Mur tàinig e gu teachd
It will not come near it	Cha dèan e sgàile air
Let him come over	Thigeadh e a-nall
She came to (the ship)	Thàinig i thuige
That will come to pass	Bithidh sin air buille
The tide is coming in	Tha e lìonadh
They came from every quarter	Thàinig iad às gach àirde
This will not come near the thing	Cha sgàil seo air
Those that came	Na thàinig
To come again	A thighinn a-rithist
To come into action	A thighinn gu bith
To come near	A thighinn an còir
To come near us	A thighinn nar gaoith
To come upon him; to come near him	A bhualadh air; a thighinn air
Who should come face to face with me but the boy who used to thresh our corn	Cò a bhuail nam aghaidh ach am balach a bha againn a' bualadh an arbhair
When we came in sight of land	Nuair thog sinn fearann
When will you come back?	Cuin a thig thu air ais?
When will you come of age?	Cuin a thig thu gu aois?
When they came in	Nuair a thàinig iad a-steach
Where did you come from?	Cia às a thug thu a' choiseachd?

COMFORTABLE

Comfortable clothing	Aodach tlusail; aodach tlusar
He is in comfortable circum-stances	Tha e an cothrom math; tha e an deagh shùnnd
He made himself comfortable	Rinn e e-fèin comhfhurtail

COMMAND

He commanded him to do this	Chuir e an t-òrdugh air seo a dhèanamh

66

His command of English was very poor
Cha robh a' Bheurla aige ach mu làimh

Under his command
Fo làimh

COMMENCE
Commence your day's work in good time
Leig air d' obair làitheil an deagh àm

Having commenced
An dèidh sìneadh ri

COMMENT
Comment upon the news in the papers
Thoir beachd air na naidheachdan anns na pàipearan

COMMISERATE
I commiserated with him
Bha co-bhàidh agam ris

COMMON
By common consent
Gu h-aon ghuthach

Common origins
As an aon bhun/fhreumh/stac

In common
Aca le chèile

In common with; together
Maille ri

It was common parlance
Chualas gu tric e

That is in common use
Tha sin ann an cleachdadh cumanta

The matter is common knowledge
Tha sin am beul a' bhaile

COMMOTION
He will cause a commotion amongst them
Cuiridh e gaoth fo na h-itean aca

COMMUNICATON
Evil communications corrupt good manners
Truaillidh droch-chomhluadar deagh-bheusan

COMMUNION
Communion; the Lord's Supper
Suipeir an Tighearna; an comanachadh

COMPANY
Good company
Cuideachail; suilbheara; sùnndach

He is very good company
Tha e glè chuideachail

He is now keeping another company
Tha e a-nis a' dèanamh suas ri tè eile

In my company
Nam chonaltrachd/chuideachd

Keeping him company
A' cumail conaltradh/cuideachd ris

Part company; at the end of every meeting is a parting
Dealaich bho/ri; is crìoch gach comainn dealachadh

The company would not be worth much without him
Cha bu mhòr a b' fhiach a' chuideachd às aonais

COMPARISON
Comparisons are odious
Is olc an coimeas

There is no comparison between them
Chan eil comhad air bith aca ri chèile

COMPASS
The world which the sun compasses
An saoghal mun iadh a' ghrian

COMPEL
Compel them to come in at once
Thoir orra thighinn a-steach air ball

COMPETE
Compete; strive; try
Competing with each other
Competing; emulating each
other

Dèan strì
A' feuchainn a chèile
A' rèiteachas air a chèile

COMPETITION
A musical competition

Strì nam fonn; co-fharpais ciùil

COMPILE
They compiled a book

Chuir iad leabhar ri chèile

COMPLACENCY
With complacency and cheerful-
ness

Le furbhailt is mùirn

COMPLAIN
Complain to your councillor
if matters are not proper
Complaining
There is no reason to complain

Dèan casaid ri d' chomhairliche
mur eil cùisean dòigheil
Ri gearan
Chan eil adhbhar gearain ann

COMPLAINT
I made a complaint against him

Rinn mi casaid air

COMPLETE
A complete blockhead
A complete boor
A complete churl
A complete fool
A complete hero
A most complete rogue
He has put a complete stop
to my joy
To complete or fulfil his word

Ceann-clò
Daor bhalach
Fìor ghnùgaire
Daor/dearg/làn/sàr amadan
Sàr ghaisgeach
Sàr shlaightire
Chuir e tur stad air m' aiteas

A thoirt fhacail gu buil

COMPLETELY
Completely/thoroughly bare

Buileach/glan rùisgte; rùisgte
air fad/gu buileach/gu cùl/gu
tur

Completely; thoroughly
How completely he has defied
you
You lost completely on it

Air fad; buileach glan; gu tur
Is tur a dh'fhairtlich e ort

Is buileach a chaill thu air

COMPLIMENT
Compliments of the season
Fishing for compliments
Give, or send, my compliments

With compliments (letter)

Deagh Nollaig is Bliadhna Ùr
A' sireadh miodail
Cuir/thoir mo bheannachd/mo
dhùrachd
Le gach deagh dhùrachd

COMPOSE
Composed in his demeanour
Composing a song
He managed to compose his
songs in aptly fitting manner

Stòlda na chleachdaibh
A' dèanamh òrain
Chaidh aige air na h-òrain aige
a chur gu math an altan a chèile

COMPRESS
Compressing it between his
hands

Ga fhàsgadh eadar a làmhan

CONCEAL
He is concealed

Tha e am falach

I will not conceal it
If we conceal his blood
The moon concealed herself under a cloud
We shall not conceal it from our children

Cha chuir mi bothan air
Ma cheileas sinn 'fhuil
Sheun a' ghealach i-fèin fo neul

Cha cheil sinn e air ar cloinn

CONCEIT
Conceit does not suit anyone

Conceited in his ideas
Very conceited
What a conceited fellow you are!

Cha fhreagair am fearas mòr air duine sam bith
Mòr na bheachd
Mòr às fhèin; mòr gun chuir-leis
Cò a tha ann ach thu!

CONCEIVE
He conceived a dislike for it
She conceived; became pregnant

Ghabh e gràin bàis air
Ghabh i ri cloinn; chinn i trom; dh'fhàs i trom

CONCEPTION
A premature conception

Torraicheas neo-inbheach

CONCERN
Be concerned about
Do not meddle with what does not concern you

Gabh cùram
An rud nach buin dhut na buin dha

CONCERT
In concert

(Sing) in concert

Air an aona ràmh; còmhla; leis an aon ghuth
Co-sheirm ciùil; aon-ghuthach

CONCESSION
I will make that concession to you; I will allow you that

Leigidh mi sin leat

CONCLUDE
To conclude the strike

A chur ceann air an t-strì

CONCLUSION
He arrived at, or came to, the conclusion; end
It was a foregone conclusion
Jump to the conclusion

Thàinig e chun a' bheachd seo

Cha robh dol às bhuaithe
Leum thuige

CONDEMN
Neither do I condemn thee

Cha mhò tha mise gad dhìteadh

CONDESCEND
If you condescend to such
Why should you condescend to speak to him?

Mas fhiach leat (ironically)
Carson a b' fhiach leat labhairt ris?

CONDITION
He is in good condition
In high condition
In the right condition
On condition that you come
On condition that

Put in a likely or prosperous condition

Is math a cholann
An àirde mhòir; an deagh ìre
San staid cheart
Air chor 's gun tig thu
Air chùmhnanta gu; air a' chùmhnant gu
Cuir saod air

This condition
When we saw the condition of
the house, I attended to it

An ìre seo
Nuair chunnaic sinn coslas an
taighe ghabh mi aige

CONDUCT
Line of conduct; behaviour
Moral conduct
With generous conduct
Your conduct has made my head
grey

Giùlan
Giùlan beusach
Le giùlan faoilidh
Liath do dhol-a-mach mo cheann

CONFER
We conferred together

Chuir sinn comhairle ri chèile

CONFERENCE
To hold a conference

Cùm co-chainnt

CONFESS
He confessed his sins

Dh'aidich e a pheacaidhean

CONFIDE
I confide in you

Earbam riut

CONFIDENCE
In strict confidence
I will put confidence in you
Playing a confidence trick
Very confidentially; that is
between ourselves and the
door post

An earbsa gu tur
Cuiridh mi mo dhòigh annad
Toirt a char às
Eadar sinn fhèin 's an ursann

CONFINE
He confined the sheep to the
hills

Chuir e na caoraich fo chrìochan
nan cnoc

CONFLAGRATION
What a conflagration there is
there

Is ann an sin a tha bhuidealaich

CONFLICT
The conflict of the elements

Carra na sian

CONFOUND
He quite confounded me
I was confounded

Chuir e 'm breislich mi
Chaidh mi am bhreislich

CONFRONT
Confronting him
He was confronted by many
difficulties

Fa chomhair
Thàinig mòran duilgheadais mu
'choinneimh

CONFUSE
Confused
His mind was confused

A-measg a chèile
Bha e iomrall

CONFUSION
Confusion worse confounded
In confusion
It is confusion

A' dol na bhrochan
Thar a chèile
Is aimlisg e

CONGENIAL
They had congenial tastes

Bha na h-aon rudan a' còrdadh riu

CONGRATULATE
He congratulated them

Chuir e meala-naidheachd orra

70

CONGREGATION

In the great congregation   Sa' choinneamh mhòir
The congregation dispersed   Sgaoil an coimhthional

CONJUNCTION

In conjunction with   An co-bhonn ri

CONNECT

Become connected by 'marriage   Dèan cleamhnas
Closely connected; related   Dlùth an dàimh
Connected with   Co-cheangailte ri
Distantly connected; related   Fada mach an dàimh; càirdeas
    fad às

CONNECTION

I will have no connection   Cha bhi cuid no pàirt agam dheth
   with it whatever
In connection with   An ceangal ri
In that connection   A thaobh sin
Miss the connection   Caill e/i
With whom is your connection?   Cò ris tha do dhàimh?

CONNIVE

They connived to cheat him   Dhùin iad an sùilean a chum a
    mheallaidh

CONQUER

He conquered them   Fhuair/thug e buaidh orra

CONSCIENCE

His conscience accuses him   Tha a chogais ga dhìteadh
In all conscience   Gu tur cogaiseach
On your conscience   Air do chogais
She had a clear conscience   Bha cogais ghlan aice
Without straining his conscience   Gun a chogais a shiachadh

CONSCIOUS

I was not conscious of it   Cha robh mi fèin-fhiosrach air

CONSECRATE

They consecrated the church   Chuir iad gu feum naomh an
    eaglais

CONSENT

By common consent   Le aonta coitcheann
Do not consent   Na aontaich thusa leò
With my consent   Am dheòin-sa (am=
With or without one's consent   A dheòin no a dh'aindeoin

CONSEQUENCE

As the consequence of this   An lorg a' ghnothaich seo
   thing
He will reap the consequences   Bidh a' bhuil
In consequence of that   An co-lorg sin
In consequence of that affair   Air thàilleabh a' ghnothaich sin
Of no consequence   Gun fhiach; cha fhiach e
    smugaid
Take the consequences   Feumar seasamh/gabhail ris
The consequence of your deeds   Toradh do ghnìomharan
The consequence will be seen   Bithidh a bhlàth/bhuil ort
   in your case
The consequences are obvious   Is lèir a' bhlàth ort
   in your case

That is of little consequence

Is beag sin an seo; cha mhotha ormsa sin na hò-rò

What you think is of little consequence

Is mòr sin an seo, ciod e a tha thusa a' smaoineachadh

CONSEQUENT
Consequent on this affair

An lorg a' ghnothaich seo

CONSIDER
The satiated will not consider the hungry

Chan fhidir an sàthach an seang

When I considered the matter fully, I perceived that my case was lost

Nuair a smaoinich mi thugam is bhuam, chunnaic mi gun robh mi fo na casan

CONSIDERABLE
A considerable distance off

Astar math air falbh

I have made considerable progress

Tha mi an inbhe mhath

We had a considerable portion of it

Fhuair sinn cuid mhath dheth

CONSIDERATE
That was very considerate of him

Bha sin amharcach uaith; bha sin mothachail dha

CONSOLATION
Without hope of consolation

Gun ùidh ri sòlas

CONSTIPATION
Constipation will not affect the hungry

Cha tig an com air na h-acraich

CONSTITUTION
My constitution wears away

Tha e tuiteam bhuam

CONSTRAIN
Constrain him

Cuir impidh air

CONSTRUCTION
Put a false construction on it

Cuir a' bhreug air

CONSULT
He consulted the young man

Chuir e comhairle ris an duine òg

CONSUME
She was consumed with anger

Bha i air a lìonadh le feirg

CONTACT
He came in contact with the cart

Thàinig e an taic na cartach

I don't like to get in contact with him

Is coma leam dol na ghaoth

In contact with each other

An taic a chèile; am fochar a chèile

In contact with each other; wrestling

An caraibh a chèile

In contact with the Sabbath; in preparation for the Sabbath

An lùib an Dòmhnaich; an taic an Dòmhnaich

Two in contact with them; near them

Dithis nam fochair

CONTAGIOUS
A contagious or infectious disease

Galar gabhaltach;`tinneas-gabhaltach

CONTAIN
Can it contain me?

An teachd mi ann? an cùm e mi?

Can this room contain it?

An teachd e anns an t-seòmar seo?

They could not be contained
in the bag

Cha tiochdadh iad anns a' bhaga

This dish will contain it

Cumaidh an soitheach seo e

CONTEMPT
Bring into contempt

Cuir an suarachas

Falling into contempt

Dol an dìmeas

It is no object of contempt

Cha fiudhal tàire e

The contemptible person

An duine buinneach

CONTENTION
A bone of contention

Bonn connspaid

CONTENTMENT
Is not the man of contentment
to be envied?

Nach eudmhor fear an t-sòlas
inntinn/an riarachd-inntinn

CONTINENT
A continent; the mainland

Mòr-thìr; tìr-mòr (mainland)

The five great continents of
the globe

Còig rannaidhean ruadha an
domhain

CONTINUALLY
Continually; usually

A ghnàth; do ghnàth

He is continually complaining

Tha e a' gearain an còmhnaidh

He is continually kept on the
move

Tha e air a chumail mar luideig
ann an ceann cabair

CONTINUE
Continue as you are

Lean ort mar a tha thu

CONTRADICT
He stoutly contradicts me

'S ann a tha e a' clàr orm; a'
caradh orm

CONTRADICTION
A contradiction in terms

Co-àicheadh bhriathran

CONTRARY
Contrary to expectation

An aghaidh dùil

On the contrary

Air an làimh eile

To the contrary

An aghaidh sin

CONTRAST
We contrasted their actions

Chuir sinn na gnìomharan aca
an aghaidh a chèile

CONTRAVENE
They contravened the statutes

Thàinig iad an aghaidh nan
reachd

CONTRIBUTE
We contributed to her upkeep

Chuir/chuidich sinn ris an
teachd-an-tìr aice

CONTRITE
Those who are contrite in
their spirits

Iadsan a tha brùite/briste nan
spiorad

CONTROL
Control yourself; be still

Ceannsaich thu fhèin

Their hearts are under your control | Tha 'n cridhe fo d' chonn

CONTROVERT
We controverted them | Chuir sinn 'nan aghaidh

CONVALESCENCE
I don't see any symptom of convalescence | Chan fhaic mi fhèin feàirdeachd sam bith air

CONVENIENT
To be convenient | A bhith freagarrach

CONVERGE
The roads converged | Thàinig na rathaidean gu chèile

CONVERSATION
He held a conversation with him | Rinn e còmhradh ris
Vigorous, noisy conversation | Cath sheanachais

CONVERT
He is a converted man | Tha cùram air; tha e fo chùram

CONVICTION
A man with the courage of his convictions | Duine seaghail

CONVINCE
He convinced me completely | Dhearbh e orm/dhomh gu h-iomlan

CONVULSION
Suffering the final convulsion | Anns na h-obagan deireannach

COO
The birds are cooing | Tha na h-eòin ri dùrdail

COOK
Cook up (S) | Dèan suas
Hunger is a good cook | Is math an còcaire an t-acras
Too many cooks spoil the porridge | 'S e cus chòcairean a chuireas am brochan a dholaidh

COOL
Cool as a cucumber | Cho fionnar ris a' chular
Cool down | Fuaraich
In the cool of the evening | Am fionnarachd an fheasgair
To be cool | Do cheann a ghleidheadh
Try to keep cool | Feuch thusa nach caill thu do cheann

COPPER
I haven't a copper | Chan eil gliog/sgillinn ruadh agam

CORK
Cork the bottle | Cuir àrc/corcais anns a' bhotal

CORN
A sheaf of corn; a stalk | Sguab arbhair; dias arbhair
Carrying home the corn | A' tarraing an arbhair
Corn-stalk, seed and all | An t-arbhar air a chois
I gave a sheaf of corn to the cow | Thug mi beum don bhoin
Our corn is nearly done | Tha an t-arbhar againn air a' choischaoil

Secure the corn well to protect it from rain	Gabh aig an arbhar mus tig an t-uisge air
The corn was not filling out	Cha robh a t-arbhar ag at

CORNER

A corner seat	Suidheachan san oisean
A corner stone	Clach oisein
A street corner	Oisean sràide
His corners have been well rubbed off	Is iomadh carragh/rubha ris na shuath e
In a corner	Ann an cùil
The corner of the eye	Àth na sùla
The corners of the house	Oisinn an taighe
The corner of the mountain	Uilleann na beinne
The corner of the net	Cluas an lìn

CORPULENT

A corpulent woman	Bungaid boireannaich

CORRECT

Correct him; discipline him	Cùm/cuir smachd air
Correct; put to rights	Cuir ceart
If I form a correct idea/ opinion (of it)	Mas math mo bheachd-sa

CORRESPOND

Two market days do not correspond	Chan ionann a fhreagras dà là margaidh

COST

At all costs	Air chor sam bith
Cost a packet (S)	Is daor a cheannaich
How much does it cost?	Dè a' phrìs a tha e? dè a tha e?

COTTON

Cotton on to (S)	Tuig mu dheireadh thall
Like the moss cotton	Mar chanach càrr

COUCH

A letter couched in these terms	Litir a sgrìobhadh mar seo
To couch a request in writing	Iarrtas a chur ann an sgrìobhadh

COUGH

Wracked with a heavy cough	Air a chràdh le casad throm

COULD

Could not	Cha b' urrainn do
I could outrun you on one leg	Rachainn/dheidhinn romhad air mo leth-chois
Which could be	A dh'fhaodadh a bhith

COUNSEL

Keep your own counsel	Cùm do bheachd agad fhèin
Take counsel; be advised	Gabh comhairle

COUNT

Count on; rely on; be sure of	Bi cinnteach; cuir muinghinn ann; earb às sin
Does not count	Gun fhiù
Don't count your chickens; don't make plans about something before it has happened	Na marbh am fiadh gus am faic thu e
To count on	Cuir muinghinn ann

COUNTENANCE

Neither was there a blush on their countenance — Ni mò bha rudhadh air an gruaidh

Put out of countenance — Cuir car na shròin

You have a miserable expression of countenance — Is bochd an ceal a tha ort

COUNTERACT

We counteracted the enemy — Chuir sinn bacadh air an nàmhaid

COUNTERMAND

He countermanded the order — Tharraing e air ais an t-òrdugh

COUNTERSIGN

John countersigned the letter — Chuir Iain an t-ainm aige ris an litir

COUNTRY

Foreign countries — Dùthchannan cèine

Going to another country — A' dol thairis

I was taken to their country — Thugadh mi dan dùthaich

In/on the country; country-side — Anns/air an dùthaich

In the Low country; Holland — Anns an Olaind

My country-folk — Muinntir mo dhùthcha

Native country — Dùthaich àraich

Since he came to the country — On thàinig e don tìr

The north country/side; the North — An taobh tuath

COUPLE

A married couple — Càraid phòsda

COURAGE

Dutch courage (due to drinking) — Misneachd na dibhe

Face it with courage; don't be thin skinned — Cuir craiceann a' bhuinn air a' bhathais

For want of courage — Le dìobhail misnich

Have the courage of one's convictions — Bi 'n da-rìribh

I have not the courage — Chan eil de chuir-leis agam

Pluck up courage — Gabh/glac misneachd

The courage of necessity — Misneachd na h-èiginn

Thy equal in courage — Do mhac-samhail ann an misneachd

COURAGEOUS

The courageous youth — An t-òg teannsgalach

COURSE

A matter of course — Gu nàdarrach

Adopt a course — Cuir romhad

He ran his course — Ruith e rèis

He went off course; became very annoyed — Chaidh e bhàrr a shiùil

In course of being educated — A' toirt a-mach an fhoghlaim

In course of the conversation — Anns a' bhruidhinn a bha ann

In due course — An ceann sreath

In the course of — Ann a bhith a' dèanamh

In the course of time — Troimh thìde

In the course of two days — Ann an iomlaid dà là

Of course — Gun teagamh

76

Steer your course
Take your own course

COURT
A court town
Circuit court
Courting another girl
Courting disaster
Courting each other

COUSIN
A first cousin
A maternal cousin
A paternal cousin
A second cousin

COVER
Cover the fire
I am covered with sweat
To read a book from cover to
  cover; from beginning to end
  of book
Under cover; by pretence
Under cover; covered by a
  wrapping or envelope
Under cover; sheltered

COVET
Coveting it
Coveting the property of
  others
He coveted it
He will covet greedily

COVEY
A covey of birds
When the hunter comes
  unexpectedly on a covey

COW
Cow-pox is rare nowadays

It is time to milk the cows
The cow is dry; off her milk

The cows go out before milking
The cows are at the milking
  place
Till the cows come home (S)

CRACK
Crack of doom; day of Judgement
Crack the whip

CRAVE
He craves me

CRAZY
He drove the man crazy

CREAK
Every timber was creaking

Seòl do chùrsa
Gabh romhad

Baile-mòid
Cùirt nam Morairean Dearg
A' dèanamh suas ri tè eile
A' ruith air mì-shealbh
A' cumail ri chèile

Aon ghlùn
Mac/nighean bràthair màthar
Mac/nighean bràthair athar
Dà ghlùn

Smàl an teine; taisg an teine
Tha mi an làn fhallas
Leabhar a leughadh bho thùs gu
  deireadh

Falaichte; le leisgeul
Còmhdaichte le pàipear no le
  cèis
Fo fhasgadh; fo dhìon

A' cur sùla ann
A' miannachadh cuid dhaoine
  eile
Ghabh e shùil air
Sanntaichidh e gu mòr

Ealt eun
Trà thig an sealgair gun
  fhios air àl

Tha breac-a-chruidh ainmig
  an-diugh
Tha tìm teairt ann
Tha a' bhò diosg; tha a' bhò
  seasg
Tha an crodh air an teairt
Tha an crodh anns an eadradh

Gu là luain

Là bràth
Bi smachdail

Tha e ag agairt/a' tagairt orm

Chuir e an duine às a chiall

Bha dìosgan air gach maide

CREATURE

Every living creature I possess
Gach dùil bheò tha na mo sheilbh

Poor creature!
A bheathaich bhochd!

CREDIT

A credit to
Fo dheagh chliù

Credit for six months
Dàil shia mìosan

Get the credit for
Faigh sin às a leth fhèin

Give credit to
Thoir cliù nuair a bhitheas e airidh air

Obtaining the nets on credit
A' faighinn/a' toirt na lìn air dhàil

It redounds to your credit
Is mòr an cliù dhut

CREDITOR

The merchant paid all his creditors in full
Chuir an ceannaiche a h-uile fear/air an robh fiachan air nan cuid fèin

The creditor will not be popular
Cha bhi a' fear-fiach mòr chòrdte

CREEP

Give you the creeps (S)
Cuir crith annad

He crept softly upon me
Ghoid e orm

It made my flesh creep
Chuir e gaoir nam fheòil

CREW

A vile crew
Paca mosach

Hands; deckhands; crew
Làmhan

Having a full complement of crew
Le sgioba làn

CRINGE

I would not cringe to any man
Cha ghìogainn do dhuine

CRIPPLE

The blind on the back of the cripple
An dall air muin an aircleich

CRITICAL

A critical affair
Gnothach ciogailteach/cugalach

CROP

A good, substantial crop
Bàrr buntàta math tarbhach

Crops up
Thig an àirde

Crops or produce
Bàrr na talmhainn

Cropping the potatoes
A' bearradh a' bhuntàta

How are the crops progressing?
Ciamar tha 'm por agaibh?

The crop is secured
Tha 'm bàrr cruinn

The crop is somewhat small in bulk
Tha 'm bàrr gu math stùthach

CROPPER

Come a cropper (S)
Na do sgàrd

CROSS

Cross one's mind
Thig a-steach air

Cross-roads
Crois an rathaid

Cross swords with; quarrel with
Dèan trod ri

Crossing the Channel
A' dol thar na Linne

I am crossing myself
Tha mi gam sheunadh

78

There he is, crossing the
brow of the hill
They crossed, or passed, the
Rubicon

Siud e a-null gualainn na
beinne
Cha robh teàrnadh/tilleadh ann

CROSSLY

Crossly, sharply of speech
It is your own crossness
that is at fault

Gu cas; gu sgraineil
Is e do chaise fèin as coireach

CROUCH

Crouch down
In a crouching attitude

Dèan crùban
Na chrùban

CROW

As the crow flies

Cho dìreach ri saighead; gun
chamadh/fhiaradh
Crow over; boast about one's
success
Crow's feet; wrinkles at the
corners of the eyes due to
age or ill health

Dèan uaill às do bhuaidh

Ruic a tha timcheall nan sùl;
preasan luirceach

CROWD

A crowd of people
A little crowd or group
They are crowding into it

Grunn dhaoine
Grunnan
Tha iad a' taomadh ann/innte

CROWN

A crown/five-shilling piece
A crown of gold
Crown of the head

Bonn crùin
Coron òir
Copan a' chinn; sìthean mullach
a' chinn
Though I were crowned king
To crown it all
To the service of the crown

Ged bu rìgh mi air a' chrùn
A' bhuille dheireannach
Gu seirbhis a' chrùin

CRUMB

Bread crumbs
Crumb of comfort

Pronnagan arain
Criomag comhfhurtachd

CRUMBLE

Crumbling or falling to pieces

A' dol 'na chriomagan

CRUNCH

The crunch comes (S)

Ceann trom a' mhaide

CRUSH

Have a crush on (S)
He crushed the enemy
I will crush your bones

'G ithe choragan às a dhèidh
Cheannsaich e an nàmhaid
Brùilidh mi do chnàmhan

CRUTCH

The crutch of the trousers

Gobhal na briogais

CRY

A far cry
Cry down; deprecate; disparage
Cry out when you see them
coming
Cry quits; call it evens/quits
Crying for the moon; ask for
the impossible

'S fhad bho
Dèan tàir air
Thoir èigh asad nuair a chì thu
iad a' tighinn
Fòghnaidh na dh'fhòghnas
Sireadh rudeigin do-dhèanta

Don't cry over spilt milk

He gave a most appalling cry
The cries of grief
The more he cried
To cry out

CUD
Chewing the cud

CUDGEL
Cudgel one's brains
Take up the cudgels

CUFF
Off the cuff

CULTIVATE
Cultivate, as of new ground
Cultivated/inhabited land
Cultivating the land
The cultivated lots of a
 croft

CUNNING
How cunning John is

CUP
A cup running over
Between the cup and the lip
Cup of bitterness; complete
 bitterness
Cup of happiness is filled
Cup that cheers
His cup brimming over

CURDLE
Curdled milk
Curds and cream

CURRENT
Centre of the current
Swimming in the current
The current is more/most
 impetuous
The current is with us

CURRY
Curry favour

CURSE
He cursed him

The cursed proud

CURTAIN
Curtains (S)
To drop a curtain

CUSTODY
He is in custody

CUSTOM
As his custom was

Cha dèan aithreachas mall bonn
 feuma
Thug e mothar às
Glaodhan bròin
Mar bu mhotha a ghlaodh e
Èigh a leigeil

A' cnàmh na cìre

Smaoinich gu teann
Cùm taic ri adhbhar

Sa' bhad

Thoir a-staigh
Talamh dubh; tìr àitichte
Ag àiteachadh an fhearainn
Na feannagan

Cho seòlta agus a tha Iain

Cupan a' cur thairis
Eadar long agus laimrig
Searbhachd iomlan

Sonas iomlan
Cupa sòlais
A' chuach leis fo bhàrr

Bainne bhinid/binntichte
Gruth is bàrr; gruth is uachdar

Coileach an t-srutha
Snàmh air buinne sruith
Tha an sruth nas caise

Tha 'n sruth leinn

Dèan sodal ri

Thug e mhallachd air; riabhaich
 e e
Luchd-uabhair mallaichte

Ceann cùise; deireadh cùise
Cùirtear a leagail

Tha e am fang/an grèim/an làimh/
 an sàs

Mar bu ghnàth leis

That was customary	Gum biteadh
The custom of the land	Beus/cor na dùthcha
The old customs are still observed	Tha na seann dòighean air an cumail air chois fhathast

CUSTOMER

A cool customer; a calmly audacious person	Neach bha sèimh ladarna
An ugly/awkward/rough customer	Droch isean

CUT

A cut or slice of fish	Òrd èisg
At the time of cutting seaweed	An àm an fheamainn a ghearradh
Cut and dried	Roimh dhèanta
Cut and run	Dèan às
Cut back	Geàrr air ais; lùghdaich
Cut both ways; effects both sides of an argument	Tha dà thaobh air an Albannach
Cut capers	Na leumannan
Cut down (literally)	Geàrr a bhàn; geàrr sìos; leag; tilg
Cut down; reduce	Lùghdaich; ìslich
Cut down without pity	Air sgathadh gun iochd
Cut in; give a share	Roinn a-mach
Cut in; interrupt	Cuir maille; stad ort
Cut no ice (S)	Chan eil e gu deifir leamsa
Cut off; hurry (S)	Tarraing; tarr às
Cut off; separate	Geàrr dheth
Cut off; sever	Geàrr; geàrr dheth; sgar
Cut off your nose to spite your face	Dèan cron ort fèin air tàille droch rùn do neach eile
Cut out; cut round with scissors	Geàrr às; geàrr a-mach
Cut out; designed for	Freagarrach airson
Cut out; supplant	Cuir às àite
Cut short	Cuir stad air; geàrr goirid
Cut somebody off without a shilling; as in a Will	Na fàg sgillinn ruadh aige
Cut the cackle (S)	Dùin do bheul/chab/ghob
Cut to the quick	Chun a' bheò
Cut up; distressed	Troimhe chèile
Cut up; literally	Geàrr na bhloighean
Cut your coat according to your cloth	Fuin a-rèir na mine
Cutting her way	A' gearradh a h-astair
Cutting it in round pieces	Ga gearradh na pheighinnean
I shall have a cut of the sole	Gabhaidh mi meangan den leòbaig
The cut that was on his foot has healed	Shlànaich an gearradh a bha air a' chois aige
To have one's hair cut	Falt a bhearradh/ghearradh
To take a short cut across the field	Ceum geàrr tarsainn an achaidh
Were cut down	Bha ... air gearradh sìos
You will cut him in pieces	Gearraidh tu e na mhìribh

CYCLONE

A cyclone	Toirm-ghaoth

DABBLE
He dabbles in gardening | Tha làmh aige ann an gàirneal-aireachd

DAGGER
At daggers drawn | An rùn nam biodag d' a chèile
Look daggers at; look fierce and angry | Amhairc le nimh

DAILY
Depending on his daily labour | An urra ri a chosnadh làitheil

DAMP
A damp squib | Rud nach tàinig gu buil

DANCE
Can you dance the reel of Tulloch? | An danns thu rìghle Thulachain?
Dancing attendance | A' frithealadh air
Will you dance with me? | An danns thu leamsa?

DANDER
Dander or saunter ahead | Mànrain thusa air t' aghaidh

DANGER
A past danger is an enviable danger | An cunnart a chaidh seachad, is cùis fharmaid e
Fear often begets danger | Is minig a thàinig eagal gu teugmhail
In the face of danger | Ri uchd gàbhaidh
In time of danger | An uair gàbhaidh
On an occasion of danger | Ri uchd cruadail
Realizing the danger | A' leughadh an eagail

DANGLE
Dangle | Bi/cuir air bhogadan

DAPPLE
A dapple sky | Breacadh rionnaich
A dapple-grey horse | Each gorm
Dapple-coloured | Odhar-liath

DARE
Do not dare to come near us | Na gabh ort a thighinn nar gaoith
I dared not come near the house | Cha robh a chridhe agam a thighinn an còir an taighe
You shall never dare to marry as long as I live | Cuiridh tu an ùir air mo shùil-sa mus bi a dh'anam agad pòsadh

DARK
Dark brown; d.eye; d.eyed. d.mountain | Ciar-dhubh; c-shùil; c-shuileach; c-mhonadh
From early dawn until dark night | On òg-mhadainn gu dall-oidhche
I shall be back before dark | Thig mi roimh thuiteam na h-oidhche
In the dark; in ignorance | An aineolas
It will be dark tonight if it rains | Bithidh e dorch an nochd ma nì e uisge
Keep it dark | Cùm dìomhair e; cùm falaichte e
The dark mantle of night | Dall-bhrat na h-oidhche

Darkening his vision   A' dalladh a lèirsinn

DARKNESS
As darkness was falling   An ciaradh an fheasgair
Darkness overtook me   Rug an dorchadas orm
The darkness gathered   Thionail an duirche
The darkness of evening began Thòisich an oidhche tuiteam air
  to overtake him, and that   mar chlach a' ruith le gleann
  right early

DART
Dart or bolt (verb)   Thoir siorradh
Make a dart or dash at anything Thoir saighde asad

DASH
Dash off; hurry away   Falbh ann an cabhaig
Dash off; write in haste   Sgrìobh an cabhaig
Dashing it (dust) in my eyes   Ga shadadh am shùilean
Dashing of one's hopes   Briseadh dùil
Dashing or scattering it   Ga fhrasadh m' a chluasan
  about his ears
Dashing out their brains   A' smàladh an eanchainn asda
He dashed his foot against a   Bhuail e a chas ri cloich
  stone
He made that dash into the   Thug e an saigheadh ud a-steach
  house
She dashed it to pieces   Spad i às a chèile e

DATE
Out of date   Mach à fasan
Up to date   Rud ùr nodha

DAUNT
He was daunted; melted to   Thàinig tioma air
  tears
It did not daunt him in the   Cha do chuir e gaiseadh air
  least

DAUNTLESS
A hero that goes forward   Laoch nach tiomaich
  dauntlessly

DAVY JONES
Davy Jones locker   Aigeann na mara

DAWN
About the dawn   Anns an t-soilleireachadh; aig
                        briseadh fàire
At dawn you rise   Sa' chamhanaich 's tu 'g èirigh
Dawn; first light   Ciad-fhàire
Dawn of the day   Beul an là
From dawn to dusk   O mhoch gu dubh
In the dawn   Sa' mhochthrath
The dawn is breaking   Tha 'n fhàir' a' briseadh
The rising dawn   Briseadh fàire
When the day begins to dawn   Nuair a bhios an là ag uinneag-
                        achadh

DAY
A bad day   Droch là
A birthday   Là breith
A dirty day   Là mosach
A fine day   Là brèagha

A holy day; holiday	Là fèille
A rainy day	Là mill
A week day	Là seachdaineach
All day long	Fad an là
At daybreak	Aig beul an là
At the present day	Là-an-diugh
Broad daylight	Àin an là
Call it a day (S)	Fòghnaidh sin
Carry the day; gain success; win	Faigh/thoir buaidh
Dark days	Droch uair; làithean duaichnidh
Day of doom	Là a' bhreitheanais
Days or hours are numbered	A' cur ris a' bhàs
Day-dream	As na neòil
Day in, day out	A h-uile là thig, 's nach tig
Daylight	Solas là
Daylight robbery	An dearg mheirle
Days of old; of yore	Làithean a dh'fhalbh
Days to come	Làithean ri teachd
Did you have a good day?	An d'fhuair thu là math?
Every day, present or absent	An là a chì 's nach fhaic
Every single day	A h-uile là riamh
Good day to you!	Là math dhut
Had the day been favourable	Ach an là a bhith fàbharach
He has fallen on evil days	Nach e chunnaic an dà là
In a few days	Ann an là no dhà
In our day	Nar.-là-ne
In the days of Prince Charles	Ri linn Theàrlaich
In the latter days	Anns na linntean deireannach
Length of days	Sìneadh làithean
Many of a day will elapse before I undertake a similar journey	Bithidh là is bliadhna mus tèid mise air turas cheudna
Name the day	Ainmich là
Noon; mid-day	Meadhan-là
Now is the day and now the hour	Is e an-diugh an là, agus is e seo an t-àm
On a certain day	Air là àraidh
On the appointed day	Air an là shònraichte/shuidhichte
One day I had to go	Là bha siud bha agam ri a dhol
One of these (fine) days	Là geal a choireigin
Our days are like a shadow	Mar fhaileas ar làithean
Past mid-day	An dèidh mheadhan-là
See better days; be happier or more prosperous in the past	Bha là eile ann
The day before fast day	Disathairne Beag
The day before the other day	An là roimhe
The day before yesterday	Air bhòn-dè
The day is drawing to a close	Tha 'n là a' tighinn gu crìch
The day grows more and more stormy	'S ann nas miosa tha an là dol
The day is well nigh past	Tha 'n là aig brath uisge leigeil fodha
The day of adversity	Là an doirbheis
The day signals a coming storm	Tha an là a' tarraing air
The day threatening to rain	An là a' brath uisge
The day will clear up	Togaidh an là
The following day	Larnamhàireach; an ath-là

The livelong day

The old days; the past
The whole day
This day is not inviting
This day week
This very day
Twice a day
What a day may bring forth
Without even passing the time
of day
You will have a day of
reckoning if you don't treat
John well

Fad fionn foinneach an là; fad
fionn bhuan an là
Na seann làithean
Fad an là
Chan eil an là seo togarrach
Seachdain bhon diugh
An-diugh fhèin
Dà-uair san là
Ciod a bheir là mun cuairt
Gun fiù an là a mholadh dhà

Tha là mòr a' feitheamh ort
mur a bi thu gu math do Iain

DAZE
They were completely dazed

Chaidh iad bho mhothachadh
gu h-iomlan

DAZZLE
Dazzling the sight

A' claoidh fradhairc

DEAD
A dead calm
Almost dead
As dead as a door-nail
At dead of night
Dead beat
Dead centre
Dead certain; sure
Dead level
Dead letter
Dead loss
Dead low water
Dead straight
Dead sure
Dead to the world
Either dead or alive
He is dead
He is nearly dead
He is quite dead

Glag fhèath
An ion 's a bhith marbh
Cho marbh ri sgadan
An dorcha na h-oidhche
Claoidhte
Na theis-mheadhan
Dearbhainte; làn chinnteach
Còmhnard rèidh
Rud a chaidh seachad
Call air fad
Cridhe na tràghad
Ionraic gu lèir
Làn chinnteach
Na shuain
A dhubh no a gheal
Chaochail e
Tha e gus a bhith marbh
Chan eil diùrr ann; chan eil
rong ann

In deadly earnest
In the dead of night
Over my dead body; overuling
my strongest wishes
The dead of night
The living and the dead
Waiting for dead man's shoes;
for advantage from death,
promotion or retirement

Bhith 'n dà-rìribh
An dàmhair a' mheadhan oidhche
A' cur fo smachd mo mhiannan
as làidire
Marbh na h-oidhche
Na beò is na mairbh
A' fuireachd ri bàs duine

DEAF
Even the deaf hear the clink
of silver
I am very deaf ever since John
struck me
She will give you a deaf ear

Cluinnidh am bodhar fuaim
an airgid
Tha làn mòr na mo chluasan
bho bha Iain rium
Cumaidh i cluas bhodhar riut;
bheir i cluas bhodhar riut

DEAFEN
You have deafened me — Tha thu air mo bhòdhradh

DEAL
A great deal nearer — Mòran nas fhaisge
A raw deal (S) — Droch dhìol
I will deal with you! — Bheir mise dhut!
Let us deal wisely — Buineamaid gu seòlta
Little do I care how'you deal with him — Is beag is motha ormsa ciod e a nì thu air
She dealt out the cards — Thug i seachad na cairtean

DEALINGS
I will have no dealings with you — Cha bhi cuid no gnothach agam riut

DEAR
Dear me! Well, well! — A dhuine chridhe!
Dear me! Dear me! — Faire,faire; ochan,ochan!
Dear me man, how well you are wearing — A dhuine chridhe,nach tusa a tha a' cumail ris!
Dear Sir! — Uasail ionmhainn!
For dear life; at full speed — Aig peileir dearg a bheatha
Getting dearer — A' dol an daoiread
I love you but he is more dear to me — Is toigh leam thusa ach is annsa leam esan
I think it is too dear — Is tuilleadh is daor leam e
It was very dear — Phàigh mi gu saillte air
My dear madam! — A nic cridhe!
My dear sir! — A chaomhan! A mhic chridhe!
My dear soul (literally; *my white calf* Compare English *ducky)* — Mo laogh geal
The dear creature — An duine bochd |

DEAREST
My dearest darling! — A shùgh mo chridhe!
My dearest dear! — A chiall mo chridhe!;mo chuid den t-saoghal!

DEARLY
Dearly beloved son — Mac mùirneach
His dearly beloved son — A mhac ionmhainn

DEATH
A death warrant — Ughdarras bàis
A sudden death — Bàs aithghearr
An accidental death — Bàs sgiorraidh
At death's door — Ri uchd a' bhàis
At the point of death — Ri beul/uchd bàis;ris a' bhàs
Death has brought them low — Thug am bàs fo chìs iad
Death or no — Bàs ann no às
From birth to death — O bhreith gu bàs
From the agonies of death — A dochann bàis
He received his death blow — Fhuair e buille-bhàis
I am near death — Is geàrr bhuam am bàs
In at the death — Aig an deireadh
In the agonies of death — A' gleac ris a' bhàs
Jaws of death; extreme danger — An impis a bhith air a mharbhadh
Pale as death — Cho geal ris a' bhàs
The cold embrace of death — Fuar ghlac a' bhàis

The death-agony
The death watch is in my ear
To the death

DEBAR
He debarred her

DEBATER
The debater must be skilled
in his subject

DEBIT
He debited his account £10

DEBT
Bad debts
John is up to his eyes in debt
Forgive us our debts
So much in debt
Without debts; worthless

DECAMP
He decamped

DECEITFUL
A deceitful person
A deceitful tongue
Practising deceit/unfairness
The deceitful world
The deceitfulness of this
world

DECEIVE
Deceiving me
Do not deceive your friend!
She was deceived by him
Unless I am deceived
You are deceiving today

DECENCY
For decency's sake

DECENTLY
Do it decently

DECIDE
Decide impartially
Deciding; settling

DECISION
Give a decision; pronounce a
judgment

DECLARE
Declare your intention
Declare; confess; describe
Have you anything to declare?

DECLINE
Like a shadow declining

DECOMPOSE
The body decomposed

Spàirn a' bhàis
Tha an èibh am chluais
Gu crìch

Chùm e air ais i

Feumaidh fear an deasbaid deagh
sgil air a chuspair

Chuir e fiach-shuim de dheich
nota an aghaidh a chunntais

Seann ainbheach
Tha Iain gu amhaich ann am fiachan
Maith dhuinn ar fiachan
Cho domhainn ann am fiachan
Gun fhiach

Shiap e às

Fear carach;duine dùbailte
Teanga leam-leat
Ri foill
An saoghal mealltach/salach
Carachd an t-saoghail seo

A' toirt mo char asam
Na meall do charaid!
Lùb i leis
Mur bheil mi air mo mhealladh
Is leam-leat thu an-diugh

Air sgàth sgoinne

Dèan le snas e

Dèan ceartas
A' cur an dara taobh

Thoir binn a-mach

Cuir do rùn an cèill
Cuir an cèill; dèan sgeul air
A bheil càil agaibh a-nochd?

Mar sgàile a' claonadh sìos

Lobh an corp; chuir an corp às
a chèile

DECREE
A decree or edict from the custom-house

Òrdugh on taigh-chuspainn

A decree was brought out against him; judgment was pronounced against him

Chaidh binn a thoirt a-mach na aghaidh

DEDICATE
He dedicated the book to his wife

Dh'ainmich e an leabhar air a mhnaoi

DEDUCE
We can deduce from this

Togaidh sinn bho seo

DEDUCT
He deducted from that

Thug e às a sin; air falbh bho sin

DEDUCTION
Make a deduction; deduce

Tuig

Make a deduction; reduce by

Thoir bhuaithe

DEED
An evil deed

Droch bheart

Because of the excellence of your deed

Thaobh barrachd do ghnìomh

DEEP
A deep voice; a hoarse voice

Guth frò/trom/tùchaidh

In deep water

San doimhne; san doimhneachd

On the still face of the deep

Air gnùis fhoisneach na doimhne

DEER
A fully-grown stag or hart

Làn damh

A man is hunting the deer

Tha fear a' sealg an fhèidh

In pursuit of deer

An dèidh chabarach

DEFAME
Defaming; libelling; reproaching

A' tilgeadh innisgean

DEFEAT
He defeated my purpose

Steinn e orm

We defeated the enemy

Ghabh sinn air an nàmhaid

DEFENCE
He did it for my defence

Rinn e e gus mo dhìon

DEFEND
Defend; protect

Thoir tèarmann

Protect us from evil

Saor sinn bhon olc

DEFERENCE
Out of deference to your word

Airson urraim do t' fhacal-sa

DEFIANCE
In defiance of you

Gun taing dhut

Set at defiance

Cuir dùbhlan

DEFICIENCY
There is a great deficiency

Tha mòran a dhìth

DEFILE
The defile of the mountain

Glaic na beinne

DEFORM
They deformed the landscape

Chuir iad à cumadh an tìr

DEFY
He defied me; he worsted me — Dh'fhairtlich e ormsa; chuir e mi gu dùbhlan

DEGREE
By degrees — Air ceann sreatha; beag air bheag mean air mhean
He is a degree further removed — Tha e ceum nas fhaide mach
I will do it by degrees — Nì mi a lìon beagan is beagan
I did it by degrees — Ghabh mi dhà ceann sreath
Ten degrees backwards — Deich ceuman air ais
To a small degree; almost — Air bheag bithe

DEIGN
I would not deign to take notice of him; my aspirations are different — Cha sheallainn ris thar mo ghuaille; eadar e fhèin

DEJECTION
The poor man is under dejection — Tha an duine bochd fo phràmh;/fo sprochd/fo throm-inntinn

DELAY
Come without delay — Thig gun dàil
Delay brings neglect — An rud anns an tèid dàil thèid dearmad
Do not delay — Na cuir air ath là/dàil/màirneal; na dèan dàil/màirneal; na bi dèanamh èis
Do not delay the matter any longer — Na bi a' cur dàlach anns a' chùis nas fhaide
I delay; I am detained — Is èis dhomh
Without delay in the matter — Gun dàil a chur anns a' chùis

DELEGATE
He delegated the work to his wife — Thug e ùghdarras da mhnaoi an obair a dhèanamh

DELETE
He deleted his signature — Dhubh e às an t-ainm aige

DELICACY
You will not feel the least delicacy — Cha ruig thu leas faitcheas sam bith a bhith ort

DELIGHT
I delight — Is gasda leam
The delight of my eyes — Miann mo shùl
You delight in inciting a quarrel — Is math leatsa a bhi a' tarraing buairidh

DELIVER
Deliver an oration to us — Thoir dhuinn òraid
Deliver that man — Furtaich air an duine sin
I delivered the message — Reic mise am fios
Put off; deliver a speech — Cuir dhiot
She is delivered — Tha i air a h-asaid
She was delivered before her time — Rug i leanabh roimh'n mhithich

DELIVERY
How grand is his delivery! — 'S ann aige tha 'n cur-a-mach!
What a good delivery he has! — Is math an labhairt a th' air!

89

DELUGE

Deluging showers	Frasan tuilteach
The general flood or deluge	An dìle ruadh;an dìle bhàite
The land shall be deluged	Cuirear an tìr fo uisge

DELVE

Delving with a spade	Air ceann na spaide

DEMAND

Any demand for cattle!	A bheil fèill air crodh?
It was in great demand	Bha iarraidh mhòr air
The potatoes are in great demand	Tha 'm buntàta miadhail
There is a great demand for Harris tweed this year	Tha iarrtas gun chrìoch air clò mòr am bliadhna
They were in demand	Bha ruith orra

DEMIT

The minister demitted his charge	Leig am ministear dheth an dreuchd aige

DEMONSTRATE

Demonstrate this to me, that I may understand it	Soilleirich seo dhomh air dhòigh agus gun tuig mi e

DENIAL

A strenuous denial is the next best point of law	Is e an t-àicheadh maith dara puing as fheàrr san lagh

DENEGRATE

John often denigrated Donald	Bha Iain a' dèanamh dìmeas air Dòmhnall gu tric

DENOUNCE

Mary denounced/miscalled John	Chuir Màiri sìos air Iain

DENSE

The forest is dark and dense	Tha a' choille dubh dòmhail

DENT

He dented the pot	Rinn e lag anns a' phoit

DENY

I will deny him	Àicheidhidh mise esan
I will not be either refused nor denied	Cha ghabh mi seunadh no àicheadh

DEPEND

Depend upon it	Bi cinnteach às
Dependent	An crochadh air
Dependent upon	An urra ri
Depending on it	An crochadh ris
Do not depend on that	Na earb às a sin
Do not depend on that too much	Na leig do thaic ris a sin
I shall not be depending on him	Cha bhi mi na innis
It depends	Math a dh'fhaoite
They say that the men depend upon the women	Tha iad ag ràdh gu bheil na fir an urra ris na mnathan
They will depend on their daily labour	Bithidh iad an urrachd an cosnachd làitheil

DEPENDENCE

Place no dependence on that	Na dèan bunachar sam bith à sin

DEPLORE
We deplored what they did — Bha sinn duilich mun rud a rinn iad

DEPORT
John was deported — Bha Iain air a chur às an tìr

DEPOSE
He was deposed — Bha e air a chur às oifig

DEPRECATE
I deprecated his behaviour . — Bha mi mì-thoilichte le a ghiùlan

DEPRIVE
You deprived me of this — Chuir thu dhìth orm

DEPTH
Out of, or beyond, his depth — Thar a chomais

DERANGE
He deranged his notes — Chuir e à ordugh na nòtaichean aige

DERIDE
They derided him — Rinn iad fanaid air

DESCEND
Descend to particulars; discuss in detail — Beachdaich gu mion
Descending and ascending — A' teàrnadh 's a' dìreadh
Descending a hill — A' dol cromadh le leathad

DESCENT
Without descent — Gun sinnsireachd

DESCRIBE
Describe a circle — Geàrr riomball
Describe what you have seen — Thoir tuairisgeul air na chunnaic thu .

DESCRY
We descried land on the third day — Thog sinn caladh air an treas là

DESERVE
Deserved payment in kind — Choisinn le bunndaist am pàigheadh

He himself deserves praise — Tha e fhèin ri mholadh
He is not deserving of it — Chan fhiù e air
He richly/well deserves it — Is math an airidh e
It was well deserved — Bu mhath an airidh
What do you deserve? — Ciod a tha thu a' toilltinn?
What do you deserve to be done to you? — Dè a tha thu a' tuar a dhèanamh ort?

DESIRE
And you will do my desire/will — Agus nì thu mo riar
Desire awaked within him — Dh'èirich fonn air
I desire it: I wish it — Is àill leam; tha iarraidh agam; is miann leam

I had no desire for it — Cha robh iarraidh agam air
She has no desire to kiss me — Cha dùraig i pòg dhomh
Your desire is beyond what I am able to satisy — Is ard t'iarrtas os .cionn na tha nam chomas a chothachadh

91

DESIROUS
Desirous of; set upon
He is desirous to go
Keenly desirous of going home

An geall air
Tha e togarrach air falbh
A' togairt dol dhachaigh

DESIST
Desist; be done with it!
Desist; cease

Sguir dheth!
Leig dhìot

DESPAIR
Do not despair of that
He was in despair
She did not despair of that

Na an-earb às a sin
Bha eu-dòchas air
Cha do leig i suas a dòchas a
thaobh sin

DESPISE
Despised
Despising me
Do not despise or scorn
Do not despise the poor!

Fo thàir
A' tàir orm
Na dèan tàir;na cuir an neo-phrìs
Na cuir suarach na bochdaibh!

DESPITE
Despite of all he did

A dh'aindeòin 's na rinn e

DESPOTISM
The hatred we have of despotism

Am fuath a tha againn do
aintighearnas

DESTINATION
Arrive at, or come to, one's
destination

Ruig ceann-uidhe

DESTINE
If I am destined
This is what has been destined
for me

Ma tha e an dàn dhomh
Is e seo an rud a chaidh a chur
a-mach dhòmhsa

DESTINY
Everyone has his own peculiar
destiny
Who knows what destiny has in
store for him

Tha fhàgail fhèin air gach neach

Co aige a tha fios ciod è a
tha an dàn dha?

DESTITUTE
A person destitute of taste
or decorum
Destitute and orphaned ones

Duine gun deagh-bheus

Deòrain is dìleachdain

DESTROY
Being destroyed
Destroy him; destroy evil
For the purpose of destroying
me

A' dol às an rathad
Cuir às dha;cuir às don olc
A chum mo sgrios

DESTRUCTION
Bent on my destruction

Their destruction came
You will bring destruction
upon us

Titheach air mo mharbhadh; air
tì mis' a mharbhadh
Thàinig an dìobhail
Bheir thu sgrios oirnn

DESTRUCTIVE
Like a destructive fire
Like a destructive instrument

Mar theine beumnach
Mar sheud ghointe

DETACH
He detached the label

Chuir e air leth a' bhileag

DETAIL
They detailed the work

Thug iad mion-chùnntas air an
obair

DETECT
We detected the plot

Thug sinn an aire am feall-
chomhairle

DETERMINE
He is determined to finish me
He is determined to have his
own way
I am determined to do that
I determined to go
The place is determined;
appointed
The question shall be
determined

Tha e air tì cur às dhomh
An rud a chuireas esan na cheann
cuiridh e na chasan e
Tha mi 'cur romham sin a dhèanamh
Thàinig fodham falbh
Tha 'n t-àite suidhichte

Rèitichear a' cheist

DETEST
He detests; hates
I detest him; am horrified at

Is beag air
Tha dubh-ghràin is buidheach
agam air

DEUCE
He'll have the deuce to pay

Is dubh dhàsan

DEVASTATE
They devastated the land

Rinn iad lèir-sgrios air an tìr

DEVIATE
He never deviates from the
truth
I have deviated from my road;
lost my road

Cha tèid e a-null no a-nall
bhon fhìrinn
Chaidh mi thar mo shiubhail

DEVICE
Leave him to his own devices

Leig leis

DEVIL
Between the Devil and the deep
(blue) sea
Devil-may-care
Devil's advocate; put opposing
views to ensure discussion
Give to the Devil his due
Go to the Devil!
Hold a candle to the Devil;
help someone whom one does
not like, from fear or caution
Needs must when the Devil
drives
Play the very devil with;
create disorder
Speak of the Devil and he
will appear
Talk of the Devil; when the
topic of conversation appears

Eadar dà leann

Coma co-dhiù
Cuir an ceòl air feadh na
fìdhle
Thoir àite fhèin do
Thoir an donas/a' chroich ort
A' cuideachadh le duine le sùil
ri do mhath fhèin

Feumaidh na dh'fheumas

Dèan ùpraid

Thig an donas ri iomradh

Duine beannaichte, 's ann dìreach
a' bruidhinn ort a bha sinn

DEVISE
We must devise an expedient to accomplish it; we must put him in good humour

Feumaidh sinn saod a chur air

DEVOLVE
It devolved upon her
We devolved the work to our associates

Thuit e oirre
Chuir sinn an obair fo chùram nan companach againn

DEVOUR
Devour or destroy him

Cuir às dha

DEW
With the dew of the night

Le braonaibh na h-oidhche

DEXTEROUS
He is dexterous at everything

Tha e math air a h-uile nì

DIALECT
Braid Scots dialect

A' Bheurla leathann; A' Bheurla mhòr

The vernacular dialect of the Irish

Gnàth-chainnt na h-Eireann

DIE
Angus is dying
Die

Tha am bàs air Aonghas
Caochail; eug; faigh bàs; siubhail

Die away
Die down
Dying or wasting
Everything shall die
He died an old man
The die is cast; irrevocable
The dog died
The man died

Searg
Fuaraich
A' dol a dhìth
Gheibh gach nì bàs
Fhuair e bàs na sheann duine
Chan eil dol às ann
Bhàsaich an cù (for animals only)
Chaochail/dh'eug/shiubhail/theasd an duine

The manner in which she died
They died; were killed; lost their influence
Your dying day

An dòigh san do dh'eug i
Chaidh às daibh

An là a gheibh thu bàs

DIFFER
They differed greatly

Bha iad glè ao-coltach ri chèile

DIFFERENCE
It made no difference to me
Split the difference
There is a difference between sense and nonsense
There is no difference
What difference does that make?
Without a shade of difference

Cha robh suim ann dhòmhsa
Leth mar leth
Tha diofar eadar ciall is cuthach

Chan eil eadar-dhealachadh ann
Dè an diofar a nì sin?
Gun sìon atharrachaidh

DIFFICULTY
Braving difficulties
Every man does not get out of difficulty as easily as you did
He has not energy to counter such a difficulty

Ri uchd cruadail
Chan fhaigh a h-uile fear a dhorgh às mar a fhuair thusa

Chan eil uchdach aige dha

94

He raised his eye with
difficulty
It is no difficulty
It was with difficulty we
managed to hoist her sail
That is not the difficulty

Thog e a shùil air èiginn

Chan e an càs e
Is ann air èiginn a fhuair sinn
air an t-seòl a thogail rithe
Chan e sin an càs

DIG
Digging gold
Digging potatoes

Togail an òir
Togail a' bhuntàta

DILEMMA
On the horns of a dilemma

Eadar dà leann

DILIGENCE
With diligence
With much diligence

Maille ri dùrachd
Le mòran dìcheall

DILIGENT
Be diligent

Bi dìcheallach

DIMINISH
The sun's strength will not
lessen till afternoon

Cha lùghdaich neart na grèine
gu feasgar

DIN
The din of arms
The din of the pitched battle

Gaoir chatha
Gaoir an àrd-chath

DING-DONG
A ding-dong fight

Cath a-null 's a-nall

DINNER
Dinner is served
Take your dinner before you go

Tha an dìnneir deiseil
Gabh do dhìnneir/bhiadh-nòin/
dhìot mhòr mum falbh thu

DINT
By dint of

Le bhith; troimh

DIP
They dipped the coat in the
blood

Thum iad an còta san fhuil

DIRECT
Direct him
Directing me
He directed me to you

Thoir seòl dha
Gam sheòladh
Sheòl e thugadsa mi

DIRECTION
Bend in their direction
In our direction
In that direction
In the direction of its den
In exactly the opposite
direction
In what direction has he gone?
What direction did he take
when he bolted off?

Aom nan caraibh
An taobh a bha sinn
Air an rathad sin
An caraibh a bhroclainn
Calg-dhìreach an aghaidh a chèile

Dè 'n taobh a chaidh e?
Ciod è an taobh a ghabh e
nuair a ruith e air falbh?

DIRECTLY
Directly opposite each other

Calg-dhìreach an aghaidh a chèile

DIRGE
The dirge of the bards

Tùirse nam bàrd

DISABLED
A disabled man

Duine uireasbhuidheach neo-
choimhlionta

DISAGREE
Causing us to disagree
Disagreeing; quarreling; at
variance

A' cur eadarainn
Thar a chèile

DISAGREEMENT
A disagreement; dispute

Droch chòrdadh

DISAPPEAR
He disappeared when he heard
they were looking for him

Thug e cheann fodha nuair a chuala
e gun robh iad an tòir air

DISAPPOINT
Disappoint him
Disappoint him; convince him
of his error
There will be disappointment
You disappointed me; you
deranged my plans
You have disappointed me

Cuir às a ghabhail e
Cuir às a phoinc e

Bithidh mealladh ann
Chuir thu às mo ghabh/ghabhail mi

Chuir thu às mo thoinneamh mi

DISAPPROVE
They disapproved of my conduct

Cha robh iad a' dol le mo ghiùlan

DISARRANGE
We disarranged the books

Chuir sinn feadh a chèile na
leabhraichean

DISASTER
Courting disaster
Disaster or destitution

A' ruith air ànradh/mì-dhealbh
Sgrìob liath an Earraich

DISCARD
He discarded his shoes

Chuir e a bhrògan air chùl

DISCHARGE
An official discharge

Litir-shaoraidh oifigeach

DISCLAIM
James disclaimed credit for
the work

Chuir Seumas cùl ri creideas
airson na h-oibre

DISCLOSE
We disclosed nothing to him

Cha do leig sinn dad oirnn ris

DISCONSOLATE
He was disconsolate

Bha e dubh-bhrònach

DISCONTINUE
I intend to discontinue the
work

Tha mi a' cur romham sguir den
obair

DISCOUNT
At a discount

Aig leasachadh prìse

DISCRETION
A man come to the age of
discretion
Discretion is the better part
of valour; be careful

Duine inbhidh

'S fheàrr faiceall na droch-
sheasamh

| Leave it to his own discretion | Fàg na mhèinn e; fàg aig a mhèinn fhèin; fàg aige fhèin |
| We gave him discretionary power; full authority | Thug sinn làn chumhachd dha |

DISCRIMINATE

| He discriminated against me | Chaidh e am aghaidh; thug e breith am aghaidh |

DISCUSS

| We discussed the proposal carefully | Rinn sinn còmhradh air an tairgse gu cùramach; dheasbair sinn mun tairgse gu cùramach |
| We opened a discussion | Thòisich sinn air seanchas |

DISDAIN

| I disdain; abhor | Is gràin leam |

DISEASE

| Every disease in his constitution | Gach eucail na aoraibh |

DISEMBARK

| The crew disembarked on the mainland | Chaidh an sgioba air tìr air tìr-mòr |
| The captain disembarked the crew | Chuir an caiptean air tìr an sgioba |

DISFRANCHISE

| The law disfranchised them | Thug an lagh am bhòta air falbh uapa |

DISGRACE

Disgrace	Thoir maslaich/tàmailt
He was disgraced	Fhuair e maslachadh; thugadh a nàire às
You have disgraced me by your talk	Tha thu air nàire a chur orm leis a' bhruidhinn a tha ort
You have thoroughly disgraced me	Tha mi dìreach air mo nàrachadh agad

DISGRACEFUL

| A disgraceful person | Ball-sampaill |

DISGUISE

| Disguised as a woman | Ann an riochd boireannaich |

DISGUST

Disgust	Blas a' chragain; dubh-ghràin
He disgusted me	Shearbhaich e mi; chuir e gràin orm
I was disgusted	Ghabh mi sgreamh
I am disgusted with it	Tha mi seachd searbh dheth
I was disgusted at him	Chorpaich mi ris
It disgusted me; made me shiver	Chuir e creuthachas orm
Object of disgust	Cùis-dèisinn; culaidh-mhì-thlachd

DISH

An earthenware dish/vessel	Soitheach crèadha
A supplementary dish	Soitheach eile
Cold dishes	Soithichean fuar
He dished him (S)	Thug e a char às
The dish of the day	Soitheach an là; clàr an là

DISHEARTEN
He is quite disheartened — Chaill e a mhisneach

DISINHERIT
John disinherited his son — Bhuin Iain còir-bhreith bho a mhac

DISJOIN
Disjoin; tear asunder — Thoir às a chèile

DISJOINT
The butcher disjointed the carcase — Chuir am feòladair às an alt a' chairbh

DISLIKE
He conceived a dislike to it — Ghabh e sad dheth
I always disliked liars — Bu beag/lugha orm fèin a riamh luchd nam breug
I dislike ingratiating people — Is lugha orm fèin na daoine beulach

DISLOCATE
Dislocating his bones — A' dol às a chnàmhan

DISMANTLE
He dismantled the television — Thug e às a chèile an teilebhisean

DISMEMBER
He dismembered the body — Spìon e o chèile an corp

DISMISS
Dismiss — Cuir à dreuchd; cuir air falbh
I dismissed it from my thoughts — Chuir mi bhuam e

DISOBEDIENT
He was disobedient to his parents — Bha e eas-umhail do na pàrantan aige

DISOBEY
The boy disobeyed his father — Chaidh am balach an aghaidh a athar

DISORDERED
He is of a disordered mind — Tha e às a rian

DISOWN
The father disowned his son — Cha do ghabh an athair ris a' mhac

DISPARAGE
Do not disparage their work — Na dèan tàir air an t-saothair aca

DISPENSE
She dispensed with his help — Rinn i às aonais na cobhrach aige

DISPERSE
The company dispersed — Sgaoil a' chuideachd
They dispersed throughout the world — Sgaoil iad feadh an t-saoghail

DISPLEASE
He is displeased with me — Chan eil e buidheach dhiom
I am displeased with you — Tha mi diombach dhìot

DISPOSAL
At his disposal — Na charaibh

At my disposal; my risk

Air mo mhathroinn-sa; ri mo làimh

DISPOSE
He is disposed to go home
How is he disposed towards you?
I was so disposed

Tha e a' togairt dol dachaigh
Dè an rùn anns a bheil e riut?
Thàinig sin fodham

DISPOSITION
He has a very niggardly disposition

Tha e fìor mhosach na nàdur

DISPOSSESS
We dispossessed him of his house

Chuir sinn e à seilbh an taighe aige

DISREGARD
Disregard
Norman disregarded what had been said to him

Cuir air dìmeas; cuir dìmeas air
Chuir Tormod ann an suarachas na chaidh a ràdh ris

DISROBE
Mary disrobed

Chuir Màiri a h-aodach dhith

DISSOLVE
Dissolving in water

A' ruith air an uisge

DISSUADE
We dissuaded John from going away

Chomhairlich sinn an aghaidh Iain a dhol air falbh

DISTANCE
A good distance away
A short distance away
At a distance
From a distance
He was not long in covering the distance
In the distance
You had better keep at a safe distance from him

Astar math air falbh
Tamall às
Fad astar
Bho astar/chèin
Cha robh esan fada a' cur an astair às a dhèidh
Air fàire; fad air falbh
Is fheàrr dhut cumail fad an sgadain uaithe

DISTANT
A cold distant man
Distant countries
Distant relationship
From a distant country

Duine fuar fad às
Crìochan cèine
Càirdeas fad às
Bho dhùthaich chèin

DISTASTE
We felt a distaste for her

Ghabh sinn blas a' chnagain dhi

DISTINGUISH
We distinguished the brothers easily

Rinn sinn dealachadh eadar na bràithrean gu furasda

DISTRACT
You have distracted me
You will distract me

Tharraing thu m' aire air falbh
Tarraingidh thu m' aire air falbh

DISTRAUGHT
He was so distraught as to be hardly himself

Chaidh e gu mòr bho aire fèin

99

DISTRESSING
A distressing thing — Nì cruaidh/trioblaideach
Distressing news — Naidheachd mhuladach
He is sore distressed — Tha e na èiginn
In sore distress — An iomagain gheur
You see my distress — Is ann dhut as lèir mo chàs

DISTRIBUTE
Distribute it among them — Riaraich orra e; roinn orra e
Distribute it equally among them — Dèan roinn mhic is athar air

DISTRICT
In the particular district — Air an dearbh àrainn; anns an dearbh sgìre

DISTURB
Do not disturb him; he is fast asleep — Na cuir dragh air,tha e na throm chadal

DISUSE
It fell into disuse — Chaidh e à cleachdadh

DIVE
To dive into the sea — Gabh fon uisge

DIVERGE
A place where two roads diverge — Ceann nan trì rathaidean

DIVERSION
Making diversion in his lordship's family — Ri àbhachdas ann an teaghlach a' mhorair

DIVEST
He divested himself of his clothes — Leig e dheth an t-aodach aige

DIVISION
Divided among them — Air a roinn
The division they made of them — An roinn a rinn iad orra
There are divisions among you — Tha sgarachdainn nur measg

DIVORCE
Mary divorced her husband — Dhealaich Màiri ri a cèile

DIVULGE
He divulged the news — Sgaoil e an naidheachd
They divulged their secrets — Leig iad ris na rùintean aca

DO
A small piece will do; be enough — Fòghnaidh pìos beag
Do; exert oneself — Cuir thu fhèin a-mach
Do; swindle (S) — Dèan smùdan dheth; thoir a char às
Do all one can — Dèan a dhìcheall
Do away with — Cuir às
Do badly by someone — Dèan droch-bheairt air duine
Do in (S); kill — Cuir gu bàs
Do it at once — Dèan às do làimh e
Do to death — Mort
Do up — Leasaich
Do without — Dèan às aonais/às eugmhais
Doing away with life — A' gabhail ri beatha

Doing damage	A' dèanamh call
Done in (S); exhausted	Claoidhte
Everyone's doing his best	Gach fear ag obair mar a thàrradh
Have done with; leave off	Sguir de
How do you do?	Ciamar a tha thu? ciamar a tha sibh?
I did my utmost for that	Rinn mi mo dhìcheall air a shon
I will do my utmost	Nì mi mo dhìcheall
I will do that in spite of you	Nì mi sin gun taing dhut
Our corn is nearly done	Tha an t-arbhar againn air a chois
Sometimes I do, sometimes I don't	Uaireanan nì mi is uaireanan cha dèan
That will do	Nì sin an gnothach; nì sin a' chùis
That will do me	Is leòr sin dhòmhsa
What can I do for you?	Dè nì mi dhut?
What did he do to you? Did he strike or molest you?	Dè a rinn e ort? An robh e riut?

DOCTOR

The doctor has given up hope of his recovery	Tha an lighiche air dùil a thoirt dheth
The doctor lanced the abscess that was on my knee	Leig an lighiche air an at a bha air mo ghlùin

DOCTRINE

Sound doctrine	Teagasg fallain

DODGER

An artful dodger; spiv; trickster	Gille-nan-car

DOG

A dog, every inch of him	Sàr chù
A dog's chance	Chan eil cothrom a chruthaicheadh aige
A dog's life	Beatha coin
A mad dog	Cù air a' chuthach
As stingy as the dog	Cho mosach ris a' chù
Dog days	An futhar
Dog doesn't eat dog	Gach fear dha fhèin
Dog-eared	Robach
Dog in the manger	Cù na dhùnan fèin
Dog-watch	Faire goirid
Go to the dogs!	Taigh na galladh ort!
He has gone to the dogs	Chaidh e bhuaithe
His slim, hungry-looking dogs	A choin sheang
Keen dogs	Coin ghleusda
Keep your dog until it is time to slip him	Cùm do chù ri a leigeil
Like dogs on a leash at the time of the chase	Mar choin air èill ri h-àm na seilg
None but a dog eats his fill	Chan ith a shàth ach an cù
The dog couched	Laigh an cù
The dog fawned upon him	Rinn an cù sodan ris
The dog snapped at him	Thug an cù sic air
The dog was wagging its tail	Bha an cù a' bogadh earbaill
The dogs were barking	Bha na coin a' dèanamh comhart

101

DOLDRUM
In the doldrums   Gun sùnnd

DOMESTIC
Domestic animals   Beathaichean càllaidh
Domestic economy   Fearas-taighe
Domestic matters   Gnothaichean taighe
Domesticated; tame; weak   Beathaichean càllaidh
  animals
Little domestic jobs   Caran beaga air feadh an taighe
She is in domestic service   Tha i aig a cosnadh

DOMICILE
Domiciled   Air an taigheadas

DOMINION
Let them have dominion   Bitheadh uachdaranachd aca
Your dominion is extensive and   Is farsaing do rìoghachd 's gur
  hospitable   fial

DONE
Be done with it; give over   Thoir thairis
I am done for; as good as dead   Tha mo chreach-sa dèanta
I am done with it   Tha mi rèidh dheth
I have done with him; I am free   Tha mi cuiteas e (cuidht' agus e)
Well done, lads!   Is math a gheibhear sibh 'illean!
                             Sin sibh 'illean!

DOOM
They doomed him   Thug iad breith air

DOOR
A door knocker   Glagan dorais
A folding door   Doras duilleagach
A leaf of a door   Duilleag còmhla
At the door-post; at home   Aig an ursainn
Bolt the door   Cuir an crann air an doras
He saw that the door was closed   Chunnaic e gun robh an doras
  against him   dùinte air a shròin
I fell in the doorway   Thuit mi eader dà bheul an dorais
Next door to   An ath doras ri; bun na h-ursainn
No door ever shut but another   Cha do dhùin doras nach d'
  opened; when troubles come   fhosgail air a shròin
  a way will appear to meet
  them
Show a person the door   Seall an doras dha
The bolt of a door   Clòmhainn
The door shut with a bang   Dhùin an doras le clap
The door was tightly shut   Bha an doras dùinte gu daingeann
                             làidir
The door was wide open   Bha an doras air a chlab; bha an
                             doras sraointe fosgailte
The front door has two leaves   Tha dà chòmhla ris an doras-mhòr
  to it
To show someone to the door   A dhol gu doras le duine
With his back to the door   Bha a chùlaibh ris an doras

DOT
On the dot   Ris a' mhionaid

DOTAGE
He is in his dotage   Tha e ga chall fhèin

DOTINGLY

Dotingly fond of his children · Miadhail mu a chloinn

DOUBLE

Double-crossing · A' mealladh
Double-dealing · A' cur am fiachaibh ri gach taobh
Double-edged · Dà-fhaobhar
Double-quick · Gu ro-luath
Double time · Tìde dhùbailte
It was your double · B' e do thannasg a bha ann
The double-faced man · An duine leam-leat

DOUBT

Beyond doubt; without any doubt · Gun aga/teagamh sam bith
Have no doubt; accept as a fact · Gabh air gu h-iomlan
Have no doubt; make certain · Dèan cinnteach às
I doubt · Tha teagamh agam
In doubt · An teagamh
In doubt about you · Fo amharas oirbh
There is no doubt · Chan eil teagamh

DOWN

Down; downward · A-sìos
Down and up · A-sìos agus a-nìos
Down and out · Gun sgillinn ruadh
Down from · Sìos bho
Down in the mouth · Fo sprochd
Down on one's luck · Gun rath
Down the hill; down the slope · Leis a' bhruthaich;ri leathad bruaich
Down the stream · Leis an t-sruth
Down to the shore · Sìos chun a' chladaich
Down with her, to the edge of the sea, boys! · Sìos leatha, fheara, gu beul na mara!
Down with it! · Nuas e!
Doing down · A' dol sìos
He lay down all night · Chuir e cheann fodha fad na h-oidhche
I lay down · Leig mi nam shìneadh
Up and down · Sìos is suas

DOWNWARD

His face downward on the ground · A bheul 's a shròin fodha air an talamh
The haggis itself will run downwards · Ruithidh an taigeis fèin le bruthach

DOWRY

I like her not without a dowry · Chan àill leam gun tochradh i

DOZE

I dozed for a few minutes · Rinn mi norrag
She dozed off · Thàinig clò-chadal oirre

DOZEN

Half a dozen · Leth-dusan

DRAG

Drag up; drag in · Tarraing an àird;tarraing a-steach

DRAIN

Drain the glass to the bottom · Dìolaibh a' ghloinne gu bonn

103

DRAUGHT
A draught of fishes	Tarraing èisg;tacar èisg
Take a draught out of it	Thoir deoch às

DRAW
Draw a blank	Gun bhuaidh
Draw aside; like a curtain	Tarraing a thaobh
Draw aside; separate from another	Tearb bho chèile
Draw away	Tarraing air falbh
Draw back	Tarraing air ais
Draw in; to the side of the road	Gabh às an rathad
Draw in; shrink	Searg
Draw near	Tarraing suas ri
Draw off; cause to depart	Thoir air falbh
Draw off; cause to flow away	Thoir air tarraing
Draw out; draw out money	Togail airgead;thoir a-mach airgead
Draw out; encourage to talk	Thoir air bruidhinn
Draw rein	Dèan stad
Draw the line;	Stad aig a sin
Draw up; arrange in order	Cuir an òrdugh
Draw up; stop; halt	Stad
Drawing the long bow; exaggerating	A' toirt ceuma leatha
He draws a long bow	Tha e cho làn rò 's a thachdas e
He drew a sketch of us	Tharraing e dealbh oirnn
I will draw it	Tarraingidh mi e
It was a drawn game, a draw	Cha do bhuannaich taobh seach taobh
To draw up a contract	Rèitich; dèan rèiteachadh

DREAD
A cause of dread	Cùis-uabhais
Little does he dread you	Is beag eagal a tha aige romhad
Without dread	Gun sgàth

DREADFUL
A dreadful thing	Nì eagalach
In dreadful danger	An cunnart baoth

DREAM
I dreamed last night that I saw	Bhruadair mi an-raoir gum faca mi
I had the same dream thrice in the course of a single night	Thàinig am bruadar thugam trì uairean ann an iomlaid na h-aon oidhche
I shouldn't dream of doing it	Chà tigeadh e a-steach orm a leithid a dhèanamh
Interpret my dream	Thoir breith air mo bhruadar

DREAMER
The dreamer was fast asleep	Bha am bruadaraiche na shuain chadail

DREARY
Dreary or tedious nights	Oidhcheannan fadalach

DREDGE
Dredging the harbour	A' sgrìobadh sa' phort

DRENCH
He was drenched — Dhrùidh e air

DRESS
A dress-shirt — Lèine gheal
Dress yourself — Cuir umad
Dressed — Air (an) èideadh
Dressed in his full uniform — Fo làn uidheam
Dressed to make a journey — Breacan à baile
Dressing leather; d. lint; d. potatoes — A' giullachd leathrach; lìn; buntàta
Equip yourself; dress yourself — Uidheamaich thu fhèin
Get dressed — Cuir umad; cuir ort
He gave you a proper dressing down — Thachair e riut
He got dressed — Chuir e uime; chuir e air a chuid aodaich
Talk dress — Bruidhinn mun èideadh
Well dressed — Air àrd èideadh
What dress had she on? — Dè 'n còmhdach a bha oirre?

DRESSING
Dressing himself — Ga èideadh fhèin
Dressing themselves — A' cur orra

DRIBS
Dribs and drabs — Na dhriobaidean

DRILL
A drill of potatoes — Sgrìob bhuntàta
The potatoes are planted in drills — Cuirear am buntàta nan sreathan

DRINK
A drink-offering — Tabhartas-dibhe
Addicted to drink — Trom air an deoch; trom air an òl
An insipid drink — Deoch ana-bhlasda
Drinking diabetes — An t-òl
He has a slight appearance of drink — Tha neul deoch air
He has had a drop; the worse for drink — Tha srùbag mhath air
He is drunk — Tha an daorach/a' mhisg air
He is fond of strong drink — Tha e ris an òl
He is much addicted to drink — Tha e air e fèin thoirt seachad don deoch
The dregs of a debauch or drink — Druaip an òil
The drink refreshed him — Dh'ùraich an deoch e
The drunken soul tells no lies — Cha dèan cridhe misgeach breug
What will you drink? — Ciod a dh'òlas tu?
Who will drink but he who has the means — Cò a nì an t-òl ach am fear a dh'fhaodas
Will you have a drink of milk? — An gabh thu deoch bhainne?
You must take a warm drink — Feumaidh tu deoch bhlàth a ghabhail
You would drink but would not pay — Dh'òladh tu is cha phàigheadh tu

DRIVE
Drive (a car) — Stiùir; a' stiùireadh
Drive away; compel someone to leave — Fuadaich air falbh

Drive away; depart in a car   Falbh ann an càr; ann an carbad
Drive home; emphasize   Dearbh
Drive home; hammer a nail home   Cuir a-steach gu ceann
Driven out of the country   Air am fuadach às an tìr
Driving or getting at   A' ciallachadh
Driving him away; pursuing him   Ga ruagadh
Driving them backward in battle   Gan iomain sa' chath
He is driving furiously   Tha e a' siubhal gu dian
They drove him back; compelled   Chuir iad an ratreut air
  him to retreat
You have driven him from the   Ghràinich thu air an taigh e
  house

DRIVER
Drivers or herds of flocks   Luchd-iomain
The driver sat in his place   Shuidh am fear-stiùiridh na àite
  and the bus moved on   agus ghluais am bus air falbh

DROP
A drop of blood   Boinne fola
Drop; abandon   Leig leis/leatha
Drop; cease to be friends with   Fàg ann an siud e
Drop a brick (S); be indiscreet   Leig a-mach rudeigin
Drop a hint   Cagar sa' chluais
Drop a line   Sgrìobh
Drop behind   Caill àite
Drop in; visit   Tadhail
Drop on; blame   Coirich
Drop on; select for questioning   Tagh
Drop out   Tuit às
Drop the flagstone   Leig às an leac
Drop the stone anchor   Cuir a-mach a' chruaidh
Dropping down   A' sruthadh a-nuas; a' tuiteam
                                       sìos
Every drop   Gach sìleadh
Every drop of his blood   Gach braon de fhuil
He dropped off   Dh'fhàg e
I have not had a drop   Chan eil boinn' air a bhith agam
There is not a drop here   Chan eil deur an seo

DROVE
Each drove by itself   Gach ioman leatha fèin
Following the drove   A' leantainn na h-iomaine

DROWN
He was drowned   Bhàthadh e;chaidh e a bhàthadh
No one drowned   Cha deach duine a bhàthadh
They will be drowned   Thèid am bàthadh

DRUBBING
Drubbing me   Gam lùireadh

DRUM
Playing the drum   Fairgne na druma

DRUNK
A drunk man   Duine le smùid air
A high degree of intoxication   Dubh-dhaorach
Bouts of drunkenness   Daoraichead; smùidean
Drunk   Air an daoraich; air mhisg
Half seas over (S); drunk   Air mhisg; bun smùid/deagh smùid
                                       air

He became drunk   Ghabh e an daorach
He is drunk; intoxicated   Tha an daorach air; tha e fon daorach
He is blind drunk   Bha e air a dhalladh
Make drunk   Cuir air mhisg

DRY
A dry morsel   Grèim tioram
Dry breasts   Cìochan seasga
Dry in the sun   Tiormaich ris a' ghrèin
Dry yourself   Tiormaich thu fhèin
Dry snow   Crann sneachda
For drying clothes   Airson aodaichean a thiormachadh
I dried up with thirst   Thiormaich mi leis a' phathadh

DUCK
Duck (verb)   Crùb
Make ducks and drakes; scatter his fortune   Milleadh a chuid
Play ducks and drakes; skim flat stones over water   Triugh-an-tràigh; triugh-an-truinnsear

DUE
Due south; exactly due south   Cridhe na h-àirde deas
Due to calve   Inbhidh na bà
Give praise to him to whom praise is due   Thoir moladh dhàsan don dlighear e
He whose due is death   Esan do bheil am bàs an dàn
If that be due to you   Mas dligheadh dhut sin
My own due or right   Mo chòirichean fhìn

DUMPS
In the dumps   Fo mhulad; fo sprochd

DUN
The dun cow's tail   Stiall na bà uidhir

DUNDERHEAD
He, the dunderhead, laughed derisively   Rinn esan, am burraidh, lachan mòr gàire rium

DUPLICATE
Give me the duplicate of that on another sheet   Thoir dhomh leth-bhreac sin air clàr eile

DURATION
For the duration of the week   Fad na seachdaine

DURESS
He is under duress   Tha e leis an èiginn

DURING
During my day and generation   Fad mo rè 's mo là
During the day   Rè an là
During the daytime   Feadh an là
During the incumbency of Mr. Alexander   Ri linn Mhaighstir Alasdair
During the life of your father   Ri linn d' athar
During the night   Air feadh na h-oidhche
During this conversation   Anns na facail a bha ann
During this weather   Ris an àm seo
During your lifetime   Fad do shaoghail

DUSK

About the dusk of the evening	Mu thuiteam na h-oidhche
At dusk	Am beul na h-oidhche
Dusk of the evening	Beul na h-oidhche
In the dusk of the evening	Sa' chiaradh
The dusk of the evening	Dubhar an fheasgair
The evening dusk	Ciaradh an anmoich
The evening getting dusky	Am feasgar a' ciaradh

DUST

A dust cloud	Smùid an rathaid
Dust	Crath stùr air; glan stùr dhe
Not so dusty	Chan eil e cho glagach (S)

DUTY

Do duty; conduct a religious service	Cuairtich dleasdanas
He failed in his duty	Dhìobair e na dhleasdanas
I did my duty	Rinn mi mo dhleasdanas
I was attending to my duty	Bha mi an ceann mo dhleasdanais
In duty bound	Mar dhleasdanas air
It is our duty to go	Tha uainn falbh

DWELL

| He dwells comfortably | Tha e a' dèanamh còmhnaidh gu socrach |
| To dwell together in unity | Còmhnaidh a ghabhail cuideachd an aonachd |

DWELLING

A dwelling-place	Àite còmhnaidh
Dwelling here	A' tàmh san àite seo
Dwelling in security	Bhith tàmhachd am bunait
The dwelling-place of heroes	Tuineadh nan treun
Your dwelling	Do thaigh còmhnaidh

DYE

A dyed-in-the-wool Englishman	Sasannach o fhreumh/gu smior
Dyed in the wool	San fhiodh
Of the deepest dye	Gu chridhe

DYING

Dying by inches; shrivelling	A' crannadh
Dying or wasting	A' dol a dhìth
He is dying or nearly dead	Tha e ceum on bhàs
He is dying	Tha e a' siubhal
The wind is dying	Tha a' ghaoth a' dol bàs/a' dol fodha
Your dying day	An là a gheibh thu bàs

EACH

Each day	Gach là
Each one	Gach aon
Each other	Cach a chèile
In each other's wake	Air an aon uisge; an rotal a chèile
Upon each other's backs	Air muin a chèile
With each other	Cuide ri chèile; còmhla

EAGER

Eager for him or it	An càs air
Eager pursuit	Tòrachd dhian
I am most eager to see you	Tha mi ann an geall mo chridhe air d' fhaicinn

EAR

A flea in the ear; biting reproof	Coireachadh gu cruaidh
All ears	Gu geur ag èisdeachd
Box a person's ears	Thoir dòrn dha an toll na cluaise
Ear-splitting	Bodharach
Ears burning	Cluasan teth
Give one's ears	Dèan èisdeachd ri
Have one's ears to the ground (S)	An sàs ann an cùisean
Have the ear of	A' cosnadh earbsa duine
I turned a deaf ear to all he said	Leig mise na thubhairt e mu mo chluasan
In at one ear and out at the other	A-steach air an dara cluais 's a-mach air a' chluais eile
It came to, or reached, my ears	Thàinig e gu mo chluais
In earshot	San èisdeachd
Keeping my ears open	A' cumail cluas ri claistneachd
Play it by ear (S)	Gabh e mar a thig e
Play the piano by ear; untaught	Cluich am piàno air chluais; gun teagasg
Turn a deaf ear	Na leig càil ort
You may speak to him but he will give you a deaf ear	Faodaidh tusa sin,ach cumaidh e cluas bhodhar riut

EARLINESS

The earliness of the harvest	Luathas an fhoghair

EARLY

A very early rising	Mocheirigh mhòr
As early as	Cho tràth ri
Early and late	Moch is anmoch
Early harvest; e. oats or seeds; e. potatoes	Fogharadh luaithreach; sìol l.; buntàta l.
Early to bed	Moch an laighe; tràth fo rùm
He arrived five minutes too early	Thàinig e còig mionaidean ro luath
How early you are afoot!	Is tu a rinn a' mhocheirigh!
Won't that be early enough?	Nach bì sin tràth gu leòr?

EARN

Earn a livelihood	Coisinn lòn; dèan bith-beò
Earn your livelihood from the work	Thoir do theachd-an-tìr às an obair
He was earning his way in the world	Bha e a' cosnadh a shaoghail

EARNEST
In dead earnest — Ann an da-rìribh

EARTHLY
Earthly things — Nithean talmhaidh
What earthly use can you make of a croft? — Dè 'n truaighe a tha thusa a' dol a dhèanamh le croit?

EASE
At ease — Aig fois
Ill at ease — Anfhoiseil
Put, or set, at ease — Socraich
Take ease — Biodh fois agad
The pain has eased — Tha am pian air lasachadh

EASIER
It is easier said than done — Is fhusa ràdh na chur an gnìomh
It is easier to give advice than to take it — Is fhusa comhairle thoirt na comhairle ghabhail

EASILY
I can easily believe that — Is soirbh leam sin a chreidsinn
It is easily seen by the state of this house that I had not the managing of it — Tha a' bhuil air an taigh seo nach e mise bha na cheann

EAST
Eastward and westward (on the east coast) — Sìos is suas
Towards the east; eastward — Leth ri èirigh na grèine

EASY
A man in easy circumstances — Duine cothromach
Easy-going — Socrach
Easy money; money easily earned — Airgead ·air a shaor-chosnadh
In easy circumstances — Gu math dheth
It is as easy to stop the incoming tide, as to keep you quiet — Tha e cho furasda stad a chur air a' mhuir-làn ris a' ghlas-ghuib a chur ortsa
It is not easy to get your livelihood out of the sea — Chan e am fàsach do bhith-beò a thoirt à druim a' chuain
It is not easy to pronounce his name; it is a tongue-twister — Chan eil a furasda do theanga fhaighinn timcheall air an ainm aige
It was not an easy job — Cha b' e am fàsach e
Within easy reach of the town — Astar beag on bhaile

EAT
Do not eat it raw — Na ithibh amh e
Eat away — Siuthad/siuthadaibh, ith/ithibh do/ur leòr
East humble pie — Bi umhail
Eat into — Bris a-steach air
Eat one's cake and have it — Gach nì gu do mhiann
Eat one's head off — Ith gus an sgàin thu
Eat one's words; withdraw a statement ignominiously and totally — Dol às aicheadh; thoir àicheadh math
Eat out of house and home — Ith cus; ith thar do theachd-a-steach
Eating one's heart out — A' caoidh gun sgur
To eat regular meals — Biadh riaghailteach a ghabhail

110

What a poor eater you are

EAVES
Eaves-dropping

ECHO
There is a loud echo in the theatre

ECSTATIC
Ecstatic; exulting in the highest degree

EDGE
By the edge of the sea
Edge away
He has an edge on his appetite
On edge
The edge of the box
The edge of the precipice

EDUCATE
He got the best education for his son
He has an excellent education
Lack of education will leave you dependent on others

Little or no education
The young man who finished his education last year, is now teaching

EFFECT
I shall feel the effects of that as long as I live
In effect; to tell you the truth
It will take effect
Just as effectively or well
The effect of that is obvious to him
The effects will be seen in your case
To effect or accomplish a thing

EFFORT
I can manage that without effort
That is no effort for me
Yes, I made an effort

EGG
A beaten egg
As sure as eggs is eggs (S)
Each other's eggs
Egg-shell
Laying eggs
She laid an egg
She told us how to make the hens lay

Nach b' e tu am mialaire bochd

Farchluais

Tha mac-talla àrd anns an taigh-chluich

Àrd-aoibhneach

An cois na mara; am beul na mara
Sgiolc air falbh
Tha an t-acras air
Air bhid; air bhioran
Oir a' bhucais
Bile na creige

Thug e a h-uile cothrom foghlaim do a mhac
Tha làn a chinn de sgoil aige
Is e dìth na sgoile a dh'fhàgas do theanga ann am pluic fir eile
A bheag de sgoil
An gille a thug a-mach am foghlam an-uiridh, tha e a-nis a' toirt seachad sgoile

Bithidh mi an èire sin rim bheò

Ag innse na fìrinne

Chìthear a bhuil
A cheart cho math
Tha a' bhuil sin air

Bithidh a bhlàth sin ort

Nì a thoirt gu buil/ìre

Nì mi sin gun spàirn

Cha spàirn sin orm
Bha, bha mi strì rithe

Ugh air bhualadh
Cho cinnteach 's a ghabhas
Uighean a chèile
Plaosg uighe
A' breith uighean
Rug i ugh
Dh'innis i dhuinn ciamar a bheireadh sinn air`na cearcan breith

111

The white of an egg
The yolk of an egg

EKE
Eke out; make just enough by
adding to

ELBOW
Elbow one's way
Elbow-grease
Elbow room

ELECTION
A by-election
A general election
Electors

ELEGANCE
In beauty and elegance

ELEGANT
An elegant female
An elegant house
Your active, elegant form

ELEMENT
In your element
Out of one's element

ELIMINATE
We eliminated every danger

ELOPE
She eloped with him

ELOQUENCE
Eloquence; ready speech
She did not lack eloquence
  when she would let her tongue
  go

ELOQUENT
Eloquent, glib or ready of
  speech
Eloquent or agreeable words
The minister is exceptionally
  eloquent

ELSE
Or else
What else?
Who else?

ELUDE
He eluded the policeman

EMBARGO
Lay or place an embargo on

EMBARK
We embarked on the boat

EMBARRASS
When he was embarrassed
You will embarrass him

Gealagan uighe
Buidheagan uighe

Dèan gu leòr air èiginn le cur r'
  a chèile

Uinnleagaich air adhart
Neart agus dìcheall corporra
Farsaingeachd gu leòr

Taghadh air leth
Taghadh nàiseanta
Luchd-taghaidh

Am bòidhchead 's an grinneas

Nighean mhaiseach/eireachdail
Taigh loinnear/loinneil/grinn
Do phearsa dheas ghrinn

Air do dhòigh
Mì-dhòigheil

Gheàrr sinn air falbh gach
  cunnart

Dh'fhalbh i gun fhios leis

Fileantachd
Cha bu ghann nach robh teanga
  aice nuair a leigeadh i ruith
  leatha

Deas-bhriathrach

Briathran fileanta/tlachdmhor
Tha cur-a-mach anabarrach aig
  a' mhinisteir

No
Dè tuilleadh?
Cò eile?

Dh' èalaidh e às bhon phoileis

Cuir casg air

Chaidh/chuir sinn air bòrd

Nuair a bha e air uileann
Cuiridh sibh troimhe chèile e

112

EMBED
Embedding in my flesh

A' leabachadh nam fheòil;
a' neadachadh nam fheòil

EMBROIDER
She embroidered her coat

Chuir i obair-ghrèis air a còta

EMERGE
She emerged from the wood

Thàinig i às a' choille

EMIGRATE
Emigrated
She will emigrate beyond the
sea

Air imrich
Thèid i air imrich thar a' chuain

EMPHATIC
He spoke emphatically

Labhair e gu dèanachdach

EMPLOY
Employ
How are you employed? What
are you engaged in?

Thoir obair do
Dè tha thu 'cur ris?

EMPLOYMENT
Has he employment at present?

A' bheil e an ceann a chosnaidh
an dràsda?

His present employment or job

An obair ris a bheil e

EMPTY
An empty, unoccupied house
How empty-headed you are, man!
The boys emptied the bottle

Taigh fàs
Nach tu tha falamh, a dhuine!
Thràigh na balaich am botal

EMULATE
We tried to emulate him

Dh'fheuch sinn ri strì a dhèanamh
ris

ENABLE
We enabled John to escape

Thug sinn comas do Iain tàrrsainn
às

ENCASH
He encashed his cheque

Fhuair e airgead air an t-seic
aige

ENCHANT
The song enchanted him

Chuir an t-òran fo gheasaibh e

ENCLOSE
He enclosed the garden

Dh'iadh e mun cuairt an gàrradh

ENCOUNTER
He encountered many hardships
I have encountered many a
hardship

Thachair an saoghal ris
Is iomadh rubha ris na shuath mi

ENCOURAGE
Encourage him

Cuir air thapadh e

ENCROACH
Encroach
Encroaching on our territory

Rach thar crìch
A' tighinn a-steach air an
ranntair againn

ENCUMBER
He encumbered his friends

Chuir e èis/trom air a chàirdean

113

ENCUMBRANCE

That will not be encumbrance
to you

Cha bhi sin na eallach ort

END

About the end	Mu dheireadh; mu dheireadh thall
At a loose end	Bàn; gun obair
At the end of	Aig deireadh
At the end of the barn	Aig ceann an t-sabhail
At the far end	Air an fhìor dheireadh
At your wits end	Aig bàrr do chèille
Ends of the earth	Ceithir rannan ruadha an domhain
Extreme end of the sands	Cluas na tràghad
Fag-end	Fuidheall
From end to end	O cheann gu ceann; on dara ceann chun a' chinn eile

From one end of the parish
to the other, there is no
one that excels him

Chan eil eadar dà cheann na
sgìre fear a bheir bàrr air

Go off the deep end; be very
angry

Fàs glè fheargach

If she has anything against
you, you will not hear the
end of it

Ma bhitheas rud aice nad aghaidh
cha chluinn thusa a dheireadh

In the end

Air a' cheann thall

Making both ends meet with
great difficulty

Eadar am bogha is an t-sreang

No end (S)

Abair

No end of a time; very good
time

Ùine fìor thaitneach

On end	Air oir
Put an end to it	Cuir crìoch air; cuir ceal air
The end of his stick	Bàrr a bhata
The end of my tether	Air mo chuir thuige
The end of the road	Ceann an rathaid
The lower end	An ceann iarach/shìos
The upper end	An ceann shuas/uarach
The year's end	Deireadh na bliadhna
To no end	Gun fheum sam bith
To the bitter end	Ris a' cheann thall
To the end	Gus a' chrìoch
To the ends of the earth	Gu iomall na talmhainn

ENDEAVOUR

Endeavour; attempt

Dèan dicheall/strì

Flinging away their cloaks in
the endeavour to escape

Tilgeadh dhiùbh nan casagan gu
faral às

ENDORSE

He endorsed the cheque

Chuir e làmh ri cùl na seice

ENDURE

I cannot endure this

Chan urrainn mi seo a sheasamh

ENERGY

A man without energy

Duine gun smior

He has not energy to encounter
such a difficulty

Chan eil uchdach aige dha

ENFRANCHISE

Parliament enfranchised every-
one over eighteen

Thug Pàrlamaid còir taghaidh do
gach duine thairis air ochd deug

ENGAGE

Engaged in	An sàs ann
Engaged in prayer	An ceann ùrnaigh
Engaged for the fishing	A' gabhail aig an iasgach
He is engaged in making shoes	Tha e ri brògan
I will not engage with you	Cha ghabh mi agad
To engage with a master for hire	Gabh aig

ENJOY

Did you enjoy it?	An do chòrd e riut?
I enjoy life; I am comfortably provided for; I am pleased	Tha mi air mo dhòigh
To enjoy oneself	Tlachd a ghabhail ann

ENLARGE

She did not enlarge upon that	Cha do leudaich i air sin

ENOUGH

Enough and to spare	Gu leòr is barrachd
Enough is as good as a feast	Fòghnaidh na dh'fhòghnas
Enough to waken the dead	Dhùisgeadh e na mairbh
I had enough and more than enough of it	Fhuair mi mo leòr is ri sheachnadh
I have enough	Tha cuimse agamsa
Isn't that enough? Won't that do?	Nach foghainn sin?
More than enough	Tuilleadh agus a' chòrr
Oddly enough	Neònach gu leòr
Quite enough	Làn phailteas
There was not strength enough in him	Cha robh de lùths ann
Was not enough for him	Cha bu leòr leis
Will two beds be enough?	An dèan dà leabaidh an gnothaich?
You have enough to do to lead me astray	Tha do dhùbhlan agad mise a chur air seachran

ENQUIRE

Enquire after	Gabh naidheachd

ENQUIRY

The heart of the enquiry	Bun na ceiste/a' chùis/na cùise; freumh na ceiste
Searching enquiry	Rannsachadh domhainn

ENGAGE

He was engaged against him	Chas e ris

ENTANGLE

You have entangled the net	Dh'amaill thu an lìon
You will entangle yourself	Cuiridh tu do cheann an roc

ENTER

Enter a protest; register a protest; complain	Cuir fianais an aghaidh
Enter into; occupy oneself	Gabh ri; rach an sàs ann
Enter into; understand	Tuig
Enter into an agreement	Rach an aonta ri
Enter up	Lìon a-steach
Entering by another way	A' dol a-steach air chaol eile
There entered a long, lean, lanky man, whose head reached the very ceiling	Thàinig a-steach fear caol sìnte fada, cho àrd ris an spàrr-gaoithe

115

ENTERTAIN
Entertained with hospitality
and courtesy   Gu h-ùiseil

I was most hospitably
entertained   Fhuair mi gabhail agam gu math
'g gu ro mhath

They entertained or lodged us   Thug iad aoigheachd dhuinn

ENTERTAINMENT
A night's lodging or
entertainment   Cuid oidhche

This is poor entertainment   Is bochd an cur-seachad seo

ENTHUSIASTIC
So enthusiastic at his
business   Cho deal is a tha e aig a
ghnothach

ENTICE
Enticing you away   Gad thoirt air falbh

He enticed me into the house   Mheall e a-steach mi

It is not an enticing affair   Chan eil e na nì teumnach

With enticing words   Le briathraibh tàirneach

ENTITLE
He entitled the book   Chuir/thug e tiodal air an/don
leabhar

ENTRANCE
The entrance to the roadstead   Beul na h-acarsaid

ENTREAT
I solemnly entreat you   Tha mi 'g achanaich ort

ENTRUST
Entrust it to him   Earb ris e

He entrusted us   Chuir e earbs' annainn

ENVIABLE
An enviable object   Cùis fharmaid

ENVY
An object of envy   Culaidh fharmaid

Envy him   Gabh farmad ris

EQUAL
A man who was my equal   Fear a bu choimpire dhomh

Equal shares/quantities   Urad is urad; uiread is uiread

Fully equal to; competent   Làn fhoghainnteach

I have never seen your equal
at telling lies   Chan fhaca mi do leithid air
na breugan

I have never seen your equal   Cha do bhuail mo shùil air do
leithid eile

My own equal   Mo leth-bhreac fhèin; mo sheise
fhèin

Without his equal or match   Gun a choimeas ann

You yourself are quite equal
to that   Is math an sàs thu fhèin an sin

EQUALLY
Equally well   Cheart cho math

The long coat does not suit
everybody equally   Chan ionann a thig an còta fada
do na h-uile fear

ERADICATE
Eradicate it, root it out   Spìon às a bhun e

He eradicatd it, rooted it out   Spìon e à freumhaichean e

ERASE
He erased the entry   Dhubh e às an clàrachadh

ERECT
He erected a new barn   Thog e sabhal ùr

ERR
He erred badly   Chaidh e air seachran gu h-olc

ERRAND
I went to the town on an
errand   Chaidh mi don bhaile air
ceann-turais

ESCAPE
Escaping; running away   A' dol às; dol-a-mach; ga thoirt
fhèin às; a' tàrrsainn às
Having no way of escape   Chan eil seòl air/dol às aige
Narrowly escaping   A' ruith caol
They had a narrow escape   Bha caol theàrnadh aca
Without the power of escape   Gun chomas teichidh

ESTABLISH
Establish; set up; constitute   Cuir suas leis
Established; on foot; set up   Air bonn/chois

ESTATE
On your extensive estate   Air do ranntaibh farsaing
They are encroaching on our
estate   Tha iad a' tighinn air an ranntair
againn

ESTEEM
As you value yourself, others
will esteem you   A-rèir do mheas ort fhèin,
measaidh càch thu
Each holding the other in
great esteem   Mòr aig a chèile
His self esteem received a
sudden blow   Bhuail an t-àrdan am bàrr
You had little esteem for him   Is beag meas a bha agad-sa air

ESTIMATE
Form an estimate   Gabh beachd/tomhas

ESTIMATION
It is in high estimation   Tha e am prìs
Raising it in estimation   Ga chur am prìs

ETERNITY
From all eternity   O thùs na suthainneachd
To all eternity   Gu cian nan cian; gu suthainn
sìor

EVACUATION
Evacuation of the bowels   Fuasgladh

EVADE
The thief evaded capture   Thàrr am meirleach à glacadh

EVE
I was on the eve of shutting
the door   Bha mi an inbhe is an doras a
dhùnadh
On the eve of going home   Air mhithidh a dhol dhachaigh
On the eve of losing my senses   An impis mo chiall a chall
On the eve of rising   Chun èirigh

On the eve of scampering

An impis teicheadh

EVEN
Even like this; just like this
Even so; in spite of; even
after full consideration
Even with
He has an even temper
I, even I, will bring a flood
upon the earth

Amhail mar seo
A dh'aindeoin; mar sin fèin

Co-ionnan ri
Tha nàdur socair ann
Bheir mise, eadhon mise, dìle
air an talamh

EVENING
About the dusk of evening
A quiet autumn evening
Before evening
Eventide; evening
Evening dress
Good evening
In the evening
It was far on in the evening
On a summer evening
The evening dusk

The evening is lengthening

The evening settled
The evening twilight
Tomorrow evening
Well on in the evening

Mu bheul/thuiteam na h-oidhche
Feasgar fann foghair
Fo fheasgar; san fhionnaraidh
Tràth feasgar; an fhionnaraidh
Trusgan feasgair
Feasgar math
San an-moch; air an fheasgar
Bha àrd fheasgar ann
Air feasgar samhraidh
Ciaradh an anmoich; dubhar an
fheasgair
Tha sìneadh a' tighinn anns
an fheasgar
Shocraich am feasgar
Beul an fheasgair
Feasgar an ath-oidhche
Àrd-fheasgar

EVENTS
At all events
Be wise after the event
Coming events
Course of events
Current events
Face any event

In any event
In the event of
Prophecy after the event

Air na h-uile alt; co-dhiù
Fiosrach an dèidh làimh
Manaidhean
Cùrsa ghnothaichean
Gnothaichean an là
Thoir aghaidh air tuiteamas sam
bith
Ge air bith
Nan tachradh e
Fàisneachd an dèidh làimh

EVER
Did you ever!

Ever (future)
Ever (past)
Ever so; a popular form of
emphasis; many; extremely
For ever
For ever and a day

My sun has set for ever
Who ever heard the like of?

Air m' onair (bheannaichte);
ciod e do bheachd!
A chaoidh
Riamh
Fìor; glè; gu h-iomlan

Gu bràth/sìor; tuilleadh gu bràth
Airson là 's bliadhna; gu
sìorraidh suthainn
Thuit mo ghrian gu sìor
Cò chuala a riamh a dhà leithid?

EVICT
He evicted me from my house

Chuir e à seilbh mi bhon taigh
agam

EVIDENCE
Circumstantial evidence

Fianais mas-fhìor

You are able to give evidence

EVIDENT
It was evident
The effect is evident on you

EVOLVE
His plans evolved slowly

EXACT
The exact centre
The exact models of each
They exacted tribute

EXACTLY
Exactly; precisely so
Exactly so
They are exactly as they were
in my earliest recollection

EXAGGERATE
He was always exaggerating

EXAMINATION
Take an examination

EXAMPLE
For example
Make an example of
You will be a bad example

EXASPERATE
Exasperating a person
He was so exasperated that he
got into a violent temper
You have greatly exasperated
me

EXCEED
You have exceeded all bounds

EXCEL
Excelling; surpassing
I excelled/went beyond them
In your whole village there
is no one to excel him
That excels everything I ever
heard

EXCEPTION
Take exception to

The exception that proves
the rule

Without any exception

EXCEPTIONALLY
Exceptionally
He writes exceptionally well

John is an exceptionally wise
man

Is fianaiseach thusa air sin

Bha e soilleir
Tha a' bhuil ort

Thàinig na h-innleachdan aige
gu bith/crìch gu slaodach

Teis-meadhan
Leth-bhreacan a chèile
Thog iad èis

Dìreach air a shùil
Dìreach glan
Tha iad mar a bha iad ri mo chiad
chuimhne

Bha e a' cur ris an fhìrinn
daonnan

Feuch deuchainn

Mar eisimpleir
Dèan eisimpleir dheth
Bithidh tu nad bhall-sampaill

A' cur thuige neach
Bha e air a chur thuige cho mòr
is gun deachaidh e na shradagan
Tha mi gu mòr air mo chur troimh
a chèile agad

Tha 'n truaighe (mhòr) ortsa

A' toirt bàrr
Chaidh mi thairis orra
Chan eil air druim a' bhaile
agaibh na bheir bàrr air
Bheir sin bàrr air na chuala
mi riamh

Gabh san t-sròin e; cuir an
aghaidh
An obadh a dhearbhas an riaghailt;
tha an gnìomh neo-choltach
ris an riaghailt
Gun mhura-bhith sam bith

Air leth
Tha liut air leth aige air
sgrìobhadh
Tha Iain na dhuine a tha air
leth glic

EXCERPT
He took an excerpt from his
speech

Thagh e às an òraid aige

EXCESSIVELY
Excessively proud and sense-
less
He is excessively fond of her
I am excessively fond of you

Air mhòr an-uabhair/an-uaille is
air bheag cèille
Tha e an geall oirre
Tha mo ghion ort

EXCHANGE
Exchange
Exchange is no robbery
Rates of exchange
To give in exchange

Dèan iomlaid
Cha ghoid sam bith malairt
Luach airgid an iomlaid
Thoir am malairt

EXCITE
Don't get excited
Excite your memory
You are very excited

No caill do cheann
Gleus do mheomhair
Tha thu air do thogail

EXCLAMATION
An exclamation of mixed fear
and wonder

No chreach!; mo chreubhag!

EXCUSE
Ignorance of the law is no
excuse
To offer a reasonable excuse

Cha leisgeul sam bith aineolas
an lagha
A thairgse leisgeul reusanta

EXECUTE
John executed the work well

We executed the king

Chuir Iain an gnìomh an obair
gu math
Gheàrr sinn an ceann den rìgh

EXEMPLIFY
James exemplified his ideas
clearly

Mhìnich Seumas le eisimpleirean
a bheachdan-smuain

EXEMPT
Exempt from the oath

Saor o na mionnan

EXERCISE
Exercise power

Bi smachdail

EXERT
John exerted himself

Chuir Iain chuige e fhèin

EXHAUSTED
Exhausted;finished
He is exhausted
He is quite exhausted
It was exhausted/expended
Nearly exhausted

Air ruith a-mach
Thug e thairis
Tha e air leigeadh roimhe
Ruith e mach
Gu teireachdainn

EXHAUSTION
He talked and talked until
he gave up through sheer
exhaustion

Bha e a' cur dheth gus an do
leig e roimhe leis an sgìos

EXHILARATE
The sunshine exhilarated me

Chuir deàrrsadh na grèine
aoibhneas orm

EXILE

The king exiled him — Chuir an rìgh às an dùthaich e

EXISTENCE

Have gone out of existence — Tha....air a dhol à bith

In existence of old — Ann o shean

Is he in existence? — A bheil e an làthair

Out of existence — À bith

EXORBITANT

The shoes were an exorbitant price — Bha na brògan air an sailleadh

EXPATIATE

Expatiating on his loss and danger — A' leughadh a chall is a chunnart

EXPECT

Do you expect her to weather the point? — A bheil dùil agad gun cuir i an rubha fòipe?

He expects — Tha e an dùil;tha dùil/sùil aige

He expects to come — Tha shùil ri teachd

I expect him — Tha fiughair agam ris

I should expect the salmon would be keen — Shaoilinn gum biodh am bradan gionach

I would expect that — Cha b' uilear leam sin

That cannot be expected of him — Cha dùth dha sin

We expect him — Tha sùil againn ris

When he is least expected — Nuair as lugha dùil ris

EXPECTATION

If he does not come up to your expectation — Mur tig e ri do chàil

Let us have neither expectation nor hope of him — Na biodh sùil againn ris

There is no expectation of it — Chan eil fiughair ris

Without expectation of relief — Gun bhrath furtachd

EXPEDIENT

We must devise an expedient to accomplish it — Feumaidh sinn saod a chur air

Without an expedient to escape — Gun saod air dol às

EXPEDITE

They expedited the reaping — Chuir iad suidse ris a' bhuain

EXPEDITION

An affair requiring the utmost expedition — Gnothach deifreach

EXPENSE

At your expense; causing deceit — A' gabhail brath-foill ort

At one's expense; causing financial outlay — Air cosgais neach

At one's expense; causing discredit, embarrassment or inconvenience — A' nàireachadh

EXPENSIVE

His grey suit looked expensive — Bha a dheise ghlas a'coimhead daor

EXPERIENCE

| From my own experience | O m' fhèin-fhiosrachadh |
| He who has no experience of the vicissitudes of life, has not lived at all | Chan eil fear gun dà là ach fear gun là idir |

EXPERT

Expert in such things	Tuigseach air a leithid sin
He is an expert	'S e seann mhaor eòlach a tha ann
He is an expert player of the bagpipes	Tha lùdag mhath aige air cluiche na pìoba

EXPIRATION

| At the expiration of a year | An ceann bliadhna |

EXPLAIN

| Explain this to me | Mìnich seo dhomh |

EXPLOIT

| Exploit it | Dèan feum dheth; thoir brìogh às |

EXPORT

| We exported the car | Chuir sinn do thìr eile an càr |

EXPOSE

Exposed to the sun	Ri grèin
Exposed to the wind and elements	Air aghaidh na gaoithe is nan siantan
He exposed me; pointed me out	Ruadhaich e mach e
He is exposed to view	Tha e ris
To expose, divulge, reveal your mind to	Leig ris; thoir foillseachadh

EXPRESSIVE

| Expressive English or language | Beurla spreigearra |

EXTEND

Extend your hand to here; reach here	Ruig an seo
Extend your hand to him; drub him	Sìn do làmh dha
Extending it	A' leigeadh a-mach air
He extended his hands	Sgaoil e a làmhan
He extended the house by two couplings	Chuir e dà cheangal a-mach air an taigh
He is quarrying stones to extend the house	Tha e a' dùsgadh chlach gu cur a-mach air an taigh
When did you extend the house?	Cuin a leig thu a-mach air an taigh agad?

EXTENT

To a certain extent	Gu ìre bhig
To a great extent	Airson a' mhòr chuid; gu ìre mhòir
To a small extent	Airson a' bheag chuid; gu ìre bhig

EXTINCT

| Make extinct | Cuir à bith |

EXTINGUISH

| Extinguish it | Cuir às da |

122

Extinguish the fire	Cuir/smàil às an teine

EXTORT

He extorted the money	Thug e air falbh air èiginn an t-airgead

EXTRAORDINARY

An extraordinary year	Bliadhna chòrr/anabarrach
There was nothing extraordinary about him	Cha robh e ach mar fhear san t-sreath

EXTREME

At the extreme of the sands	Aig cluas na tràghad
Extreme unction	Ungadh bàis;ungadh deireannach
You went to the extreme with me	Chaidh thu gu Dun-bheagain orm

EXTREMITY

The extremity of the cairn	Iomall a' chùirn
The farthest off extremity	An ceann shìos;an ceann thall
The lower extremity	An ceann shìos
The nearest extremity	An ceann a-bhos
The upper extremity	An ceann shuas

EXTRICATE

It was with difficulty he extricated himself	Is ann air fìor èiginn a thug e a chasan às

EYE

A black eye	Sùil dhubh
A bull's eye; exactly	Air a shùil
An eye for	Sùil air
An eye for an eye; revenge; retaliation	Buille air a' bhuille; dìoghaltas
An eye witness	Sùil-fhianais
Catch someone's eye	Beir air shùil; beirear air
Cockeyed; having a squint; figuratively,	Cam-shuileach (Literal); amaideach
Having an eye to the main chance	A shùil air fhèin
Have your eyes about you	Seall romhad
In my mind's eye	Nam inntinn
In the eyes of	Ann an sùilean
Make eyes at; ogle; look amorous	Caog;seall gaolach
One-eyed	Air leth shùil
Pupil of the eye	Clach na sùla
Run an eye over	Thoir sùil thairis air
See eye to eye	Air an aona ràmh
The boys longingly eyed the apples	Chuir na balaich sùil anns na h-ùbhlan
Up to the eyes (S)	Trang gu lèir
With an eye to	Sùil ri
With your eyes open	Le do shùilean fosgailte

EYESIGHT

Eyesight	Sealladh nan sùl
He lost his eyesight	Chaill e a shealladh/a lèirsinn

EYESORE

An eyesore	Cùis-ghràin; culaidh-ghràin

FACE

A hard-face	Bathais stàilinn
Black-faced sheep	Dubh-cheannach
Face about	Tionndaidh
Face down	Beul fodha
Face him	Thoir còdhail dha
Face it out	Thoir aghaidh gu dalma
Face to face	Aghaidh ri aghaidh; beul ri beul; bus ri bus; an làthair a chèile
Face up to	Seas ri
Face value	A-rèir coltais
Facing danger	A' dol an coinneimh gàbhaidh
Facing difficulties	Ri uchd cruadail
Facing the sun	Air aghaidh na grèine
Fly in the face of	Rach calg-dhìreach an aghaidh
Have the face to; the nerve to	Bitheadh do bhathais agad
He faced him	Chuir e an aghaidh air
He faced them	Thug e an aghaidh orra
He fell on his face	Thuit e air a bheul fodha
He made a face	Chuir e drèin air
His face downward on the ground	A bheul 's a shròin fodha air an talamh
I will never be faced on account of my father	Cha fhaigh mi coinne airson m' athar
In the face of	Fa chomhair
In the face of danger	Ri uchd gàbhaidh
Keep a straight face; keep serious	Cùm thu fhèin stòlda
On the face of it	A-rèir coltais
Put a good (bold,brave) face on it	Bi misneachail mun ghnothach
Put a new face on	Gabh cùrsa às ùr
Set one's face against; oppose	Cuir an aghaidh
The face of the earth	Aghaidh na talmhainn
The face of the wind	Sùil na gaoithe
What a face you have to ask for it	'S ann ort tha 'n aghaidh ga iarraidh

FACT

In fact	Gu dearbh; gu fìrinneach; a dh'innseadh na fìrinne; gu fìor
Stubborn fact	Rud nach teidear às àicheadh

FADE

Fading	A' dol às; a' teicheadh à sealladh
It faded	Chrìon e
The herbs faded	Shearg na lusan

FAIL

A failure of judgement shall come over you	Thig ort fàillinn tuigse
Each one has his own failing	Tha fhàillinn fhèin air gach neach
Failing; fainting; waning	A' fàillneachadh; dòl an laige/ laigse

124

He failed
He failed in his duty
My poor fellow, your failing
  is only too apparent!
Without fail

Bhris air; lag air; leig e roimhe
Dhìobair e na dhleasdanas
A bhròinein,is ann ort a tha an
  fhàgail!
Gun fhàillinn

FAINT
Faint-hearted
He fainted

He fainted; swooned, was in
  a trance
He fainted; he permitted him
In a dead faint

Lag-chridheach
Chaidh e an laigse/tianail;
  thàinig fàillinn air
Chaidh e an neul

Leig e leis
Na ghlag-phaiseanaidh

FAIR
All's fair in love and war

By fair means or foul
Fair and square
Fair copy
Fair deal
Fair, delicate, soft hands
Fair game
Fair play
Fair sex
Fair weather
Fair-weather friend

Fair words butter no parnsips
In a fair way
It is fair weather

Gach nì ceart an gaol agus an
  cogadh
An seòl ceart no meallta
Ceart agus cothromach
Lethbhreac ath-sgrìobhte
Cùnnradh ceart
Mìn bhasan bàna
Rud a dh'fhaodar a ghabhail
Cothrom na Fèinne
Na mnathan
Uair thioram
Caraid san àm shoirbheachail
  a-mhàin
Cha dèan masgall feum
Cuimseach math
Tha e na thuradh

FAITH
Bad faith; breach of faith
In (all) good faith
Shake one's faith
Shatter one's faith
Yours faithfully

Briseadh geallaidh
A' creidsinn
Milleadh misneachd
Briseadh creideas air fad
Is mise le meas

FALL
A fall of snow and drift;
  snowing
Although he has fallen out
  with me
Fall apart
Fall astern
Fall away; separate from;
  desert
Fall back on; use in an
  emergency
Fall between two stools
Fall for (S)
Fall foul of; collide with
Fall in with
Fall on one's feet
Fall off
Fall out; happen; occur
Fall short

Cur is cathadh; cur an
  t-sneachda
Ged a chaidh e a-mach orm

Tuit às a chèile
Tuit air deireadh
Dealaich bho

Cleachd an èiginn

Eadar dà staid
Ann an rùn air
Buail
Aontaich
Bi rathail
Tuit dheth
Tachair
Bi goirid

Fall through	Thig gu neo-ni
Fall to pieces	Falbh às a chèile
Fall upon	Tachair air
Fall upon a person's neck	Dèan mòr ghàirdeachas ri
Falling away; diminishing	A' lùghdachadh
Falling back; retiring; retreating	Dol an ratrèat
Falling/dropping behind; being overtaken	Dol/tighinn seachad
Falling/dropping behind; falling in arrears	Dol am fiachan
Falling forward	A' tuiteam an comhair a bheòil
Falling foul of; quarrelling with	Dol a-mach air
Falling in place	Dol na àite; dol an eagaibh
Falling into arrears; failing to pay money owed	A' dìobradh fiachan a phàigheadh gu riaghailteach
Falling into a habit	Dol an cleachdainn
Falling on his back with a crash	A' dol às le calldachd
Falling on the spot	A' tuiteam às a sheasamh
Falling out headlong	A' tuiteam a-mach air a cheann-dìreach
Falling over the cliffs	A' dol le na creagan
Falling to pieces	A' dol na chriomagan
Falling upside down	A' tuiteam air a' bheul fodha
Falls of snow	Frasan sneachd
He fell backward over the side of the boat	Chaidh e an comhair a chùil a-mach air beul a' bhàta
He fell down the slope turning over and over	Thuit e car mu char leis a' bhruthaich
He fell from the roof of the house and was hurt	Thuit e à druim an taighe agus chaidh a ghoirteachadh
He fell on evil days	Thàinig dà là air
He has fallen deeply in love	Tha an gaol air bualadh gu trom air
I fell in love with him	Thuit mi ann an gaol air
I fell in the doorway	Thuit mi eadar dà bheul an dorais
It fell to his lot	B' e a chrannchur/chuid
They fell out, disagreed, quarrelled	Dh'èirich àimhreit eatorra
We have fallen on evil times	Is ann oirnne a rug an là
What with one thing and another we have fallen on evil times	Is ann oirnne a thàinig an dà là, eadar a h-uile rud a tha ann
When thieves fall out, the honest man gets his own	Nuair a throideas na meirlich, thig an t-ionracan g' a chuid

FALSIFY

Do not falsify the innocent	Na bi a' cur nam breug air an neochoireach
The proverb shall not be falsified	Cha bhreugnaichear an sean-fhacal

FAME

Your fame is spread throughout the land	Tha do chliù/t-iomradh feadh na tìre
Your fame is well known	Tha do chliù iomraiteach

126

FAMINE

There was famine in the land	Bha a' ghort san tìr

FAMISH

Although we were famishing they offered us no hospitality	Acrach is mar a bha sinn,cha d'fhaighnich iad an robh beul oirnn
He was famished	Bha e air a tholladh leis an acras
I was famishing for want of food	Bha mi air mo tholladh leis an acras

FANCY

Catch the fancy of	Glac an aire
Fancy free	Saor
Fancy goods	Nithean annasach
Fancy price	Abair prìs
Flight of fancy	Ruith le mac-meanmnain
Great is my fancy for the lass	Is mòr mo cheist air a' ghruagaich
It is not every fly that takes his fancy	Chan e h-uile cuileag ris an gabh e
Take a fancy to	Gabh meas air
They have no fancy for it	Chan eil mìochais aca ris

FANK

A fank for taking home lambs from their mother	Fang nan uan
Fanking the sheep	Cròthadh nan caorach

FAR

A far cry	Glè eadar-dhealaichte
Although John was far away, he was not long in coming	Ged a bha Iain fada às, cha robh e fada a' tighinn
Are you going far?	A bheil sibh a' dol fada?
As far as	Gu ruige
As far as I can see	Mar is lèir dhomh
As far as Oban	Gu ruige an t-Oban
As far as one likes	Cho fada 's is urrainn do
As far as we know	Cho fad 's is aithne dhuinn; a-rèir fios dhuinn
Be that far from me	Gum bu fada sin uam
By far	Gu mòr
Far and away	Fada gu mòr
Far and near	Am fad 's am fagas
Far and wide	Gu fada farsaing
Far away	Fad air astair; fad air falbh
Far be it from me to do you harm	Is mòr ormsa cron a dhèanamh ortsa
Far-fetched	Ràbhairteach
Far from me	Fada bhuam
Far from you	Fada uaibh
Far gone	Fada bhuaithe
Far off is the morning of the grave	An cèin tha madainn na h-uaighe
Far-reaching	Fad-ruigheach
Far-sighted	Fad-fhradharcach
How far will you go?	Cia fhad a ruigeas tu?
In so far	Cha fad 's a
Is the river far away?	A bheil an abhainn fada às?

It was far on in the evening
before we landed
Not far from
Not very far from
So far as one can

Bha àrd-fheasgar ann mus do rinn
sinn tìr dheth
Faisg air; goirid do
Glè fhaisg air; glè ghoirid do
Cho fada agus is urrainn

FARE
May you fare well wherever
you rove
Pay the fare or freight

Gu ma slàn dhut anns gach àite
don tèid thu
Pàigh am faradh

FAREWELL
A long farewell
Farewell, and may your business
prosper
Farewell my beloved

Cead buan
Beannachd/slàn leat agus gun
soirbhich do ghnothach leat
Soraidh leat,a ghràidh

FARM
Cultivating farming
He had a large farm

Ri àiteach
Bha baile-fearainn mòr aige

FARTHEST
In the farthest part of the
rhinns or peninsula

An ìochdar na Rinne

FASCINATE
He fascinated her

Chuir e fo gheasaibh i

FASHION
A fashion plate
After a fashion
In the latest fashion
Out of fashion
The latest fashion
This year's fashions don't
in the least appeal to me

Fear moiteil; tè mhoiteil
Air dòigh
San fhasan ùr
Às an fhasan; seann fhasanta
Am fasan as ùire
Is beag orm fèin na fasanan
a tha a' dol am bliadhna

FAST
A fast day
As fast as he could
As fast as the feet can carry
Fast dye

Là-traisg
Cho luath 's a bha aige
Deanna-nam-bonn
Dath daingeann; dath nach fàs
bàn
Thraisg e trì làithean
Leam-leat
Dh'èigh iad trasg
A cheangal ròpa gu daingeann

He fasted three days
Play fast and loose
They proclaimed a fast
To make a rope fast

FASTEN
Bolting and fastening the door

A' crannadh is a' sparradh an
dorais
Ceangail
Tagh

Fasten on; attach
Fasten on; pick out for a
particular purpose

FASTIDIOUS
He is too fastidious about it

Tha e tuilleadh is uasal uime

FAT
Fat in the fire
Fat of the kidneys
The fat of the land
Without fat, without blubber

An ceòl air feadh na fìdhle
Saill nan dubhagan
A' chuid as fheàrr
Gun sul, gun saill

FATE

If I am fated to go to another mod	Ma tha e an dàn dhomh dol gu mòd eile
The irony of fate	Ioranas an dàin

FATHER

Father the child	Gabh ris a' phàisde
They fathered the child on him	Dh'fhàg iad am pàisde air

FATHOM

You will never fathom what my intentions are	Bithidh e an dubhar ort ciod e a tha nam rùn-sa a dhèanamh; cha tomhais thu dè a tha nam rùn-sa a dhèanamh

FATIGUE

He over fatigued himself	Thug e thairis; leig e roimhe
It took away the hunger and the fatigue	Thug e leis an t-acras 's an sgìos còmhla ris

FATNESS

Fatness and plenty	Sult is ìgh
Of the fatness of the earth	De shult na talmhainn
The fatness of the beast	Reamhrachd a' bheothaich

FAULT

At fault	Ri chronachadh
Find fault with	Cuir cron air; faigh coire dha
He found fault with me	Thug e beum orm
Is at fault; to blame	Is coireach
It has one fault	Tha aon chron air
Many a fault may be found in a poor man	Is iomadh coire a gheibhear air an duine bhochd
There is no fault in him at all	Chan eil coire sam bith ann

FAULTLESS

A faultless man; a man without blemish	Duine gun mheang
Who is faultless?	Cò tha gun mhearachd?

FAVOUR

A dog remembers a favour	Sealladh cù air comain
Favour him	Cùm taobh ris
Favour me; support me	Cuir leam
He has gained favour	Fhuair e cùirt air
In high favour	Ann an àrd-mheas
To do someone a favour	A dhèanamh fàbhair do dhuine
Who shall show neither fear nor favour	Nach gabh fiamh no somaltachd

FAVOURABLE

A favourable wind	Gaoth shoirbheasach
Had the day been favourable	Ach an là a bhith fàbharach
We have a favourable breeze	Tha soirbheas math againn

FAWN

The dog fawned upon him	Rinn an cù sodan ris

FEAR

Fear of their lives	Eagal am beatha
Fear or disgust	Sgaoim no sgreamh
Fear will not permit me	Cha leig an t-eagal leam

I fear; am afraid
I fear he has no leg to stand
 on
I fear you are exaggerating

The fear of God
There is no fear for him

FEAST
That was not a bite but a feast

With feasting and fun

FEATHER
A feather-bed
Feathered friends
Feathering one's nest
Putting a feather on one's cap
Show the white feather

FEEBLE
Becoming more feeble
Lame or feeble in the strife

FEED
Fed up (S)
Fed up to the back teeth (S)
Feeding him
Full-fed
He fed the rest

FEEL
Feeling for him
He lost all sense of feeling
I did not feel its effects
 on me
I feel inclined to give you
 a stunning blow
I shall feel the effects of
 that as long as I live
If you feel inclined
She did not feel
You shall feel the evil
 effects of that during your
 lifetime

FEELER
Put, or throw out, feelers

FEIGN
He feigned sleep

FELL
The forester felled the tree

FELLOW
A fellow will bear much before
 he miscalls his own kith and
 kin
A niggardly stingy fellow
A silly fellow
A useless fellow

Tha eagal orm
Is eagal leam nach eil bonn
 aige air an seas e
Tha eagal orm gum beil thu
 a' toirt ceuma leatha
Sgàth Dhè
Chan eagal dha

Cha b' e mìrean a bha an siud
 ach fleadh
Le mànran 's le mireadh

Leabaidh chlòimh-itean
An eunlaith
Dèanamh stòr do fèin
A' cur ri cliù neach
Gabh an t-eagal

A' dol às
Clì anns a' chòmhrag

Seachd seann sgìth
Seachd searbh
Ga bhiadhadh
Teann-sàth
Bheathaich e chuid eile

Co-fhaireachdainn leis/ris
Chaill e mhothachadh gu tur
Cha d'aithnich mi orm e

Tha mi a' brath air solas no
 dhà a chur air an aonan dhut
Bithidh mi an èire sin ri 'm
 bheò
Ma thogras tu fèin
Cha do dh' fhairich i
Bidh ceannach agad air a sin
 fad do bheatha

Tilg cuileag air an uisge

Ghabh/leig e air cadal

Leag am forsair gu làr a' chraobh

Is fhada a dh' fhalbhas fear
 mus cuir e sìos air a dhaoine
 fèin
Duine cruaidh cùinteach
Duine faoin
Duine gun fheum

But he could not help it, poor fellow
Ach cha robh cothrom aige air, bròinean

He is a sour-tempered fellow
Tha e na dhuine crainntidh

He is only a savage of a fellow
Chan eil ann ach uamh duine

I have a fellow-feeling for him
Tha comh-bhàidh agam ris

My good fellow, you have seen the last of it
Mo ghille math ort, chunnaic tu deireadh dheth

What impudence the fellow had
Nach ann air a bha bhathais

FELLOWSHIP
The hand of fellowship
Làmh a' chàirdeis

FENCE
A wire fence
Gàrradh-theud

Fence with a question
Cuir car on a' cheist

Sit on the fence
Na gabh taobh seach taobh

Wrong side of the fence
Air an taobh cheàrr/chlì

FEND
Fend for themselves
Dèan air an son fhèin

FERRY
Across the ferry
Thar an aiseig

Awaiting the ferry; stormbound
Ri port; ri beul puirt

He got over the ferry free
Fhuair e an t-aiseag an asgaidh

FERVENT
Fervent in your spirit
Beòthail nur spiorad

FETCH
Fetch hither my pipe
Far a-nall mo phìob

Fetch the stool
Far am furm

What will the jewel fetch?
Dè a' phrìs a gheibh an seud?

FETTLE
In fine fettle
An deagh shùnnd

FEUD
Feuds among relatives
Folachd eadar chàirdean

FEVER
He got a slight reprieve from the fever
Fhuair e aotromachadh on fhiabhras

He has a fever
Tha fiabhras/teasach air

The height of the fever
Àirde teasaich

FEVERISH
Mary is very feverish today
Tha luchd mòr tinneis air Màiri an-diugh

FEW
A good few
Dòrlach; grùnn math; meall

Every few days
A h-uile là no dhà

Few and far between
Rionnag san oidhche fhrasaich

Few in number
Gann an àireamh

Few shall see it
Cha mhòr a chì e

Few there be that find it
Is tearc iadsan a tha ag amas air

Few were his words
Bu thearc a ràite

Very few; one here and there
Corra fhear

FEWNESS
Fewness of days; shortness of life
Giorrad làithean/saoghail

FICKLE
A fickle or incompetent person	Duine caochlaideach
A fickle person	Duine taosgach
Fickle	Leam-leat

FIDDLE
A fiddle-bow	Bogha na fiodhlach
He played the fiddle very well	Chluich e air an fhidhill fìor mhath
They became fiddlers of renown	Dh'fhàs iad 'nam fìdhlearan ainmeil

FIDGET
How you do fidget!	Is ann ort a tha 'n iomairt!

FIELD
It is a poor marriage that is not better than field-work	Is bochd am pòsadh nach fheàrr na 'n dubh-chosnadh
Open field	Raon fosgailte
Out in the field	A-muigh air a' bhlàr
Take the field	Rach ri uchd catha (military); cuir gnothach an làimh

FIERCE
From the fierce contest	On iorghaill bhorb

FIGHT
Although they fought bravely they did not obtain the victory	Ged a chuir iad cath cruaidh, cha tug iad a' bhuaidh a-mach
Fight; oppose	Cuir cath/troid
Fight him; try him	Theirig ris
Fight shy	Bi air d' fhaiceal
Fight to a standstill	Sabaid gus an duine mu dheireadh
Fighting with a hero	A' cogadh ri gaisgeach
I am ready to fight you	Tha mi deònach ort
To put up a good fight	A dhèanamh sabaid gu calma

FIGURE
Cut a figure; make a good impression	Thoir deagh bheachd
Figure of fun	Culaidh spòrs
Figures of speech	Gnathasan cainnte

FILE
In Indian file	Fear an dèidh fir
In single file	Aon mu seach

FILL
Fill out	Lìon a-mach
Fill the bill	Dèan a' chùis
Fill the dish	Lìon an soitheach
Fill up (or in) documents	Dèan suas pàipearan
He filled the vacant situation	Lìon e an t-àite falamh
He got his fill; his bellyful	Fhuair e a leòr
Take, or drink one's fill	Òl gu leòr
The woman who filled the tankard	A' bhean a leasaich an stòp
To fill again	Leasaich

FILM
The film of death on his eyes	Lann a' bhàis air a shùilean

FILTHY

A filthy thing	Nì mosach
Filthy lucre	Airgead gun nì eile
Filthy talk	. Droch chainnt

FINAL

A final touch	An rud beag mu dheireadh

FIND

All found	Gach nì cruinn
Did you find it?	An d' amais thu air?
Find guilty	Faigh ciontach
Find in one's heart	Dùirig
Find myself	Gam fhaotainn fhèin
Find your feet	Lorg do bhonnan
Found	Air sgeul
Has he been found?	An do thog e ceann?
He has found a snug berth	Dh'amais e air deagh bhuathal
He was found out in a lie	Fhuaradh sa' bhrèig e
It was not to be found	Cha robh sgeul air
They found you out	Fhuair iad a-mach thu
To be found	Fhuaras
When I found it intolerable	Nuair a bu shearbh leam
You have found nothing	Cha d' fhuair thu a bheag

FINE

A fine day indeed	Tha sin ann gu dearbh
A fine thing	Nì gasda
Fine him	Cuir càin air
Fine meal	Min mhìn
Fine music	Ceòl loinnear; ceòl loinneil
Is it fine?	A bheil an turadh ann?
In fine; minutely	Gu mionaideach
It is a fine distinction	Eadar-dhealachadh mionaideach
It is a fine night; the moon	Tha oidhche bhrèagha ann; tha a'
is just rising	ghealach dìreach ag èirigh
It's fine weather	Tha deagh shìde ann
That will do fine	Nì sin an gnothach glè mhath
They fined him	Chuir iad càin air
This is a fine day	Tha là math ann an-diugh
This is fine	Tha seo ciatach; tha seo gasda
With a fine tooth-comb	Le mion-sgrùdadh
You have a fine time of it	Is ann agad a tha an là dheth

FINGER

All fingers and thumbs	Clibisteach
At one's finger-tips	Air do mheòir
Do not lay a finger on him	Na cuir do mheur air
Have a finger in every pie	Gabh gnothach ri gach nì
He was nimble with his fingers	Bu chlis a mheuran
Lift, or stir, a finger	Dèan car
Work one's fingers to the bone	Obraich fìor chruaidh
They fingered it	Chuir iad meur air

FINISH

Finished; exhausted	Air sgur; air ruith a-mach
Finish it; bring it to a close	Cuir ceann fìnid air
Finish it; kill him	Cuir crìoch air
Nearly finished	Air a' chois-chaoil
To finish off a wounded beast	A thabhairt buille bhàsmhor do bheathach goirtichte

FIRE
Breathing fire and brimstone
Cover the fire (for the night)
Fire away (S)
Fire with the gun
He fired him out of the house

I toasted it to a fire of
  red-hot embers
Light the fire
Secure the fire
Set on fire
She extinguished the fire
Strike a stone to make fire
Strike fire; arouse enthusiasm
Take fire
The fire consumed
The fire I kindled went out
The fire is good enough when
  it lights up
The fire kindled
The fire was quenched
The fire will kindle
The fire-side
What a fine blazing fire you
  have
What made the boys extinguish
  the fire?

A' maoidheadh air gach taobh
Smàl an teine; taisg an teine
Siuthad; siuthadaibh
Leig urchair
Thug e urchair dha a-mach às an
  taigh
Bhruich mi e ri àine caoire

Cuir thuige an teine
Cagaill an teine
Cuir na theine
Bhàth i an gealbhan
Las le spor
Brosnaich
Gabh teine
Chnàmh an gealbhan
Chaidh an teine às orm
Tha an teine math gu leòr an uair
  a ghabhas e
Ghabh an t-aingeal
Choisgeadh an teine
Gabhaidh an teine
Taobh an teine
Is ann agaibh a tha am bràidseal
  ciatach
Dè thug air na balaich an teine
  a chur às?

FIRMAMENT
The firmament
The firmament showeth forth
  its handiwork

Nèamh nan speur
Nochdaidh na speura gnìomh a
  làimhe

FIRST
At first

At the first blush or glance
First and foremost
First class
First footing on New Year's
  Day
First; foremost
First of all
First-rate ship
First things first
First to come and last to go

From first to last; from top
  to bottom
The first opportunity I get

Anns a' chiad dol-a-mach; an
  toiseach
Air a' chiad shùil
Air a thùs is air a thoiseach
Sa' bhuidheann as fheàrr
Ciad-chuairt

Air thoiseach
Gu tòiseachadh
Prìomhlong
Rud prionnspalta air thoiseach
Toiseach tighinn is deireadh
  falbh
On uachdrachd gus an ìochdrachd

A' chiad athais a bhitheas orm;
  a' chiad chothrom a gheibh mi

FISH
A fish is nibbling at my hook
A fish out of water
A pool where fish live
A queer fish; eccentric or
  unusual

Tha iasg gam chliobadh
Fear air aineoil
Poll-iasgach
Duine neònach

Fish at spawning	Iasg air chladh
Fish basking	Iasg a' blianadh
Fish in troubled waters	Dèan prothaid de aimhreit chàich
Fish-sauce	Sabhs èisg
I got a heap of fish	Fhuair mi tacar èisg
Nothing so low as fishing for me	Chan ann idir ri iasgach a tha mise a' togail mo dhosain
Other fish to fry	Cùis eile ri coimhead ris
The scales and fins of the fish	Lannan is itean an èisg
There is no appearance of the fishing improving	Chan eil tuar air an iasgach tighinn nas fhearr
When the fish is taking	Nuair a bhitheas an t-iasg càilear
White fish	Glas-iasg

FIT

Fighting fit	Deiseil airson gnìomh
Fit in with	Eagadh; amladh
Fit or proper time	Am iomchaidh
Fit to waken the dead	A dhùisgeadh na mairbh
Fit up; fit out	Uidheamaich
He is subject to fits and starts of good humour and generosity	Tha e dualtach do amannan anacheaird agus coibhneis
He took a fit	Chaidh e am paisean
I am not fit	Chan eil mi comasach
In fits and starts	Na leumannan
It is not fitting that I should sing his praise	Cha chòir dhomh a chliù a sheinn
It were more fitting that you should go home	Bu chàra dhut dol dachaigh
The fits return often	Tha na braisean tric
The shoe fitted her foot	Chaidh a' bhròg oirre mu a cois
Throw a fit; have a thousand fits	Dol am breislich
To be fitting	Iomchaidh

FIVE

A five-shilling piece	Bonn crùin
Five and a half	Còig gu leth

FIX

A fixed abode	Àite-còmhnaidh seasmhach
Fixed; gripped; gripping	An sàs
In a fix	Ann an staing

FLAME

Adding fuel to the flames; fan the flames	A' dèanamh nas miosa
An old flame	Seann ghaol
The wood in flames	A' choille na caoiribh

FLAP

Flapping about a flagstaff	Ri plabraich mu cheann-brataich
Flapping about my ears	A' slapail mu mo chluasan

FLARE

Flare up; a violent burst of anger	Dol na lasan

FLARE

Flare up; a violent burst of anger

Dol na lasan

Flare-up (noun); a violent quarrel

Leum feirge

He flares up at once and is as stubborn as a mule

Tha e cho bras ris an fhùdar, agus cho ruighinn ris a' bhìth *(ris a bhìth* means *like tar.* Hence stubborn and tenacious)

FLASH

Flash in the pan

Rud aithghearr a chaidh seachad

In a flash; quick as a flash

Ann am prioba na sùla

Like a flash of lightning

Mar phlathadh dealanaich

There were violent flashes

Bha dealanaich mòr ann

FLAT

A flat denial; contradiction

Dol às àicheadh gu tur

Flat as a flounder, or pancake

Gun bhrìgh sam bith;na sgàrd

Flat on his back

Air a dhruim-dìreach

That's flat

Sin sin

FLATTER

Don't flatter

Na dèan masgall

Fair or flattering speech

Cainnt mhilis

Flatter or cajole him away with you

Breug leat e

He will flatter

Nì e brionnal

FLATTERER

There will not be respect for a flatterer

Cha bhi meas air fear-brosgail

FLATULENCE

Flatulence will affect the man who eats too much

Cuiridh a' ghaoth cùram air an fhear a dh'itheas cus

FLAUNT

When she flaunts her finery there is no lack of display

Nuair a chuireas i suas na siùil-àrda cha bhi dìth air crathadh

FLAWLESS

It is flawless

Chan eil mur-a-bhiodh ann; tha e gun mheang

FLEA

A (mere) flea-bite

Gnothach gun fhiù;rùn gun rud

Sent off with a flea in one's ear

Chaidh àite innseadh dha

FLEE

Flee; deliver yourself

Thoir às thu-fèin

Flee; escape

Tàir às

He fled

Theich e

He had to flee with him; he was forced to turn tail

Thàinig air cùl a chinn a thoirt dha

FLEET

A large fleet of vessels

Flod mòr loingeis

FLESH

Flesh pots (of Egypt)

Tlachd ann an nithean saoghalta

Make one's flesh creep

Thoir goirisinn; grìseadh

More than flesh and blood
  can stand
One's one flesh and blood

Nas motha na sheasas fuil agus
  feòil
Mo dhuine fhèin

FLICK
She flicked the fly from her
  hand

Chaith i dhith/air falbh a'
  chuileag on làimh aice

FLIGHT
Did you put him to flight?;
  have you chastened him?
Take flight

An do ghabh thu air?

Gabh an ruaig;thoir na bonnan
  leat
They took to flight

Ghabh iad an ruaig; ghabh iad an
  teicheadh; thug iad na bonnan
  leo
We put them to flight

Chuir sinn an ruaig orra;ghabh
  sinn orra
You did splendidly when you
  put the bull to flight

Is math a fhuaras tu air a chuir
  thu an ruaig air tarbh

FLING
Having one's fling

A' gabhail a thoileachais
  fhad 's dh'fhaodas
He flung the stick as far
  as he could into the sea

Thilg e am maide fad a làimhe
  a-mach air a' mhuir

FLIRT
He was flirting with Mary

Bha e a' mireadh ri Màiri

FLOAT
Barely floating; in shallow
  water
Float a company
The shell is floating

Air flod

Cuir companaidh air bhonn
Tha an t-slige a' seòladh

FLOCK
A flock of sheep
Donald's flock of sheep has
  largely increased

Treud chaorach
Tha Dòmhnall air a dhol gu mòr
  ann an caoraich

FLOG
Flog a dead horse

Taomadh a' mhuir-làin

FLOOD
The farmer flooded his fields

Chòmhdaich an tuathanach le
  uisge na h-achaidhean aige

FLOOR
A ground floor
He wiped the floor with (S)

Lobhta làir
Rinn e amadan dheth; òinseach
  dhith
On the (ground) floor
The upper floor
The wooden floor
We floored him (in argument)

Air an (làr)/ùrlar
Stòraidh àrd
An t-ùrlar chlàraidh
Rinn sinn a' chùis air

FLOUNDER
He was floundering about in
  the water
The floundering trout

Bha e a' plumadaich anns an uisge

Na bric ri plubraich

FLOURISH
The trees flourished

Dh'èirich/chaidh gu math leis na
  craobhan

FLOW
Flowing with milk and honey — A' mhil ag èirigh suas na smùid

FLUSH
She flushed — Thàinig rudhadh 'na h-aodann

FLUTTER
Cause a flutter — Dèan cùis iomagain
Have a flutter — Cuir geall

FLUX
The flux and reflux of the waves — Iomairt na mara; sùghadh nan tonn

FLY
A flying report — Fios fuadain
As a shadow thou shalt fly — Mar fhaileas teichidh tu
Fly at him — Gabh aige
Fly before your enemies catch you! — Dèan iteag mum beir do nàimhdean ort!
Fly-by-night — Falbh air a' ghaoith
Fly in the ointment — Adhbhar duilgheadais
Fly off the handle (S) — Leum le feirg
Flying a kite — A' gabhail taobh; faighinn a-mach
Flying round the world — A' ruith timcheall an t-saoghail
Flying; or going off, at a tangent — A' falbh gu cùis eile
Flying; escaping; running away — Tàrrsainn às
Let fly — Gabh aige; leig urchair (in shooting)
Make the fur fly (S) — Dèan ionnsaigh air
Time flies — Tha an ùine a' ruith
To fly over — Thairis air iteig

FOAM
Foam with rage; ungovernable anger — Cop ri bheul; cop air le cuthach
Foam with rage, like dogs (Literal) — Air a' chuthach le feirg; cop air le cuthach
The sea in white foam — A' mhuir na caoribh geala

FOB
Fob off (S) — Cuir dheth le rudeigin suarach

FODDER
The cattle starved for want of fodder — Bhàsaich an crodh leis a' chaoile

FOG
A bank of fog — Cuithe ceò

FOIL
The king foiled the rebellion — Chuir an rìgh casg air an ar-a-mach

FOLD
Can the fold hold all the sheep? — An gabh a' chrò na caoraich gu lèir?
Fold the cloth — Fill an t-aodach
Fold up the cloth — Paisg an t-aodach
Folded in pleats — Fillte
Folded together — Air am filleadh na chèile

138

Put it in the fold of your
coat

FOLLOW
Follow one's bent

Follow suit
Follow the dictates of one's
heart
Follow-up (verb)
Follow-up (noun)
Follow your own devices
Following in someone's
footsteps
They are as follows

Cuir ad sgioball e

Lean an rud air a bheil alt
agad
Lean air an dearbh rathad
Lean rùn do chridhe

Lean
Na leanas
Gabh do rathad fhèin
A' leantainn lorg duine

Mar a leanas

FOND
He is fond of her
He is fond of strong drink
I am fond of it; glad of it
I am not fond of it
I am very fond of berries

Tha e an dèidh oirre
Tha e ris an òl
Is math leam e
Chan eil mi toigheach air
Is glè chaomh leamsa suibheagan

FONDNESS
His fondness for the bottle
was a family failing

Bu dual dà-san a bhith gu math
trom air a' bhotal

FOOD
A morsel of food
Don't be fussy about food
Making your food
There is not a morsel of food
in their house
Wholesome food

Grèim bidh
Na bi àilgheasach mu bhiadh
A' dèanamh do bhiadh
Chan eil grèim bidh fo na
cabair aca
Biadh fallain

FOOL
A veritable fool of a lass
Age has made a fool of you

Fooling away
Fooling on
Fool-proof
Fool's paradise
Fools rush in, where angels
fear to tread
He calls me a fool
He will make fools
Making a fool of himself

The fool will not understand
it
The fool that he is, and a
silly one at that
What a fool you are!

Còrr òinseach
Tha thu nad sheann ghlaoic le
aois
Ri amaideachd
Leantail air amaideachd
Do-mhillte
Pàrras amadain
Amadain a' gabhail a-steach
far an stadadh an duine glic
'S e an t-amadan a tha aige orm
Nì e amadain
Air a dhol deth fèin; a'
dèanamh ball-bùirt dheth
Cha tuig an t-amadan e

An t-amadan a tha e, agus b' e
sin esan
Is tu am baothair; nach bu tu
an t-urraisg!

FOOT
A foot-and-a-half
Above her feet
At foot

Troigh gu leth
Os cionn a spàgan
An cois

At the foot of the hill	Aig cois na beinne; aig bun na beinne
At the foot of the rock	Air bun na stùic
Bare footed	Cas-lom; cas-rùisgte
Broad or flat feet	Casan pleatach
Feet foremost; feet first	A' chiad cheum
Foot-prints	Lorgan-chas
Foot the bill	Seas a' chosgais
He did not know whether he stood on his head or on his feet	Cha robh fhios aige dè an talamh air an robh e
He is just over five feet	Tha e dìreach seachad air còig troighean
He kept his feet	Dh'fhan e na sheasamh
He lost his footing	Dh'fhalbh a chas bhuaidhe
He stamped his feet	Bhuail e a chas air an talamh
His two feet together	A dhà chois ri chèile
On foot; established; set up	Air bonn
On her feet; secure	Air a casan
On his feet; standing	Air a chasan
One foot in the grave	Chan eil ann ach an t-amèn
The footsteps came on stealthily	Thàinig na cas-cheuman air adhart gu fàillidh
The foot of a hill	Sàil beinne
The foot of the altar	Bun na h-altrach
The sole of the foot	Bonn na coise
Under the soles of your feet	Fo bhonnaibh ur cas

FOOTING

Footing stockings	A' cur cheann an stocainnean
On a friendly footing	Do rèir a chèile

FOR

As for	Car
For (conjunction)	Oir
For (preposition)	Airson
For (time)	Car
For a little while	Car ùine bhig; rè tamaill
For a moment	Car tiota
For a penny	Airson sgillinn
For a short while	Car tamaill bhig
For a time; sometimes	Car uair
For a while	Car greis
For ages	Fada nan cian; fada nam fada
For ages (future)	Gu cian nan cian
For ages (past)	Bho chian nan cian
For all her sharpness	Air a geurad
For all that	Air a shon sin
For decency's sake	Air sgàth sgeinne
For ever	Tuilleadh gu bràth
For every reason	Air na h-uile reusan
For fear that	Air eagal gu
For food	Airson bidh
For; for the cause of	Air los; airson
For its antiquity	Airson 'aoise
For me	Air mo shon-sa
For my defence or protection	Airson mo dhìon
For my part; as far as I am concerned	Air mo shon-sa dheth

For my part of it	Airson mo chodach-sa dheth
For myself; for my own part	Air mo shon fhèin
For one	Air a h-aon
For that reason	Air an adhbhar sin
For the matter of two; for two	Airson dithis
For the sake of	Air sgàth
For the sake of the righteous	Airson nam fìrean
For the space of a night	Car oidhche
For their like were scarce	Oir b' annas an leithid san
in the land	fhonn
For their pride	Airson an uabhair
For their sake, in preparation	Air an son-san
For they remembered	Oir chuimhnich iad
For want of shelter	A dhìth fasgaidh
That's for you	Sin agad

FORAGE

Foraging provisions	A' lorg lòin

FORBEAR

Forbear; restrain	Cùm ort
The maiden forebore	Sheun an òigh

FORBIDDEN

Forbidden; set around	Air a chrosadh; air bhacadh; air a bhacail; toirmisgte

FORCE

By force	Le làmhachas làidir
By main force	Le teann neart
Come into force	Tighinn gu buil; dol an gnìomh
Force a man's hand	Èignich duine gu gnìomh
Forcing, ravishing, violating	Ag èigneachadh
He was forced to turn tail	Thàinig air cùl a chinn a thoirt
Join force	Dol còmhla
Make force	Thoir air

FORECAST

He forecast the weather exactly	Rinn e amas-aimsire ceart roimh làimh

FOREGONE

It is a foregone conclusion, we must bow to the inevitable	Chan eil math a bhith mu dheidhinn, feumaidh sinn gabhail ris

FOREGROUND

In the foreground	Air beulthaobh

FORE-LEG

Fore-legs	Casan-cinn
A horse will prance on its fore-legs as well as on its hind-legs	Breabaidh each le casan-cinn cho math ri casan-deiridh

FORESTALL

I have forestalled you!	Tha i agam ort!

FORFEIT

Forfeit the good opinion of	Caill còir air deagh bharail
I would rather have forfeited a pound note	Cha bu ghèamh leam e air not

141

FORGET
Do not forget yourself   Glac ciall
Do not forget your duty!   Na dì-chuimhnich do dhleasdanas!
Forgotten   Air dhì-chuimhne
Forgotten; abolished; lost;   Mu làr
  neglected
I nearly forgot   Theab mi dì-chuimhneachadh
That I had forgotten   Gun do rinn mi dearmad air

FORGIVE
He forgave him; pardoned him   Thug e mathanas dha

FORGO
Will you forgo your rights?   An leig thu dhìot do chòirichean?

FORK
Fork out (S)   Pàigh a-mach

FORLORN
A forlorn cry; like a lost   Glaodh teirbeirt
  sheep
A forlorn hope   Dòchas fad às

FORM
For form's sake; as a matter   Air sgàth modha
  of form

FORSAKE
Do not forsake me utterly or   Na trèig mi gu buileach no gu
  forever   bràth
He forsook her   Dh'fhàg e i

FORSOOTH
Forsooth, he will not come   Mo riarsa, nach tig e nochd
  tonight
Forsooth, it is so!   A nàile tha!

FORTNIGHT
Every fortnight   A h-uile cola-deug

FORTRESS
My rock and my fortress   Mo charraig 's mo dhaingneach

FORTUNATE
It was fortunate for him   Is math a chuir ris nach do rug
  that Norman did not catch him   Tormod air
You are fortunate getting   Is buidhe dhut-sa a' faighinn
  your beloved at the end of   do luaidhe an ceann mìosa
  the month

FORTY
Forty winks (S)   Norrag
The roaring forties   Domhan-leud nan gaothan mòra

FORWARD
Come forward   Thig air d'adhart
Forward; promote   Cuir air adhart
From that day forward   Bhon là sin a-mach
Go forward; go about your   Gabh romhad
  business
He fell forwards over the   Chaidh e an comhair a bheòil
  cliff   leis a' chreig
I am looking forward to the   Tha togail agam rì 'iasgach an
  herring fishing   sgadain

She forwarded the letter   Chuir i air adhart an litir

FOUL
He lost the day because of
the foul play of the opponent

Chaill e an là le droch
chleasachd an nàmhaid

FOUNDER
The ship foundered in a
storm

Chaidh an long fodha ann an
gailleann

FOUNDATION
Foundation of the house
The foundation of the earth
The foundation of the wall
They laid the foundation
They laid the foundation
stone

Bunait an taighe
Bunaitean an domhain
Bonn a' bhalla
Shuidhich iad an stèidh
Leag iad a' chlach stèidh

FOUNTAIN
The fountains of life

Sruthannan/tobraichean na beatha

FOUR
Four-square; facing squarely
in all directions

Do na ceither àirdean; aghaidh
ris an t-saoghal

FOX
Fox that you are
The foxes have holes

A bhalgaire tha thu ann
Tha garaidhean aig na sionnaich

FRAGMENT
A fragment of sense

Sgot cèille; spùt cèille

FRAUGHT
Fraught with

Làn de

FRAY
In the thick of the fray

Ri uchd a' chatha

FREE
A free fight
As a gift; free; gratis
At liberty; free; disengaged
Free and easy
Free from the oath
Free-gift
Free-hand; drawing free-hand
Free-hand; full discretion
Free-handed; liberal
Free-lance
Free lodgings
Free-offering
Free rendering or translation
Free-stone
Free-will
I shall give him freely
I shall take you out, free
of expense

Am mullach nam bad
An asgaidh
Na rèir; mu rèir; saor
Fosgarra
Saor o na mionnan
Saor-thiodhlac
Le làimh
Làmh a' phailteis
Fialaidh
Air a cheann fhèin
Saor chairtealan
Saor-thabhartas
Saor eadar-theangachadh
Clach shaor
Saor-thoil
Bheir mi dha saor
Bheir mise a-mach saor thu

FREEDOM
Freedom from evil
Freedom of speech
Freedom of the city
He gave him his freedom; let
him go

Saorsa on olc
Saorsa cainnte
Còirichean a' bhaile
Leig e a cheann leis

FREQUENT
Growing more and more frequent — A dol an tricead

FRENZY
He is in a frenzy — Tha e air bhoil
He is quite in a frenzy — Tha speuran a chinn togte

FRESH
Fresh as new paint — Ùr glan
Fresh; pale faced; young — Glas-neulach

FRIEND
A bosom friend — Dlùth charaid
A friend's eye is a good mirror — Is math an sgàthan sùil caraide
Friend at court — Caraid sa' chùirt
He is no friend of mine — Cha charaide dhòmhsa e
Make friends — Bi càirdeil
My dear friends — Mo dheagh chàirdean
Who shall be your friend? — Cò bhitheas air do chrann?

FRIENDLY
Friendly — Mòr aig a chèile
In a friendly manner — Gu dàimheil

FRIGHT
He gave me the fright of my life — Chuir e dearg eagal mo bheatha orm
Taking fright — A' gabhail sgàth
The horse ran off in a fright — Ghabh an t-each an caoch

FRIGHTEN
Frighten him — Cuir bodach/eagal air
Getting frightened — A' gabhail na shiubhal
He frightened her out of her senses — Chuir e i à cochall a cridhe
He frightened me — Chuir e eagal orm

FRISK
The frisking of lambs — Lùth-chleas nan uan
The young lambs were frisking — Bha na h-uain òga a' gearradh shùrdag feadh nan cnoc

FRONT
In front — Air thoiseach
In front of; before — Air beulaibh
The front; the fore part — An taobh bheòil

FROWN
Do not frown at the children — Na cuir mùig/sgraing ort ris a' chloinn
The sky has a frowning look — Tha coltas iargalta air na speuran

FRUITFUL
Growing more and more fruitful — A' dol an tarbhachd

FRUITION
Bring to fruition — Thoir gu buil

FRY
Out of the frying pan into the fire — Bho aon tubaist gu tè eile

144

FUCK
Fuck | Rach air muin
Fuck (Biblical) | Theirig a-steach gu

FUDDLE
He was fuddled | Bha e air mhisg

FUEL
She fuelled the fire' | Chuir i connadh anns an/ris an teine

FUGITIVE
Rob Roy was a fugitive for a while | Bha Rob Ruadh greis fon choill

FULCRUM
Put a fulcrum to the lever | Cuir taic ris a' gheamhlaig

FULL
Full up | Loma-làn
Full well | Glè mhath
Full whiskers | Feusag dhùinte
Half-full | Leathach làn
Is it full? Yes, heaped full | A bheil e làn? Tha,agus cnuaic
To the full | Gu bac

FUMBLE
He fumbled badly | Làimhsich e gu cearbach

FUN
Make fun of | Dèan magadh air

FURIOUS
To be furious with someone | A dhol air a' chuthach ri duine

FURIOUSLY
He is furiously engaged | Smùid aige air

FURNISH
We furnished the house | Chuir sinn àirneis anns an taigh

FURTHER
He furthered the project | Chuir e air adhart an tionns-gnadh

FURROW
Every furrow on his face | Gach clais na ghnùis

FURTHER
Further; promote; promote good | Cuir ann;cuir ann don mhath
Further north | Nas fhaide tuath

FURY
His soul highly inflamed with the fury of battle | A chridhe laiste le boil chatha

FUSS
What a fuss you are making! | 'S ann ort tha 'n ruic!

FUTILE
A futile effort | Bun-obair

GAFF
Blow the gaff (S)

Leig ma sgaoil; leig ris

GAIN
He gained the day
Ill-gotten gains

Bha an là air a bhith leis
Buannachd droch-fhuaras

GAINSAY
He gainsaid his enemy

Thug e a'bhreug don nàmhaid aige

GAIT
She has the gait of a lady

Tha gluasad mnà uailse aice

GALLING
I thought it galling

Bu leamh leam

GALLOP
At full gallop
The horse galloped off to the hills

Le leum cheithir-bhonn
Ghabh an t-each am monadh fo a shròin

GAMBLE
He was always gambling

Bha e ag iomairt air geall daonnan

GAME
Make game of someone
That's not playing the game
The game's up
We were often gaming

What's his game?
Without game, without venison

Fealla-dhà a dhèanamh de dhuine
Chan e sin cothrom na Fèinne
Tha a' chluiche caillte
Bha sinn a' cluich airson airgid gu tric
Dè tha fo sgiathan?
Gun seing,gun sithinn

GAPE
He gaped with his mouth

Chas e bheul

GARBLE
His speech was garbled

Bha an òraid aige às a riochd

GARRET
He obtained housing in a garret

Fhuair e taigh ann an seòmar-mullaich

GARRULOUS
What a garrulous fellow he is!

Nach bruidhneach e!; is e siud am fear bruidhneach!

GAS
Many soldiers were gassed

Bha mòran shaighdearan air am mùchadh

GASP
He was at his last gasp

Bha e aig a' phlosg mu dheireadh

GATE
A gate crasher

Duine a tha a' dol a-steach gun chead gun chuireadh

GATHER
Gathering young berries for her young
Gathering drift-wood

A' solar dhearc da chuid àil
A' cruinneachadh fiodh-cladaich

Gathering nuts
I gather from the newspaper

Thy kindred gathered together

GAUNTLET
Running the gauntlet
Throw down the gauntlet

GENERATION
For many generations to come
From generation to generation
The generation to come
The seventh generation

GENEROUS
A generous heart
He is as generous as any in
the parish
He is as generous as the
very gulls

With generous conduct

GENIUS
It is not a man without genius
that could accomplish it

GENTLE
Like a gentle breeze
The gentle, inoffensive girl
The gentle, inoffensive young
man

GENTLEMAN
You have done your business
like a gentleman

GENUINE
I don't regard your
invitation as genuine

GET
Get acquainted with him
Get at; contact; reach
Get at; influence
Get away
Get away from me
Get away with it
Get away with murder
Get away with you
Get going
Get hold of
Get in with you; into your
house
Get my pen and paper
Get off; to begin with
Get on; be friends with
Get on; continue
Get on; mount; climb on to
Get on; progress satisfactorily

A' buain chnò
Tha mi a' dèanamh a-mach a-rèir
a' phàipear-naidheachd
Thrus do chinneadh ri chèile

A' ruith cùrsa nan slat
Cuir an dùbhlan e

Gu linn nan linntean
O linn gu linn
An t-àl a tha ri teachd
An seachdamh glùn

Cridhe fiùghantach/fialaidh
Tha e na dhuine cho còir/cho
fialaidh ri neach san sgìre
Tha e cheart cho fialaidh ris
na faoileagan; tha e cho còir
ris na faoileagan
Le giùlan suairc

Cha b' e duine gun mòr-thùr a
dhèanadh e

Mar aiteal fionnar
An nighean mhìn
An gille gun lochd

Rinn thu do ghnothach gu
h-uasal

Cha tairis leam ur fàilte

Cuir eòlas air
Ruig
Rach a sàs ann
Faigh air falbh
Teann a-nunn;teann uam
Faigh às leis
Faigh às le rud sam bith
Nach ist thu! Bi Sàmhach! Thalla!
Mach a seo;tog ort; tog do thòn
Beir air
Thoir a-staigh ort; a-steach
leat
Faigh dhomh peann is pàipear
Tòisich
Bi càirdeil ri
Lean
Streap
Faigh air adhart

Get on with you! (an expression of disbelief)	Ist!
Get oneself up	Sgeadaich
Get out!	A-mach a seo/leat; thoir a-mach ort
Get out of hand	Caill smachd
Get out of my way, so that I may have it out with him	Teann às an rathad orm ach am faigh mi cothrom air
Get out on the wrong side of the bed (S)	Eirich le droch nàdur; ann an droch fhonn
Get over; overcome by persuasion	Buadhaich tre ìmpidh
Get over; recover from	Rach am feabhas
Get relief from; get rid of	Faigh cuiteas
Get the merchant to order a pair of boots for you	Thoir air a' cheannaiche dà bhròig a tharraing dhut
Get the wind up (S)	Gabh an t-eagal
Get to know	Cuir eòlas air
Get up; arrange; begin	Tòisich
Get up; rise from bed	Eirich;bi air chois
Get up; study for a special purpose	Ionnsaich
Get wind of	Cluinn iomradh; cluinn fathann
Get your photograph taken	Tog do dhealbh
Getting at; implying; hinting	Bualadh air
Getting frightened	A' gabhail na shiubhal
Getting heavier and heavier	A' dol an truimead
Getting longer	A' dol am fad
Getting on for forty	A' teannadh air dà fhichead
Getting out of your difficulty	A' faighinn do dhuirgh às
Getting signatures	A' togail nan ainmean
Getting softer or more timid	A' dol an taisead
Getting the wind up	A' gabhail an eagail
Getting worse	A' dol an cleas
Got his rag out (S); made angry	Dh' èirich colg air
Has John succeeded in getting friendly with you?	An d'fhuair Iain a-steach ort fhathast?
He got my goat; made me angry	Dh'fhàg e greannach mi
How do you get to?	Ciamar a gheibh thu gu?
I got into bed	Chaidh mi don leabaidh
It has not been got	Cha d'fhuaireas
It is getting late	Tha e fàs anmoch
It is time to get up	Tha thìde agaibh èirigh
School got out at 4 o'clock	Sgaoil an sgoil aig ceithir uairean
So as to get away	Gus faighinn às
To be got	Ri am faighinn
To get away quickly	Na buinn a thoirt ort
To get off	Faighinn às
To get out	Faighinn a-mach
To get out of order	A dhol bho rian
To get something done·	Rud fhaighinn deiseil
To get up	A' dh'èirigh
To get ready	A dhèanamh deiseil; a chur an òrdugh

Until I get all that I am
entitled to
We did not get any fish

You will get butter,
buttermilk and skimmed milk

GHOST
He hasn't got the ghost of a
chance
He is on the eve of giving up
the ghost
It was your ghost

GIDDY
I grew giddy

GIFT
A gift blinds
As a gift
Gift of the gab (S)

You have the unique gift for
telling a story

GILT
Take the gilt off the ginger-
bread; Take away the charm
or advantage

GIRD
Gird up your loins
Gird up your sword

GIVE
Give a person, or thing, the
go-by
Give a turn to
Give advice; advise
Give and take
Give away; distribute
Give away; reveal a secret
Give her a stroke ahead on
the weather side
Give him his chance

Give in; surrender
Give it back to its rightful
owner
Give it to (S); punish
Give it up
Give me a cup of well infused
tea
Give my best respects; my
sincere blessings
Give notice
Give oneself away
Give oneself up
Give out; all used up; finished
Give out; distribute inform-
ation

Gus am faigh mi mo chòir air
mo bhois
Cha d'fhuair sinn deargadh/
sgobadh èisg
Gheibh thu ìm,is blàthach, is
bainne-togalach

Chan eil cothrom sam bith aige

Tha e an impis an deò a chall

B' e do thannasg

Thàinig neul nam cheann;
thàinig an tuathalan orm

Dallaidh tiodhlac
An asgaidh
Cothrom cainnte; math air
sgoladh
Bu tu fèin a chuireadh blas
air seanachas

Thoir air falbh am buannachd

Bi gad thrusadh fhèin
Deasaich do chlaidheamh

Cùm seachad

Cùm car air
Thoir comhairle
Roinn chugad is uat
Roinn a-mach
Leig ma sgaoil
Thoir buille dhith gu a toiseach
air taobh an fhuaraidh
Thoir dha a dhà roghainn air
a bhois
Gèill
Thoir air ais e don fhear leis
am bu leis e
Smachdaich
Sguir
Thoir dhomh copan tea air a
dheagh tharraing
Thoir mo shoraidh le dùrachd

Thoir fios do
Leig ma sgaoil
Gèill
Crìochnaichte
Thoir a-mach; roinnn a-mach

149

Give over (S); cease; stop | Sguir; stad
Give over; be done with it | Thoir thairis
Give, or yield, place to | Leig a-steach
Give rise to; cause; create | Dèan; cruthaich
Give thanks | Thoir buidheachas
Give that to him | Thoir dha sin
Give up; abandon | Leig seachad
Give up; cease to fight; surrender | Gèill

Give up the ghost | Leig às an deò
Give way; break; collapse | Leig às; tuit
Give way; yield | Gèill
He gave in without a struggle | Ghèill e gun spàirn
He gave it to me | Thug e dhomh e
He was given a blow that completely stunned him | Chaidh buille a thoirt da a chuir bàs a sheanamhar às a chuimhne

He will give you a deaf ear | Cumaidh e cluas bhodhar riut
I wouldn't give a brass farthing | Cha toirinn fardan air; dragh a' choin
That he would give her | Gun toireadh e dhi
That is how they gave him that name | Siud agad mar a thug iad an t-ainm ud air
The hand that gives and gets | An làmh a bheir is i gheibh
When I gave it a pull it yielded | Nuair a thug mi tarraing air, thàinig e leam
Who gives you your livelihood? | Cò a tha cumail t' arain riut?
Will you give it to me? | An toir thu dhòmhsae?
Will you not give over? | Nach lasaich thu?; nach sguir thu?

You must give it to me immediately | Feumaidh tu a thoirt dhomh ann an làrach nam bonn

GLAD
I am glad; I am willing; I wish | Is math leam

I am more glad; I would rather; I prefer | B' fheàrr leam

I was glad | B' aobhach mise
They were glad to | Bu bhuidhe leo
We were giving glad tidings | Bha sinn a' toirt sgèil aoibhnich

What makes one abbot glad makes the other abbot sad | An nì nì an dara aba subhach, nì e dubhach an t-aba eile
Which will make me glad | A chuireas aiteas orm

GLADLY
Would gladly seize the opportunity; would jump at it | Cha bu ruith ach leum

GLANCE
Giving a side glance | A' sealltainn thar guaille
James cast meaningful glances in my direction | Bha Seumas a' toirt na sùla ud an rathad a bha mi
Wait till I get a glance at it | Fuirich ach a faigh mi buille de mo shùil air

When I glanced round, whom did I see but John | Sùil gan tug mi, cò a bha agam ach Iain

GLARE
His eyes glared in his head

Sgèan a shùilean na cheann

GLASS
Give me a large bumper of whisky

Thoir dhomh glainne mhòr uisge beatha

GLEAM
Gleams of lightning

Caoir dhealan

GLIB
Glib; eloquent; of ready speech

Deas-bhriathrach

My goodness, what a glib tongue you have!

A chiall beannaich mise, nach ann fo do theangaidh a tha an sgil!

GLIMPSE
A glimpse

Buille sùla

Catching a glimpse of a sheep

A' dearcadh air caora

I got a glimpse of him

Fhuair mi aiteal dheth

I only got a glimpse of him

Cha d'fhuair mi ach boillsgeadh dheth

We had a glimpse of it

Fhuair sinn plathadh dheth

GLOBE
The globe round which the sun revolves

An domhan mun iadh a' ghrian

GLOOM
It is a gloomy day

Is ann gruamach gu leòr a tha e

The gloomy Friday makes the rainy Saturday

Is i an Aoine bhagrach a nì 'n t-Sathairne dheurach

GLORIFY
They were forever glorifying God

Bha iad an còmhnaidh a' glòireachadh Dhè

GLORY
Glory in, take pride in

Dèan uaill

He covered himself with glory

Rinn e cliù mòr dha fhèin

GLOSS
Gloss over

Cùm falaichte

GLOVE
Handle with kid gloves

Làimhsich gu faireachdail

GLOW
My heart never glowed with delight or affection towards him

Cha do theòidh mi riamh ris

GLOWER
The teacher glowered at his class

Sheall am fear-teagaisg fo na mùgan air a chlas

GNASH
Gnashing of teeth

Snagardaich-fhiacal

He gnashed his teeth

Chas e fhiaclan

GO
Are you going far?

A bheil sibh a' dol fada?

Do not go

Na teirig ann

Go; turn	Tionndaidh
Go after	Sealg; rach às dèidh
Go ahead; go in front or before	Rach air toiseach
Go ahead; proceed at once	Falbh sa' bhad
Go all out (S)	Rach na dheann
Go along with	Rach còmhla ri
Go at it; set to	Èirich air
Go away	Teann air falbh
Go away home	Tog ort dachaigh
Go back on	Rach air ais air
Go back on a person	Bris do ghealladh
Go-by (S); ignore	Leig seachad
Go down (S); be afflicted or struck by	Buail/thig air
Go down; be believed or acceptable	Creid; gabh ri
Go fifty-fifty; go halves	Leth mar leth; leth mu seach
Go for (S); attack	Thoir ionnsaigh
Go for nothing; of no value	Gun fhiach
Go-getter; an ambitious person	Duine/neach glòir-mhiannach
Go home and kindle the fire	Thoir dachaigh ort agus tog an teine
Go in to her	Theirig a-steach da h-ionnsaigh
Go into	Gabh a-steach do
Go into hiding	Rach am falach
Go in for	Rach a-steach airson
Go on; continue	Cùm ort; cùm a' dol; lean ort
Go on! expression of disbelief	Thalla!
Go on; injunction to hurry	Dèan cabhaig; greas ort
Go on; request further information	Dè 'n còrr; cùm ort
Go on; use as guidance	Gnàthaich mar sheòladh
Go one better; improve on	Leasaich air
Go out	Theirig a-mach
Go out of one's way	Rach a-mach às an rathad
Go over	Rach thairis air
Go over the ground	Rach thairis air a' ghnothach
Go round	Gabh mun cuairt
Go round about	Theirig mun cuairt
Go through fire and water	Rach troimh theine is uisge; fulaing rud sam bith
Go through with; go to the end	Cùm à' dol gu mu dheireadh thall
Go to earth	Rach fo choill
Go under; be known by	Aithnichear le
Go under; fail; succumb	Rach fodha
Go up	Gabh suas
Go up to	Gabh suas ri
Go where you will, boy	Theirig do rogha, bhalaich
Go with; agree	Rach le
Go without	Rach às aonais; bi às eugmhais
Going about your business	A' gabhail romhad
Going along	A' dol ann
Going along with	A' dol leis; ag aontachadh; a' cur taic ri
Going between	Dol san eadraiginn
Going along with them	A' dol còmhla riu

Going down	A' dol sìos
Going off at half cock;	A' dol gu socair;
succeeeding in part	a' soirbheachadh ann an cuid
Going out; behaviour	Dol-a-mach
Going strong	Dol gu làidir
Going to happen	Dol a thachairt
Going to nought	Dol mu làr
Going to the dogs (S)	A' dol a thaigh na galladh;
	dol bhuaithe
Going with the stream	A' dol leis an t-sruth
Gone by the board; finished	Crìochnaichte le
with	
He is full of go	Tha e làn de spionnadh
He is gone	Chaidh às da
Heavy going; difficult progress	Adhartas doirbh
I must go	'S fheudar dhomh falbh; thig orm
	falbh
I shall go that I may see	Thèid mi ach am faic mi
It is time to be going	Tha a t-àm a bhith falbh
Just go ahead until bitter	Gabh romhad gus an toir do
experience teaches you	shròin fèin ciall dhut
Let us go	Tiugainn
No go (S); futile; impossible	Faoin; eu-comasach
On the go (S); active	Air bhonn
They will go on a visit to him	Thèid iad air chèilidh chuige
To go along	A dhol ann
To go and see	A dhol a dh'fhaicinn
To go ashore	A dhol air tìr
To go away	A dhèanamh às
To go down	A dhol sìos; a chromadh; a
	theàrnadh
To go in (for)	A dhol a-steach (airson)
To go into	A dhol ann
To go off	Falbh; ceum a thoirt às
To go out	A dhol a-mach
To go round	A dhol timcheall; car a chur
To go through	A dhol troimh
To go towards	A dhol a dh'ionnsaigh
To go up again	A dhol suas a-rithist
To go up stairs	A dhol suas an staidhre;
	an staidhre a dhìreadh
To go well with (each other)	A thighinn math air (a chèile)
To go with	A dhol còmhla ri; a thighinn
	a-rèir
To go without saying	A bhith mar sin co-dhiù
Where are you going?	Càite a bheil thu dol?
Where shall we go?	Ciod e an taobh a ghabhas sinn?
While the going is good	Fhad 's a tha 'n cothrom ann
Will you have to go far?	Am bi fada agad ri dhol?
You keep her going	Cumadh sibhse dol i

GOAD

Do not goad me too much	Tog do throm dhiom

GOAL

They reached the goal	Ràinig iad an ceann-uidhe
We gained a goal	Chuir sinn bàir

GOD

Everything God pleases	Gach nì as toileach le Dia

For the love of God
God forbid
God have mercy upon us!
God of wonderful deeds
God willing
May God protect us
To God belongs salvation

Air sgàth Nì Math
Nar leigeadh Dia
Gun sealladh Dia oirnn!
Dia nam feart
Le deòin Dhè
Dia gar teàrnadh
Is ann do Dhia a bhuineas slàinte

GOOD

A good-for-nothing fellow;
 a *won't work*
A good quiet king
A good Samaritan
As good as
Be so good as to ...
Do it in good time
Exceedingly good
For good and all
For good; for ever
Get your wife out of a good
 family
Good!

Duine ocaideach; meaban duine

Rìgh math soirbh
Duine còmhnachail
Cho math ri
Nam bitheadh tu cho math 's gun ...
Dèan tràth e; dèan e na thràth
Anabarrach math
A chum uile mhath
Gu bràth; gu sìorraidh
Thoir do bhean à nead ghlan

Math! 's math sin! 's math a rinn
 thu

Good as he is
Good at catching
Good conduct
Good day!
Good for evil
Good for nothing
Good for you! you are the
 same as ever

Air cho math is gum beil e
Math air glacadh
Deagh bheus
Là math! là math leat/leibh
Math an aghaidh an uilc
Gun fheum
Sin thu fèin! is tu a tha ann
 fhathast! 's math a fhuaireas
 tu!

Good night!
Good or bad
Good-tempered
Goodwill
Good wine needs no bush

Oidhche mhath!
Math no sath
Deagh nàdurra
Deagh ghean
Cha leig fìon math leas a bhith
 molte

He is in good condition
How good is that?
It is good enough
It is not good for boys to
 be too strict with them
Let us be hospitable and
 good-humoured
Make good; reclaim the past
My good fellow! My lad!

Is math a cholann
Ciod e cho math 's a tha sin?
Nì e a' chùis
Chan eil e gu math do na
 balaich a bhith ro throm orra
Bitheamaid mànranach, geanach`

Thoir air ais an t-àm a dh'fhalbh
A bhalaich ort! mo ghille math
 ort!

On good terms
The good and the bad
To be good enough
To the good; general advantage
To the good; profit
Very good
What good are you?
Will you be so good as to
 answer me

Mòr aig a chèile
Am math 's an t-olc
A bhith math gu leòr
Gu feum
Gu buannachd
Glè mhath
Dè am math a tha ort?
Am bi thu cho math agus mo
 fhreagairt?

GOODBYE
Bidding him good-bye	A' leigeadh beannachd leis
Good-bye!	Beannachd leat/leibh; slàn leat/leibh
Good-bye until tomorrow	Slàn leat gu màireach
Good-bye; may you prosper well	Slàn leat, gur math a dh'èireas dhut
Saying good-bye to	Beannachd a leigeil le
When he bade me good-bye	Nuair a leig e beannachd leam

GOODNESS
For goodness sake!	An ainm an t-sealbh
Goodness!	A chiall!
Goodness me!	A chiall beannaich mise!
Goodness only knows	Aig Dia a-mhàin tha fios
May goodness watch over you!	Gu sealladh an Nì Math ort!
Thank goodness, I am neither a liar nor a thief	Taing do Nì Math, chan eil mi aona chuid breugach no bradach

GOOSE
He won't say boo to a goose; cowardly	Chan eil misneach aige

GOSSIP
On a visit; gossiping	Air chèilidh; a' gobaireachd
There was no gossip that was not thievish	Cha robh cèilteach nach robh bradach

GOT
Have got to	'S fheudar; feumaidh; leis an èiginn

GOUGE
They gouged out her eyes	Bhuin iad a sùilean aisde

GOVERN
The hand of the diligent shall govern	Riaghalaidh làmh an dìcheallaich

GRAB
John grabbed the lifebelt	Ghabh Iain grèim air a' chrios-teasairginn

GRACE
Has his grace ceased forever?	An do sguir a ghràs am feasd?
In one's good graces; popular	A-staigh ri duine; is mòr meas a tha aig duine
Our minister shows considerable growth in grace	Thàinig fàs mòr air a' mhinist-eir againn
Say grace	Gabh an t-altachadh
The Means of Grace	Meadhanan nan Gràs
We graced the occasion	Chuir sinn loinn air an adhbhar
With a bad (good) grace	Le droch (deagh) shùnnd

GRACEFULLY
Do it gracefully	Dèan le loinne

GRAIN
Against the grain	An aghaidh mo mhiann/thoil
He hasn't a grain of sense	Chan eil splang cèille aige
Pulling it against the grain	Ga tharraing an aghaidh an fhionna

GRANT
Granting me my life

A' leigeadh mo bheatha leam

GRAPPLE
John grappled with his
adversary

Rug Iain air an eascaraid aige

GRASP
He grasped suddenly
He grasped the opportunity
She grasped him by the neck
You have not grasped the
situation

Rug e le sic
Ghabh e an cothrom
Rug i air sgòrnan air
Cha do thuig thu an clò

GRATE
Grate in the ear

Cruaidh air a' chluais

GRATUITY
He gave it to me as a gratuity

Thug e dhomh mar gean-math;
an asgaidh e

GRAVE
A graving tool
In the grave
They laid him in the grave
Turn in one's grave; what
a deceased person would resent
Your grave is in the vault

Iarann gràbhaidh
Fon ùir
Chàirich iad san uaigh e
Cuir car san uaigh

D' uaigh sa' chrùist

GRAZE
He grazed the horse
It grazed my skin
The common grazing of the
village

Dh'fheur e an t-each
Riach e air mo chraiceann
Mòinteach a' bhaile

GREASE
Grease a man's palm; bribe

Brìb cuideigin

GREATER
For the greater part of the
time
It is not the greater for that

Airson na cuid bu mhotha den
ùine
Cha mhòid e sin

GREEK
All Greek to me; incompre-
hensible

Cha dèan mi steama dheth

GREEN
A green mountain
A green plain
Green-eyed monster; jealousy
Green grass
How green he is!
To become green again

Glasbheinn
Lèana ghlas
Eud, farmad
Feur gorm
Nach e tha fad air ais!
A dh'fhàs uaine a-rithist

GREET
He greeted his wife

Chuir e fàilt' air a mhnaoi

GRIEF
He came to grief; met mis-
fortune
He will drive away all grief
My heart's grief

Thàinig droch là air

Fògraidh e gach dòlas
Teinn mo chridhe

156

GRIEVE

Be not grieved	Na biodh doilgheas ort
Grieve him; cause him to mourn	Cuir dragh air
He is very grieved	Tha e fo mhòran duilchinn
You have grieved me by your foolishness	Tha thu air bochdainn a chur orm le do ghòraich

GRIEVANCE

Air a grievance	Dèan casaid/gearan
To redress a grievance	A chur ana-ceartais ceart

GRIMACE

He made a grimace	Chuir e bus air

GRIN

A grin on his face	Càir air aodann
Grin and bear it	Dèan drèin is cùm ort

GRIND

Take the grindstone and grind meal	Gabh na clacha muilne agus bleith min
The sound of grinding	Fuaim na bleith
To grind down the poor	A dhèanamh leatruim air na bochdan
To grind one's teeth	A dhìosgadh nam fiaclan

GRIP

At grips	An caraibh a chèile
At grips with them	Nan caraibh
Gripped; gripping; fixed	An sàs
He came to grips; got to grips	Chaidh e an sàs
He has a strong grip	Tha grèim làidir aige
In grips; come to blows	An dàil a chèile

GROOVE

One who is in a groove, or rut	Pìobaire an aona phuirt
Tonging and grooving	A' grabadh is a' gròbadh

GROUND

Gain ground; advance; progess	Rach air adhart; dèan adhartas
Ground of accusation	Cùis-chasaid
On open ground	Air an làraich luim
On the ground	Air làr; fa làr

GROW

A full-grown man	Duine foirfe
A full-grown stag or hart	Làn dàmh
Growing braver and braver	A' dol an treubhaichead
Growing on one	A' tighinn thuige
Growing from small beginnings	On bheag gus am mòr
Growing in size or extent	A' dol am meud
He hasn't grown an inch	Cha tàinig nodach/òirleach air
He is growing	Tha e a' sìneadh
He is growing old	Tha an aois a' tighinn air
The day is growing more and more stormy	Tha an là a' dol an gailbhichead
To grow dim	Fàs doilleir
To grow flowers	Flùraichean a thogail

GRUDGE

Although I gave him the horse I grudge it to him	Ged a thug mi dha an t-each, tha mo shùil às a dhèidh

157

He bears me a grudge
I am not grudging it to you

I don't grudge it to him
I grudge it

GRUEL
Gruel; oaten g.; milk g.;
  thick g.; thin g.; very
  thick g.; very thin g.;
  water g.

GRUMBLE
There she is grumbling from
  morn till night
What are you grumbling about?
You have no reason to grumble

GUARANTEE
Guaranteeing
Without guarantee

GUARANTOR
If I am fit guarantor, you will
  not be in want

GUARD
Be on your guard

Keep your guard tonight
On his guard

GUESS
Guess
Guess who met me?
See if you can guess

GUEST
They were our guests for a
  week

GUILE
He spoke without guile

GUILELESS
A guileless fellow; a ninny
A guileless man
My guileless friend

GUILTY
He that is guilty himself
  tries to involve others

You know, a dog knows when it
  is guilty

GULL
He gulled her with lies

GULP
Gulping it up
He gulped down every drop of
  it

Droch shùil aige orm
Chan ann ga dhoicheall dhut
  a tha mi
Is math leamsa aige e
Mo shùil às a dhèidh

Brochan tana, deoch bhrochain;
  stiùireag; b.liath; b.bàn;
  deòch-bhàn; b. balgam; b.lom;
  b. bùrn

Tha i ann an siud a' cànran bho
  mhoch gu dubh
Ciod a' bhorbhanaich a tha ort?
Chan ion dhut a bhith a' gearain

A' dol an urras
Gun urras

Mas urra mise cha bhi dìth
  ortsa

Bi air d' aire; bi air d'
  earalas
Fair thusa an nochd
Air fhaicill

Thoir barail
Tomhais cò choinnich mi?
Feuch an tomhais thu

Bha iad seachdain againn air
  aoigheachd

Labhair e gun fàs-cheilg

Ceann-clò
Duine gun ghò
Mo charaid gun mheang

Am fear a bhitheas beudach cha
  sguir e a dh'èigneachadh
  chàich
Tha fios agad, tuigidh cù a
  chionta

Thug e an car aisde le breugan

Ga sgonnadh air
Ghlug e air a h-uile deur dheth

GUN

A gun-shot wound
Lot urchair

About a gun-shot away
Beul ri urchair gunna air falbh

Big guns
Urracha mòra

Blow great guns; high winds
Gaoithean mòra; gaoithean sgairt-
eil

Stick to one's guns
A sheasamh gu daingeann; cùm
do shealladh

GURGLE

The gurgling of the waves
Plubraich nan tonn

GUSH

A gush of water came forth
Thàinig brùchd den uisge a-mach

His blood gushed out
Bhrùchd fhuil a-mach

His blood gushing on the ground
Fhuil a' craobhadh mu thalamh

GUT

The boy gutted the fish quickly
Thug an gille am mionach às an
iasg gu luath

GUTTER

In the gutters
Anns na claisibh

HABIT
Following the habit   A' leantainn na h-àbhaist
He was in the habit of   Bha fasan aige
His habit; practice   Mar chleachdadh aige

HABITATION
The site on which your grand-
father's habitation stood   An làrach an robh àbhaist do
sheanar

HABITUAL
Habitual practice   Gnàth chleachdainn

HABITUALLY
You are habitually in my
thoughts   Tha thu an còmhnaidh/daonnan
air m' aire

HACK
Hacking down cheese   A' sgapadh càise

HACKLES
Making one's hackles rise   Thug e air mo cholg èirigh

HAGGLE
He haggled over the price of
the car   Rinn e còmhstri mu phrìs a' chàir

HAIL
Hail to the house!   Fàilte a-staigh!
He hailed from Glasgow   Thainig e bho Ghlaschu

HAIR
A lock of hair   Dlòth gruaige; gasgan gruaige
Curly hair .   Falt dualach
Dark brown hair   Falt dubh-donn
Fair hair   Falt bàn
Grey hairs   Falt liath; glaschiabh
Hair of the dog that bit you   Do leas pàirt de d' aimhleas
Hair standing on end   Falt a' togail bhon t-sic
He did not turn a hair   Cha do chuir e sìos no suas e
His hair is clotted or matted   Tha ghruag air pealladh
His hair was greying   Bha a cheann a' liathadh
She was doing her hair   Bha i a' rèiteachadh a cinn
Splitting hairs   A' dèanamh mion-roinnean
To have a hair-cut   A ghruag a bhearradh

HALCYON
Halcyon days   Làithean geala

HALF
By half   Gu leth
Half-and-half   Leth-mar-leth; leth is leth
I will go halves in it   Togaidh mise an leth
More than half of the time   Dà thrian an ama
One half more   Gu leth

HALLMARK
Hallmark; metaphorically of
good quality   Barraichte

HALO
There is a halo round the moon   Tha cuibhle/riomball/roth/buaile
mun ghealaich

HALVE

She halved the loaf — Gheàrr/roinn i 'na dhà leth a' bhuileann

HAMMER

Hammer and tongs — Mar an donas
Hammer out — Tighinn gu aontachadh
Hammering — Ri geannaireachd
Hammering one another — A' bualadh a chèile
Under the hammer — Ri reic

HAMPER

They hampered his progress — Chuir iad amladh/bacadh air 'adhartas

HAND

A hand-shake — Crathadh-làimhe
All hands to the pumps — Gach fear an àird
(At) first hand — Fios cinnteach
At hand; on hand — Ri làimh
At the hands of — Fo làmhan
By hand — Le làimh
Change hands — Dean iomlaid
Clean hands — Gu h-onorach
For a good pair of hands commend me to Mary — Is ann air Màiri fhèin a bha an dà làimh
Give a hand to mending it — Thoir làmh air grèasachd
Give a helping hand — Dèan cobhair air
Give me your hand — Thoir dhomh do làmh
Give one's hand to — Cuir làmh ris
Hand in glove; hand in hand — Làmh ri làimh
Hand made — Dèanta le làimh
Hand me over those mocassins — Sìn a-nall na cuaranan sin
Hand me that — Sìn dhomh sin; sìn thugam sin
Hand to mouth; from day to day — O là gu là; san èiginn dubh
Hand to mouth (adjective) — Làmh gu beul
Hand over — Thoir seachad
Hand over hand/fist — Làmh an dèidh làimhe
Have a hand in — Bhith sàs ann; làmh aige ann
Have on one's hands — Air do làmhan
Have one's hands full — Làmhan làn
Having only one hand — Air leth làimh
High-handed — Buadharra
If only your hands were with us — Ach do làmhan-sa bhith leinn
In hand — Os làimh
In hand; under one's control — Fo smachd;na sheilbh
In hand; in one's possession — An làimh; an làimh gu cunbhalach
In the hands of — An làmhan
In your hand — Nad làimh
Keep in hand — Cùm deiseil
Lend a hand — Cuidich; fòir; thoir cobhair do
Lend us a hand — Cuir do làmh leinn
Lift/raise one's hand against — Tog do làmh ri
On all hands; on every hand — Air a h-uile taobh
On your hands — Air do làmhan
Put out of hand; aside; off-hand — As an làimh
Show one's hand; at cards — Taisbean do rùn; seall do làmh

Show one's hand; show one's intention Leig do rùn am follais
Sleight of hand Cleas làimhe
Stay one's hand Caisg
Take a hand. Gabh cuid
Take in hand Gabh grèim air
The hand of everyone Làmh gach aoin
The mark of your hand Fail do làimhe
The under hand Làmh an-ìochdar
The upper hand Làmh an-uachdar
There is my hand Mo làmhsa dhutsa
Throw in one's hand Thoir suas
To hand in Sìn a-steach
To hand out Sìn a-mach
To hand over Thoir seachad
Under his hand/command Fo 'làimh

HANDFUL
A handful Làn dùirn
A handful of corn/money Dòrlach sìl/airgid
His handful Làn a dhùirn
Some of the handfuls Cuid de na dlòthaibh

HANDIWORK
Handiwork; work done by hand rather than by machine Obair-làimhe
His handiwork Gnìomh a làimhe

HANDLE
Handle; deal with direct Làimhsich
He has a handle to his name Tha tiotal aige
He was catching as many fish as he could handle Bha sad a dhà làimhe aige air marbhadh èisg
He went off the handle Chaidh e na bhoil
The axe went off its handle Chaidh an tuagh bhàrr a samhach
The handle of the knife Cas na sgine
The handle of the spade Cas na spaide

HAND-LINE
Fishing with the hand-line Dorghach

HANDSOME
A handsome girl Nighean bhrèagha
A handsome lad Gille ceanalta
A handsome person 'S e duine eireachdail a th' ann
Do the handsome thing (S) Dèan gnìomh gasda
Handsome in her person or form Maise na dealbh
Handsome is as handsome does Dearbhaidh do ghnìomh thu
It is pretty rather than handsome Is ann bòidheach is chan ann dàicheil a tha e

HANDY
He is a handy man Tha e math air a làmhan
It will come in handy Nì e deisealachd

HANG
Getting the hang of Tighinn suas ri
Hang about Dèan màirneal
Hang back Seas air ais; fuirich air ais
Hang by a thread Air èiginn
Hangdog Galamach; tùrsach
Hang fire Fuirich greis

Hang heavy
Hang in the balance
Hang on (S); cling to;
   persevere
Hang on; wait
Hang one's head
Hang together
Hang yourself
Hanging out (S); living
Hanging upon; depending upon
Hanging upon; listening
   intently to
I'll be hanged
You deserve to be hanged

Gabh fadachd
Air a' mheidh; air udalan
Cùm ri

Fan; fuirich
Bi nàrach
Croch ri chèile
Dèan do chrochadh
A' còmhnaidh
An cromadh air
A' toirt creideas mòr do fhacal

Tha mi air mo chlaoidh
Tha thu a' tuar do chrochadh

HANKER
He hankered for recognition

Bha e an geall air aithneachadh

HANKY-PANKY
Hanky-panky; dishonest dealing
   fraud

Cuilbheartas

HAPPEN
As it happened
Happen what may

Happening
It has happened well for you
Nothing is happening to me
So it is happening to us
That will happen yet
That would not have happened
   to him, had he listened to me

What harm can happen to you?
What has happened to you?
Whatever happens to me, you
   must try to keep cool

Mar thachair
Ge be dè thig thachras; a
   dheòin no dh'aindeoin
Tighinn gu teach
Thachair e gu math dhut
Chan eil càil a' tighinn rium
'S siud mar a thachair dhuinn
Tachraidh sin fhathast
Cha robh air dol da mar a
   chaidh, nam biodh e air feart
   a thoirt ormsa
Dè an t-eagal dhut?
Dè dh'èirich dhut?
Ge b'e air bith ciamar a thèid
   dhòmhsa feuch thusa nach càill
   thu do cheann

HAPPIER
He was much happier

Bha e tòrr na bu thoilichte

HAPPY
Happy and quite contented
Happy as a sandboy
Happy-go-lucky
Happy is the man who finds
   wisdom
Happy is the man whom God
   corrects
Happy New Year to you: I have
   forestalled you!
Happy shall you be and it will
   be well with you
Happy would I be
He is very pleased or happy
It is happy for you

Gu sona sòlasach
Cho sona agus a tha là cho fada
Mì-chùramach;neo-chùramach; coma
Is sona an duine a dh' amaiseas
   air gliocas
Is nèarach an duine a smachd-
   aicheas Dia
Bliadhna mhath ùr dhut; tha i
   agam ort!
Sona bithidh tu is èiridh gu
   math dhut
Is sona a bhithinn-sa
Tha e air fhìor dhòigh
Is math dhut; is buidheach dhut

HARASS
Harassing or oppressing me

Gam shàrachadh

How harassed I am with the
  spring work

HARBOUR
She harboured him

The harbour received the ship
We gained harbour
We shall make harbour by
  daylight
You have not brought your ship
  into harbour yet

HARD
Be hard on
Hard and fast
Hard as the oak, lasting as
  the pine
Hard as steel
Hard bargain
Hard by
Hard cash
Hard facts
Hard-featured
Hard-headed
Hard-hearted
Hard lines/luck
Hard nut to crack
Hard times
Hard up
He is hard, but just and up-
  right in his dealings
He is rowing at his hardest
It is a hard case
That is no hard task to him

HARDLY
Hardly
I can hardly believe it

I had hardly arrived when....
It will hardly do

HARDNESS
The hardness of his heart

HARDY
A hardy boy
A hardy, energetic person
A hardy or tough old man
He is a hardy boy, but as
  gentle as a lamb

HARE
Hare brained
Mad as a March hare

HARM
It is no great harm
It will do more harm than
  good
No harm has happened to him

Mar a tha mise air mo chlaoidh
  aig an àiteach!

Ghabh i ris; thug i fasgadh
  dha
Ghabh an caladh an long
Rinn sinn an caladh dheth
Nì sinn acarsaid ri solas an là

Cha tug thu do long gu cala
  fhathast

Bi trom air
Cruaidh; teann
Cruaidh mar an darach, buan mar
  an giuthas
Cho cruaidh ris an stàilinn
Cùmhnant theann
A chois; faisg air; ri taobh
Airgead tioram
An fhìrinn
Cruaidh aodannach; greannach
Toinisgeil
Cruaidh-chridheach
Driod-fhortan
Ceist dhuilich ri fuasgladh
Saoghal cruaidh
Gun sgillin ruadh
Tha e na dhuine cruaidh, agus
  ceart na shlighe
Tha smùid aige air iomradh
Is goirt a' chùis
Chan uallach sin air

Cha mhòr gu
Is doirbh leam/gann orm a
  chreidsinn
'S gann a ràinig mi nuair....
Is gann nì e feum

Cruas a chridhe

Balach cruaidh
Duine cruadalach
Bodach buan
Tha e na bhalach cruaidh, ach
  cho solt ris an uan

Aotrom sa' cheann; gogaideach
Cho gòrach ri na h-eòin

Is beag an dolaidh
Is mò an t-olc na an math a nì e

Cha d'èirich beud dha

No harm will befall me   Cha tig dad rium
There is no harm done   Chan eil dolaidh ann
To harm   Dèan coire do
To my harm   Chun mo chiùrradh
You will harm yourself   Nì thu t' aimhleis

HARNESS
He harnessed the mare   Chuir e an làir na h-uime
In harness; yoked   Fon chuing(yoked); ag obair

HARP
Harp on;harp on the same   Lean air an aon fhonn
  string or subject

HARSH
A harsh, brawny or vulgar man   Duine garbh,calma

A hoarse, harsh voice   Guth garbh

HARVEST
Going to the harvest, reaping   A' dol thun na buana

Harvest thanksgiving   Buidheachas an fhogharaidh
Harvest time   Àm na buana
The wheat harvest   Foghar a' chruithneachd
To get in the harvest   Dèan a' bhuain

HASH
Make a hash of it   Dèan bùrach dheth
That will settle your hash (S)   Cuiridh sin 'na d'àite thu

HASTEN
Hasten; hurry; make haste   Dèan cabhag;dèan deifir
Hasten your pace; move on   Thoir ceum às

HAT
A bowler/straw/top hat   Ad chruaidh/chonnlaich/àrd
Eat one's hat (S)   'S mi nach creid
Take off one's hat to   Thoir urram do
Talk through one's hat (S)   Bruidhinn air thuairmeas
The gold-rimmed hat   Ad a' bhile òir

HATCH
As a hen that hatches   Mar chearc a nì gur
That hen has hatched two   Thug a' chearc ud a-mach
  broods this year   dà àl am bliadhna

HATE
Hated enemy   Dearg nàmhaid
I hate, dislike you   Is beag orm thu; is coma/fuath
                  leam thu
I hate more   Is lugh' orm
She will hate you   Bheir i fuath dhut

HATRED
Hatred shall stir him up   Dùisgidh fuath e
My hatred began to rise   Ghluais mo ghamhlas

HAUGHTY
A haughty/irascible/irritable   Spiorad àrdanach
  spirit
Haughty; having high ideas   Mòr na bheachd

HAUL

Hauling the lines
Hauling/trailing it
It is better to haul her up
It is time to go and haul the
  lines
Shall we haul her up or leave
  her afloat?
When they hauled the net,
  they did not get a fin in it

Togail nan lìon
Ga shlaodadh
Is fheàrr a tarraing
Tha thìde dhol a thogail nan
  lìon
An tarraing sinn i, no am fàg
  sinn air bhog i?
Nuair a thog iad an lìon cha
  d'fhuair iad deargadh air

HAVE

Everything I have
Have done
Have it out; discuss openly
Have it out; have a tooth out
Have nothing to do with
Have on; deceive, trick
Have on; wear
Have one over the eight (S)
Have some bread
I have to go

I have two
She had to; was forced to
To have someone (S); to
  deceive
We have to go to school
What would you have?

Gach seud a th' agam
Cuir crìoch
Dèan deasbad fosgarra
Thoir a-mach
Na gabh gnothach ri
Thoir an car às
Cuir ort
Bi cho làn ri buideal; air mhisg
Tog leat aran
Feumaidh mi falbh; tha agam ri
  falbh
Tha a dhà agam
B' fheudar dhi
Thoir car à/às

Tha againn ri dhol don sgoil
Ciod a b' àill leibh?

HAVOC

What havoc they have made

Is iad a rinn an t-slad

HAY

Make hay of
Make hay while the sun shines

Dèan na thogras tu
Buain maorach fhad 's a tha an
  tràigh ann

HAYWIRE

Going haywire (S)

Dol o dhòigh

HAZARD

Hazard a conjecture
Hazard an opinion/guess

Tomhais seo
Dèan tuairmse

HEAD

Bare-headed
Comes into; or enters, your
  head
Everything came to a head

From head to foot
Hang one's head
Have his head
Head and shoulders above
Head-dress
Head off
Head-over-ears/heels;·
  somersault
Heads and thraws
Heads or tails

Ceann-lom
Thig nad cheann

Chaidh a h-uile càil gu aona-
  cheann
O mhullach gu bròig
Bi nàrach
Leig a thoil leis
Fada air thoiseach
Ceann—bheart
Cuir gu taobh
Car a' mhuiltein

Cas mu seach
Cas no bas

166

Heads I win, tails you lose

Headstrong
How empty-headed you are, man!
Keep your head above water
Lose one's head
Off one's head
Old head on young shoulders;
 unexpected wisdom or
 experience in one so young
On your own head
Over one's head; in preference
Over one's head; unintelligible
Put into his head
Standing on his head
Take into one's head
The head of the glen
The mast-head
Toss your head
Turn one's head
Two heads are better than one
What has come into your head
 now?

HEADWAY
Making headway

HEALTH
Are you in good health?
Here's to your health!
His health is indifferent; he
 is just off and on

HEAP
He fell in a heap
In a heap

HEAR
Hard of hearing
He lost his sense of hearing
Hear of
Hear tell of
I have always heard
I heard from George that John
 was at home
If she hears of it, she will
 proclaim it on the house-tops
In my hearing

It has not been heard
So that he could not be heard
We are out of hearing
Well, well, I have never
 heard of such a thing
What did you hear?

Who ever heard the like of it?
Will be heard

Mo bhuannachd-sa taobh seach
 taobh
Fada na cheann
Nach tu a tha falamh, a dhuine!
Cùm am bàrr
Rach am breislich
Thar a' chinn
Dèan bodach de bhalach;
 ceann bodaich air balach

Air do cheann fhèin biodh e
Rogha
Do-thuigsinn
Cuir na cheann
A' seasamh air a cheann-dìreach
Gabh sa' cheann; thig sa' cheann
Bràigh a' ghlinne
Bràigh a' chroinn
Tilg do cheann
Fàs mòrchuiseach
Cha mhisde duine comhairle
Dè an dòchas a ghabh thu a-nis?

A' dèanamh a bhidh dheth

A bheil thu slàn?
Seo leat!
Chan eil e ach mu làimh; is ann
 thuige is uaithe a tha e

Thuit e na chlod
Muin air mhuin

Bodhar
Chaill e a chlaisneachd
Cluinn mu dheidhinn
Faigh sgeul air
Is fada bhon a chuala mi
Chuala mi aig Seòras gun robh
 Iain aig an taigh
Ma gheibh ise a-mach e, cluinnidh
 luchainn an àrd-dorais e
Ann am chlaisneachd; nam
 èisdeachd
Cha chualas
Gus nach cluinnte e
Tha sinn a-mach às an èisdeachd
Tha mi far nach cuala mi riamh
 e/far an cuala mi e
Ciod a dh'fhidir/a dh' fhairich
 thu?
Cò chuala riamh a leithid?
Cluinnear

HEART

A drunken heart tells no lies	Cha dèan cridhe misgeach breug
A heart without guile	Cridhe gun cheilg
A heart-break	Briseadh cridhe
A heart that will not tire in battle	Cridhe nach sgìthich an trod
A sound heart	Cridhe fallain
A weak heart	Cridhe lag
After one's own heart	Mo rogha duine
By heart	Air teangaidh
Doing one's heart good	A' cur sùrd orm
Half-hearted	Ceum air ghàig
Have a heart	Bi truasail
Have one's heart in one's boots (S)	Gun mhisnich
Have one's heart in one's mouth	Do chridhe nad shlugan
Haven't the heart to	Chan eil a chridhe aig
Heart-disease	An tinneas-cridhe
Heart in the right place	Deagh chridhe
Heart of the matter	Cnag na cùise
Heart-rending	Briseadh dùil; driod-fhortan
Heart-strings	Faireachdainn cridhe
Heart-to-heart; frank; open	Fosgarrach
Heart's content	Na thogras
His heart failed him	Thuit a chridhe
His heart softened; melted	Thiomaich a chridhe
Iain's heart is thumping violently	Tha buille mhòr air a' chridhe aig Iain
If I could, I would find it in my heart	Nam b'urrainn mi dhùraiginn
Know(off) by heart	Air a theangaidh
Learn (off) by heart; get by heart or rote	Cuir air a theanga; faigh air do mheomhair
Lose heart	Caill misneachd
Lose one's heart to somebody	Caill do chridhe do chuideigin
My heart melted with pity	Leagh mo chridhe le truacantas
My heart was broken	Bha mo chridhe briste
Set your heart upon	Cuir romhad buannachd
She had softened every heart	Mheath i gach cridhe
Somewhat indifferent; half-hearted	Leth choma
Take heart	Gabh misneachd
Take to heart	Gabh alla dheth
The heart of the matter	Cnag na cùise; cridhe na cùise
To steal away someone's heart	Cridhe duine a mhealladh
Win the heart of	Aom le

HEARTY

Hale and hearty	Slàn gun mheang

HEAT

In the heat of the moment	Le leum feirge
The heat of the day	Aine/teas an là; cridhe a' mheadhain là

HEATHER

A tuft of heather	Tom fraoich
Among the heather	Air feadh an fhraoich

HEAVEN

Above the heavens	Os cionn nam flaitheas
Good heavens!	Mo chreach!; a chiall beannaich mise!
Heaven and earth	Nèamh is làr
In one's seventh heaven	Ann am mòr aoibhneas
The darkening of the heavens	Ciaradh nan speur

HEAVIER

Getting heavier and heavier	A' dol an truimead
It is none the heavier for that	Cha truimid e sin

HEAVY

A heavy burden	Eallach trom
A heavy-headed fellow	Sgonn gille
A heavy, oppressive burden	Uallach trom
Heavy felling blows	Buillean trom dòbhaidh

HEDGE

Like a blind man's progress through a hedge	Mar astar doill an cabrach

HEED

Heeding him	A' cumail cluaise air; a' toirt aire dha
Never heed him!	Coma leat e!
Take no heed of him	Na gabhaibh oirbh e; na leig oirbh e
Who will pay any heed to him?	Cò a bhitheas a' gèilleachdainn dha?
Without heeding fables	Gun aire thoirt do sgeulachdaibh

HEEL

Clean pair of heels	Thoir na buinn do
Come to heel	Gèill
Down-at-heel	Robach
He showed a clean pair of heels	Thug e a chasan leis
He took to his heels	Thug e am bruthach air/a chasan leis
Heel of Achilles	Laigse mhòr
Kick one's heels	An-fhoiseil na thàmh
On the heels of	Air fhàgail gu foighidinn a chleachdadh
Take to your heels	Cuir sna casan e; dèan às
They took to their heels; ran away	Thug iad na buinn asda; chuir iad na buinn riutha
Turn on one's heels	Tionndaidh air do shàil

HEIGHT

A man of average height	Fear meadhanach-àrd
He is not of the required height	Chan eil an àirde air
Height of spring tide	Àirde-reothairt
The height of courage	Mòid meanmnaidh
The height of impertinence	Àird a' mhì-mhodha
The height of the hills	Àird nan sliabh
The sun was at its height	Bha a' ghrian na h-àirde
Two feet in height	Dà throigh air àirde
What is his height?	Dè an àird' a tha e?

HEIR
The heir and the heir
presumptive

An t-oighre agus an tànaiste

HELL
All hell broke loose

Dh'èirich gleadhar uabhasach

HELM
At the helm
Take your turn at the helm
The helm against the palm
The helm in a sturdy grip
The helmsman
The master will sit at the
helm

Air an ailm
Glac an fhalm
An ailm an uchd na glaice
An ailm an aghaidh na glaice
Fear na stiùireach; stiùireadair
Suidhidh an sgiobair air an
stiùir

HELP
Help
Help a lame dog over a stile
Help and deliverance
Help oneself to
Helping one another
It cannot be helped

That will not help you much
There is no help for it
With the help of

Dèan fòir air; cuidich le
Dèan cobhair air creutair bochd
Furtachd is fòir
Cuidich thu fhèin
A' cuideachadh cach-a-chèile
Chan eil cothrom air; chan eil
leasachadh air
Cha chuidich sin gu mòr leat
Chan eil àrach/leasachadh air
Le cuideachadh

HELPING
Will you have another helping?

Nach gabh sibh tuille?

HEM
Hem in
Sewing and hemming
The hem of the cloth

Cuingealaich
A' fuaigheal is a' fàitheam
Oir an aodaich

HEN
Hen-pecked
On the hen-roost
Our hens are moulting

That hen has hatched two
broods this year

Fo spòig mnatha
Air an fharadh/spàrr nan cearc
Tha na cearcan againne a' cur
nan itean
Thug a' chearc ud a-mach dà àl
am bliadhna

HENCE
Henceforward; hence
Henceforth and forever

On àm seo; o seo suas
Gu saoghal nan saoghal

HERBAGE
Herbage withering on the hill

Lusrach a' searg air beinn

HERE
From here
Here
Here and there

Here is
Here it is
Here today gone tomorrow
Here you are
Here you have it or him!

Bho seo
An seo
An seo 's an siud;an siud 's an
seo; thall 's a-bhos
An seo
Seo e
Mar ghille mirein
Seo thu; seo sibh
Seo agad e!

HEREABOUTS

Hereabouts   Mun imeachd seo; an seo; an àiteigin

I left it hereabouts   Dh'fhàg mi m' an tuiream seo e

HEREDITARY

A hereditary trait   A' ruith anns an fhuil

That was hereditary in his family   Bu dùthchasach sin dha

HERO

A complete hero   Sàr ghaisgeach

A hero in distress   Saoidh na airc

A hero that goes forward dauntlessly   Laoch nach tiomaich

A true hero was never afraid   Cha robh eagal air sàr ghaisgeach riamh

Like the rock is the chief   Coimeas don charraig an triath

Mighty heroes   Curraidhean talmhaidh

HEROIC

Heroic, chivalrous people.   Daoine treubhach euchdail

Heroic conduct   Giùlan laochmhor

HESITATE

He will not hesitate to kill you   Cha shòr e do mharbhadh

Hesitate   Dèan sòradh

What makes you hesitate?   Ciod e an damacraich a tha ort?

HICCUP

I have the hiccup   Tha 'n aileag orm

HIDE

Almost hidden   Cha mòr am falach

Although he hid himself from me, I shall find him   Ged a chaidh e air falach orm gheibh mi lorg air

He hid from me   Chaidh e air falach orm

He hid the matter from me   Cheil e an gnothach orm

Hide and seek   Falach fead

Hide of animals   Seich

Hide one's light under a bushel   A' cumail buaidh an uaigneas

Hide them   Cuir air falach iad; ceil iad

Hide with hair   Seiche colgach/fionnach

Shaggy hide   Peall

The boys hid the walking stick he had   Chuir na balaich air falach am bata a bha aige

The thin part of the hide   Tanalach na seiche

HIGH

A high-spirited horse   Each meamnach/stuadhmhor

High and dry on the beach   Tioram tràighte air a' mhol

Highdays, holidays and bonfire nights; celebrations   Gach là fèille; Mòd Mac-an-Tòisich

High-falutin   Le fearas-mòr

High-flier   Fear/tè àrd-sheòlaidh

High-handed   Buadharra

High jinks (S)   Hòro gheallaidh

Highlight   Thoir an àird

High-sounding   Mòr-chuiseach

High-spirited	Meanmnach
High spot	An t-ionad as àirde
High table	Àrd bhòrd
High tea	Tì le annlan
High time	Tha an t-àm ann (gu dearbh)
Highly probable	Glè choltach
Highly strung	An còmhnaidh an-fhoiseil
In high condition	An àirde mhòir
It is very high	Tha i mòr mòr
On high; in heaven	Anns na h-àirdibh
The boat is high and dry on the beach	Tha am bàta tioram tràighte air a' mhol

HIGHLAND

Highland dress	Eideadh Gàidhealach
In full Highland dress	Fo làn uidheam Ghàidlealach
The Highland army	Armailt nam breacan

HIGHWAY

He is on the highway to ruin/ success	Tha e air an t-slighe gu sgrios/ gu soirbheachadh

HILL

Are you going to the hill today?	A bheil thu a' dol don bheinn an-diugh?
He went to the hill	Thug e 'm fireach air
Mist ascending the hill	Ceò a' dìreadh aonaich
On the hill	Anns a' mhonadh
Uphill	Suas an leathad
We ascended the hill	Dhìrich sinn am bruthach
We shall go to the hill with your tea	Thèid sinn don t-sliabh le bhur tì

HIMSELF

By himself	Leis fhèin
He came to himself	Thàinig e chuige fhèin
He was not himself	Cha robh e aige fhèin

HIND

Hind-legs	Casan-deiridh
The hind lay on the green	Laigh an eilid air an fhuaran

HINDER

Do not hinder him	Na cuir bac/maille air
Hinder part	Ceann deiridh

HINGE

Hinge upon; depend upon	An urra ri; a' cur earbsa ann

HINT

A broad hint	Deagh leth-fhacal
Drop a hint	Cuir cagar na chluais
Give him a hint; inform him	Thoir rabhadh dha
He gave me a hint; touched me	Bhruid e mi
He knows how to take a hint	Tuigidh fear-leughaidh leth-fhacal
He will give a hint with his foot	Bheir e sanas le chois

HIP

Above the hip	Os cionn a' chruachain
Hips and haws	Mucagan is sgeachagan

172

HIT

Hit it off	Còrd ri chèile
Hit the nail on the head	Buail air cnag na cùise
Hit upon	Tig a-steach ort
You have lost your power of hitting	Chaill thu d' amas
You have just hit it	An tà thuirt thu e

HOARD

Hoard, lay by	Cuir seach/seachad airgead
Hoarding up	Ga thasgadh seachad
Hoarding or heaping money	A' càrnadh/a' tòrradh airgid

HOARSE

A hoarse voice	Guth garbh
A hoarse, deep-toned voice	Guth fròmhaidh
My throat has become hoarse	Tha an tùchadh orm
With hoarseness and cold	Le tùchan is le cnatan

HOBBY

Hobby-horse; favourite idea	Air an aon fhonn/phort
Hobby-horse; abbreviated to *hobby*; a pastime	Cur-seachad; fearas-chuideachd

HOCUS-POCUS

Hocus-pocus; words used by a conjurer; hence a swindle	Faclan foille

HOG

Go the whole hog (S)	Cuir do cheann 's do chasan ann

HOIST

A boat hoisting sail	Bàta a' dèanamh aodaich
Hoist the sails, men!	Suas/tog na siùil, fhearaibh!
Hoist with one's own petard	Air do thilgeil le do ghnìomh fhèin

HOLD

Can they hold them?	An gabh a' chrò iad?
Hold a conference	Cùm comh-chainnt
Hold aloof	Bi fad às
Hold cheap	Ga mheas air bheag luach
Hold down (S)	A' fòghnadh gu math
Hold forth; maintain	Cùm a-mach
Hold (oneself) in	A' cumail smachd air fhèin
Hold on!; hold yourself in	Fuirich thusa ort!
Hold on; continue to grasp	Cùm greim air; beir air; glac
Hold on; wait	Fuirich mionaid; socair ort
Hold out; similar to hold on	Beir air; cùm grèim air; glac
Hold out; extend; offer	Sìn; tabhann; tairg
Hold out; holding out in law	A' cumail aghaidh an lagha ris; a' sìneadh a-mach an lagha
Hold over; keep back; reserve	Cùm air ais
Hold over; use knowledge as a threat	Maoidh eòlas
Hold this	Cùm seo
Hold together	Cùm ri chèile
Hold up	Cùm suas
Hold water	Seas suas
Hold with	Aontaich le
Holding down (S)	A' fòghnadh
You have no hold on him	Chan eil grèim agad air

173

HOLE
A touch-hole; the ear
An augur-hole
As full of holes as a sieve
Be in a hole·
He made a hole in it
Hole-and-corner

Toll-cluaise
Toll-tora
Cho tolltach ris an t-sìoltachan
Bi ann an clais
Thug e toll air; rinn e toll air
Ann an cùil

HOLLOW
In the hollow of his hand
In this hollow

An glaic a làimhe
Sa' ghlaic seo

HOMAGE
Pay or give homage

Bi umhail ri

HOME
At home
Bring a thing home to a person
Don't go home
From home; abroad
He is home-sick
Home address
Home-sickness
Is your father at home?
Make yourself at home
She had to go home
She makes herself at home
 anywhere
To his own home
Stay at home
With no one else at home but
 himself

Aig an taigh
Cuir na cheann e
Na tèirig dhachaigh
On taigh
Tha an cianalas/mulad air
Seòladh dachaigh
An cianalas
A bheil d' athair aig baile?
Dèan thu fèin aig an taigh
Bha aice-se ri a dhol dhachaigh
Tha ise coma ach far an tuit
 an oidhche oirre
G' a dhachaigh fhèin
Fuirich aig an taigh
Agus gun a-staigh ach e fhèin

HONEY
Heather honey is easily known

Honeycomb; bees-wax
This is heather honey

Tha mil an fhraoich furasd a
 h-aithneachadh
Cèir-bheach
Is e mil an fhraoich a tha an
 seo

HONOUR
A debt of honour
A point of honour
Doing the honours
Giving honour
He considers it an honour
Honour among thieves
Honour is more commendable
 than gold
In honour bound
On your honour do not hide
 from me
Without honour or affection

Fiach gìll
Puing urraim
A' labhairt 's a' frithealadh
A' toirt urraim
Is onoir leis e
Uaisleachd a-measg mheirleach
Is cliùitiche an onair na 'n
 t-òr
Fo gheall
Air ghràdh d' einich na ceil orm

Gun mhiadh gun bhàigh

HOOF
A bull with large hoofs
The hoof of a horse

Tarbh ladhrach
Bròg an eich

HOOK
By hook or by crook
Hook, line and sinker

Le sgil no le foill.
Chreid e a h-uile facal

174

I have a haddock on each hook this time
Off the hook
Sling one's hook (S); depart

Tha adag air gach dubhan agam a-nis
Cead do choise
Falbh; imich

HOP
He hopped along the road

Dh'fhalbh e air leth-chois air an rathad

HOPE
I have hope in him, or it
I hope
I hope so
I hope to
To be in hope of doing something
Without hope
Without hope of consolation
Without hope of returning

Tha dòchas agam dheth
Tha mi an dòchas
An dòchas gu bheil
An dùil ri
A bhith an dùil a dhèanamh

Gun dòchas
Gun ùidh ri sòlas
Gun dùil ri tilleadh

HOPELESSLY
I became hopelessly puzzled over the matter

Chaidh a' chùis sa' mhuileann orm; bha mi dìreach air mo shàrachadh

HORIZON
There you have the ship on the horizon
You can see the boat on the horizon
You will soon see the boat appearing on the horizon

Siud agad an soitheach aig bun-sgòtha
Chì thu am bàta eadar thu is leus
Chì thu a dh'aithghearr am bàta a' nochdadh air fàire

HORN
A cow without horns; polled cow
A horned cow
Butting with his horns
Draw in one's horns; be cowardly

Bò mhaol

Bò adhairceach
A' purradh le adharacaibh
Fàs gealtach

HORNET
Stirring up a hornet's nest

A' togail aimhreit

HORRIBLE
A horrible sight

Culaidh sgreamh

HORRID
A horrid sound
To be horrid to someone

Fuaim bhaoth
A bhith mì-thaitneach ri duine

HORROR
Every bone shaking with horror

Dlùthchrith air gach cnàimh le oillt

HORSE
1)A bay horse; 2)a cart-h.; 3)a cream-coloured h.; 4)a grey h.; 5)a piebald h.; 6)a post h.; 7)a race-h.; 8)a riding-h.; 9)a great walrus;10)a water-h., a kelpie
Dark horse

1)Each-buidhe-ruadh,e.buidhe-dhonn; 2)e.cartach; 3)e.buidhe; 4)e.glas; 5)e.breac; 6)e.ceann-aich; 7)e-steud; 8)e-dìollaid, e-shasaid, e.marcachd; 9)e-mara; 10)e-uisge
Duine domhainn

Horse at full speed   Each na chruaidh-ruith
Horse laugh   Glag/gloc/sgal gàire
I gave him the horse for ten   Thug mi an t-each dha air deich
     pounds   notaichean
Look a gift horse in the mouth   Àilleasach mu rud a tha an asgaidh
Mettlesome horses   Eich mheanmnach
On one's high horse   Làn de fhearas mòr
On the back of a horse   Air muin eich; a' marcachd
Stray horse   Each fuadain
Take a horse to the water   Tathainn rud
The horse threw me   Thilg an t-each mi
The horse went wild; ran away   Ghabh an t-each an caoch
Well-trained bounding steed   Each saol-ealanta; each sith-
     fhada
What a brute you are!   Nach bu tu an t-each!

HOSPITABLY
How hospitably they were   Is ciatach a ghabh iad riutha
     received
We were very hospitably   Fhuair sinn gabhail ruinn glè
     received   mhath

HOSPITALITY
A night's hospitality   Cuid oidhche
The hospitality of my house   Caomh mo theach

HOT
Hot air   Seanchas gun seagh
Hot favourite   An fhìor rogha
Hot stuff (S)   An stuth as fheàrr
I want hot water   Tha mi ag iarraidh bùrn teth
I will make it hot for you   Bheir mise ort
In hot water   Ann an dragh/trioblaid
It is better hot   Is ann teth as fheàrr e

HOUR
About two hours   Mu dhà uair
At all hours   Moch is anmoch
At the eleventh hour   Aig a' mhionaid mu dheireadh
He heard the hour striking   Chuala e an uair a' bualadh
Improve the shining hour   Dèan nì math nas fheàrr buileach
More than half an hour   Còrr is leth-uair
The hour has come   Tha an t-àm ann
The small hours   Uairean beaga na maidne
The witching hour   A' phrìomh uair; meadhan-oidhche

HOUSE
Better a small house full   Is feàrr taigh beag làn,na taigh
     than a large house empty   mòr falamh
From house to house   Bho thaigh gu taigh
Go into the house   Rach a-staigh san taigh
House   Faigh/thoir taigh do
House-cleaning   Glanadh an taighe
House-warming   Banais-taighe
Keep open house   Fialaidheachd
Like a house on fire   Le mòr luathas
Out of the house   Às an taigh
Proclaiming something from the   A' glaodh rudeigin o na h-àirdibh
     house-tops
That very house   An taigh sin fèin
The goodman of the house   An duine; fear-an-taighe

They are thatching the house	Tha iad a' tughadh an taighe

HOW

Considering how much	Leis cho mòr agus a
How are you?	Ciamar a tha thu; dè an dòigh a th'ort?
How are you, lad?	Ciamar a tha thu, 'ille?
How comes it?; how is it?	Dè tha dol; dè fonn a tha ort?
How do you do?	Dè 'n sunnd a tha ort; ciod e an gleus a tha ort; cionnas a tha ort?
How goes it? (S)	Dè do bheò; dè do thrim?
How long?	Cia fhad?
How many are there?	Cia mheud a tha ann?
How many times will he come?	Cia lìon uair a thig e?
How much do you have?	Dè na tha agad?
How much do you owe him?	Dè tha aige ort?
How much does he owe you?	Dè tha agad air?
How much was it?	Dè bha e?
How often?	Cia minig; dè cho tric?
How often did he come?	Cia liuthad uair 's a thàinig e?
How old are you?	Dè an aois a tha thu?

HOWEVER

And however bad be the soil	Is air olcad bhios an grùnnd
But however old the tale	Ach air sinead an sgeòil
However clean the well	Air glainead na tobrach
However dear it may be	Air cho daor 's gum beil e
However great the virtues that are in his person	Air mheud nam beus a bhitheas na chorp
However slight we deem the cause	Air cho faoin 's gum meas sinne an t-adhbhar
However small it be	Air a lughad

HOWLING

Their howling was heard afar off	B' fhad chluinnte an sgàirn

HUDDLE

They huddled together	Chàrn iad air muin a chèile

HUE

Hue and cry	Gairm is glaodhaich

HUFF

He is huffed	Tha bus/sròin air
He was quite huffed about it	Ghabh e san t-sròin e

HUM

Hum and haw	Null 's a-nall
The humming of the mountain bee	Toirm seillean an aonaich

HUMAN

Human nature; human affairs	Nàdur/gnothaichean daonna

HUMBLE

To make someone eat humble pie	A thoirt air duine dhol air ais air a chòmhradh

HUMOUR

Bad humour	Droch ghean
Were he in good humour	Nam bitheadh sogan/sùnnd air

HUNDRED
A hundred times

Mar cheud

HUNGER
Hunger is a ·violent companion

Is dòbhaidh an companach an
t-acras

It took away the hunger and
the fatigue also

Thug e leis an t-acras 's an
sgìos còmhla ris

HUNGRY
Are you hungry?
He is hungry
He is ravenously hungry

A bheil an t-acras ort?
Tha an t-acras air
Tha e air togail; tha 'n t-acras
ga tholladh

I was very hungry
Like hungry hounds
To be rather hungry

Bha acras mòr orm
Mar mhial-choin air acras
Bi car acrach

HUNT
A forest hunt
A good hunter; a good shot
He hunted her down
Hunt down or up
The boar hunt

Faghaid fàsaich
Sealgair cuimseach
Fhuair e i an dèidh siridh
Lorg
Ruaig an tuirc

HURL
Hurling defiance

A' toirt dùbhlain

HURLY-BURLY
Hurly-burly; tumult; noise
and struggle of crowds

Buaireas; iomairt; othail; ùpraid

HURRAY
Hurray!

Ho-rò!

HURRY
Come and hurry on!
He hurried off
He will not come in a hurry
Hurry on with; hurry up!
Hurry up, so that you may
catch him
I am in a hurry
If you don't hurry, you will
by no means overtake him
It is he that has the very
hurried step
It will not happen in a hurry
On account of the hurry
What is the hurry?
You are in a hurry

Siuthad,tog ort!
Shìn e às
Cha tig e ann an cabhaig
Dèan cabhaig; greas ort!
Cuir sgoinn ort fèin ach am
beir thu air
Tha cabhaig orm
Mur a greas thu ort cha bheir
thu ceum air
Is ann aige fèin a tha an ceum
cabhagach
Cha tachair e air luathair
Leis a' chabhaig
Ciod e chabhaig?
Tha thu nad chabhaig

HURT
Have you been hurt?
He got himself hurt
He got hurt

A bheil thu air do ghoirteachadh?
Fhuair e 'chiùrradh
Fhuair e dochann; chaidh a
ghoirteachadh

What has hurt you?

Dè do dhochair?

HUSBAND
Husband one's resources

Caomhainn do chuid

HUSH
  The hush before the storm   Am fèath roimh an doineann
HUSTLE
  They hustled away   Chaidh iad air falbh le cabhaig

IDEA

Have you any idea where he is?	A bheil brath agad càit' a bheil e?
I can't bear the idea	Chan urrainn dhomh gabhail ris a' bheachd
It is a good idea	'S e smuain math a tha ann
What a preposterous idea!	Teagaisg na bochdainn
What's the big idea?	Carson seo?

IDENTICAL

So identical	Cho aona-chruthach
The identical man	A' cheart duine; an dearbh dhuine

IDIOT

As the idiot said	Mar a thuirt an t-amadan/an òinseach

IDLE

He was idling the day away	Bha e a' caitheamh an là
Idle talk	Seanchas gun bhrìgh; bàrrchainnt
Idle repetition of (bad) labour	Obair gun dìreadh
It is idle for you to attempt it	Is dìomanach/faoin dhut teannadh ris
She is idle	Tha i na tàmh
The idle man will put the cat in the fire (The Devil finds something for idle hands to do)	Am fear a bhitheas na thàmh cuiridh e 'n cat san teine

IDOLIZE

John idolized Mary	Rinn Iain iodhal de Mhàiri

IF

If he lay down	Nan laigheadh e
If I am	Ma tha mi
If I can	Mas urrainn mi
If I shall be	Ma bhitheas mi
If I were	Nan robh mi
If I were you	Nam bu mhise thusa
If it be	Mas e
If it so be; if it be so	Mas e agus; mas eadh
If it so be that	Mas e agus gu
If it so be that not	Mas e nach
If it were not for	Mur b' e; mur biodh
If it were not for my	Mura bitheadh dhòmhsa
If not	Mura bi; mura b' e; mur e
If you will take so much trouble	Ma ghabhas sibh de dhràgh
If we had	Nan robh sinn

IGNITE

She ignited the bonfire	Chuir i teine ris an tein-èibhinn

IGNORANCE

Ignorance is a heavy burden	Is trom an t-eallach an t-ain-eolas
Ignorance is very common	Is glè chumanta an dith eòlais
Sheer ignorance	An dearg aineolos

IGNORANT

Ignorant of	Aineolach air

IGNORE

The only thing to do in your case is to ignore you

Chan eil ortsa ach do leigeadh seachad

ILK

That ilk

An sliochd sin

ILL

An ill-tempered man

Duine grod

He is very ill; hasn't far to go

Tha e gus a bhith; chan eil fada aige

He is very ill with pneumonia

Tha e glè iosal leis a' ghrèim mhòr

Ill-assorted

Air droch mheasgachadh

Ill-at-ease

Anfhoiseil

Ill betide thee

Cha bhuidhe dhutsa

It ill becomes you to..

Cha tig e dhut

It's an ill wind that blows nobody good

Is olc a' ghaoth nach sèid an seòl chuideigin

Terribly ill; very ill

Fiadhaich tinn

To be looking ill

A bhith a' coimhead tinn

ILLITERATE

He is only an illiterate, or uneducated, person

Chan eil ann ach neach gun sgoil

ILLNESS

His illness was such that we called in the doctor

Leis cho tinn agus a bha e, thug sinn a-steach an lighiche

I hope this illness will not come near your children

Tha mise an dòchas nach tig an tinneas seo an gaoith na cloinne agaibh

ILL-TREAT

He ill-treated me

Thug e droch cheann dhomh

Why did you ill-treat him?

Carson a bha thu ris?

IMAGE

A great image

Iomhaigh mhòr

The image; the spit and image; the very image

An dà sgadan; an dearbh lethbhreac

The one is the living image of the other

Tha iad cho coltach ri chèile ri dà sgadan

The reflected image of the moon

Faileas an rè na gealaiche

IMAGINE

As may well be imagined

Mar a dh'fheudar a thuigse

Just you imagine how cleverly he managed to get rid of her

Feuch thusa riut,nach math a chaidh aige air faighinn cuidhte 's i

Who made you imagine?

Cò a chuir nad cheann?

You need not imagine that you will manage to win Mary's affection

Chan eil math dhut a bhith a' smaoineachadh gun tèid agad air Màiri a thoirt a-mach

IMAGINATION

A flight or stretch of imagination

Raon mac-meanmna

IMBUE

We imbued him with courage

Chuir sinn air feadh misnich dha

IMITATE
Are you imitating me?

Imitating or mimicking me

IMMEASURABLE
That would be immeasurable

IMMEDIATE
In the immediate future
In the immediate vicinity

IMMEDIATELY
Immediately; on the spot
Immediately; where he stood
I will do it immediately

IMMERSE
We immersed him in the water

IMMODERATE
Immoderate expense

IMMODEST
Immodest play

IMP
An evil imp
Imp of the demon

IMPEACH
The government impeached him

IMPEDE
We impeded his progress

IMPEDIMENT
A man who had an impediment in
his speech

IMPEL
Impelling me

IMPEND
There is a crisis impending

IMPETUOSITY
The impetuosity of the current
Youthful impetuosity *(heat of
blood and flesh)*

IMPLICATE
Poor John had implicated
himself

IMPLY
That was implied

IMPORT
Britain imports many cars from
abroad

An ann a' coinne riumsa a tha
thu?
Ag atharrais ormsa

Cha ghabhadh sin tomhais

Anns an àm ri teachd gun dàil
Anns a' choimhearsnachd as
fhaisge

Anns a' bhad/an làrach nam bonn
às a sheasamh
Nì mi uair an uair e; nì mi e
air ball

Chuir sinn fon uisge e

Caitheamh ana-measarra

Baoth chleasachd

Droch isean/stic
Isean an donais; stic an donais

Dhìt an riaghaltas gu follais-
each e

Chuir sinn maille air an adhartas
aige

Duine aig an robh stadaich na
chòmhradh

A' tighinn fodham

Tha an gàbhadh ri làimh

Caise an t-srutha
Braise fola is feòla

Fhuair Iain bochd e fèin air
a chur ann an lìon

Bha sin ri thuigse

Tha Breatann a' faighinn/toirt
o chèin mòran chàrbadan

IMPORTANT
An important affair
An important matter

Nì deatamach/fiachail/mòr
Gnothach àraidh

IMPORTUNATE
An importunate person

Neach sìor-iarrtach

IMPORTUNE
Don't importune me further
He importuned me until he made
me do it

Na lean orm nas fhaide
Laigh e orm gus an tug e orm a
dhèanamh

IMPOSE
She imposed upon them

Chuir/leag i orra

IMPOVERISH
He was impoverished
That impoverished him

Thàinig e gu bochdainn
Chuir sin e gus a' bhochdainn

IMPRECATE
She imprecated a curse on him

Ghuidh i mallachd air

IMPRESS
That is how it impressed him

'S ann mar sin a dhrùidh e air

IMPRESSION
Give/create a false impression
He made no impression on it
I cannot make an impression
on it
It did not make the smallest
impression on him
Make a good impression
Making an impression on him
She made no impression on him
Under the impression

Thoir beachd ceàrr
Cha tug e feacadh às
Cha toir mi deargadh air

Cha d'rinn e an drùidheadh bu
lugha air
Thoir deagh bheachd
A' deargadh air
Cha do shaoil e sheut dhith
Fon bheachd

IMPROPERLY
You have acted very improperly

Is ceàrr a fhuaradh thu

IMPROVE
Improve that thing
Improving the land
John has been improving since
the doctor attended him
There is no appearance of the
fishing improving
To improve one's knowledge

Leasaich an nì sin
A' mathachadh an fhearainn
Tha Iain a' dol am feabhas bho
bha an lighiche aige
Chan eil tuar air an iasgach
tighinn nas fheàrr
Cuir ri fiosrachadh

IMPROVEMENT
I don't see any symptom of
improvement
It is open to improvement
To make proper improvement or
application of it

Chan fhaic mi fhèin feàirrdeachd
sam bith air
Tha e comasach air leasachadh
Buil cheart a dhèanamh dheth

IMPROVIDENTLY
He acted improvidently

Rinn e gnìomh gu mì-fhreasdalach

IMPUDENCE
Impudence or miscalling
Keep your impudence to yourself
What impudence the fellow had!

Droch-bheul
Cùm do dhroch bheul agad fèin
Nach ann air a bha a' bhathais!

IMPUTE
We imputed dishonesty to him

Chuir sinn mì-onair às a leth

IN
In for it(S)

Bithidh e roimhe; gheibh e e;
tha seo thuige

In with
Is she in?

A-steach air
A bheil i a-staigh?

INACTIVE
An inactive, weakly man

Duine gun spìd

INACTIVELY
Inactively; spiritlessly

Gu marbhanta/mì-chlis

INADEQUATE
He is quite inadequate

Tha e tur gun fheum

INATTENTIVELY
He listened inattentively

Bha e ag èisdeachd gu mì-
fhurachail/mì-fhaiceallach

INCAPACITATE
He was incapacitated

Bha e air a chur o fheum

INCH
Every inch
Inch by inch
Not to give way an inch

A h-uile òirleach
Uidh air n-uidh
Gun gèilleadh òirleach

INCITE
Inciting a quarrel
When the whisky would incite
him
You delight in inciting a
quarrel

A' tarraing buairidh
Nuair bhogadh an dram air

Is math leatsa a bhith a'
tarraing buairidh

INCIVILITY
Nothing of incivility

Dad de mhì-mhodh

INCLINATION
An inclination; a tumble; a
hand-barrow
Inclination to work
Without inclination to work

Bara làimhe

Sannt gnìomh
Gun dùrachd obrach

INCLINE
Be inclined to
I am inclined to rise; it is
my intention to rise
I feel inclined to give you a
stunning blow
Incline your ear
Inclining to go home

Dualach a bhith
Tha tighinn fodham èirigh

Tha mi a' brath air solas no dhà
a chur air an aonan dhut
Aomaibh ur cluas
A' togairt dol dhachaigh

INCLUDE
He included his wife and his
family
Include

Ghabh e a-steach a bhean is
a theaghlach
Cuir san àireamh

INCOME
He has a large income.
He has very little income

Tha teachd-a-steach mòr aige
Is e beagan de thighinn a-steach
a tha aige

184

Neil's family has very little
income

Is e beagan de thighinn a-steach
a tha aig teaghlach Nèill

INCOMMODE
He was badly incommoded

Chaidh dragh a chur air gu h-olc

INCREASE
Ever increasing
Increase
Increase and multiply
Increase of salary
They increased

Sìor dhol am meud
Teachd a-mach
Sìolaichibh is fàsaibh lìonmhor
Ardachadh tuarasdail
Shìolaich iad

INCREDIBLE
It is incredible

Tha e thar creideas

INCULCATE
Inculcating this thing on us

A' spàrradh an nì seo oirnn

INCUMBENT
Incumbent upon me to do that
Is it incumbent upon me to
do that?

Is dleas dhomh sin a dhèanamh
An dleas dhomh sin a dhèanamh?

INCUR
Do not incur the displeasure
of anyone

Na toill diùmb duine sam bith

INDEED
Indeed; forsooth it is so
Indeed, Indeed; Well, Well;
Ay, Ay!
Indeed I will not!
Indeed I will not go there;
no, not even for you
It is cold indeed
Yes indeed

A nàile tha!
Thalla! Thalla!

Cha tèid mo chas!
Cha tèid cnàimh dhìomsa ann;
is fhada a chithinn thu
Tha e fuar cheana
Tha gu dearbh

INDEMNIFY
Indemnify

Theirig an urras air; dìon o
chall

INDEPENDENCE
Independence (character)
Independence (politically)

Neo-eiseimeileachd
Fèin-riaghladh

INDEPENDENT
Little thanks to you, I am
quite independent of you

Seachd neo-ar-thaing dhut, chan
eil mi nad thaing

INDICATE
At the time indicated

Aig an àm chomharraichte

INDIFFERENT
Getting more indifferent about
it
He is but indifferent
He is only an indifferent man

His health is indifferent; he
is just off and on
I am indifferent about it
I am quite indifferent about
the matter

A' dol an suaraichead uime

Tha e san eadar-mheadhanaich
Chan eil ann ach duine neo-
shuimeil
Chan eil e ach mu làimh; is ann
thuige is uaithe a tha e
Tha mi coingeis/suarach uime
Tha mi caoin-shuarach/ceart coma
mun chùis

I am totally indifferent   Tha mi coma co-dhiù
Quite indifferent   Ceart coma
Somewhat indifferent or half-   Leth coma
  hearted
They are indifferent   Is coingeis leotha

INDIGNANT
Turning indignant   A' cur bus mòr air

INDIGNATION
Fiery indignation   Dian fhearg
She was boiling over with   Bha i a' bòcadh leis an tàmailt
  indignation when he jilted her   nuair chuir e cùl rithe

INDISPENSABLE
An indispensable thing   Nì uireasach
Indispensable or very necessary   Anabarrach feumail

INDOORS
I went indoors   Chaidh mi a-steach air an doras

INDUCE
What induced you to enlist in   Dè thug ort an t-saighdearachd
  the army?   a thoirt ort?

INDULGE
She indulges in drink   Tha i trom air òl
We indulged his dislikes   Leig sinn leis na mì-thaitneamh-
                             an aige

INDUSTRY
Iron and steel industry   Obair an iarainn 's na stàilinn

INEBRIATE
She is inebriated   Tha i air mhisg

INEFFECTUALLY
He was working ineffectually   Bha e ag obair gu mì-fhaiceallach

INFAMOUSLY
He behaved infamously   Ghiùlain e e fhèin gu mì-chliùi-
                             teach

INFATUATE
Mary infatuated John   Chuir Màiri fo gheasaibh Iain

INFECT
He was infected with smallpox   Ghabh e a' bhreac dheth
  by him

INFERENCE
That is the inference   Is e sin an co-dhùnadh a thug
                             mi às

INFERIOR
Every inferior and superior   Gach mith is math

INFLATE
He inflated his lungs   Chuir e gaoth anns an sgamhan aige

INFLICT
He inflicted punishment on the Leig e peanas air a' mheirleach
  thief

INFLUENCE
He influenced John greatly   Bha buaidh mhòr aige air Iain

INFLUENZA
The influenza has not come
our way

Cha tàinig an cnatan-mòr an taobh
a bha sinn

INFORM
I will inform against you
Inform him; give him a hint
Rather than inform against him
To inform; give notice

Nì mi sgeul ort
Thoir rabhadh dha
Seach innseadh air
Thoir fios do

INFORMATION
He is in pursuit of information
Has he any information?
Repeated information
To get information about some-
one

Tha e air sgeul
A bheil brath aige?
Fios air an fhios
A dh'fhaighinn eòlas air cuid-
eigin

INFRINGE
He infringed our privacy

Bhris e a-steach air ar n-uaig-
neachd

INFURIATE
He infuriated his opponent

Chuir e air bhoile an eascaraid
aige

INHABITANT
The inhabitants are in terror
The inhabitants of this house

Tha an luchd-àitich fo gheilt
Muinntir an taighe seo

INHALE
He inhaled deeply

Tharraing e an anail a-steach gu
domhainn

INHERIT
He inherited that trait from
his father
He would inherit manliness from
his father
It was not from his father he
inherited his pride

You inherited that from your
father

Thug e siud bho athair

Bheireadh e a bhith duineil bho
athair
Cha b' ann bho a athair fèin a
thug esan a bhith cho mòr-
chuiseach
Bu dual dhut sin bho d' athair

INHERITANCE
Have you an inheritance?

A bheil oighreachd agad?

INHIBIT
We inhibited his progress

Chuir sinn stad air 'adhartas;
chùm sinn air ais an t-adhartas
aige

INHOSPITABLE
How inhospitable you are!

Is tu tha mosach!

INIQUITY
A sink of iniquity

Sloc na h-aingidheachd

INITIATIVE
On his own initiative

Às a cheann fhèin; air a cheann
fhèin; air am bonnaibh/an
urrainn

INJURE
He injured his hand

Rinn e dochair air a làimh

187

IN-LAWS
In-laws; brother, father, mother, sister-in-law
In-laws; relatives of one's husband or wife

Bràthair cèile; athair c.; màthair c.; piuthair c.
Cliamhain

INOCULATE
The doctor inoculated John

Chuir an lighiche a' bhreac air Iain

INOFFENSIVE
An inoffensive man

Duine gun chron/lochd

INQUIRE
I inquired of her

Dh'fheòraich mi dhi

INS-AND-OUTS
The ins-and-outs; details

Na criomagan

INSANELY
He was behaving insanely

Bha e na leth-chiallach

INSCRIBE
He inscribed the visitors' book

Sgrìobh e air leabhar nan aoigh

INSIDE
Inside it; inside them
On the inside

Na bhroinn; nam broinn
Air an taobh a-staigh

INSINCERELY
He spoke insincerely

Thuirt e gu mì-dhùrachdach/leam-leat

INSINUATE
Who insinuates that?

Cò tha cur sin às do leth?

INSINUATION
Your insinuations are meant for me all the time

Is ann thugamsa a tha thu ag iarraidh fad an t-siubhail

INSIPID
An insipid drink
An insipid taste
Insipidly

Deoch ana-blasda
Blas leamh
Gu mì-bhlasda

INSIST
I shall not insist on it just now
To insist on his believing; (making it good upon him)

Cha chuir mi 'n ìre e 'n dràsda

A' mathachadh air

INSPIRE
He inspired the idea

Chuir e san inntinn am beachd-smuain

INSTALL
He installed it in his house

To install yourself

Chuir e an sàs e anns an taigh aige
Thu fhèin a chur an dreuchd

INSTALMENTS
By instalments
The first instalment
We paid it by instalments

Na mheidhisean
A' chiad mheidhis· ·
Phàigh sinn air mheidhisean e

INSTANCE
For instance — Mar eisimpleir

INSTANT
In an instant; of a sudden — A dh'aon bheum
This instant; this minute — Air a' mhionaid

INSTANTLY
Be here instantly — Bi an seo an clisgeadh; an gradaig
Instantly — As an t-seasamh

INSTIGATE
Instigate — Cuir air bonn
It is you that instigates him — Is tusa a dh'fhùdaraich e; is tusa a tha ga chur thuige

INSTITUTE
He instituted it; set it on foot — Chuir e air chois e

INSTRUCTION
Receiving instruction — A' faghail òrdugh

INSUBORDINATE
The insubordinate — Luchd na h-eas-ùmhlachd

INSULATE
He insulated the wire — Chuir e air leth an teud

INSULT
Insult — Dèan tàir air
To add insult to injury — A chur tàmailte ri dochann

INTACT
Give it to me intact — Thoir slàn dhomh e

INTEGRAL
An integral part of something — Cuid choilionta de rudeigin

INTELLIGENTLY
Conduct yourself intelligently — Giùlain thu fhèin gu tuigseach

INTEMPERATE
An intemperate man — Duine mì-chneasda
They lived intemperately — Mhair iad beò gu mì-mheasarra

INTEND
Do you intend to stay but one night? — A bheil sùil agaibh fuireach ach an aon oidhche?
I intend — Tha dùil agam; tha sannt orm
I intend to do that — Tha a' mhiann sin orm
I intend to take all this with me, rather than leave part behind us — Tha mise los sin uile a thoirt leam seach a bhith fàgail pàirt dheth nar dèidh
Intending/meaning to come — A' brath tighinn
To intend to — A bhith am beachd/an dùil
What do you intend to do? — Dè a tha thu cur romhad?; dè tha a' mhiann ort a dhèanamh

INTENT
To all intents and purposes — A dh'uile rùn
Without serious intent — Gun dad (aice) fon fhacal

INTENTION
A wicked intention — Droch rùn

189

Has he good intentions towards you?
A bheil e an dùrachd mhath dhut?

I did it with good intentions
Rinn mi le deagh-rùn e
It is my intention
Tha tighinn fodham; tha e nam rùn
They had evil intentions
Bha an t-olc fa-near dhaibh
With the intention of going
A los air falbh
You defeated my intention
Chuir thu às mo phunc mi; thug thu às mo cheann mi

INTENTIONALLY
I didn't do it intentionally
Cha b' ann am dheòin a rinn mi e

INTER
Inter; bury
Càiribh san ùir
Until I am interred
Gus an càirear mi fon fhòd

INTERCEPT
Intercept; check
Beir air; cuir bacadh air; gabh roimh

INTERCOURSE
He had intercourse with her
Chaidh e oirre

INTEREST
Capital and interest
Calpa is riadh
He lent money at interest
Chuir e a-mach airgead air riadh
If he had your interest at heart
Nam bitheadh e air do leas
Interest; concern
Ùidh (ann)
Interest; monetary
Riadh
Interest on money
Airgead-rèidh
It is not the interest of another he has in view
Chan e math duine eile tha air aire
It is your own interest I have in view
Is ann airson do mhatha fhèin a tha mi
Money invested for interest
Airgead air riadh
They interested us in it
Thog iad ar n-ùidh ann
We were interested in them
Ghabh sinn ùidh annta

INTERFERE
Interfere with
Gabh gnothach ri

INTERLARD
The cook interlarded the meat with fat
Mheasgaich an còcaire le sult an fheòil

INTERLOPE
She was always interloping
Bha i a' gabhail gnothaich ri nì nach buineadh dhi

INTERPOSE
He interposed between them
Chuir e gràbhadh orra

INTERPRET
Interpret my dream
Thoir breith air mo bhruadar

INTERPRETATION
Tell me the interpretation of my dream
Innis dhomh brìgh mo bhruadair
What is the interpretation of my dream?
Ciod is breith don bhruadair?

INTERRUPT
Don't interrupt me
Na cuir stad orm

| Interrupt their joy | Bac an aoibhneas |
| | |

INTERVAL
| At intervals | An dràsda 's a-rithist |

INTERVENE
| Intervening | Dol san eadraiginn |

INTERVIEW
| I should like to have an interview with you | Bu toigh leam bruidhinn fhaighinn ort |

INTIMIDATE
| He intimidated Mary | Chuir e fo eagal Màiri |

INTO
| Into the sea | A-mach air a' mhuir |

INTOLERABLE
| When I found it intolerable | Nuair a bu shearbh leam |

INTOXICATE
| He became intoxicated | Chaidh e air an daoraich/air mhisg |

INTRODUCE
| I introduced them to each other | Chuir mi eòlach air a chèile iad; rinn mi eòlach air a chèile iad |

INTRUDE
| He intruded himself into the affair | Bhrùth e fhèin a-steach |

INTUITION
| He had great intuition | Bha eòlas-seòlaidh mòr aige |

INURE
| Inure yourself to it | Cleachd thu fhèin ris |

INVADE
| The army invaded the country | Thug an t-arm ionnsaigh air an dùthaich |
| We invaded his privacy | Chas sinn ris an uaigneachd aige; bhuail sinn air 'uaigneachd |

INVENT
| Invented by James | Air a thùradh le Seumas |

INVENTION
| A necessity/straight is the mother of invention | Nì airc innleachd |
| Is it within the compass of your invention? | A bheil e ad innleachd? |

INVIGILATE
| He invigilated the house | Chùm e sùil air an taigh |

INVITATION
A late invitation	Cuireadh pìobaire
Come without an invitation	Ruig gun chuireadh
MacKillop's invitation; take it or leave it	Cuireadh MhicPhilip; gabh no fàg
Your invitation is not acceptable to me	Chan eil mi gabhail ri ur cuireadh

INVITE

Invite them	Thoir cuireadh/fios dhaibh
This day is not inviting	Chan eil an là seo togarrach
We invited them	Thug sinn cuireadh/fiathachadh dhaibh
You are inviting trouble	Tha thu a' tarraing trioblaid ort fèin

INVOLVE

We involved him	Tharraing sinn air

IRON

An iron bar	Badhta/gàd iarainn
Iron filings	Min iarainn
Iron ore; iron mine	Mèinn iarainn
Irons in the fire	Iarainn san teine
She let the iron horse start away	Leig i siubhal a chois don each iarainn

IRRITABLE

An irritable haughty spirit	Spiorad àrdanach

IRRITATE

Irritating or provoking him	A' cur feirg' air; ga chur thuige

ISLAND

Away to the islands	A-null do na h-eileanan
A certain island	Eilean àraidh

ISSUE

Confuse the issue	Dol troimhe chèile
Force an issue	Bi danarra
Join issue	Dol an caraibh
You took issue with me; disagreed with me	Cha deach thu leis (na thubhairt mi)

IT

Be it so; so be it	Leig leis
Is it so?	An eadh?
Isn't it? Yes, it is so	Nach e? Seadh
It can't be	Cha ghabh e
It isn't so	Chan eadh; ni h-eadh

ITCH

Itching ears	Cluasan tachasach

JACK
A jack of all trades   Iol-cheard
Before you can say Jack   Mus priob thu do shùil; mus
  Robinson   canadh tu *'beannaich mi'*

JAM
He got his finger jammed in   Dhùin an doras air a mheur
  the door

JAR
It will jar your feelings   Cha tig e ri chèile

JAUNDICE
He took a jaundiced view of   Chuir e an tinneas-buidhe air
  it
View with a jaundiced eye   Faic le sùil ghruamach

JEALOUS
He is jealous of her   Tha e ag eudach rithe
He is jealous of his good   Is mòr aige a dheagh-chliù
  name

JEER
She is jeering at him   Tha i a' magadh air

JERK
Jerking off the heads   Ri siabadh cheann

JEST
Between jest and earnest   Eadar fealla-dhà is dà-rìribh
Half jesting   Eadar fhìrinn is mhagaireachd
Jesting; playing the fool   Ri fealla-dhà

JET
As black as jet   Cho dubh ri finichd/ris an
    t-sùith

JEW
A real Jew   Daor Iùdhach

JEWEL
He took jewels with him   Thug e leis usgraichean
Jewel for the hand or   Usgar-làimhe; eudal-mheur
  wrist; a bracelet
Jewel for the neck; a neck   Usgar-bràghad; eudal-bràghad
  lace
Jewelled ring   Usgar-mheur; eudal-mheur
Like a jewel of gold   Mar fhail òir
With jewels   Le usgraichibh

JIFFY
In a jiffy; half a jiffy (S)   Ann an tiota

JILT
He jilted me; cheated me   Thug e car mu thom asam

JOB
Job's comforter   Droch fhear furtachd

JOG
Jog a person's memory   Briog cuimhne
Jogging along   A' dèanamh adhartais chuimsich
Jog-trot   Trotan

JOIN
We joined them together	Chuir sinn r' a chèile iad

JOINERY
A joinery	Taigh-saorsainneachd
Joiner's trade	Saorsainneachd
Joinery tools	Uidheam shaorsainneachd

JOINT
Out of joint	Às an alt

JOKE
Crack a joke	Ri dibhearsain
It's no joke!	Cha dibhearsain e!
It's no joke to deal with you	Chan eil thu nad shùgradh
Joking has often ended in earnest	Is tric a thàinig fealla-dhà gu da-rìribh/fealla-trì
Practical joke	Cleas magaidh

JOT
Jot down	Sgrìobh sìos
Jot or tittle	Aon bhìdeag bheag

JOURNEY
A good journey to you	Turas math leat
A journey abroad	Turas air choigrich
A journey by air	Turas adhair
A journey by ship	Turas cuain
A journey I took to the Lowlands	Siubhal a chaidh mi don Ghalltachd
At our journey's end	Aig ar ceann-uidhe
Have a good journey	Deagh thuras dhut
I have finished my journey	Chrìochnaich mi mo thuras
I shall know the object of your journey	Bithidh fios seud do shiubhail agamsa
They reached the end of their journey	Fhuair iad bhàrr an turais
Three day's journey	Astar thrì làithean

JOY
Joy be with you	Aoibhneas dhut
There never was an extravagant outburst of joy, without gloom after it	Cha robh meadhail mhòr riamh gun dubh-bhròn na dèidh
There will be no joy but where you are	Cha bhi leinn ach far am bi thu
Transport with joy	Cuir air mhire

JUDGE
Because I judged it right	Airson siud fhèin
Don't judge John at all by his appearance	Na gabh Iain idir air fhaicinn
If he judges aright	Mas fìor e fèin
If I judge aright	Mas math mo bharail-sa
Judge; decide; give the sense	Thoir breith
You will judge the people	Breith air a' phoball bheir thu

JUDGMENT
An error of judgment	Mearachd-cèill
A rash judgment	Breith luath lochdach
He lost his judgment of senses	Chaidh e às a riaghailt

Judgment was pronounced
against him
Losing his judgment or senses
Sit in judgment
The day of judgment

Chaidh binn a thoirt a-mach na
aghaidh
A' call a thuigse
Breith air; a' toirt binn
Là bhràth; là a' bhreitheanais

JUICE

Juice of beef
The apples lost their juice
The juice of the apples

Sùgh feòla
Chaill na h-ùbhlan am brìgh
Sùgh nan ubhal

JUMBLE

It was when I was eating the
moon that my supper was
rising (Illustrates jumbling
speech or a Spoonerism, which
is *ròlais* in Gaelic)

Nuair a bha mi ag ithe na gealaich,
's ann a bha mo shuipeir ag
èirigh

JUMP

A bound; a standing jump
A high-jump contest
A long-jump contest
A running jump or leap
I nearly jumped out of my skin

Cruinnleum
An leum àrd
An leum fada
Leum roid
Cha mhòr nach deach mi à
cochall mo chridhe

He jumped down my throat
Jump
Jump at

Thug e aghaidh a chraois orm
Thoir leum
Cha b' e ruith ach leum leis/
leatha

Jump down
The high-jump; be for the
high-jump; in serious
trouble (S)
Would jump at it; would gladly
seize the chance or
opportunity

Leum sìos
Dragh chudromach

Cha bu ruith ach leum

JURY

The jury gave judgment on him

Thug an luchd-deuchainn breith
air

JUST

He is just as good as she is
Just as
Just as beautiful
Just as it were
Just as swift
Just as well
Just in time
Just like me
Just so
Just so, just so! I understand
you now
Just that
To have just come
You have just said it

Tha e cheart cho math rithe
A cheart cho
A cheart cho bòidheach
Mar gum b' ann
A cheart cho luath
A cheart cho math
Dìreach an àm
Amhail mar mi fhèin
A cheart cho
Dìreach air a shùil; tha mi
agad a-nis
Dìreach sin
A bhith dìreach air tighinn
Fhuaras agad thu

JUSTICE

Ample justice; a best
opportunity
And he executed justice

Làn chothrom

Is rinn e an ceartas

Do justice to	Thoir ceartas do
Doing justice to me	A' cumail na còrach rium
Do oneself justice	Thoir ceartas dhomh fhèin
Going to seek justice	A' dol a dh'ionnsaigh a' chothroim
Justice and equity	Cothrom agus ceartas
The cause of justice	Cùis na còrach
We only want justice	Chan eil uainn ach an ceartas

JUSTIFICATION

He had no justification at all	Chan eil bonn air bith aige

JUSTIFY

It is you who would justify your word	Is tu chuireadh an ìre do chainnt

KEEL

The keel of the boat	Druim a' bhàta
The keel of the boat was not properly laid	Cha deachaidh druim a' bhàta a leagadh ceart

KEEN

As keen as the lions	Cho frioghail ris na leòghainn
He is very keen to have it	Tha e an càs air
He was very keen for it	Bha e mar a chridhe
Keen on	Dèidheil
So keen at her business	Cho deil aig a gnothach
Was very keen	Bu dheagh chaomh

KEENLY

How keenly observant his eye is	Nach beachdail an t-sùil a tha aige
Keenly; attentively; obstinately	Gu dùr
More keenly	Na bu dùire
So keenly; attentively; fixedly	Cho dùr

KEEP

He is now keeping company with another lass	Tha e a nis a' dèanamh suas ri tè eile
He kept his feet	Dh'fhan e na sheasamh
In keeping with	A' cur le; de rèir
Keep a stiff upper lip	Na leig càil ort
Keep abreast	Cùm air beulaibh
Keep aloof	Cùm os cionn
Keep an appointment	Cùm còmhdhail
Keep an eye on	Cùm sùil air
Keep at	Cùm air
Keep at arm's length	Cùm d' astar
Keep away from the precipice or you will be killed	Cùm air falbh bhon chreig, mus tèid thu às an rathad
Keep back; hold back	Cùm air d' ais
Keep by yourself; keep your distance	Fan agad fèin
Keep clear of the rapids of the tide	Cùm air falbh bho choileach an t-srutha
Keep company	Cùm cuideachd ri; caith ri
Keep cool	Fan fionnar
Keep dark	Cùm dorcha; ceil
Keep going	Cùm a' dol
Keep guard	Cùm faire
Keep him from repeating it; he is too ready to speak	Thoir air nach can e rithist e; tha am beul aige ro luath
Keep her going	Cùm oirre
Keep her going, as long as you have the slack tide	Cumaibh oirre fhad agus a tha am marbh-shruth ann
Keep her going so that she may weather the point	Cùm oirre ach an cuir i an rubha dhith
Keep house	Cùm taighe do
Keep in touch with	Cùm ceangal ri
Keep in with	Dèan sodal
Keep it to yourself	Cùm dìomhair
Keep it up	Cùm suas e
Keep off	Cùm air falbh
Keep on; go forward	Cùm air d' aghaidh; cùm ort
Keep on; persist	Lean air/ri
Keep one's counsel	Cùm agad fhèin e

Keep one's distance; keep away from	Cùm d' astar
Keep one's distance; maintain a correct attitude	Bi foirmeil
Keep one's end up	Seas ri d' chòirichean
Keep one's hair on (S)	Fan socair
Keep one's hand in	Cùm ag obair
Keep out	Fan a-mach
Keep out of the way	Fan às an rathad
Keep pace with; keep up with changes	Cùm suas ri mùthadh
Keep up with; move at the same speed	Cùm suas ri
Keep secret	Cùm dìomhair
Keep the holiday	Cùm là na fèille
Keep the peace	Cùm an t-sìth
Keep to yourself	Cùm agad fèin
Keep track of	Cùm lorg air
Keep up	Cùm suas; cùm an àird
Keep up to them; supply them; do not yield to them	Cùm riu
Keep up with	Cùm suas ri
Keep us!	Glèidh sinne!
Keep watch over	Thoir an aire air
Keep your head	Cùm do cheann
Keeping one's countenance	A' tionndadh o ghàire
Keeping up well	A' cumail ris gu math
Keeping something for oneself	Imlich na corraig
To be kept	Ri a chumail
To earn your keep	A chosnadh do chuid ithe
To keep within the law	A dh'fhantainn air sgàth an lagha
To keep your head above water	Do cheann a chumail os cionn an uisge
What in all the world is keeping you so long?	Ciod e air an t-saoghal mhòr a tha gad chumail cho fada?
Will it keep (as with flesh, meat)?	An glèidh e?
You had better keep the horse to the middle of the road	Is fheàrr dhut a t-each a chumail air druim an rathaid

KETTLE
Is the kettle boiling?	A bheil an coire goil?
The kettle is boiling; on the boil	Tha an coire air goil

KEYSTONE
Put keystones in the wall	Cuir boinn anns a' bhalla

KICK
Kick over the traces	Imich bho smachd; bi mì-riaghail-teach
Kick the bucket (S)	Bàsaich; caochail
Kick up a fuss/row/rumpus/ shindy (S)	Dèan ùpraid

KID
We kidded him	Thug sinn a chreidsinn air

KILL
A kill or cure remedy	Leigheas a bheir bàs no beatha

Do for him; kill him
Dressed, or go up, to kill
Finish it; kill him
He almost killed me
He killed her outright
Kill him
Kill two birds with one stone

They killed him
They were all killed
Would you kill me?
You had almost killed me

Foghainn da
Sgeadaichte tuilleadh 's a' chòir
Cuir crìoch air
Is beag nach do mharbh e mi
Chuir e às dhi
Cuir gu bàs e; cuir às dha
'N a bhiadh 's na cheòl (the fox
   eating the bagpipes)
Mharbh iad e
Mharbhadh iad air fad
Am b' àill leat mo mharbhadh?
Theab thu mo mharbhadh

KILT
A kilt-girdle
The kilted plaid
The modern *small kilt*
The primitive one-piece kilt,
   covering the whole body and
   girt round the waist

Crios-fèile
Fèileadh-bhreacain
Fèileadh-beag; fèile-beag
Fèileadh-mòr

KIN
Next of kin

As fhaisge an dàimh

KIND
He said nothing of the kind
He was kind to us
Of all kinds; of every kind
Very kind to boys

Cha tubhairt e a leithid
Bha e math dhuinn
Dè gach seòrsa
Glè chòibhneil ri balaich

KINDLE
Kindle a fire
Kindle the fire

The kindling of the fire
Why did you not kindle the
   fire?
You are the one to kindle a
   good fire

Cuir teine air
Cuir thuige an teine; tog an
   teine
Fadadh a' ghealbhain
Carson nach do chuir thu thuige
   an teine
Is ann dhut fèin a thigeadh
   teine math a chur thuige

KINDNESS
Kill with kindness
Taking advantage of your
   kindness

Marbh le coibhneas
A' leantainn air do thruim

KINDRED
His followers, kindred,
   minions, vassals
Our kindred
Your kindred gathered together

A luchd-leanmhainn

An luchd-dàimh againn
Thrus do chinneadh ri chèile

KIRK
Make a kirk or a mill of it
Summon before a Kirk Session

Dèan do roghainn ris
Cuir air an t-seisean

KISS
To kiss and be friends

A bhith mòr aig a' chèile
a-rithist

KITH
My kith and kin

Na daoine de am beil mise;
càirdean

KNACK
He has a knack with it — Tha liut aige air

KNAVE
You are but an arrant knave — Chan eil annad ach an dearg shlaoightire

KNIFE
A knife and fork — Sgian agus greimire
A surgeon's knife; a scalpel — Sgian-fola
A table knife — Sgian-bhùird
The blade of the knife — Lann na sgine
The knife got blunt — Mhaolaich an sgian
The knife has lost the handle — Dh'fhalbh a' chas às an sgithinn
Whet the knife — Faobhraich an sgian

KNIGHT
A knight-errant — Ridire nan spleagh
A Knight of the Thistle — Ridir a' Chluarain

KNIT
A knitting-needle — Dealg-stocainn; bior fighe
Knit one's brows — Fo ghruaim

KNOB
Turn the knob — Tionndaidh a' chnag

KNOCK
After knocking at the door, he rang the bell — An dèidh dha bualadh aig an doras bhuail e an clag
Knock about; injure physically — Leòn; lot
Knock-about (Adjective); boisterous, rowdy — Borb; fiadhaich
Knock down — Leag sìos
Knock-down prices — An asgaidh; an luach/prìs as ìsle
Knock down to — Ìslich gu
Knock into a cocked hat; defeat easily — Faigh buaidh air gu furasda
Knock off (S); cease work — Sguir (dhe)
Knock off (S); steal — Goid
Knock on the head; finish — Cuir crìoch air
Knock on the head; kill — Marbh
Knock-out (Adjective); astonishing — Glè iongantach/neònach
Knock-out (Noun); blow ending a fight — Clos-bhuille; sglog throm
Knock out (verb); render incapable of fighting — Cuir à bith; thoir bhuaith a mhothachadh
Knock over; completely overwhelm — Cuir bun-os-cionn
Knock over; overturn; upset — Cuir fodha/thairis air
Knock together — Sad ri chèile
Knock up; awaken — Dùisg
Knocking at the door — A' bualadh/a' gnogadh an dorais
Knocking their heads together; nodding — A' gnogadh an cinn
Take a knock; receive a slight injury — Faigh corra ghnog

KNOLL
I am sitting on the knoll — Tha mi am shuidhe air an tulaich

KNOT

A half-hitch knot	Lùbag cas laoigh
A reef-knot	Snàim a' bhanna; snàim an t-seòladair
A running knot	Snàim ruith
A sheep-shank knot	Snàim casa caorach
Knot the rope securely	Cuir snàim cruaidh teann air an taod

KNOW

As far as I know	A-rèir fios dhomh; cho fad 's as aithne dhomh
Do you know what he has in view?	A bheil fios agad ciod e a tha aige san amharc?
Does he know the alphabet?	A bheil na litrichean aige?
Everyone knows you are nothing	Tha fios aig an t-saoghal nach eil annad ach an t-amadan
Get to know	Cuir eòlas air
He did not know whether he stood on his feet or on his head	Cha robh fhios aige dè an talamh air an robh e
He knew how to do that	B' aithne dha sin a dhèanamh
He knows a thing or two (S)	'S aithne dha rud no dhà
He knows everything	Tha fios aige air a h-uile rud
I don't know him	Chan aithne dhomh e
I know full well that you would get more than enough of it	Is math a dh' aithnich mise gum faighneadh tu do dhìol deth; bha làn-fhios agam
I know	Is eòl dhomh
I know him	Is aithne dhomh e
I know him but I cannot place him	Tha mi a' dèanamh aithne gun chuimhne air
I know him well	Aithnichidh mi gu math e
I know that quite well	Tha làn fhios agam air sin
I know that subject	Tha fios agam air a' chuspair sin
I know very well that he was telling me an untruth	Is math a tha fios agam gur e a' bhreug a bha aige
I really don't know	Is beag m' fhios; chan eil fhios agam
Know the ropes	Bi eòlach
Know what's what	Eòlas air dè tha ann
Little do you know what destiny has in store for you	Is beag fios a tha agad-sa ciod e a tha a-muigh ort fhèin
No one knows what a day or night may bring	Chan eil fhios ciod è a bheir là no oidhche mun cuairt
To get to know	Aithne a chur air; eòlas a chur air
To know how	Fios a bhith aig .... ciamar
To know the time	Fios a bhith aig .... air an uair
Well do we know	Is maith is aithne dhuinn
Well known	Ainmeil
You only know one side of him	Cha robh riut ach a leth-taobh
You never know, do you?	Cha bhi fios agad, am bi?

KNOWLEDGE

I did not get knowledge of him	Cha d'fhuair mi ròs air
I have no knowledge	Chan eil ròs agam
I have no knowledge of him	Chan eil aithne agam air
I have no knowledge of it	Chan eil sgoil agam air

That matter is common knowledge   Thàinig an nì a bh' ann os-àird
The excellence of knowledge   Oirdheirceas an eòlais
To the best of my knowledge   Mar is fhiù is mar is fhiosrach
 and belief   mi
Without my knowledge   Gun fhios dhomh

KNOWLEDGEABLE
Knowledgeable about   Eòlach air

KNUCKLE
Knuckle down or under   Gèill; strìochd
Rap on the knuckles   Thoir achmhasan do

LABOUR

Depending on his labour

An urrachd làitheil; an earbsa ri a chosnadh

Labour a point	Air aon phort/raon an còmhnaidh
Labour of childbirth	Saothair chloinne
Labour of love	Saothair gun tuarasdal
Labour the ground	Saothraich am fearann
Labour/toil ye	Dèanaibh saothair
Labour under an affliction	Bi fo chùram; bi easbhuidheach
Labour under a delusion	Bi fo mhearachd
Labouring the matter	Dol a-mach air an aon phort an còmhnaidh

The labourer is worthy of his hire

Tha an seirbhiseach àiridh air a dhuais

LACK

He does not lack sense	Chan eil dìth tuaiream air
He lacks perseverance	Chan eil cur-leis ann
He lacks understanding	Tha e dhìth cèille
There was no lack of hospitality shown by that family	Cha bu ghann nach robh suidhe-suas aig an teaghlach ud
Without lack of compassion	Gun dìth truacantachd
You have been lacking in understanding, ever since we saw you	Is e dìth na cèille a bha ortsa bho chunnaic sinne thu

LACONIC

Laconic and pithy language

Cainnt gheàrr tharbhach

LAG

He lagged behind the others	Thuit e air deireadh air càch
He lagged behind the times	Dh'fhuirich e air deireadh air chùl an t-seanchais

LAMB

He is as meek as a lamb	Tha e cho solt ris an uan
Like a lamb; without resistance	Gun strì
Like a lamb to the slaughter	Gun fhios dè tha an dàn dha

LAME

A lame man	Duine bacach
John is slightly lame	Tha beagan de cheum ann an Iain
Lame on one leg	Bacach air aon chois
Slightly lame	Beagan de cheum
The horse is lame	Tha an t-each crùbach/cuagach

LAMENT

Lamenting; sorrowing	Fo bhròn
The lamentation of the women	Eibh nam ban
What is the cause of your lament?	Ciod fàth do thuiridh?

LANCE

Lance for blood	Leig fuil
Lance the tumour	Leig an lionnachadh

LAND

Arable land	Talamh treabhaidh
Black land	Talamh dubh
Dry land	Talamh tioram; ùir thioram
Fertile land	Talamh torach
Grassy land; lay land	Glas-thalamh

In the land of the living
Land and sea
Land cultivated without manure
Moist or wet land
On dry land; on land; ashore
Ploughed land
That land has been fallow for
  eight years
Transplanted soil
Uncultivated land; waste land

An tìr nam beò
Fonn is cuan
Talamh air a chur bàn
Talamh fliuch
Air tìr
Fearann treabhte
Bha an talamh ud bàn a chionn
  ochd bliadhna
Talamh tilgte
Talamh bàn; fearann fàs

LANGUAGE
He uses bad language
Language without affectation
What uncouth language you use!

Tha droch chainnt aige
Cainnt gun sgòd
Nach garbh a' chainnt a tha agad!

LANGUISH
That man is languishing

Tha an duine sin a' seargadh às

LAP
Lap of luxury

Mòr shòghalachd

LARGE
A large number
A large number of people
He is at large
In a large measure
Is it as large as all that?

Àireamh mhòr
Uabhas dhaoine
Ghabh e an saoghal fo a cheann
Anns a' mhòr-chuid
A bheil e cho mòr ri sin?

LAST
As a last resort
At last

At long last

At one's last gasp
He will last the longest
He won't last until the morning
Last
Last but not least

Last farewell
Lastly; last
On one's last legs
The last straw
The last time
The last word; cannot be
  bettered
The last word; final contri-
  bution to an argument
While the pursuit lasts

Aig a' cheann thall
Air deireadh; mu dheireadh
  (thall); fa dheòidh
Air a' cheann thall; mu dheireadh
  thall
Sa' char mu dheireadh
'S e as fhaid' a mhaireas
Cha mhair e troimh an oidhche
Air deireadh
Mu dheireadh ach chan ann air
  deireadh
An cead deireannach
Mu dheireadh
Gu toirt fairis/thairis
Fìor mhullach na deuchainn
An uair mu dheireadh
Bàrr urram

Crìoch cùise

Fhad 's a mhaireas an ruaig

LATCH
Latch the door

Cuir an clàimhean/an t-sneic
  air an doras

LATE
Better late than never
He is late
It is getting late
Late (at night)

Is fheàrr gu mall na gu bràth
Tha e   anmoch
Tha e fàs anmoch
Anmoch

Late (for an appointment)   Fadalach
The late   Nach maireann

LATER
A little later   Beagan an dèidh
Sooner or later   Luath no mall

LATTER
In the latter days   Sna làithean deireannach
The latter   Am fear/an tè mu dheireadh

LAUGH
A guffaw   Glad/rìochd/sgal gàire
A loud chuckling laugh   Gloc-gàire
A scornful laugh   Gàire fanaid
A soft, restrained laugh   Fiamh/snodha gàire
He burst into a hearty laugh   Rinn e lachan gàire
He laughed at me   Ghàir e orm
He laughed derisively at me   Rinn esan lachan mòr gàire rium
He made me laugh   Thug e gàire orm
He will only laugh in your   Is ann a nì e gàire riut ann an
  face   clàr an aodainn
I was weeping and laughing   Bha mi greis a' gul 's greis a'
  by turns   gàireachdaich
Laugh away; laugh off   Dèan rud faoin dheth
Laugh on the other side of   Chan e adhbhar gàire a tha
  one's face   ann; bi mì-shona
Laughing-stock   Adhbhar gàire; ball-àbhachdais;
                                           cùis-bhùirt/-fhanaid/fhochaid/
                                           -mhagaidh; culaidh-bhùirt/
                                           -bhùrta/ -fhanaid/-mhagaidh
Laughing up one's sleeve   A' dèanamh fanaid air a chùl
Making me laugh   A' toirt gàire orm
Split one's sides (laughing)   Dèan lachan gàire
There is nothing to laugh   Chan eil adhbhar gàire ann
  about
To laugh   Dèan gàire
What are you laughing at?   Ciod a' ghàireachdaich a th' ort?

LAUGHTER
A burst of laughter   Sgal gàire
A merry peal of laughter   Lasgan gàire
Convulsed with laughter   Na lùban a' gàireachdainn

LAUNCH
Launch out   Buail a-mach
Launch the boat   Cuir a-mach am bàta
They launched the boat, but   Chuir iad an t-eathar air bhog,
  within an hour, she was   ach an uair am uaireadair bha
  swamped   i làn
When did you launch the boat?   Cuin a chuir thu a-mach am bàta?

LAURELS
Look to your laurels   Thoir an aire air do chliù
Resting on one's laurels   A' fòghnadh le deagh ainm a
                                           choisneadh roimhe

LAW
A law of the church   Riaghailt eaglais
A law unto himself   Lagh dha fhèin
Arm of the law   Ùghdarras an lagha
Arrest at law   Cuir sàradh

Have the law on (S)	Cuir gu lagh
He has a law-plea in Inveraray	Tha tagartas aige an Inbhir Aora
I have neither law nor sentence for him; I don't want to have anything to do with him; I despise him	Chan eil lagh no binn agam dha
Law-abiding	Laghail
Law-terms	Teirmean na cùirte
Laying down the law	A' cur an lagha an cèill
Obedient to the law	Umhail don lagh
Taking the law into one's own hands	A' gabhail gnothaich na làmhan fhèin
That is a good law	Is math an riaghailt sin
The canon law	Lagh na h-eaglais
The eye(s) of the law	Sùil gheur an lagha
The judicial law	Lagh a' chòir-cheartais
The law of the land	Lagh na dùthcha
The law is unjust that upholds the thief	Is ceàrr an làgh a nì am mèirleach a sheasamh
The lawyer asked me a searching question	Chuir am fear-lagha ceist theann orm
The moral law	Lagh nam modhan/nam modhannan

LAWFUL

A lawful thing	Nì laghail
That is more than is due or lawful	Cha teic dhut

LAY

Carefully laid aside; stored away	Air an spàrr
Do not lay such things to my charge	Na samhlaich an leithid sin riumsa
He laid the foundation stone	Leag e a' chlach stèidh
If he lay down	Nan laigheadh e
Laid in such a way	Air a càireadh an leithid a dhòigh
Laid up in bed through illness	Air an leabaidh
Laid up; (nautical); boat being repaired	Air tìr
Lay a bet	Cuir geall
Lay-about (noun)	Leisgeadair
Lay/put aside; for future use	Cuir ri taobh
Lay at one's door; to one's charge	Cuir casaid air
Lay by; save	Cuir mu seach
Lay hold of the lamb	Beir air an uan
Lay in; lay up	Dèan stòr
Lay it aside until you are in need of it	Cuir a thaobh e gus am bi feum agad air
Lay not their sins at our charge	Na càirich am peacadh oirnne
Lay on thick (S)	Cuir am meud
Lay out; present to view	Taisbean
Lay out; render unconscious	Sìn
Lay out; spend	Cosg
Lay stress/emphasis/weight on	Cuir cudthrom air
Lay the evil eye on	Cuir a' bhuisneachd air
Lay yourself open to	Fàg thu fhèin gun dìon

206

Laying hold of each other
Laying one's hand on; finding;
   obtaining possession of
They laid a trap
They laid him in the grave
They laid that to his charge

A' breith air a chèile
A' faighinn seilbh

Leag iad ceap
Chàirich iad san uaigh e
Chuir iad sin às a leth

LAYER
A layer about
Put a layer, or course, about
   in the dunghill

Dìth mu seach
Cuir ùrlar mu seach san dùnan

LEAD
Directing or leading me
Lead a dance (S)
Lead off
Lead on
Lead the way
Lead up the garden path (S)
Lead up to
Swinging the lead (S)

Take the lead, or leading part
The piper was in the lead
To lead to
Why are you not leading the
   horse?

Gam sheòladh
Meall
Tòisich
Thoir an car às
Treòraich
Thoir car à/às
Thig suas gu
A' cleachdadh leisge gu fala-
   chaidh
Gabh ceann air
Bha am pìobaire air an ceann
A thighinn gu
Carson nach eil thu ann an
   ceann an eich?

LEADER
He was a powerful leader

Bha e na cheann-feadhna cumh-
   achdach

LEAF
A leaf of a door
Bare without leaves
Like a leaf in the blast
Taking a leaf out of a person's
   book
The leaf of a book
Turning over a new leaf

Duilleag còmhla
Maol gun duilleach
Mar dhuilleig ri doineann
A' gabhail samhla

Duilleag leabhair
A' tòiseachadh às ùr

LEAGUE
In league with; supporting

An co-bhoinn ri

LEAN
A lean person
Heroes leaning on their spears
How beautifully the boat leans!
   (to the breeze)
How very lean you have become

Lean on me
Leaning on the wall
She is getting leaner and
   leaner

Duine tana
Laoich ri sleaghan an taic
Nach brèagha laigheas am bàta!

Is buileach a chaith tu gu
   h-ana-cùl
Leig do chudthrom orm
An taic a' bhalla
Tha i a' dol an caoilead

LEAP
A leap in the dark
A running leap
An agile standing leap
By leaps and bounds
Cut a leap; make a bound; skip

Leum san dorchadas
Leum roid
Leum nan ceithir eang
Cha b' e ruith ach leum leis
Geàrr sùrdag

He leapt to his feet	Thug e leum air a bhonnan
I leaped over the wall	Thug mi leum asam thairis air a' bhalla
Make a leap	Geàrr leum
She gave a sudden leap	Thug i aon dud leum aisde
The salmon leaping	Na bric a' gearradh shùrdag

LEARN

Learn a trade so that you can turn to it in case of emergency or necessity	Biodh ceàird agad air do làimh ma thig cruaidh ort uair sam bith
He is learning to be a mason	Tha e ris a' chlachaireachd
I can speak a little English learned by ear	Tha beagan de Bheurla cluaise agam
Where did you learn it?	Càite an d'ionnsaich thu i?

LEASE

| Leasing of land; a tack | Gabhail-fearainn; gabhaltas |
| That her lease is run | Gum bheil an t-aonta a bha aice air ruith |

LEAST

At least	Air a' char as lugha
At the least	Air a' chuid as lugha
He has not grown the least bit	Cha tàinig dub air
Indeed I shall not be in the least hurry	Gu dearbh fhèin, cha bhi an dà chabhaig orm
Least said, soonest mended	Mar as lugha theirear 's ann as fheàrr
The least	An rud as lugha
The least particle of what is mine	A bheag a dh'aon nì as leamsa
To say the least (of it)	Aig a' char as lugha

LEAVE

Ask liberty to leave	Iarr cead
By your leave	Le do chead; le bhur cead
He left me £3000, over and above what he left to the children	Dh'fhàg e agam fèin trì mìle nota, gun ghuth air na dh'fhàg e aig a' chloinn
I shall leave you now with my blessings and not before time	Fàgaidh mi sibh a-nis leis na beannachdan, agus chan ann roimh an àm
I will take my leave of you	Gabhaidh mi mo chead dhiot
Leave a person to it	Leig leis
Leave alone	Seachainn
Leave at the post	Fàg na sheasamh
Leave behind; deliberately discard	Cuir air chùl
Leave behind, forget	Dìochuimhnich
Leave him alone, he is too stubborn	Leig dha, tha e ro fhada na cheann
Leave him alone, it is impossible that he should succeed	Leig dha, chan urrainn gun tèid leis
Leave him alone; let him go free	Leig cead a choise leis
Leave him alone; you can make nothing of him!	Leig dha; chan eil math dhut a bhith ris!
Leave in/out in the cold	Fàg air cùl na còmhlaidh e
Leave in the lurch	Fàg an càs na h-èiginn

208

Leave it at that	Fàg mar sin e
Leave me alone	Fàg mi nam aonar
Leave me alone; don't interfere	Leig leam
Leave off; stop what one is doing	Fàg; sguir; stad
Leave off; take off a garment	Cuir dhìot
Leave one cold	Cuir crìth nam fheòil
Leave out	Fàg a-mach
Leave over	Leig seachad e
Leave this place; be off	Gluais às a seo
Leave the cow	Fàg am mart
Leave them alone	Leig leotha
Leave to oneself	Fàg air a cheann fhèin
Leave word	Fàg fios
Leaving behind in her wake	A' dèanamh falach-cuain
Leaving or carrying off	A' togail air falbh
She did not leave a corner without rummaging	Cha d'fhàg i cùil no cial gun chur thairis
She did not leave a single house in the village without visiting it	Cha robh taigh tioram air clàr a' bhaile nach deachaidh i air
Take French leave	Rach gun chead
Take one's leave	Fàg beannachd
Taken leave of his senses	Às a chiall
To beg leave to do something	A dh'iarraidh cead a dhèanamh rudeigin
With the company's leave	Le cead na cuideachd
You took leave	Chaidh thu air fòrladh; ghabh thu cead

LEEWARD

Keep to the leeward of us	Cùm leis oirnn
On the larbord side	Air an taobh leis
The land to the leeward	Am fearann leis

LEEWAY

Make up leeway; make up lost time	Dèan suas
Make up leeway; escape from a difficult position	Faigh a-mach à staing
Make up leeway; have rocm for manoeuvre	Fàg fosgailte

LEFT

A left-handed man	Duine ciotach; 's e chearrag a th'aige
Left desolate	Air fhàgail lom fàs
Left-handed compliment	Moladh gun dùrachd
On the left	Air an làimh chlì
The left hand; the unlucky hand	An làmh thaisgeal
The left side	An taobh clì

LEG

A wooden leg or shaft	Cas mhaide
Give a leg up	Cuidich
He hasn't a leg to stand on	Chan eil bonn aige air an seas e
He put one leg over the other	Chuir e aon chas tarsainn air an tè eile
Not a leg to stand on	Gun seasamh chas

Pull one's leg	Tarraing às
Small of the leg	Caol a' chalpa
The leg of trousers	Osan briogais

LEGAL

| I am taking legal proceedings against you | Tha mi a' glacadh fianais ort |

LEISURE

Are you at leisure?	A bheil thu air do shocair/nad thàmh?
At leisure	Gu rèidh
At leisure, my dear sir!	Gabh socair!
Have you leisure?	A bheil furas ort?
I will lead the way at leisure	Gabhaidh mi an t-slighe gu socrach
The first leisure I get	A' chiad fhuras a bhitheas orm
When I have leisure	Nuair a bhitheas ùine agam
Without any leisure	Gun abhsadh

LEND

Do not lend the loan	Na toir iasad air an iasad
He lent money at interest	Chuir e a-mach airgead air riadh
Lend us a hand	Cuir do làmh leinn
To lend spice to a tale	Gu blas a chur air seanachas

LENGTH

At great length	Gu fada
At length	Mu dheireadh thall
At length; in the end	Air a' cheann mu dheireadh
Go to any lengths	Feuch rud sam bith
In length	Am fad
In length and breadth	Air fad 's air leud
Length of days	Sìneadh làithean
The length and breadth of the house	Fad is leud an taighe

LESS

It is not the less for that	Cha lughaide e sin
More or less	Gu beagnaidh
No less than a fool would do that	Cha lugha na amadan a dhèanadh sin

LESSON

| Teach one a lesson | Ionnsaich leis |

LEST

Lest he fall	Air eagal gun tuit e
He let the house	Thug e air gabhail an taigh
Let alone; in addition to	A bharrachd air
Let alone; don't intefere	Cùm às
Let be	Leig leis
Let down	Leig sìos
Let fall	Leig leis tuiteam
Let fly; abandon control	Leig às
Let fly; propel swiftly	Spàrr
Let go	Leig às; fuasgail
Let go the towing rope	Leig às am ball langais
Let him go; he is but a worthless scamp	Leig cead a choise leis; chan eil ann deth ach droch isean
Let him, her, them happen	Tàrladh e, i, iad

Let/it go	Leig às e
Let him; nobody cares	Tha a' chead aige
Let loose	Leig mu sgaoil
Let me have the knife	Leig dhomh fhèin an sgian
Let off; allow to go free, unpunished	Leig mu sgaoil
Let off; explode	Spraigh
Let on; pretend	Leig air
Let oneself go	Leig an t-sreang far a' phoca
Let out	Leig a-mach
Let pass	Leig seachad
Let sleeping dogs lie	Fàg cùisean mar a tha iad
Let slip	Leig às
Let someone in; admit	Leig a-steach
Let someone in; make responsible for	Cuir an urra ri
Let the cat out of the bag; reveal a secret accidentally	Leig am follais gun fhios dha
Let up (Verb)	Dèan air do shocair
Let-up (Noun)	Faothachadh
Let us search for him; indeed I will not	Tiugainn air a thòir; cha tèid mo chas
The judge appeared likely to let me go	Bha a thuar air a' bhreitheamh mo leigeil mu sgaoil
We will let that pass	Leigidh sinn sin seachad

LETTER

A packet of letters	Pacaid litrichean
An answer to a letter	Fios freagairt
The letter of the law	Litir an lagha
To obey to the letter	Rud a chomh-lionadh gu h-uile is gu h-iomlan
To the letter	Gu buileach

LEVEL

A level or even road	Rathad còmhnard
Do your level best	Dèan do dhìcheall
He levelled accusations against the servant	Rinn e casaidean air an t-seirbheiseach
Keep a level head	Bi stòlda
Level this place	Socraich an t-àite seo; dèan còmhnard an t-àite seo
On the level	Air a' chòmhnard
That place is levelled	Tha an t-àite sin socraichte

LIAR

A liar requires testimony	Is feàirrde breugaire fianais
A poor man is better than a liar	Is feàrr duine bochd na breugaire
What a liar you are! you don't mean it	Nach breugach thu!

LIBERAL

A liberal or charitable man	Duine tabhairteach; duine tobhartach
He is a liberal-host	Tha e na dheagh fhear-taighe
Liberal education	Foghlam leathann
Liberal politics	Poileataics Liberaileach
The liberal soul	Cridhe na fèile

LIBERATE
We liberated the prisoners

Chuir sinn ma sgaoil na prìosanaich

LIBERTY
At liberty
At liberty; free; disengaged
Full liberty
Give him his liberty
Have you got liberty?
He set the man at liberty
Take liberties
Take the liberty

Ma sgaoil; saor
Ma/mu rèir
Cead cothrom; cead a choise
Thoir comas dha
An d'fhuair thu cead?
Leig e an duine ma sgaoil
Gabh brath air
Obraich gun chead

LICENCE
A television licence
A vehicle licence

Cead-coimhead teilibhisean
Cead-rathaid chàraichean

LICK
Lick into shape

Rèitich

LID
Take the lid off
The lid of the box

Thoir an ceann às
Ceann a' bhucais

LIE
Give the lie to
He lay down all night

Rach às àicheadh
Chuir e ceann fodha fad na h-oidhche

His lies
I lay near him
I shall go to lie down
Lie 1) tell a lie; 2) lie down
Lie at one's door
Lie down
Lie up
Lie to; heave to
Lying-in; childbirth
Lying in wait
Lying lips
Refuse to take it lying down
She lay down
Time lies heavy on my hands
White lie
When you tell a lie you amplify it; you go the whole hog

You lie

A ràiteachais
Laigh mi teann air
Thèid mi laighe
Dèan/innis breug; 2) laigh
A' choire air a fàgail air
Dèan laighe
Gabh tàmh
Laigh thuige
Laighe-siùbhla
Ri feall-fheitheamh
Bilean nam breug
Diùlt gabhail ris
Leig i na sìneadh
Is fhada leam an là
Breug neo-lochdadh
Nuair a nì thusa breug bheir thu riag leatha *(Riag leatha=a long stride;* exaggerating)

Tha a' bhreug agad

LIFE
All the days of his life
As large as life; unmistakable
Breath of life
Coming to life
Don't for your life tell that about John
During your grandfather's life
During your lifetime
Escape for your life
Everlasting life
For the life of me

Fad làithean a bheatha
Follaiseach
Anail na beatha
Tighinn beò
Na innis air Iain siud air do bheatha
Ri linn do sheanar
Fad do shaoghail; ri do bheò
Teich airson t'anam
A' bheatha mhaireannach
Air m' anam

Granting me my life
Have the time of one's life

In all my life I have not met
  your equal
Life and soul
Long life and prosperity
Long life to the king!
Long life to you!
New lease of life
Our life is like a dream
Prime of life

She has a life-rent of it;
  a livelihood
Shortness of life; fewness of
  days
To the life
You shall never see him in
  your lifetime

A' leigeadh mo bheatha leam
Cùisean a' fìor chòrdadh rium;
  ho ro gheallaidh
Ann an cuairt mo bheatha cha
  tàinig do leithid nam lùib
Am fear/an tè as beòthaile
Saoghal fada is soirbheas
Guma fada beò an rìgh!
Saoghal fada dhut!
Ath-nuadhachadh
Is amhail ar beatha is aisling
An treuna nearta; an àrd-bhlàth
  a h-aimsir
Tha a beòshlainte aice dheth

Giorrad làithean; giorrad shaogh-
  ail
Fìor shamhla
Chan fhaic thu ri do bheò e

LIFT
Lift a finger
Lift your hand against
That lifted it bodily
They were lifted away, neck
  and crop
When he did not lift anything

Tog corrag
Tog do làmh
A thog beò slàn e
Bha iad air an togail air falbh
  eadar cheann is chasan
Nuair nach do thog e dad

LIGHT
Become public; come to light
Come to light
Did you light upon it?
In a good light
In the light of
It will come to light

Tog ceann
Thig gu bàrr
An do thachair thu air?
An deagh choltas air
An lorg
Thig e gu bàrr/am follais;
  togaidh e ceann

Light-fingered
Light the candle
Light the lamp
Light upon
Light your pipe
Make light of
She is light and speedy under
  oar and under sail
Shed/throw light on; make
  plain
Strike a light
The light is gone out
The light of the full moon
The lighter side
This is a light thing

Trom air a' ghoid
Las a' choinneal
Cuir thuige an làmpa
Lorg
Cuir thuige do phìob
Na saoil càil dheth
Tha i aotrom siùbhlach fo ràmh
  's fo sheòl
Dèan soilleir

Las
Tha an solas air dol às
Làn-shoillse na gealaich
A' chuid àbhachdach
Is beag seo

LIGHTNING
Like a flash of lightning
The lightning was vivid

Mar phlathadh dealanaich
Bha an dealan deàlrach

LIKE
A man like you
Do what you like with it

Fear do choltais
Tha cead cothrom agad air

213

Do you like berries?
He behaved just like the rest
He is free to act as he likes
He likes to hear himself talk
I do not like him
I don't like to get in contact
  with him
I had no liking for him; he
  utterly disgusted me
I like
I like it very much
I like Mary
I like you; you cut your jib
  just like my own friends
I like you but I prefer him

I should like to have a
  private interview with you
I should very much like to come
If he were like his father
In like manner
It is not like that at all
It is the time I like best
It was not like that for the
  mole
Just like this man
Like
No, nothing like it
Nothing like; emphatic for
  unlike
Nothing like; not nearly
The like (of this)
They are as like each other
  as two peas
What a man likes not he hears
  not
Whether the others like it or
  not
Would you like that?

LIKELIHOOD
  In all likelihood

LIKELY
  It is as likely
  Likely enough
  Likely to happen
  Likely to stick to him
  This is more likely

LIKENESS
  In his own likeness
  In the likeness of a dead man
  The likeness of death on his
    face

LIKING
  I had no liking for him
  I haven't much liking for him

An toigh leat suibheagan?
Rinn e cleas chàich
Tha e air a chomhairle fhèin
Is math leis a ghlòirich fhèin
Cha chaomh leam e
Is coma leam dol na dhàil

Cha bu toigh leam idir e;
  chuir e dìreach dubh-ghràin orm
Is toigh leam
'S deagh chaomh leam
Is math/toigh leam Màiri
Tha clòimh mo chaorach fhèin ort

Is toigh leam thusa, ach is docha
  leam esan
Tha toil agam bruidhinn
  fhaighinn ort leat fhèin
Bu ro chaomh leam tighinn
Nan rachadh e ri a athair
Amhail sin; air an amhail cheudna
Chan ann mar sin idir a tha e
'S e an t-àm as àille leam
Cha b' e sin don fhamh e

Amhail mar an duine seo
Air chleas
Chan eil, no taing air a shon
Tur eadar-dhealaichte

Chan eil faisge
A leithid (seo)
Tha iad cho coltach ri a chèile
  ri dà sgadan
Rud nach toigh leis cha chluinn e

Olc air mhath le càch e

Am bu chaomh leat siud?

A-rèir a h-uile coltais

Tha e cho dualach
Is dòcha
Buailteach tachairt
A' brath air leantainn ris
'S e seo as dòcha

Na ìomhaigh fhèin
An riochd mairbh
Coslas a' bhàis na ghruaidh

Cha bu toigh leam idir e
Chan eil mòran agam mu dheidhinn

LIMB
He cannot move a limb — Cha ghluais e eanga

LIMIT
That is the limit — Fòghnaidh sin

LINE
All along the line — Fad an t-siubhail
Come into line — Aontaich
He is working on the right lines — Tha e air bealach ceart
In a line with this house; parallel with this house — Air ruith an taighe seo
In one's line — A bhuineas do m' ghnothach
Read between the lines — Leugh leth-fhacal

LINEN
Don't wash your dirty linen in public — Na foillsich do nàire do na coimhearsnaich agad
Fine linen — Anart grinn
Ironed linen — Anart air iarnaigeadh
Linen cloth — Aodach lìn
Linen on the bleaching green — Anart air an sgaoiltich
Linen-thread — Snàth-lìn; snàthainn-lìn
Table linen — Anart bùird

LINGER
We lingered on the way — Rinn sinn dàil air an t-slighe

LINK
We linked hands together — Thàth sinn ri chèile ar làmhan

LION
Like a fierce lion — Mar leòghann fiadhaich
The lion's paw — Màg/spòg an leòghainn
The lion's share — A' chuid as motha

LIP
Lick one's lips — A' sùileachadh
On everybody's lips — Am beul a' bhaile
Thin-lipped — Beul tana

LIST
We listed the goods — Chuir sinn an àireamh am bathar

LISTEN
I did not listen to him — Cha tug mi cluas da
I listened attentively — Bha mi a' cumail mo chluaise
Listen attentively — Bioraich do chluasan

LITIGATE
We litigated against John — Dh'agair sinn lagh air Iain

LITTLE
A very little — Beagan crìon
Aught of; little of; nothing of — A bheag de
For a little — Car greis
He had so little English that he could not pick out a word — Cha robh de Bheurla aige na thogadh uimhir is facal
However little it may be — Air a lughad
Little by little — A lìon beagan is beagan; beag air bheag; uidh air n-uidh; mean air mhean

LIVE

As long as I live	An cian a bhitheas mi beð; feadh 's mi beð
He is not living	Cha mhaireann e
He is living in a hamlet close by the shore	Tha e a' fuireach am baile beag ri cois na mara
If I live	Ma bhitheas mi an làthair
Is he alive?	Am maireann e?
Live and learn	Ag ionnsachadh bho chleachdadh
Live and let live	Leig leotha
Live down	Faigh os cionn
Live on	Thig beð air
Live up to	Giùlain thu fhèin mar dhuine ionraic
Living apart	A' fuireach air leth
Living sumptuously on others	A' snàmh ann an cuid chàich
Long live the king!	Gum bu/guma fada beð an rìgh!
Long may you live!	Guma fad-shaoghalach thu!
Long may you live with smoke from your house	Guma fada beð sibh agus ceð às bhur taigh
Longing or yearning for her	A' gabhail fadachd rithe
Not a living soul met them on their way	Cha do thachair anail bheð orra air an t-slighe
There is no man living who can intimidate me	Cha do chuir e cas am bròig a chuireadh eagal ormsa

LIVELIHOOD

A man may force a livelihood but cannot force prosperity	Bheir duine beatha air èiginn ach cha toir e rath air èiginn
Gaining a livelihood	A' tighinn beð; a' cosnadh bidh
He will get his livelihood	Gheibh e a bheatha
My livelihood or subsistence	Mo bheð-shlainte; mo theachd-an-tìr
Who gives you your livelihood	A tha cumail t' arain riut

LIVELONG

All the livelong day	Fad fionnrach mhoireach an là
The livelong day	Fad finn foinneach an là; fad fionn bhuan an là

LOAD

A back-load; a man's load	Sac droma
A load of furniture at a flitting	Sac imrich

LOATH

I am loath	Is leisg leam; tha leisg orm
I am loath to leave you	Chan fhurasda leam d' fhàgail
She has a loathing for food	Tha gràin aice do bhiadh

LOBSTER

A lobster's burrow	Faiche giomaich
The claw of a lobster	Meur a' ghiomaich

LOCATE

We located the factory	Chuir sinn suas an taigh-ceàirde

LOCH

A fresh-water loch	Loch uisge
At the outlet of the loch	Aig òs an loch

216

LOCK
Lock, stock and barrel — A h-uile seud siorraidh

LODGE
He lodged a complaint against me — Chasaid e orm
The water is lodging here — Tha an t-uisge a' laighe an seo
They lodged or entertained us — Thug iad aoigheachd dhuinn
We got a night's lodging or entertainment — Fhuair sinn cuid na h-oidhche

LOGGERHEADS
At loggerheads — An claiginn a chèile
John set the old men at loggerheads — Chuir Iain na bodaich ann an claiginn a chèile

LONG
As long as — Fhad 's a
He was not long in covering the distance — Cha robh esan fada a' cur an astair às a dhèidh
He will last the longest — 'S e as fhaid' a mhaireas
I haven't see you for a long time — Chan fhaca mi thusa o chionn fhada
I long — Is fada leam
I think it long — Tha fadachd orm
I was longing — Bha fadachd orm
It is a long way — Tha an t-astar fada
It will not be long — Chan fhada thuige
Long ago — An cian; o chionn fhada
Long arm of coincidence — Co-thachartas doirbh a chreidsinn
Long drawn out — Sìnte mach
Long duration — Fadachd
Long for — Ionndrain
Long, long ago — Cian nan cian air ais
Long-standing — Le seasmhachd bho chian
Long-suffering — Fad-fhulangas
Long term plans — Sealladh fada
Long-winded — Bruidhneach
Longer/longest by far — Is fhaide gu mòr
Longing or yearning for her — A' gabhail fadachd rithe
Longing to see her — A' miannachadh gu mòr a faicinn
Most long lived — As fhaide saoghal
No longer — Nas fhaide
The boys longingly eyed the apples — Chuir na balaich sùil anns na h-ùbhlan
The job paid me as long as I attended to it personally — Phàigh an obair dhomh fhad 's a bha mi fèin na bun
The long and the short of it — Ceann is casan dheth
The longer I can see — Mar as fhaide chì mi
The slope is long — Tha an slios fada
To be long lasting — A bhith buan
To take long — Tarraing ùine
We are longing, or wearying, for your coming — Tha sinn a' gabhail fadachd nach eil thu a' tighinn
You stayed a long time — Is fhad a dh'fhan thu

LOOK
By looking at them — Le sùil a thoirt orra
He himself has a very sinister look — Is ann aige fèin a tha an droch shùil

He that will not look before him must look after him; look before you leap	Am fear nach amhairc/seall roimhe amhaircidh e na dhèidh
He took a look round	Thug e sùil mun cuairt
Just look at it!	Gabh iolla!
Look about	Seall mu chuairt
Look after	Seall às dèidh; thoir an aire do
Look alive	Cuir sgoinn ort
Look at	Coimhead air
Look; attend	Seall orm; coimhead orm
Look back	Seall air ais
Look before you leap	Seall romhad
Look down one's nose at	Dèan dìmeas air
Look down upon	Coimhead sìos air
Look for	Coimhead airson
Look for; expect	Bi 'n dùil ri
Look for; search for	Lorg; siubhail
Look forward to	Dèan fiughair ri
Look into	Dèan sgrùdadh air
Look on the bright side	Bi dòchasach
Look out!	An aire!
Look out; keep a sharp look-out for	Bi air d' fhaire
Look out for the bull; be careful	Thugad an tarbh; bi air t' earail
Look out for yourself at once	Dèan air do shon fèin cho luath
Look-out: affair; concern; business	Gnothach
Look over (literally)	Seall thairis air
Look over; scan; examine	Sgrùdaich
Look small	Fàg beag
Look the other way	Na leig ort
Look to it	Dèan cinnteach às
Look up; improve	Thig nas fheàrr
Look up; refer to books	Lorg
Look up; visit an acquaintance	Rach a chèilidh
Look up to	Amhairc air le mòr mheas
Look well	Coimhead gu math
Looking a gift horse in the mouth	A' dèanamh àilgheas air tiodhlaic
Looking for a needle in a haystack	Taomadh a' mhuir-làin
Looking for a room	Coimhead airson àite/rùm
Looking keenly	A' geur-amharc
The children were looking out of the window	Bha a' chlann a' coimhead a-mach air an uinneig
They were looking at him	Bha iad ga choimhead
You are looking rather poorly	Tha thu a' coimhead gu math bochd
You look as if you had/were	Tha a choltas sin ort
Your looks are bad!	Tha droch thuar ort!

LOOSE

At a loose end	Ma sgaoil
On the loose (S)	Mu sgaoil
(Playing) fast and loose	A' dèanamh mar a thogras

LOOSE

John loosened his belt	Chuir Iain ma sgaoil a chrios; leig Iain fa sgaoil a chrios

LOQUACIOUS
How loquacious you are; (said   'S ann ort a bha an fhad-labhairt
  to one repeating secrets)
You are too loquacious, my man   Tha thu a' fàgail cus bruidhne,
                                     a dhuine

LORD
Lording it over   A' giùlain gu buadharra
O Lord, preserve us   A Rìgh, glèidh sinn

LORDLY
In a lordly manner   Gu buadharra/maighstireil

LOSE
Before it would be lost   Mun leigteadh e
Great is my loss by it   Is mòr mo chall ris
He lost his eye-sight   Chaill e a shealladh
He lost his faculties   Chaill e a phurp
He lost his sense of hearing   Chaill e a chlaistneachd
He lost his senses   Chaidh e às a rian
He lost the course   Chaill e an t-iùil
Losing face   A' call cliù
Losing ground   A' dol air ais
Losing by it   A' call air
Losing time   A' call na h-aimsir; call beachd
                                     air an ùine
Surely you must have lost your   Is cinnteach gur e an rathad a
  way   chall a rinn thu
They lost count of the days   Chaidh làithean na seachdain air
  of the week   chall orra
They lost sight of each other   Chaidh iad air seachran air a
                                     chèile
They lost the scent   Chaill iad lorg
Without losing it   Gun a chall

LOSS
And although it would cause me   'S ge b' adhbhar strì e, gum
  strife, I would suffer loss   fuilginn mìostadh
At a loss; less than cost   Nas saoire na prìs a' chosgais
  price
At a loss; undecided   Eadar dà lionn
He sustained no loss   Cha d' fhulaing e beud
Loss of cattle in spring   An call earraich
Loss of time   Call ùine
Meet with a loss   Dèan call
The spring loss hit me hard   Bhuin an t-earchall orm spot

LOST
A lost cause   Cùis chaillte
Lost in admiration   Air chall ann am mòr mheas

LOT
Cast or draw lots; casting l.   Tilg croinn; tilgeil nan crann
Throw in one's lot with   Rach an càirdeas ri
We cast lots for it and I got   Leag sinn croinn air, agus thuit
  my share of it   mo chuid ormsa dheth

LOVE
A love-token   Seud-suirghe
Calf love   Gaol na h-òige
For love of money; by any means   Le dòighean sam bith
For the love of God   Air gaol Nì Math

219

He did it for the love of
money
He has fallen deeply in love

I'd love to
I fell in love with him
I love him
I love you but he is dearer
to me
John is deeply in love with
Mary
Love of relationship
My love! My dear!
No love lost
Singing a love-song
The love of money is the root
of all evil
There is no love lost between
them

LOVELY
Isn't it a lovely day! Yes,
indeed

LOVER
A lover's spokesman
Lovers, beloved persons,
relations

LOW
A man of low stature
At a low ebb
In low spirits
It is low water; go to the ebb

LOWER
Lower; take part
The lower town near the sea
The lower end of the field
With lower storeys

LOW
The lowing of cattle

LOWLANDS
Among the Lowlands
In the Lowlands

LOYAL
Be loyal to the king

LUCK
As good luck would have it
Bad luck to him
Good luck to him
Luck is better than early
rising; luck outstrips labour
Run of luck
Take pot luck
Worse luck
You are a luckless person

Rinn e e air sannt an airgid

Tha an gaol air bualadh gu trom
air
B' fhìor thoigh leam
Thuit mi ann an gaol leis
Tha gràdh agam air
Is toigh leam thusa ach is annsa
leam esan
Tha gaol mòr aig Iain air Màiri

Gaol fola
A ghràidh!
Gun ghaol eadarra
Ri mànran ciùil
'S e miann an airgid freumh gach
uilc
Chan eil iad a' treaghadh an aon
iomair idir

Nach brèagha an là a tha ann?
is eadh, gu dearbh

Gille-suirghe
Luchd-gaoil

Fear ìosal
A' faireachdainn glè ìosal
Brònach; dubhach
Tha muir-tràigh ann; rach don
tràigh

Thoir sìos
Ùrlar a' bhaile; màs a' bhaile
Iochdar a' bhlàir
Le lobhtaibh ìochdrach

Nuallanaich na sprèidhe

Air feadh na machrach
Air mhachair

Bi dìleas don rìgh

Mar bha
Droch-fhortan dha
Deagh chòmhdhail dha
Is feàrr a bhith sona na èirigh
moch
Greis de dheagh rath
Gabh mar a thig
Gu mì-fhortanach
Tha thu nad cheann gun bhuaidh

LUCKY
A lucky, fortunate person
How lucky you are!
Isn't he lucky!
What a lucky fellow you are!

You are lucky

LUFF
Luff the boat

LUGGAGE
Have you brought the luggage
  with you?

LULL
She lulled him to sleep

LUMP
A lump in one's throat
A lump of bread
A lump of stone
Lump it (S)
Lump sum
Lump together

LUNCHEON
Having luncheon

LUST
Satisfying the lusts of the
  flesh
The lusts of the flesh
With lustful eyes

LUSTILY
So lustily did he shout that
  I was alarmed

LUXURIANT
A rank or luxuriant crop
Growing or flourishing
  luxuriantly

LYNX
Lynx-eyed

Mac-rath
Nach buidhe dhut!
Nach math dha!
Is tu mac-an-ratha! Is ann dhut
  a rug an cat an cuilean
Is buidhe dhut

Cùm an t-eathar ri fuaradh

An tug thu an treallaich leat?

Chuir i a chadal e

Cnap na amhaich
Cnap arain
Leac cloiche
Gabh leis
Cnap airgid
Tilg còmhla

A' gabhail bidh meadhan-là;
  eadradh mòr a ghabhail; tràth
  mòr a ghabhail

A' sàsachadh na feòla

Ana-miannan na feòla
Le sùilibh mear

Chuir e eagal orm leis an
  èigheach a bha air

Bàrr trom
A' cinntinn gu dosrach

Sùil seabhaig

MACHINE
Machine made
Sewing-machine

Air dheilbh air inneal
Inneal-fuaigheil

MAD
Drive/send mad
He is mad with conceit

Cuir às a chiall
Tha e air a dhol deth fhèin leis
 a' phròis

How mad these people were!
Like mad (S)
Mad; insane
Mad as a March hare
Madness
Mad on; very fond of
Stark staring madness
To become mad
You are quite mad

Is ann orra siud a bha bhoile!
Às a chiall
Air a' chuthach; gun chiall
Cho gòrach ris na h-eòin
Mìre-chuthach
Glè dhèidheil air
An cuthach dearg
A dhol air bhoil/chuthach
Is ann a tha thu air bhoil

MADDEN
John maddened Mary

Chuir Iain an cuthach air Màiri

MAGNITUDE
The magnitude of his grief

Meud a bhròin

MAIDEN
A maiden mourning
Maiden name
Maiden speech
Maiden voyage
The maid of his first love
The pretty maidens

Ainnir fo bhròn
Ciad ainm
A' chiad òraid
A' chiad turas
Ainnir a chiad ghràidh
Na gruagaichean laghach

MAIL
He mailed the letter

Chuir e sa' phost an litir

MAIM
A maimed hand
A maimed man

Làmh chiùrrte
Duine uireasach/uireasbhach

MAIN
By main force
In the main
That is the main thing
The main body of an army

Le teann neart
Airson a' mhòrchuid
Sin as cudthromaiche
Corp airm

MAINTAIN
Hold forth; maintain
Maintain their rights
Maintaining
They are maintaining that he
 will have dear buying of it

Cùm a-mach; cùm ri
Seas an còir
A' cumail a-mach
Tha iad a' cumail a-mach gum
 bi goirt an ceannach aige air

MAJORITY
Attain one's majority
The majority; bulk; larger
 part
The majority of them
They were in a majority

Thig gu aois/ìre
An leth as mò; mòr-chuid

A' gharbh chuid dhiubh
Bha an tromalach aca

MAKE
Don't make faces at me
He made me

Na bi a' cur drèin òrt riumsa
Thug e orm

He made nothing of him   Cha tug e pùic dheth
He will make us do it   Bheir e oirnn a dhèanamh
How do you make that out?   Ciamar a tha thu dèanamh sin a-mach?

Make a clean sweep of; get rid of   Sguab às gu h-iomlan

Make a fuss   Dèan ùpraid
Make a fuss of; be very kind   Bi glè choibhneil do
Make a kirk or a mill of it   Dèan do roghainn ris
Make a piece; help yourself   Dèan mìr
Make a splash; a sensation   Dèan breisleach
Make a study of   Dèan rannsachadh air
Make after; follow quickly   Lean gu luath
Make as if; pretend   Leig air
Make-believe; pretence   Leisgeul; leigeil air
Make do   Dèan an gnothach
Make drunk   Cuir air mhisg
Make eyes at   Thoir sùil mhiannach air
Make faces   Cuir drèin
Make fast   Ceangal gu deargmholta
Make for; help to make, maintain   Cùm a-mach

Make for; set out for   Dèan air
Make for me   Dèan dhomh
Make free with   Gnàthaich gun chead;rud a chaitheamh gun chead
Make friends with him; overtake   Cuir a-staigh air
Make fun of   Mag
Make good; reclaim the past   Thoir air ais an t-àm a dh'fhalbh
Make good; recover a lost reputation   Ath-choisinn cliù caillte

Make good; repair   Càraich
Make head or tail of   Dèan bun no bàrr
Make headway (against)   Dèan adhartas an aghaidh
Make heavy weather of   Ann an droch chàradh;a' fòghnadh air èiginn

Make him do this   Thoir air seo a dhèanamh
Make it up   Bi rèidh
Make little or light of   Na gabh dragh dheth;cuir an suarachas

Make manifest   Thoir am follais
Make much of   Dèan tòrr de; dèan fuaim mu
Make no bones about it   Na teirig às àicheadh
Make nothing of; fail to understand   Na tuig idir
Make nothing of; treat as trivial   Na dèan càil dheth

Make of no effect   Cuir an neo-bhrìgh
Make off   Teich;thoir na buinn dha
Make oneself scarce   Dol a falach
Make out; comprehend   Tuig
Make out; imply   Cuir car ann
Make out; inscribe; write   Sgrìobh
Make over   Thoir seachad
Make peace; reconcile   Dèan rèite
Make public; proclaim   Dèan follaiseach
Make snug   Gabh aig
Make so bold as to   Bi cho dàn is gu

Make the most of	Dèan a' chuid as fheàrr de
Make up; compensate for	Dèan suas airson
Make up; complete	Crìochnaich
Make up; constitute	Dèan suas
Make up; invent; originate	Cuir ri cheile; gintich
Make up friendship	Dèan suas càirdeas
Make up the fire	Sgeadaich an teine
Make up to; flatter to obtain favours	Dèan miodal a chum fàbharan fhaighinn
Make way for	Leig seachad
That was made by me	Rinneadh sin leamsa
That was the making of him	B' fheàirrde e sin
To make a clean breast of it	Aidich gu lèir
To make a clean sweep; gain/ win all	A dh'fhaighinn nan duaisean air fad
To make proper improvement or application of it	Buil cheart a dhèanamh dheth
To make up one's mind	Co-dhùnadh a dhèanamh
What do you make of it; what do you deduce or understand?	Dè tha thu a' dèanamh dheth?; dè do bheachd air?
What made you?	Dè a thug ort?

MAKESHIFT
Makeshift; inferior or temporary; a substitute	Rudeigin suarach no sealach; ionad

MALICE
Your great heart without malice	Do mhòr-chridhe gun tnùth

MALIGN
He maligned his opponent	Rinn e aithlis air an eascaraid aige

MALTREAT
The teacher maltreated the pupils	Rinn am fear-teagaisg droch dhìol air na sgoilearan

MAN
A bad man	Droch fhear
A great man	Duine mòr
A lecherous man	Duine sgaoilteach
A little man	Duineachan
A man of his word; a worthy man	Duine onorach/seasmhach
A man of letters	Duine foghlaimte
A man of straw	Duine gun bhrìgh
A man of the world	Fear a chunnaic dà là/an saoghal
A man of widely-spread fame	Fear b' fhad sgaoilteach cliù
A man without decision of character	Duine gun chur-leis
A man without vigour or force	Duine gun chèill/smior
A marked man; a notorious man	Duine comharraichte/suaicheanta
A wicked man	Duine olc
An honest man	Duine onorach/ionraic
An ill-bred man	Duine gun mhodh
An inactive man; a weakly man	Duine gun spìd
Every man of you	Na h-uile duine riamh agaibh
Every man-jack (S)	A h-uile mac màthar
He came to man's estate	Tha e aig foirbheachd

He is a capricious whimsical man

Chan eil ann ach duine teumnach

It is not a man without genius that would accomplish it

Cha duine gun tùr a dhèanadh e

Man by man; one by one

Fear mu seach

Manned with sturdy fellows

Air a sgiobadh le gillean sgair-teil

One man more than an'other

Fear seach fear

That is the man in whose house we were

Siud am fear a bha sinn anns an taigh aige

That man has a slouching gait

Tha slaoic air an fhear ud

The chief men or magistrates of the town

Maithean a' bhaile

The great men of the country

Stàitean na tìre

To a man

Gach neach

MANAGE

Do you manage?

Am beil a' dol agad?

Do you manage to recognise him?

Am beil thu a' toir suathalais thuige?

He would not manage it

Cha dèanadh e an gnothach

How did you manage it; get on?

Ciamar a chaidh dhut?

How do you manage to pass the time

Ciamar a tha a' dol agad air an ùine a chur seachad?

How do you manage to provide for your family?

Ciamar a tha a' dol agad air do theaghlach a chumail suas?

I can manage that without effort

Nì mi sin gun spàirn

I can not manage it

Cha dearg mi air;cha tèid agam air

I did not manage it, but I was myself to blame

Cha deachaidh agam air,ach is ann agam fèin a bha a' choire

I managed it; accomplished it; prevailed over him

Chaidh agam air

If he managed to

Nan rachadh aige air

Manage them; add to them

Cuir riù

We managed to get up dry, between showers

Fhuair sinn suas tioram eadar dhà shian

We managed to land before the return of the flow-tide

Fhuair sinn gu tìr mus tug e a' chiad bhoinne de lìonadh

We shall manage it by degrees

Thèid againn air,air ceann sreatha

You are managing your affairs well

Tha thu air chùl do ghnothaich

Your management of that affair

Do làimhseachadh air an nì sin

MANLY

A manly, active man

Duine tapaidh feardha

A manly, sensible man with the courage of his convictions

Duine seaghail

Be manly

Bi duineil

MANNER

A child is known by his manners

Aithnichear leanabh air a bheusan

A manner of speech, an idiom

Seòl labhairt

All manner/kinds/sorts of ways

A h-uile seòrsa dòigh

Bad manners

Droch bheusan

By no manner of means

Air chor sam bith

Good manners

Deagh bheusan

In a different manner	Air mùthadh dòigh
In a disorderly manner	Gu mì-rianail
In a manner of speaking	Air dòigh
In an ugly manner	Gu mì-dhreachmhor
In no uncertain manner	As a leth uair
In that manner	Mar sin/siud
In this manner	Mar seo; air an t-seòl seo
It was in that manner that he came	Sin mar a thàinig e
To the manner born	Gu nàdarrach; mar bu dual dha

MANURE

Carting dung or laying out manure	A' cur a-mach inneir
Manuring the land	A' leasachadh an fhearainn
Manuring the land with seaweed	A' feamnadh an fhearainn
We manured the field	Chuir sinn todhar air an achadh

MANY

A great many	Mòran; àireamh fìor mhòr
As many as	Uimhir/suas ri
Having many feet	Iol-chasach
He was far too many for me	Chan fhaighinn òrd air bàirnich air
Many a female	Iomadach tè
Many a kind	Iomadach seòrsa
Many a long day	Iomadh là fada
Many a man	Iomadach duine
Many a time and oft	Is minig uair 's is tric
Many-coloured	Iol-dhathach
Many-cornered	Iol-cheàrnach
Many daughters	Mòran nighean
Many of them assert	Tha mòran aca ag ràdh
Many more	Mòran eile
Many things	Mòran nithean
Many-voiced	Iol-ghuthach
Many will yet be put to that number	Bithidh mòran fhathast air an cur ris an àireamh
Multiform	Iol-chruthach/-dhealbhach
Not many	Chan eil mòran
So many	A leithid de; uiread de

MARCH

| March to the battle | Gluais gu blàr |

MARE

| A mare's nest | Nead làire |
| The mare is in season | Tha an làir air shiubhal |

MARK

A marked man	Duine comharraichte
Beside the mark	Ri taobh an làraich
He left his mark on you	Chuir e saoile ort
I marked him	Thug mi pat air
Make one's mark	Faigh do bhuaidh/do shoirbheachadh
Mark my words; note what I say	Thoir fa-near na tha mi ag ràdh
Mark of teeth	Làrach fhiacal
Mark time	Cuir a-steach tìde
The mark of the blow	Làrach na buille
The mark of your hand	Fail do làimhe

The spring has left its mark;
has hit me hard
Up to the mark
We are getting near the mark

Wide of the mark

MAROON
We marooned the mutineers on
a desert island

MARRIAGE
A marriage-proclamation
A promise of marriage
Become connected by marriage
He gave his daughter in
marriage to John
Helen and her marriage-portion
will go home
The wedding day

MARROW
Extracting the very marrow
from it
I am frozen to the marrow

MARRY
A married couple
A newly-married couple
He married a nobleman's
daughter
I am married to Mary
I was a married woman, a
virgin and a widow at the
same time
If she has married it was not
for her beauty
To get married

Willing to marry you

MASH
Mashing potatoes
Mashing the potatoes

MAST
A main mast
A mast
A mizzen mast
A top-mast
The mast-head

MASTER
He is his own master
Master mind (Noun)
Master-mind (Verb)
Master of oneself
Master of the house

Master stroke
She mastered cookery
We mastered her

Bhuail an t-earrach orm spot

Dòigheil
Tha sinn a' tighinn faisg air a'
chomharra
Fada bhuaidhe

Chuir sinn na fir-ceannairc air
eilean fàsaich/uaigneach

Gairm-pòsaidh
Gealladh pòsaidh
Dèan cleamhnas
Thug e a nighean mar chèile do
Iain
Eilidh 's a h-earras thèid
dhachaigh
Là a' phòsaidh

A' sùghadh an smior às

Tha am fuachd gu an smior annam

Càraid phòsda; lànan pòsda
Càraid nuadh-phòsda/ùr-phòsda
Phòs e nighean urra mhòir

Tha mise pòsda aig Màiri
Bha mi nam phòsaidich, nam
ghruagaich is nam bhantraich
san aon àm
Ma phòs ise, cha b' e a brèaghad
a thug i a-mach
Pòsadh; snàim a' phòsaidh a
dhùnadh
Toileach air do phòsadh

A' pronnadh buntàta
A' plocadh a' bhuntàta

Crann mòr; crann meadhan
Crann-siùil
Crann deiridh
Crann àrd/mullaich
Bràighe a' chrainn

Tha e ag obair air a cheann fhèin
Air cùl gnothaich
Stiùir
Na mhaighistir air fhèin
Ceannard an taighe; ceannaird an
fhàrdaich
Sàr bhuille
Fhuair i eòlas air còcaireachd
Chuir sinn rithe

MASTERLY
He did it in a masterly way   Rinn e e gu h-urramach

MASTERY
He got the mastery; the upper hand   Fhuair e làmh-an-uachdar

MATCH
A blouse to match   Blobhsa a thèid leis
A box of matches   Bocsa lasadain; bocsa mhaidsean
He met his match; his equal met him   Thachair a sheise ris
His match is not in the land   Chan eil a leithid san fhonn
His match is seldom met with   Is ainneamh a leithid
Match; like; equal   Mac samhail
More than his match   Barrachd 's a sheise
She made a good match   Fhuair i an deagh phòsadh
Without his match or equal   Gun a choimeas ann
You have your match in valour in contact with you   Tha do sheise an taice dhut
You match him well; you wear your years well   Is math a tha thu a' cumail ris
Your match is not to be found   Chan eil do leth-bhreac ri fhaotainn

MATE
He mated his opponent (at chess)   Chuir e clos air an eascaraid aige

MATERIAL
If I were to have the material   Nam biodh a' chulaidh/a' chungaidh agam

MATTER
A matter of life and death   Gnothach beatha is bàis
As a matter of fact   A dh'innse na fìrinn
As for that matter   Airson sin dheth
For the matter of two   Airson dithis
It does not matter!   Chan eil e gu deifir; a thoil!
It does not matter; he need not bother   Nach coma dha
It does not matter; who cares   Ma thogair
It is no matter   Is coingeis cò aca
It is no matter to me   Is coma dhòmhsa
It matters not   Is beag an toirt
Matter of course   Gu nàdurrach
Matter of fact (Noun)   Fìrinn
Matter-of-fact (Adjective)   Fìrinneach
Matters did not go well with me   Cha deach gnothaichean leam
No matter; immaterial   Gun stèidh
No matter; in spite of   A dh'aindeoin
That is quite another matter   'S e sin sgeul eile
The matter cannot be expressed in words   Cha ghabh a' chùis a cur am briathran beòil
The matter in question   An rud fo chomhair
There is no matter or business   Chan eil umhail
There is nothing the matter with him   Chan eil beud air
There the matter dropped   Dh'fhàgadh an sgeul mar sin
What does it matter?   Ciod an othail a th' ann?
What does it matter to you?   Dè dhutsa?

What does the name matter?
What is the matter?
What is the matter with her?
When he saw how matters stood
he resolved to adopt other
methods

MATTRESS
A feather mattress
A spring mattress

MATURITY
He has arrived at maturity

MAUL
He gave him a mauling

MAY
Everyone may escape
I may come
It may not be
I may sell the horse
It may not
May I be?
May I see you well
May you never come this way
again
Maybe; perhaps
You bet, boy! You may well say
it lad!
You may well say that

MEAL
A main meal

A square meal
Barley meal
Meal time
To have a meal
Two meals a day
Wheat meal

MEAN
A golden mean
Do you mean to say that one of
these two men is a minister?

It is mean of you to ill-treat
the poor boy
They mean to; they must
What do you mean?

What do you mean to do?
What does that mean?

MEANDER
In meandering valleys
The river meanders

Dè 'n diofar don ainm?
Dè tha ceàrr?
Dè a tha cur oirre?
Nuair a chunnaic e mar a bha,
chuir e roimhe dòighean eile a
chur an sàs

Bobhstair itean
Bobhstair sùbailteachd

Tha e air teachd gu foirfeachd/
ìre

Rinn e dìol air

Faodaidh gach neach dol às
Chan fheudar nach tig mi
Chan fhaod e bhith
Faodaidh mi an t-each a reic
Chan fhaodar
Am faod mi bhith?
Guma slàn a chì mi thu
Na bu tig an là a thilleas tu an
taobh seo
Faodaidh e bhith
Abair e,a bhalaich!

Abair thusa sin; nach fhaod thu
sin a ràdh

Biadh ceart; dìot mhòr; tràth
mòr
Brod a bhidh
Min-eòrna
Tràth-bidh
Biadh a ghabhail; dìot a ghabhail
Dà thràth san là
Min-chruithneachd

Slighe mheadhanach
A bheil thu ag ràdh gur e
ministear a tha san dara fear
dhiubh?
Nach bochd dhut fèin a bhith
ris a' bhalach bhochd
Tha romhpa
Ciod e is ciall dhut? dè a th'
air d' aire? dè tha nad rùn?
Ciod a tha thu a' cur romhad?
Dè tha sin a' ciallachadh?

An gleanntaibh fiar
Tha an abhainn a' lùbadh

MEANING

A thing without meaning	Gnothach gun bhrìgh
James cast meaning glances in my direction	Bha Seumas a' toirt na sùla ud an rathad a bha mi
When he expounded the meaning	Nuair dh'fhosgail e a bhrìgh

MEANS

By all means; making every effort	A' cur gach alt an gnìomh
By all means; indicating assent	Gun teagamh
By all means; in answer to *ciamar*, in what way	Air na h-uile ciamar
By all manner of means	Air a h-uile dòigh
By fair means or foul	Gu ceart no gu ceàrr; gu math no gu h-olc
By means of	Trìd
By means of these two	Leis an dithis seo
By no means	Chan ann idir; air chor sam bith
By some means or other	Air dòigh no dòigh a choireigin
By what means?	Dè 'n dòigh?
By what means will you do it?	Ciod leis an dèan thu e?
He is without means	Tha e glè bhochd
If I had the means I would buy it	Nam biodh rathad agam air ruigheachd air cheannaichinn e
Means to an end	Seòl air
Means well	Deagh ghean
The Means of Grace	Meadhanan nan Gràs
With what means will you do it?	Co leis a nì thu e?
You are living far beyond your means	Is e itheadh na cruaiche fo a sìoman a tha agad air

MEASURE

Beyond measure	Thar tomhais
He took my measure	Ghabh e mo thomhais
In some measure	Ann am pàirt
Measure one's length	Tomhais d' fhad 's do leud
Measure up to	Thig suas gu
Take measure to	Dèan rud airson
Take my measure	Gabh mo thomhais
What is its measurement?	Dè' n tomhas a th' ann?

MEDDLE

Do not meddle with us	Na bi rinn
Do not meddle with what does not concern you	An rud nach buin dhut nach buin dha
Meddle with; don't meddle with	Gabh gnothach ris; na gabh gnothach ris
Who was meddling with you?	Cò a bha riut?

MEEKNESS

The spirit of meekness	Spiorad na macantachd

MEET

He came to meet me	Thàinig e nam dhàil
Meet with; be received with	Tachair ri
Meet with; receive	Faigh
More than meets the eye	Barrachd na chì an t-sùil
To meet again	Tachairt a-rithist
To meet me	Am chòmhdhail; mu mo choinneamh
To meet someone	Neach a choinneachadh
We shall meet together yet	Tachraidh sinn còmhla fhathast

When you met together
Who met him?

MELODY
The sweet melody of song
The whole melody of Christendom

MELT
In the melting pot
Melt down
My heart melted with pity

MEMBER
A member of society
A Member of Parliament
An honorary member
George became a member of
  the church at communion time
Members of a body

MEMORIZE
John memorized the poem

MEMORY
Burden one's memory
Committed to his memory
Mary has many a song committed
  to memory by heart
Within living memory

MEND
To give a hand at mending it

MENTAL
He has a want, a mental defect
Mental pleasure or satisfaction

MENTION
Don't mention it to a living
  soul for your life
Don't mention it to anyone;
  keep it dark
Don't so much as mention it
John mentioned
Mention; make mention
Not to mention
Without mentioning

MERCY
At the mercy of
God have mercy on us!
God's mercy shall endure for
  ever
He begged for mercy

MERIT
A person meriting death
According to your merit or
  desert
What do you deserve or merit?

MERRY
A merry Christmas to you

Nuair a thàrladh sibh cuideachd
Cò thug coinneamh dha?

Mànran binn an òrain
Uile oirfeid na Crìosdachd

Anns a' phrais leaghaidh
Leagh
Leagh mo chridhe le truacantas

Ball comainn
Ball Pàrlamaid
Ball urramach
Thog Seòras fianais aig na
  h-òrdaighean
Buill buidhinn

Chùm Iain air mheomhair an duan

Cuir uallach air cuimhne
Air a theangaidh
Is iomadh òran a tha aig Màiri
  air a teangaidh
An cuimhne nam beò

Làmh a thoirt air grèiseachd

Tha easbhuidh air
Riarachadh-inntinn

Na toir guth air ri duine geal
  air do bheatha
Cha leig thu a leas luaidh air;
  cuir fon talamh e
Na luaidh air
Thug Iain iomradh air
Thoir luaidh (air); dèan luaidh
Gun ghuth/luaidh air
Gun ghuth a thoirt

An urra ri tròcair
Dia seall oirnn!
Màiridh tròcair Dhè gu sìor

Dh'agair e tròcair

Duine toillteanach air bàs
A-rèir ur toillteanais

Ciod a tha thu a' toilltinn?

Fàilte na Nollaig ort!
  Nollaig Chridheil dhut!

A merry peal of laughter
Make merry
Make merry at; make fun of
The Merry Dancers or Aurora
   Borealis

Lasgan gàire
Bi suilbhearra
A' magadh; a' tarraing às
Na Fir Chlis

MESSAGE
A message came for you
I gave the message
I have to go on a message

Thàinig fios dhut
Reic mise am fios
Tha agam ri dhol air ceann
   turais

MESSENGER
A foot-messenger
Death's messenger has struck
   you
He is a messenger

Teachdair-coise
Bhuail teachdair a' bhàis thu

Tha e na ghille-gnothaich

METAMORPHOSE
He was metamorphosed

Chaidh e fo gheasaibh

METHOD
By another method
By this method or manner
We will try another method

Air seòl eile
Air a' mhodh seo
Nì sinn alt eile air

METTLE
On one's mettle; prepared
   to do your utmost

Deasaichte a dhèanamh do làn-
   oidhirp; air mhire

MID
About midnight
At midday
Long past midday
Mid-autumn
Mid summer madness; any crazy
   idea
Midsummer madness; summer moon

Midway
Midwinter

Mu mheadhan-oidhche
Air àird a' mheadhain là
Fad an dèidh mheadhan-là
Meadhan an fhoghair
Beachd gòrach

Cuthach An Fhèill-Eòin; cuthach
   na gealaich-samhraidh
Sa' mheadhan
Dùbhlachd a' gheamhraidh

MIDDLE
A middle-aged female was there
About the middle of
In the exact middle of
Middle ages
The middle finger
The middle of the road

Bha tè mu mheadhan-là ann
Mu mheadhan
Anns an teis-meadhan
Na linntean meadhanach
Am meur meadhain; a' mheur fhada
Druim an rathaid

MIGHT
I might have sold the horse

It might well be
Might and main
With all your might

Dh'fhaodainn an t-each a bhith
   air a reic
Ma dh'fhaoidteadh
Cumhachd is neart
Le d' uile neart

MIGHTY
Mighty in strength
The mighty force of storms

Treun an neart
Mòr-ghailleann nan stoirm

MILD
Mild (of temper)

Sìobhalta

Mild (of weather)
More mild; milder
The evening is mild
To put it mildly

Sèimh
Nas sèimhe
Tha am feasgair socair
A chur gu socair

MILE
A mile away, off
It is miles away from the confusion

Mìle dheth; mìle air falbh
Tha e mìltean air falbh on ùpraid

MILK
Breast milk
Curdled milk
Milk of human kindness
Milking the cows
Skimmed milk
The cow is milked from her head; feeding controls milk flow
The cows are at the milking place
The milk is souring
Time for milking

Bainne cìche
Bainne binntichte
Coibhneas nàdurrach ri càch
A' bleoghann a' chruidh
Bainne lom/togalach
Is ann às a ceann a bhleòghnar a' bhò

Tha an crodh anns an eadradh

Tha am bainne a' geurachadh
Mu eadradh

MILL
Be put/go through the mill
The mill wheel

Cuir tro dheuchainn
Roth na muilne

MINCE
Make mincemeat of (S)
Not to mince matters (S)

Pronn
Gun a dhol aon taobh no taobh eile

We shall make mincemeat of every one of you

Nì sinn pronnadh nam meanbh-chuileag air a h-uile anam agaibh

MIND
A blinding of the mind
A double mind
Apply/give your mind to
Bear in mind
Before my mind
Call to mind
Cast one's mind back
Give a piece of your mind; a candid or critical opinion
Give one's mind to
Go out of his mind
He has things on his mind
He is in two minds, whether to go or to stay
His mind was wandering; confused
I don't mind if I do
I have a mind to
I have a mind to go home
I have half a mind

In my mind's eye
In one's right mind
Know your own mind
Make up your mind

Dalladh na h-inntinn
Inntinn dhùbailt
Lùb d' inntinn ri
Cuimhnich; cùm air chuimhne
Fa-chomhair m' inntinn
Cuimhnich air
Thoir sùil air ais
Thoir do bharail do chuideigin; thoir làn a chluaise air
Beachdaich air
Dol às a chiall/a rian
Tha e air a sheòl
Chan eil aige ach cas a' falbh agus cas a' fuireach
Bha seachran na cheann

Tha mi coma ged bheireadh
Tha e nam cheann
Tha mi los dol dhachaigh
Is beag a bheireadh orm; tha mi brath air
Nam inntinn
Ciallach
Tuig d' inntinn fhèin
Cuir romhad

Mind; regret or object to
Mind; show care about
Mind; take into one's care
Mind one's eye (S)
Mind who you are speaking to

Mind your own business

Mind your P's and Q's
Mind yourself
Never mind
Of one/the same mind

Out of sight out of mind

Peace of mind; mental
happiness
Presence of mind
Prey on one's mind; causes
deep and prolonged mental
stress
Sad in mind
The eyes of your mind
To my mind
With one mind or accord

MINGLE
The guests mingled

MINISTER
The minister is exceptionally
eloquent
The minister had not much
freedom of speech today
The young minister obtained a
benefice; a living

MINUTE
A minute or two
I shall be with you in a
minute
Minutes of a society's pro-
ceedings
The two minutes of silence
This minute; this instant

MINUTELY
Are you minutely acquainted
with him?
Did you search it minutely?
Search minutely

MIRROR
A hand mirror; a tall m.;
a wall mirror

MIRTH
In an excess of mirth
Indulging in foolish mirth

Dol an aghaidh; cha toigh le
Gabh cùram
Thoir fo chùram
Bi cùramach/faiceallach
Thoir an aire co ris a tha thu
a' bruidhinn
Cùm do shròn às; an rud nach
buin dhut na buin dhà
Bi air d' fhaiceall
An aire ort fhèin
Na biodh cùram ort
A dh'aon inntinn/rùn; air
an aona ràmh
Rud nach fhaic sùil cha ghluais
cridhe
Toileachas-inntinn

Ciall
Tha rudeigin a' cur air d' inn-
tinn/a' cur iomagain air

Is cianail m' aigne
Sùil bhur n-inntinn
Ri m' chuimhne
A dh'aon inntinn

Chaidh na h-aoighean an ceann
a chèile

Tha cur-a-mach anabarrach aig
a' mhinisteir
Cha robh mòran saorsa aig a'
mhinisteir an-diugh
Fhuair am ministear òg beatha-
chadh

Mionaid no dhà
Ma bhitheas mionaid saor agad

Mionaidean comainn

An dà mhionaid de thàmh
Air a' mhionaid

A bheil thu mion-eòlach air?

An do mhion-rannsaich thu e?
Lorg gu mionaideach

Sgàthan làimhe; s.fada.; s.balla

Air mhire
Ri mire ghòraich

MISADVISED
We were misadvised

Fhuair sinn droch chomhairle;
bha sinn air ar cur am mearachd

MISAPPLY
You misapplied it; wasted it
You misapplied your time

Rinn thu mì-bhuil dheth
Mhì-bhuilich thu d' ùine

MISAPPROPRIATE
We misappropriated the money

Chuir sinn air seachran an t-air-
gead

MISCALL
Don't you miscall the drink
as you are addicted to it
yourself
Miscall him

Na cuir thusa sìos air an deoch
agus tu fèin rithe

Cuir sìos air

MISCHIEF
Make mischief; intentionally
cause discord or misery
Mischief has befallen you
Mischief shall befall him
Mischief take you!
What mischief came over you!

Dèan aimhleas/trioblaid

Dh'èirich an t-aimhleas ort
Thig tubaist air
Tubaist ort!
Ciod e a' bhochdainn a thàinig
ort!

You have gone to the mischief

Tha an truaighe ortsa

MISCHIEVOUS
A mischievous person
These mischievous boys hid the
spades

Droch isean
Chuir na balaich dhubha ud air
falach na spaidean (here *balaich
dhubha* means *mischievous)*

MISLEAD
Misleading; leading astray

A' cur air seachran

MISS
I missed it; it did not occur
to me
She was not missed

Chaidh e iomrall/mu seach orm;
cha tàinig e steach orm
Cha robh ionndrain oirre

MISTAKE
If I am not mistaken his name
is Norman

Mur eil mi air mo mhealladh,is e
Tormod a tha air

MISTRUST
I mistrust him

Chan eil earbsa agam às

MIX
They mixed/disarranged their
possessions

Chuir iad feadh a chèile na seil-
bhean aca

MOAN
He was moaning through the
night

Bha e a' gearan feadh na
h-oidhche

MOCK
He began to mock me
Mock him

Thòisich e a' fanoid orm
Dèan fanoid/magadh air

MODEL
The exact models of each other

Leth-bhreacan a chèile

MODERATION
A thing without moderation	Nì gun chuimse
In moderation	Ann am measarrachd
That is beyond all moderation	Chan eil sin na chuibheas

MODESTY
Modesty is the ornament of women	Is e àilleantachd maise nam ban

MODIFY
Modify a statement	Atharraich na chaidh a ràdh

MOLEST
Do not molest me/them	Na bi rium/riù
Who molested you?	Cò chuir dragh ort?
Who molests you?	Cò tha a' cur ort?; cò tha ribh?

MOLLY-CODDLE
He has been too long molly-coddled by his grandmother	Bha e ro fhada na pheata-caillich aig a sheanmhair

MOMENT
At odd moments	Bho àm gu àm
At the moment	Air a' mhionaid seo; an dràsda
At the moment of battle	An àm na h-ùspairt
For a moment	Car tiota
Half a moment; half a mo' (S)	Tiota
He will come in a moment	Thig e an ceartair
In a moment	An ceann greiseig; am plathadh; ann an tiota

MOMENTOUS
A momentous affair	'S ann a tha' n gnothach sin cudthromach

MONEY
A mint of money; a very large sum	Sùim mhòr airgid
A money changer	Fear malairt airgid
A money order	Òrdugh airgid
Copper money	Airgead ruadh
Heaping or hoarding money	A' tòrradh airgid
Hearth money	Airgead cagailt
Hush-money	Brìb
John is saving money	Tha Iain a' cur airgid mu seach
Loaned money	Airgead-iasaid
Money for jam/old rope (S)	Glè fhurasda
Money is no object; shortage of money is no problem	Chan eil dìth airgid na bhacadh; chan eil gainnead airgid gu diofar
Money invested for interest	Airgead air riadh
Part with your money	Dealaich ri d' airgead
Pin-money; pocket money; money for small necessities	Airgead pòcaid mnà airson gnothaichean beaga
Ready money	Airgead-làimhe; airgead ullamh
Table the money	Taisbean an t-airgead
The money is left in pledge; deposited on security	Tha 'n t-airgead an nasg
To save money	Airgead a shàbhaladh

MONSTER
Each bogy and monster	Gach bocan is uamhlach

Like a bad monster   Mar uile-bheist mhì-chiallach
What a monster you are!   Nach bu tu an t-urraisg!
You monster!   A bhèist air do chasan!

MONTH

A whole month   Mìos air a ceann
For a month   Car mìosa
Month of Sundays (S)   Ùine mhòr
Next month   An ath mhìos; air a' mhìos tha
                            tighinn

MOOD

He is in a bad (good) mood   Tha seòl dona (math) air

MOON

A change or phase of the moon Cairteal gealaich
Like the moon   Mar a' ghealach
Moonshine; unreal; fantastic   Neo-fhìor; neo-iongantach
Moon-struck   Mearanach
The last moon   An solas seo chaidh
The light of the full moon   Làn-shoillse na gealaich
The moon on the hills   Gealach air na slèibhtean
The moon's path   Triall na gealaich
The new moon   A' ghealach ùr
There is a halo round the moon Tha cuibhle/roth mun ghealaich

MOOR

The highest part of the moor Mullach a' mhonaidh
Through the moor   Air feadh a' mhonaidh

MORAL

Bad (good) morals   Droch (deagh) bheusan
Moral conduct   Iomchar nam beus

MORE

A little more   Beagan eile
Be no more   Na bi nas mò
Give me more   Thoir dhomh tuilleadh
He that is no more   Am fear nach eil an làthair; am
                            fear nach maireann
I will have no more   Cha bhi tuilleadh agam
I will come no more   Cha tig mi tuilleadh
Is not one more than enough? An teic a h-aon?
It is not more than five miles Chan eil i barrachd air còig mìle
  away   às
More and more   Tuilleadh 's a chòir
More or less   An ìre mhath; beag no mòr
More people   Barrachd dhaoine; tuilleadh
                            dhaoine
More than   Barrachd/còrr air
More than is right   Tuilleadh 's a chòir
More than that   Barrachd air sin
More than you   Barrachd ortsa
More times   Nas trice
No more   Tuilleadh
That is more than is due   Cha teic dhut
The more ... the more   Mar as motha ... 's ann as motha
The more he cried   Bu mhòid a ghlaodh e
There are not more than twenty Chan eil a suas air fichead ann
What do you do more than   Dè tha sibh a' dèanamh thar
  others?   chàich?

MOREOVER
And another thing; moreover
Besides; moreover
Moreover

Over and above that; moreover

Agus rud eile dheth
A bhàrr sin
A bhàrr; a bharrachd air sin; a
 thuille; tuilleadh air sin;
 tuilleadh eile/fòs
A bharras air sin

MORNING
From morning till night
Good morning
Good morning to you!
In the morning
It is a charming morning
Morning coffee
Morning search
Morning tea
One o' clock in the morning
The morning had scarcely dawned
 when we met
There was this morning
Tomorrow morning
What is the morning like?

O mhoch gu dubh
Madainn mhath
Fàilte na maidne ort!
Anns a' mhadainn
Tha madainn àlainn ann
Cofaidh maidne
Eararadh maidne
Tì maidne
Uair sa' mhadainn
Cho robh an là ach air glasadh
 nuair thog sinn oirnn
Madainn a bha seo
Madainn a-màireach
Ciamar a tha a' mhadainn?

MORTGAGE
Mortgage; bet

Cuir an geall airgid

MORTIFY
The accusation mortified John

Chuir a' chasaid doilgheas air
 Iain

MOST
At most
Most assuredly; most decidedly

Air a' char as fhaide/as motha
Gu beachdaidh; gu deimhinn

MOTE
A mote stuck in my eye
Who does not see a mote in an
 oyster-catcher's eye

Chaidh dùradan am shùil
Nach fhaic frìd an sùil brìdein

MOTION
Something in motion
Without motion

Rud air ghluasad
Gun ghluasad

MOULDER
The meat mouldered

Dh'fhalbh an fheòil na smur

MOUNT
Mounted on horseback
Mount up

Air muin eich
Càrn suas

MOUNTAIN
A mountain top
Make a mountain out of a mole-
hill
Mountains of mist rose in the
sea
The base of the mountain

Cabar beinne
Cuir am meud gu mòr

Dh'fhàs slèibhtean ceò air an
 fhairge
Bonn na beinne

MOURN
Blessed are they that mourn

Mourn

Is beannaichte iadsan a tha ri
bròn
Dèan bròn

Mourning   Fo bhròn
Mourning dress   Eideadh bròin
They are wearing mournings   Tha iad am bròn

MOUTH

A mouth-tune; mouth music   Port-a-beul
By word of mouth   Le facal beòil
Down in the mouth   Dubhach
His heart is in his mouth   A chridhe na shlugan
Make one's mouth water   Uisge a chur air fiaclan
Many a mouth-tune we have   Is iomadh port-a-beul a chuala
  heard from Annie   sinn aig Anna
Mealy-mouthed   Leam-leat
My mouth will speak of your   Thig mo bheul air do cheartas
  justice
Take the words out of my mouth   Thoir na faclan às mo bheul
The mouth of the river   Bun na h-aibhne

MOUTHFUL

A mouthful   Làn beòil
A mouthful of milk   Balgam bainne
He ate it in mouthfuls   Dh'ith e na ghàmagan e
I shall take a mouthful of hot   Gabhaidh mi balgam de bhrochan
  gruel with butter in it   teth is ìm ann

MOVE

Always on the move   Luideag an ceann cabair
Don't move it   Na caraich e; na cuir car dheth
Get a move on   Greas ort
He cannot even move   Chan eil cothrom snaoidheadh aige
He cannot move it   Cha toir e gliog às
He couldn't move   Chan fhaigheadh e air carachadh
I will not move until I must   Cha charaich mi gus am feum mi
Move heaven and earth   Dèan do dhìcheall; ag oibreachadh
    le dìcheall mòr
Move off   Gluais air falbh; tarraing às
Move on; hasten your pace   Gluais air falbh; thoir ceum às
Move out of my way   Teann às an rathad
Move out of this   Gluais às seo
That tooth will not move   Cha diogaich an fhiacail ud

MOVEMENT

Agile movements; feats of   Lùth-chleasan
  legerdemain
Without movement; without   Gun aon char a chur dheth
  stirring

MUCH

As much   Uimhir
As much again is requisite   Cha b' uilear uimhir eile
As much as   Uimhir ri; uiread ri
As much as he can carry on   Ultach a dhroma
  his back
As much as the rest   Uimhir ri càch
As much as there are   Uimhir 's a th' ann
Half as much   Leth uiread
How much do you have?   Dè na tha agad?
How much do you owe him?   Dè tha aige ort?
How much does she owe you?   Dè tha agad oirre?
How much was it?   Dè bha e?

I have as much as you have	Tha uiread agamsa 's a th' agad
I have not as much as that	Chan eil uiread sin agam
I should very much like to come	Bu ro chaomh leam tighinn
Much hunger	Mòran acrais
Much more than	Còrr math is
So much	Uimhir
So much in debt	Cho domhainn ann am fiachan
That is too much	Tha sin cus
Very much	Gu mòr; mòran

MUDDLE

I became muddled	Chaidh mi nam bhreislich
Muddling or confusing the skies of my head; in a brown study	A' cur speura mo chinn troimh chèile
Muddling through	Tròimh chèile

MUGGY

It is muggy and drizzling	Tha e smugach

MULTIPLY

Soon they have multiplied	Is luath a dh'àlaich iad
They increased, multiplied	Shìolaich iad

MURMUR

The murmur of the waves	Nuallan thonn
The murmuring of the brooks	Torman nan allt
They murmured	Rinn iad gearan

MUSCLE

Muscle in (to) (S)	Brùchd a-steach gu calma
With their muscular arms	Leis na gàirdeanaibh dòideach

MUSIC

Classical pipe music, which is symphonic with an *ùrlar* (thema) and variations, which is usually called *pìobaireachd*	Ceòl-mòr
Marches, strathspeys and reels	Ceòl-beag
Music and feasting by turns	Ceòl is cuirm fa seach
The music of a song in pipes style	Ceòl-meadhanach
The variations of the music	Fiaradh nam fonn

MUSICAL

A musical composition	Strì nam fonn
A musical instrument	Culaidh-chiùil; inneal-ciùil

MUST

I must	Is èigin dhomh/leam; is fheudar dhomh; tha agam ri; feumaidh mi
I must be strict with him	Feumaidh mi bhith cruaidh air
I must walk	Tha agam ri coiseachd
I must walk home	Is fheudar dhomh coiseachd dhachaigh
I must see Mary	Is fheudar dhomh Màiri fhaicinn
If we must fall	Mas fheudar dhuinn tuiteam
It must be the weather	Feumaidh gur i 'n aimsir as coireach
It must needs be	Sin mar a dh'fheumas
Must be	Feumaidh e bhith

Must I go?
Needs must when the Devil drives
She must
We must do it
You must apply the case to yourself, John
You must give it to me immediately

Am feum mi falbh?
Chan eil ach cur suas leis

Thig oirre
Tha e oirnn a dhèanamh
Feumaidh tu a' chùis a chur riut fhèin, Iain
Feumaidh tu a thoirt dhomh ann an làrach nam bonn

MUSTARD
Keen as mustard

Geur air

MUSTER
Past muster
The mustering of hosts

Cho math 's a dh'fhòghnas
Riaghladh air slòigh

MUTCHKIN
A mutchkin of whisky

Bodach uisge bheatha

MUTTER
What are you muttering about?

Dè an cur-a-mach a th' ort os ìosal

MUZZLE
We muzzled the dog

Chuir sinn glas-ghuib air a' chù

MYSELF
For myself; for my own part; as for me
I myself

Air mo shon fhèin; dhomh fhìn
Mi fhèin/mi fhìn

MYSTIFY
I became mystified

Chaidh mi ann an ceò

NAB
The policeman nabbed him (S)　Fhuair am poileas grèim air

NAIL
A wooden nail　Crann-tarann
Hard as nails　Cho cruaidh ris an iarann
Hit the nail on the head　Buail air cnag na cùise
Nail in one's coffin　Ceum nas giorra don bhàs
Nail one's colours to the mast　Am fòd sheasamh; chan eil
　tilleadh ri bhith ann
Nails like claws　Iongnan mar spuirean
On the nail (S)　Dìreach air a' cheann
To nail someone to his promise　A thoirt air duine a ghealltanas
　a choimhlionadh

NAKED
He was naked　Cha robh stiall air ach mar
　a rug a mhàthair e
Naked swords　Lannan loma
They were both naked　Bha iad le chèile lomnochd

NAMBY-PAMBY
Namby-pamby; effeminate　Bog; breòite

NAME
A Christian name　A' chiad ainm; ainm-baistidh
A good name　Deagh ainm
A surname　Cinneadh
His name escapes me; is　Tha an t-ainm aige ri ruith air
　running through my mind　　mo theangaidh
His name is Norman　Is e Tormod a tha air
It is easier to lose a good　Is fhasa deagh ainm a chall na a
　name than to get one　　chosnadh
John has made a name for him-　Tha an cliù dèanta aig Iain
　self
Mister what's his name?　Mhaighistir...c' ainm a tha air?
My name is Alasdair　'S e Alasdair a tha orm
The boy named John　An gille ris an abrar Iain
What is his/her name?　Dè an t-ainm a th' air/oirre?
What is his/her surname?　Dè an cinneadh a th'aige/aice?
What is the name of this?　Ciod is ainm air/do seo?

NAP
A nap; a siesta　Cadal-ceàrnach; norra beag;
　norrag
Catch napping (S)　Gabh cothrom air

NARROW
A narrow escape　Caol theàrnadh
A narrow margin　Air èiginn
A narrow squeak (S)　Caol theàrnadh
Narrow headlands projected sea-　Bha rubhaichean caola a' ruith
　wards　　a-mach don chuan

NASTY
To be nasty to someone　Droch-cheann a thoirt do dhuine

NATIVE
A native/natives of the place　Nàisinn an àite
He is a native of Uist　'S ann de mhuinntir Uibhist a
　tha e

242

He speaks English like a
native
Land that can produce crops
from its own native energy
Local native population
Our parents are natives of Uist

Tha a' Bheurla aige mar gum b'i
a' chainnt mhàthaireil aige
Talamh a bheir bàrr o a mhèinn
fèin
An tuath
Is e Uibhistich a tha nar pàrantan

NATURAL
It is natural for/to me/him
It is not natural
The natural effects of your
deeds or conduct

Is dual dhomh/dha
Cha dùth
Toradh do ghnìomharan

NATURE
A man's nature sticks to him
God of nature
In the nature of things
Second nature
That is not his nature
The work of nature

Is companach do neach a nàdur
Rìgh nan dùl
Mar a tha
Gu nàdurra
Chan eil sin na ghnàths
Obair nàduir

NAUSEATE
The sight of blood nauseated me

Chuir sealladh na fola sgreat orm

NAVY
The British Navy; Royal Navy

An Cabhlach Rìoghail

NEAR
A near/close thing
About, near
Come near
Everything that comes near to
you
He was not near the place
Near a year
Near; at foot
Near by; near at hand
Near daylight
Near each other
Near him; near her
Near me

Glè fhaisg
Beul ri; faisg air
Teann a-bhos
Gach nì a thig 'ad charaibh

Cha robh e an gaoth an àite
Taic ri bliadhna
Am bun; an cois
Ri làimh
Faisg air briseadh fàire
Dlùth air a chèile
Na chois; na cois
Dlùth dhomh/orm; fagus orm;
làimh rium

Near the mark
Near the school
Near the sea
Near the town
Near the well
Near to
The work is nearing completion

Chan eil e sin fada às
Deisearach air an sgoil
An cois na mara
Air chòir/faisg air a' bhaile
Làimh ris an tobar
A chòir
Tha an obair a' dlùthachadh ri
coimhlionadh

Those near and dear to him

A' mhuinntir mùirneach aige fhèin

NEARLY
He was nearly demented with
back-ache
Nearly a month
Nearly; almost
Nearly finished
Nearly ready
Nearly related

Bha e gus a dhol deth fèin
leis an leum-droma
Teann air mìos
An comhair
Air a chois-chaoil
Beul/fagus air a bhith deas
Dlùth an dàimh

NEATNESS
There cannot be expedition and neatness together

Cha bhi luathas is grinneas còmhla

NECESSARY
Everything necessary
If necessary
It is (not) necessary
To be necessary
When it is necessary

Gach nì a tha feumail
Ma dh'fheumar
(Chan) fheumar
Gu bhith feumail
Nuair is èiginn

NECESSITY
Any necessity you want
Going for little family
   necessities
It is a dire necessity

Make a virtue of necessity
Nothing but dire necessity
   would make me wear a top hat
Of necessity; under necessity

Uireasaich sam bith a tha ort
A' dol air toir uireasan

Is diùr an gàbhadh; is e fìor
   èiginn a tha ann
Dèan beus de èiginn
Is i an dubh èiginn a bheireadh
   orm ad-mholach a chur orm
An èiginn

NECK
A stiff neck
Get it in the neck (S)
Neck and crop; bodily

Neck and neck; side to side;
   level
Neck or nothing

Up to our necks

Rag mhuinealach
Gheibh thu e
Eadar ceann is casan; eadar corp
   agus anam; gu lèir
Taobh ri taobh; co-ionann

Gach nì no neo-nì; tha an
   t-iomlan an geall air
Gar n-amhach

NEED
He is in sore need of it
I am in need
I need not complain
In need of food
Mary lacks food; needs food
Needed by him
One must needs endure the
   sorest plight
Take it in case there be need
   of it
That is needed in the world
   today
That would not need to be put
There was no need for him
They had (no) need of
They will need it all

Tha cruaidh fheum aige air
Tha feum orm
Cha ruig mi leas a bhith gearan
Feumach air biadh
Tha biadh a dhìth air Màiri
A dhìth air
Is cruaidh an càs ach 's fheudar
   fhulang
Thoir leat e (a) dh'fhios am bi
   feum air
Tha sin a dhìth air saoghal an là
   an-diugh
Gu feumteadh...a chur
Cha robh feum air
Bha (cha robh) feum aca air
Chan fhuilear dhaibh e

NEGATIVE
In the negative

Gu h-àicheil

NEGLECT
Forgotten; neglected
Neglect; forget
To neglect to do something
You have neglected yourself
   too much

Mu làr
Dèan dearmad air
Rud fhàgail gun a dhèanamh
Tha thu air thu fhèin a thoirt
   suas tuilleadh 's a' chòir

244

NEGOTIATE
Negotiate it   Dèan gnothach ris; thoir gu buil/-ìre e

NEIGHBOUR
The next-door neighbour   Nàbaidh bun na h-ursainn

NEITHER
He said neither good nor ill   Cha tubhairt e math no sath
Neither here nor there   Cha robh e siud no seo
Neither; nor   Ni motha
Neither was there a blush on their countenance   Ni mò bha rudhadh air an gruaidh
Neither will I do it   Cha mhò a nì mi e

NERVE
Getting on one's nerves   A' dol air an nearbh agam
Have the nerve to   Bha bhathais air
He strained every nerve to do it   Rinn e spàirn mhòr gu a dhèanamh

NEST
Feathering his nest   A' dèanamh stòr dha fhèin
Nest egg   Airgead air a chur mu seach

NEVER
He will never come   Cha dìlinn a thig; cha tig e am feasd
I shall never return   Cha till mi a chaoidh
I have never been a burden on others   Cha robh mi riamh nam throm uallach air càch
Never mind   Na biodh cùram ort; coma leat
Never mind him   Leig seachad e
Never say die   Na toir suas; thig là eile
Well I never   Air m' onair

NEW
A new book   Leabhar ùr
New broom   Sguab ùr
New fangled   Nuadh fillte
Quite new   Ùr nodha

NEWLY
Newly sown   Air ùr chur
They have newly begun   Dh'ùr-thòisich iad

NEWS
Bad news is seldom refuted   Is tric nach tig ath-sgeul air an droch sgeul
Have you any news?   A bheil ùrachd naidheachd agad?
Is there a newspaper in the house?   A bheil pàipear-naidheachd a-staigh?
No news is good news   'S math an naidheachd a bhith gun naidheachd idir
The daily news   An naidheachd làitheil
What news have you?   Dè do naidheachd?
What's the news?   Dè tha ùr; dè tha dol?

NEXT
Next   An ath
The next best thing would be to   B' e an ath rud a b' fheàrr
The next day   An ath là
The next house but one   An dara taigh on taigh seo

The next time: over again
Whatever next?

An ath uair
Gu dè nis?

NICE
What a nice man he is!

Nach laghach an duine e!

NICETY
To a nicety

Gu h-ealanta

NICKNAME
He has been given a nickname
    that is likely to stick to him

Chaidh far-ainm a thoirt air a
    tha a' brath air leantainn ris

NIGGER
The nigger in the woodpile

Fear a tha ag adhbhrachadh na
    trioblaid

NIGHT
All night
At night
By day and night
From early morning till dark
    night
Have a good (bad) night
In the night time
In the pitch dark night
It is going to turn out a good
    night
Last night
Night after night
Night-clothes
On a quiet night
Overnight
Spend the night
The middle of the night
The night before Christmas
To-night
Tomorrow night
Very early in the night
When night overtook him he was
    all alone
With the dew of the night

Rè na h-oidhche; fad na h-oidhche
Air feadh na h-oidhche
An là 's a dh'oidhche
Bhon òg-mhadainn gu dall-oidhche

Bi deagh/droch oidhche agad
An àm na h-oidhche
San oidhche dhuibh dhuirch
Is ann tha e a' dol a dhèanamh
    oidhche mhath
An raoir
Oidhche an dèidh oidhche
Culaidh-oidhche
Ri oidhche sàimh
Gu madainn
Cuir seachad an oidhche
Meadhan na h-oidhche
Oidhche nam bannag
An-nochd
An ath-oidhche; an athoidhche
Tràth san oidhche
Nuair a thuit an oidhche air, cha
    robh duine còmhla ris ach e fhèin
Le braonaibh na h-oidhche

NIGHTFALL
At nightfall the lamps were lit

Aig beul na h-oidhche chaidh na
    lòchrain a chur thuige
Beul na h-oidhche

Nightfall or dusk

NINE
Nine days wonder
Up to the nines

Iongnadh fad greis
Làn sgeadaichte

NINNY
What a ninny he is

Nach e a tha falamh

NIP
Nip in the bud

Bac nan tùs

NOBLE
Of noble extraction

Bho dhaoine uasal

NOD
On the nod; without objection
    (S)

Gun ghearan

NOISE

Noise abroad
Noisier than a billow's roar
The noise of the blast
The noise of the sea
Without noise or boasting
Why do you make such a noise?

Craobhsgaoil
Na b' truaimnich na fuaim tuinne
Srann na sìne
Gàir na fairge
Gun bhallart gun mhòrchuis
Ciod e a' ghleadhraich a tha ort?

NOMINATE

I nominated Mary for the post

Chuir mi ainm Màiri air adhart
airson an dreuchd

NONE

He was none the worse
Second to none

Cha robh e dad na bu mhiosa
As fheàrr

NORTH

From the North or northward
Further north
North wind
Northward of you
The North Pole Star
The wind is from the north

Bhon tuath
Nas fhaide tuath
A' Ghaoth a Tuath
Tuath ort
Gath-linn
Tha a' ghaoth às an àirde tuath

NOSE

Cut off one's nose to spite
one's face
Following one's nose
Keep one's nose to the grind-
stone
Lead by the nose
Pay through the nose
Plain as the nose on one's face

Poke one's nose into
Turn one's nose at
Under one's nose
You are putting your nose out

Dèan cron ort fhèin air tàille
droch rùn do neach eile
A' dol air adhart gu dìreach
Ri saothair gun lasachadh

Thoir leis e dheòin no dh'aindeoin
Pàigh gu daor
Cho soilleir agus a ghabhas a
bhith
Gabh gnothach/turas ri duine eile
A' meas gun diù
Dìreach mu choinneamh
Tha thu a' milleadh d' fhèin-mheas

NOT

Did you get fish? We did but not
much
Is it not good?
Not at all
Not long
Not much
Not one
Not so
Not ... but

An d'fhuair sibh iasg? Fhuair sinn
stràcadh
Nach math e
Chan eil idir
Cha rèis fhada
Chan eil mòran
Chan eil aon
Chan eadh
Chan eil ... ach

NOTCH

The Notched Hill
You have notched the knife

An t-Aonach Eagach
Chab thu an sgian

NOTHING

Can make nothing of
Have nothing to do with
I have absolutely nothing
I have nothing
I had nothing wrong with me
I got nothing out of it
It is worth nothing

Cha dèan mi càil dheth
Na gabh gnothach ri
Chan eil càil agamsa
Chan eil sìon agam
Cha robh dad a' tighinn riumsa
Cha d'fhuair mi nì air
Chan fhiach e càil

Nothing but	Chan eil ... ach
Nothing for it	Chan eil càil air a shon
Nothing like as/so good as	Cha robh e faisg air a bhith math gu leòr
Nothing more nor less	Car mun aon rud
Nothing shall die	Chan fhaigh a bheag bàs
Nothing to choose between them	Cha robh dad eatorra
There is nothing for it but ..	Chan eil air ach
There is nothing here	Chan eil càil an seo
There is nothing to it	Chan eil càil ann
There was nothing else for it	Cha robh càil ri dhèanamh
There was nothing to do but	Cha robh aig ach; cha robh ann dha ach
They owe me nothing	Chan eil nì agam orra
They will come to nothing	Thig iad gu neo-ni

NOTIFY

We notified him	Thug sinn fios dha

NOW

Just now	An dràsda
Now and again; now and then	A-nis 's a-rithist
Now is the day and now the hour	Is e an-diugh an là,agus is e seo an t-àm
Now or never	Cha dèanar gu sìorraidh e mur dèanar a-nis e
Now then	A-nis ma ta
Until now	Gus a seo; gus an dràsda

NTH

N times	Uair agus uair
To the Nth degree	Cho fada agus a ruigeas

NUDGE

He nudged me	Phut e orm

NULL

Null and void	Gun bhrìgh

NUMBER

A fair number of feet	Cunntas math throighean
A number of people	Dòrlach sluaigh
A serial number	Àireamh a' leantainn
A vast number of people	Fuathas dhaoine
Few in number	Gann an àireamh
He was one of their number	Bha e air duine aca
I number him among my friends	Is fear do mo chàirdean e
Number one	Mi fhèin

NURSE

A wet-nurse	Bean-cìche
Nurses	Mnathan-eiridinn; banaltruim
The nursery for children	An t-seòmar-altraim

NURSING

A son may grow from bad nursing but cannot escape the grave	Cinnidh mac o mhì-altram ach cha chinn e on aog
Nursing him	Ga eiridinn
Out nursing	Mach air bhanaltramachd

NUT

A hard nut to crack	Ceist dhuilich; cùis dhuilich

Be nuts on (S)   Às do chiall mu dheidhinn
Off his nut (S)   Às a chiall

NUTSHELL
In a nutshell   Bho bhun gu bàrr

OAR

A bank of oars and rowers	Àlach ràmh
Put in one's oar	Cuir a-steach beachd
Rest on one's oar	Cuir stad air obair car uair
Shipping of oars	Sgathadh ràmh
The oars are in anyway	Tha na ràimh a-staigh co-dhiù
The oars twisting in the trough of the lofty waves	Na ràimh gan snìomh an achlais nan àrd thonn
You may take in the oars	Faodaidh sibh na ràimh a thoirt a-steach

OAT

A sheaf of oats	Sguab choirce
Oat cake and barley bread	Aran coirce is aran eòrna
Sow one's wild oats	Thoir seachad gòraich na h-òige

OATH

A false oath	Mionnan-eithich
Oaths and curses	Droch cainnt
Swear; give oath	Thoir mionnan
The obligation of oaths	Ceangal nam mionnan
To administer an oath	Gabh mionnan
To swear on his oath	Toirt a mhionnan air an leabhar

OBEDIENTLY

He responded obediently	Dh'ath-fhreagair e gu h-umhail

OBEISANCE

He made obeisance to him; he saluted him	Rinn e ùmhlachd dha
Make your obeisance	Dèan d' ùmhlachd

OBEY

He obeyed the summons reluctantly	Dh'imich e mun òrdugh an aghaidh a thoil

OBJECT

An object of disgrace	Ball tàmailte
An object of fear	Culaidh-eagail
An object of mirth	Culaidh-àbhachdais
He objects to this and that to me	Tha e a' stocadh siud agus seo rium
My immediate object	Mo chiad chuspair
They did not object to being near to me at all	Cha bu bheag orra bhith nam chòir idir
What was the object of their journey?	Ciod e am bonn air an d'fhalbh iad?

OBJECTION

He raised no objection to that	Cha do chuir e an aghaidh sin
If you have no objection	Mura misde leat

OBLIGATION

Am I under an obligation to do that?	A bheil sin mar fhiachaibh ormsa?
Discharge one's obligations	Fosgail na comainean
Under obligation to you	Fo chomain agadsa

OBLIGE

I am much obliged to you	Tha mi fada/mòran nad chomain
I am obliged to do it	Tha e orm a dhèanamh
I am obliged to do that	Is èiginn dhomh sin a dhèanamh
You are obliged to do it	Tha e oirbh a dhèanamh

OBLIVION

Sinking into oblivion;
  forgotten completely

Dol às an t-sealladh; air
dìochuimhne gu tur

OBSERVE

Did you observe, or take
  notice, of him passing?
I observed attentively
Still observed

An do mhothaich thu dha a' dol
seachad?
Bheachdaich mi gu dùr
Air an cumail air chois

OBSERVANT

How observant your mind was!

Is e do thùr a bha beachdail!

OBSTINATE

He that is obstinate will
  often find his match

Am fear a nì dìorras is iomadh
duine a nì dìorras ris

OBSTRUCT

We obstructed their intentions

Chuir sinn bacadh air na rùintean
aca

OBTAIN

He obtained that when he was
  in sore need of it
I did not obtain it; I had no
  desire for it
Obtaining on credit
Obtaining the victory
They obtained two each

They obtained share and share
  alike

Thàinig siud na rathad agus bha
cruaidh fheum aige air
Cha d'fhuair mise e; cha robh
iarraidh agam air
A' faighinn air dhàil
A' toirt a-mach na buaidhe
Fhuair iad a dhà an làimh an
urra
Thugadh uiread agus uiread do
gach fear dhiubh

OBTRUDE

He obtruded into the conver-
sation

Chuir e a bheul anns a' chòmhradh

OBVIATE

He obviated all difficulties

Chaidh e timcheall air duilghead-
ais gu h-iomlan

OBVIOUS

It is obvious that you do not
  know
That is obvious
The result is obvious

Tha e follaiseach nach aithne
dhut
Tha sin soilleir
Is lèir a bhuil

OCCASION

I had occasion
If the occasion arises
On that occasion
Rise to the occasion
Take the occasion to

Bha an cothrom agam
Ma bhitheas an cothrom ann
An sin
Dèan a' chùis
Gabh an cothrom

OCCUPATION

His present occupation
What is his occupation?

What is your occupation?

An obair ris am beil e
Dè an ealdhain a tha e a' lean-
tainn?
Ciod e an obair ris a bheil thu?

OCCUPY

Occupy one's time/energy
We were occupied with drinking

Cuir seachad tìde
Bha sinn ri òl

OCCUR

It never occurred to me that
you were so guileless

It occurred to me

It occurred to me that it was
time to wind up

Cha tàinig a-steach orm a riamh
gun robh thu cho fliuch agus
a tha thu
Bhuail e nam inntinn/orm;
thàinig e a-steach orm/fa mo
chomhair
Bhuail e nam inntinn gu robh e
na thìde na slatan a phasgadh

OCEAN

The yacht was sailing on the
ocean
To the ocean floor

Bha an sgoth-long a' seòladh air
a' chuan
Chon a' ghrùnnd

ODD

An odd fellow
The odd one
You are an odd fellow

Òlach aighearach/ait
An corra fhear
Is èibhinn thu fhèin

ODDS

He is fighting against great
odds
Long odds; an improbability
The odds; a probable event
They are at odds with one
another; they do not agree
They are at odds with one
another; are opposed to each
other
What's the odds?

Tha e a' snàmh an aghaidh an
t-sruth
Fìor eu-coltach; mì-choltas
Tachartas coltach
Chan eil iad air an aon inntinn

Chan eil iad a' treabhadh an aon
iomair

Dè an deifir?

ODOUR

Fish odour
In bad odour

Samh èisg
Ann an droch shùnnd

OFF

And off they went on the stroke
of ten o'clock
Avaunt! Off with you!
Badly off
Be off; unavailable; off the
menu
Be off; be unfit to eat
Be off; go!

Be off; leave; depart
Be off with you
Keep off
Off colour; slightly unwell
Off hand; casual; irresponsible
Off I went!
Off one's food
Off one's guard
Off putting; discouraging (S)
Offshoot
Off the beaten track
Off the map (S)
Off the point
Off they made with her

Agus a-mach gun tug iad air
buille nan deich uairean
Cùl nan còig riut!
Gu dona dheth
Às a' chairt-bidh

A bhith dheth; do-ithe
Gabh chun an dorais; gabh air
falbh; trus ort
Fàg/falbh/imich
Tarraing/teich às a seo
Cùm air falbh
Gu meadhanach
Coma co-dhiù
A-mach gun tug mi!
Gun chàil bidhe
Gun fhios dhut
Mì-mhìsneachadh
Meanglan
Fad às; fad air falbh
Iomallach
Fiaradh bhon chùis
A-mach leatha gun robh iad

252

OFFENCE

He took offence   Ghabh e gu h-olc e
He took offence at that   Ghabh e sin anns an t-sròn

OFFEND

His behaviour offended us   Rinn a ghiùlain oilbheum
    dhuinn

OFFER

He offered me money   Thairg e airgead dhomh

OFFSET

We offset the value of the old   Chuir sinn an aghaidh luach a'
car against the cost of the   chàr ùir cosgais a' chàr aosda
new car

OIL

Burn the midnight oil   Oibrich troimh an oidhche
Oil and water; 1.(Literally);   Ola is uisge (Lit); beachdan an
2. opposite views   aghaidh
Pour oil on troubled waters   Rèitich

OLD

An old maid without hope   Seann nighean gun dùil
From oldest to youngest   Bho fhear liath gu leanabh
He is nearly forty years old   Tha e a' streap ris an dà
    fhichead
He is twenty years old   Tha e fichead bliadhna a dh'aois
In olden times   Anns na seann làithean
Let him be ever so old   Air a shinead
Of old   Bho shean
Old as the hills   Cho sean ris a' cheò
Old crock   Seann chrogais
Old hat (S)   Seanntach
Old wives tales   Sgeulachdan shean bhan
Olden times   An t-sean aimsir
Older people   Daoine as sine
The one that was older   Am fear bu shine

OMEN

A bad omen   Droch fhàisneachd

OMIT

He omitted payment   Sheachainn e pàigheadh

ON

On; above; upon   Air muin
On all-fours   Air a mhàgan/a spògan
On and off   Air is dheth

ONCE

I was once in town   Bha mi uair sa' bhaile
Once a week   Uair san t-seachdain
Once a year   Uair sa' bhliadhna
Once and for all   Airson an uair mu dheireadh
Once bitten twice shy   Tha pian is call a' teagaisg
    aire; tha aon uair gu leòr
Once in a blue moon   Uair san ràithe
Once in a way   Air uairibh; an-dràsda 's
    a-rithist
Once over (S)   Sùil air
Once upon a time   Uair dheth robh saoghal; uair a
    bha siud

ONE

Between one and two	Eadar a h-aon 's a dhà
Every one	Gach aon; a h-uile gin
From one to the other	On dara ... chum ... eile
Helping one another	A' cuideachadh cach-a-chèile
In one	A dh'aon chuairt; a dh'aon oidhirp
No one else but	Gun neach eile ach
One after the other	Fear mu seach; fear an dèidh fir
One and all	Gu lèir
One at a time	Fear mu seach
One by one	A lìon an aon; a lìon fear is fear
One from another; past the other	Seach a chèile
One of them	Aon diubh
One-sided (agreement; treaty)	Aon-thaobhach
One with another; on an average	A-rèir a chèile
The evil one	Mac mallachd
To the one no more than another	Do aon seach a chèile

ONESELF

He was not himself	Cha robh e aige fhèin
He was so distraught as to be hardly himself	Chaidh e gu mòr bho aire fhèin

ONLY

He was only; it was only	Cha robh ann ach
It is only for	'S ann a-mhàin airson
Not only ... but also	Chan e amhàin ... aon
There was only ... for him	Cha robh ann dha ach
This is the only tune I can play	Is e seo an t-aon phort a thèid agam air a chluich
We had only arrived	Cha robh sinn ach air ruighinn

OPEN

An open handed/open minded man	Duine gasda
He who will not open his purse will open his mouth	Am fear nach fosgail a sporan fosglaidh e a bheul
Open (a discussion; proceeding)	Fosgail; gairm
Open and above board	Gu h-onorach
Open secret	Cha sgeul rùin e is fhios aig triùir air
Open sesame	Fuasgladh mìorbhaileach
Open the door	Fosgail an doras
Opened out; diverging	Air speucadh

OPINION

Golden opinions, admiration; praise	Meas mòr agus moladh
I am of the same opinion	Tha mi den aon bheachd
I was of the opinion	Bha mi am beachd
If I were of the same opinion as you	Nam bithinn nad rèir
If my opinion be correct	Mas math mo bheachd-sa
John and I are of the same opinion	Tha mi fhèin agus Iain air an aon fhacal
Matter of opinion	A-rèir do bheachd
Of one opinion	Air aon sgeul
Out of his opinion	Às a bheachd
Of the opinion	Den bheachd

Pass an opinion	Thoir beachd
To offer your opinion	Do bharail a thabhairt
Your opinion is unfounded	Tha thu faoin nad bharail

OPPORTUNITY

Best opportunity	Làn chothrom
It will be as well for you to make the best of·the opportunity	Bithidh e cho math dhut an cothrom sin a cheapadh
Take/seize the opportunity	Gabh cothrom
The first opportunity I get	A' chiad cothrom a gheibh mi

OPPOSE

He will oppose us	Gabhaidh e romhainn; thèid e nar n-aghaidh
Oppose/thwart him; her; them	Cuir na aghaidh; na h-aghaidh; nan aghaidh
Seriously opposed to her	Fada na h-aghaidh
To oppose fate is difficult	Is duilich cur an aghaidh dàin
Very much opposed to	Fada,fada an aghaidh

OPPOSITE

It is exactly the opposite of what you said	Tha e calg-dhìreach an aghaidh na thuirt thu
Opposite him; her; them	Mu chomhar; mu comhar; mun comhar
Opposite the window	Mu choinneamh na h-uinneige

OPPOSITION

In opposition to the others	Ann an aghaidh chàich
Meet with opposition	Buail air bacadh

OPPRESS

Oppress him	Dèan fòirneart air
Oppress not the distresssed	Na sàraich an truaghan
Oppressing or harassing me	Gam shàrachadh
Poor oppressed men	Daoine brùite truagh

ORDAIN

If that be ordained	Ma tha sin an dàn
That is ordained	Tha sin an dàn

ORDER

An order for goods	Òrdugh bathar
As you ordered	Mar a dh'òrdaich sibh
In good order	Ann an deagh òrdugh
In order; officially correct	Ceart
In order; successively	An dèidh a chèile; ann an òrdugh
In order; tidy; neat	Sgiobalta
In order that	A chum 's gu
In order to	A chum; a los
On order	Air òrdanachadh
Order boots for me	Tarraing brògan dhomh/orm
Order of the day	Riaghailt gnothaich
Out of its natural order	Às a rèiteachadh
Out of order; legally	An aghaidh an lagha
Out of order; reverse of in order	Na thorr-reath; na lùb làb
Put the house in order	Rèitich an taigh
Take holy orders	Rach fo riaghailt
The old order changes	Dh'fhalbh sin is thàinig seo
Without order	Gun òrdugh/rian

ORDINARY
Like an ordinary man	Mar fhear san t-sreath
Ordinary course of events	An àbhaist
Out of the ordinary	A-mach às an àbhaist; annasach

ORIGINATE
John originated the idea	Thug Iain gu bith a' bheachd-smuain

ORNAMENT
You would prove an ornament to the city	Chuireadh tu maise air baile

OSCILLATE
Oscillating this way and that	A' siùdan a-nunn 's a-nall

OTHER
Every other (literally)	Fear mu seach
Every other (metaphorically)	Gach darna h-aon
I could not do other than give it to her	Cha robh an dara cothrom agam ach a thabhairt dhi
On others	Air càch
On the other hand	Air an làimh eile
The other day	An là roimhe
Without any other	Gun aon eile

OTHERWISE
It cannot possibly be other-wise	Chan eil rian air nach eil

OUGHT
I ought	Is còir/leis dhomh
I ought to do that	Bu chòir dhomh sin a dhèanamh
I ought to do what I was told	Is còir dhomh a dhèanamh na chaidh iarraidh orm
You ought to be	Bu chòir dhut a bhith

OUT
Be out; be mistaken	Fo mhearachd
Be out; not at home	Air falbh bhon taigh
Flat out	Na dheann
Have it out; discuss openly	Dèan còmhradh air gu fosgailte
Have it out; a tooth	Thoir às an fhiacal
Out and about	Mu chuairt
Out-an-out	A-muigh 's a-mach
Out-at-elbows; shabby	Luideach
Out of; from	Bho
Out of; having no share in	Gun gnothach ris
Out of; without any left	As aonais; a-mach à; gun
Out of character	Cha robh e dualach dha
Out of condition; out of sorts	Neo-fhallan
Out of condition; unfit	Bochd; neo-iomchaidh; neo-fhreagarrach
Out of doors	A-mach à doras; air an t-sitig
Out of my presence	Mach às mo làthair
Out of one's mind	As a rian; às a chiall
Out of order; absurd	Gun dòigh
Out of print	A-mach à clò
Out of stock	Gun gin air fhàgail
Out of the hand; aside	Às mo làimh
Out of training	Neo-chleachdte

| The light has gone out | Tha an solas air dol às |

OUTCOME

| The outcome of it was that he was imprisoned | Is e bun na bha ann gun deachaidh a chur am prìosan |

OUTDO

| Lachlan outdid you; treated you badly | Cha bu mhath a fhuaras Lachlann ort |

OUTGROW

| The boy outgrew his clothes | Chuir an gille air chùl an t-aodach |
| The boy outgrew his friends | Fhuair an gille os cionn a chàirdean |

OUTLAST

| His colleagues outlasted John | Mhair a chompanaich nas fhaide na Iain |

OUTLAW

| Parliament outlawed him | Chuir Pàrlamaid fon choill e |

OUTRUN

| We outran our opponents | Ruith sinn seachad air ar nàimhdean |

OUTSET

| At the outset he told me to be careful of myself | Anns a' chiad dol-a-mach dh'iarr e orm an aire a thoirt orm fhèin |

OUTSIDE

| He is outside | Tha e a-muigh |
| On the outside | Air an taobh a-muigh |

OUTSKIRTS

| In the outskirts of the country | Air iomall na dùthcha |

OUTSTRIP

| John outstripped the other runners | Dh'fhàg Iain air deireadh na fir-ruith eile |

OUTWIT

| John outwitted his opponents | Thug Iain an car às na nàimhdean aige |

OVER

Over and above that	A bharrachd air sin
Over and over again	A-rithist agus a-rithist
Over at the door	Thall aig an doras
Over my head	Os mo chionn
Over the ears in debt	Thar na cluasan ann am fiachan
Over to the barn	Null chun an t-sabhail
Over us	Thairis oirnn
Put it over them	Cuir tharta e

OVERACT

| Mary was always overacting | Bha Màiri a' dol thar a' chòir an còmhnaidh |

OVERCOME

| As fire overcomes wood | Mar chlaoidheas teine coillteach |
| I was so overcome, I could not utter a word | Leis an làn a thàinig orm, bha mi air mo ghlasadh gun fhacal |

257

OVERCROWD
Overcrowded; overflowing

The river overflowing

A' cur a-mach air beul; a' cur thairis
An abhainn a' cur thairis/ thairte

OVERLOOK
Our house overlooked the river

We overlooked his instructions

Bha sealladh bhon taigh againn thairis air an abhainn
Rinn sin dearmad air na h-òrduighean aige

OVERRATE
We overrated his mental ability

Chuir sinn luach ro mhòr air a' chomas inntinn aige

OVERRULE
We overruled his instructions

Chuir sinn fo smachd na h-òrduighean aige

OVERRUN
The horse overran the course

Ruith an t-each thairis air a' chùrsa

OVERSHADOW
The trees overshadowed the garden

Chuir na craobhan sgàil air a' ghàrradh

OVERTAKE
He overtook him on Mount Gilead
I shall not overtake him
Overtaking/reminding him

We soon overtook them

Rug e air air Sliabh Ghilead

Cha chuir mi maide na phàirt
A' toirt a-steach air; a' cur a-staigh air
Cha b' fhada bha sinn a' breith orra

OVERTHROW
We overthrew the king

Thug sinn buaidh air an rìgh; chuir sinn an rìgh às àite

OVERTURN
Do not overturn it
To overturn

Na cuir car dheth
A chur bun-os-cionn

OVERWHELM
Overwhelming; subduing
To overwhelm; over-run

A' cur ceann fodha air
A chur fodhpa

OWE
How much do we owe?
How much do you owe him?
I owe him a shilling
If I owe anything
Owe it to oneself
Owe no man anything
Owing to
Owing to the force of the tide
They owe me nothing
What do I owe him?

Ciod a tha oirnn?
Dè a tha aige ort?
Tha tasdan aige orm
Ma dhligheas mi nì sam bith
Bi fo fhiachaibh do neach e fhèin
Na dleas nì do dhuine sam bith
Air sgàth
Le neart an t-siùil-mhara
Chan eil nì agam orra
Dè a tha aige orm?

OWN
For my own part I am somewhat indifferent

Air mo shon fhèin deth tha mi leth choma

Get one's own back
Hold your own
I own; possess
My time is my own

Off one's own bat (S)
On one's own

Own up
Who owns the dog?

OWNER
A sheep never wanted an owner
Give it back to its rightful
 owner
Who is the owner of this?

Dèan dìoghaltas
Seas do chòrach
Is leam
Tha an là uile air mo chomhairle
 fhèin agam
Air do cheann fhèin
Air do cheann fhèin; na aonar;
 leis fhèin
Aidich
Co leis an cù?

Cha robh caora riamh gun urradh
Thoir air ais e don fhear leis am
 bu leis e
Co leis tha seo?

PACE
Hasten your pace; move on   Thoir ceum às
Keep pace   Cùm ris
Put through one's paces   Ceasnaich; cuir ri dùbhlan

PACIFY
Pacify/lull/soothe the child   Breug am pàisde
Pacify the child   Cuir cluain air an leanabh

PACK
A pack of hounds   Paca-chon; lomhainn
A pack of lies   Torr bhreugan
A pack of playing cards   Paca-chairtean
A pack of wool   Paca-clòimhe
A pack-saddle   Sac-shrathair
Pack up   Crìochnaich
Pack like sardines   Mar sgadan ann am baraille
Send packing   Cuir an ruaig air
To do one's packing   Do mhàileid a lìonadh

PAD
He padded around the house   Choisich e timcheall an taighe
    gu fòill

PADDLE
Paddle one's own canoe (S)   Bi air do bhonn (fhèin)

PAIN
A pain seized me   Bhuail tacaid me
At pains   Gu saoithreach
Be at, or take, pains   Gabh dragh
Get little for one's pains   Air bheag taing
It is not worth your pains   Chan fhiach dhut do shaothair
Much pain   Mòran cràidh
The pain has ceased   Tha am pian air leasachadh
With great pains   Le mòran saoithreach
Worth one's pains; one's while   Luach saoithreach

PAINT
Not so black as it's painted   Chan eil e cho dona 's a tha e
    a' coimhead
Paint the town red   Oidhche mhòr; smùid mhòr

PAIR
A pair of horses   Càraid each
A pair of spectacles   Speuclairean
Paired; coupled   Càraidean
That pair of trousers lasted   Thug mi trì iasgaich às a'
  me for three fishing seasons   bhriogais sin

PALE
He grew/turned pale   Chaidh e bàn

PALISADE
The soldiers palisaded the   Chuir na saighdearan callaid
  camp   mu thimcheall a' chàimp; dhruid
    na saighdearan le callaid an
    càmpa

PALM
Palm off   Thoir an car à
Palmy days   Làithean sona

PAMPER
Many mothers pamper their children
Tha mòran mhàthraichean a' dèanamh peata den chloinn aca

PAN
Pan out (S)
Thig gu buil

PANG
The pangs of death
Gathan a' bhàis

PANIC
He was panic-struck
Thuit a thud 's a thad às; thuit a ghudan 's a ghadan

In a panic
A chridhe na shlugan/na bhreis-lich

PANT
He is panting; out of breath
Tha luas-analach air; tha anail na uchd

Panting incessantly
A' plosgail gun chlos

PAPER
On paper
Air pàipeir

Paper money
Airgead pàipeir

Below par
Lag; truagh

On a par with
Co-ionnan ri

PARALLEL
Draw a parallel
Dèan coimeas

Parallel with this wall
Air ruith a' bhalla seo

PARALYSE
His arm is paralysed; limp
Tha a ghàirdean marbh

PARCEL
A parcel of cloth
Pasg aodaich

Parcel out
Roinn a-mach

PARCH
My very heart parched
Thràisg mo chridhe

PARDON
I ask pardon
Tha mi ag iarraidh maitheanais

Pardon; forgive
Thoir mathanas (do)

PARE
Pare down
Sgrath sìos

Paring the peat bank
A' rùsgadh na mòna

PARENT
Who are your parents? What is your father's name?
Co leis thu? Dè an t-ainm a tha air d' athair?

PARISH
From end to end of a parish
Eadar dà cheann sgìre

He is on the parish
Tha e air bòrd nam bochd

PARLEY
We parlied with the enemy
Rinn sin còmhradh ris an nàmhaid

PARROT
Parrot fashion
Air a theangaidh

PART
For my part
Air mo shon-sa/chodach-sa dheth

For my own part, I am somewhat
  indifferent
For the most part
He took his part
He will not take our part
I will not part with it
My part of it
Part and parcel
She parted with me
The first part/portion of it
The greater part; the majority
The other part; the rest
The upper part of the ben
To play the part

Air mo shon fhèin deth tha mi
  leth choma; tha mi ceart coma
Airson a' mhòr chuid
Ghabh e phàirt
Cha taobh e sinne
Cha dealaich mi ris
Mo chuid-sa dheth
Cuid den
Dhealaich i rium
A'chiad mhinis deth
An leth as mò
A' chuid eile
Bràighe na beinne
Dèan a chuid

PARTIAL
Be partial to

Miannach air

PARTIALITY
Great is his partiality for
  him
Show me no partiality
Without partiality
Without partiality to one man
  more than another

Is mòr a bhàidh ris

Na dèan leathachas sam bith orm
Gun chàird
Gun fhathamas do dhuine seach
  duine

PARTICLE
Every particle I possess
He has not a particle
I haven't a particle of snuff
Not a particle will enter your
  gizzard
There is not a particle of it
  here

Gach sìon a th' agam
Chan eil mìr aige
Chan eil deann snaoisean agam
Cha tèid mìr le d' anail

Chan eil blas deth an seo

PARTICULAR
Don't be particular/fussy about
  food
In a particular way
In particular
They are alike in every parti-
  cular

Na bi àilgheasach mu bhiadh

Air mhodh àraidh
Gu sònraichte
Tha iad coltach ri chèile anns
  a h-uile dòigh

PASS
A pretty pass, or mess
He will not pass this/here
I'll pass over the rest
Make a pass
May we pass the night with
  you?
Pass away
Pass by
Pass judgement
Pass muster
Pass off; disappear
Pass off; describe falsely

Pass off; ignore
Pass one's comprehension
Pass over; forgive; excuse

Obair bùrach
Cha tèid e seach seo
Leigidh mi an còrr seachad
Maoidh
Am faod sinn an oidhche chur
  seachad agaibh?
Bàsaich/caochail/eug/siubhail
Gabh seachad
Thoir binn
Bi math gu leòr
Rach à sealladh
Thoir dealbh càm; thoir dealbh
  clì
Cuir air cùl
Nach gabh tuigsinn
Lèig às/seachad; maith

Pass over; ignore	Leig le/seachad
Pass the time; to pass the time	Cuir seachad; a chur seachad na h-ùine
Pass the time of day	Beannaich an là
Passed away; past service	Air fòghnadh
Passing and repassing	A' dol seachad 's air aghaidh
Passing by/along	A' dol seachad
Passing on	A' gabhail air aghaidh; a' toirt seachad
Passing out	Dol an laige
Passing over	A' gabhail seachad
Passing quietly away	A' caochladh gu ciùin
Passing rich	An ìre mhath saoibhir
That will come to pass	Thig sin gu buil
Through which pass shall we strike our way?	Ciod am bealach am buail sinn?
To pass a remark	Thoir iomradh air
To pass over	Gabhail thairis
To pass round	Gabhail mun cuairt
To pass through	Gabhail troimh
We will let that pass	Leigidh sinn sin seachad

PASSION

In a passion; he is furious	Am feirg; tha an cuthach air
When his passion subsides	Nuair a thraoghas fhearg

PAST

A past-master	Sean-eòlach
One past/from the other	Seach a chèile
Past the door	Seach an doras

PATCH

A good (or bad) patch	Deagh (droch) là
A patch of ground	Mìr fearainn
It is not a patch on (S)	Cha tig e 'n uisge na stiùireach dha
Not a patch on (S)	Chan eil samhla aig ri
Patch up (a quarrel)	Rèitich
The nest in a patch of heather	An nead an cnap fraoich

PATH

The sheep path or track	Stàthar nan caorach; frith-rathad

PATHETIC

A pathetic sight	Sealladh brònach

PATIENCE

Have patience	Glac foighidinn
Lack of patience	Cion foighidinn
Out of patience	Gun fhoighidinn
Woman's patience - while you count three	Foighidinn nam ban - gus an cunnt thu a trì
You have no patience	Chan eil foighidinn agad

PATIENT

Be patient, and we shall then see what can be done	Stad thusa ort, agus chì sinn ciod e a ghabhas dèanamh

PATRONIZE

He was very patronizing to me	Bha e mòr orm

Patronize me; support me   Cùm taic rium

PATTERN
The very patterns of each other   Leithidean a chèile

PAUSE
He did not pause   Cha deachaidh stad ann

PAVE
Pave the way to   An rathad a rèiteachadh
Paved with good intentions;   Rùn math ach gun gnìomh leis
  well-meaning

PAY
Have you paid your premium?   An do phàigh thu do thàilleabh?
He pays no attention whatever   Chan eil suim sam bith aige
  to your business   do d' ghnothach
How much did you pay for   Dè a' phrìs a thug thu air na
  the creels?   clèibh?
I did not pay much for the   Cha robh an t-each mòran orm;
  horse; the price was nominal   cha b' fheàrr an asgaidh e
I paid very little for the   Cha robh a' bhò a bheag orm;
  cow; it was little short of   bha i ann an ion 's a bhi 'n
  a gift   asgaidh
Pay back; pay what is due/lent   Pàigh air ais; pàigh d' fhiachan
Pay back; punish for an injury   Thoir an èirig às
Pay me what you owe   Dìol/ìoc/pàigh dhomh na bheil
                                             agam ort
Pay off; pay off a ship   Pàigh na fiachan
Pay one's way   Coisinn do theachd-an-tìr
Pay out; pay money   Dìol/ìoc/pàigh airgead
Pay out; slacken a rope   Fuasgail
Pay respect; pay reverence   Thoir urram
Put paid to   Cuir stad air
The devil to pay (S)   Cosgais mhòr
The merchant paid all his   Rinn an ceannaiche làn-
  creditors in full   phàigheadh do na h-uile fear
                                             aig an robh fiachan air
To pay for   A phàigheadh airson
We paid it by instalments   Phàigh sinn air mheidhisean
What did you pay for it?   Dè a thug thu air?

PEACE
At peace with God   Rèidh ri Dia
Be at peace; be quiet   Gabh gu clos
Get it in peace, without   Faigh le rèidheas
  disturbance
Hold one's peace   Cùm do theanga
Pipe of peace   Dèan sìochaint le duine
They are at peace now   Tha iad rèidh a-nis
Without peace, night or day   Gun fois oidhche no là

PEACEABLE
Peaceable and hospitable   Foisneach fàilteach

PEACEMAKER
Often has the peacemaker been   Is minig a fhuair fear na
  struck   h-eadraiginn buille

PEARL
Cast pearls before swine   Cuir rud luachmhor mu choin-
                                             neamh duine gun mheas air an
                                             luach

Mother of pearl   Màthair neamhnaid
Pearls of wisdom   Deagh chomhairle

PEAT
A peat; a single peat   Fàd mòna/mònach
A peat bank   Baca-mòna
A peat-stack   Cruach mòna/mhònach
Making peats   Ris a' mhòine

PEG
Peg away (S)   Cùm a' dol
Peg down   Cùm fodha/sìos
Peg out; die (S)   Caochail/eug/siubhail
Peg out; end a game of   Fàilnich
  cribbage
Take someone down a peg or   Cuir na àite
  two

PENALTY
Pay the penalty   Eirig air a' chùis
Under the penalty of twenty   Ann am peanas fichead pùnnd
  pounds sterling   Sasannach

PENETRATE
The rain has penetrated to   Dhrùidh an t-uisg' orm
  my skin

PENNILESS
Penniless and without property   Gun òr gun earras
Without a single copper; to   Gun aon sgillinn ruadh aige air
  be penniless   a shiubhal

PENNY
A penny for your thoughts?   Co air a tha thu a' smaointinn?
A pretty penny   Suim mhaith
For a penny   Air aon sgillinn
I haven't a penny; a stiver   Chan eil peighinn agam
In for a penny, in for a   Gabh ris, coma de chosgais
  pound
Penny wise, pound foolish   Spìocach mun sgillinn agus
                                     domallach mun nota
Take care of the pennies and   Glèidh na sgillinnean
  the pounds will take care of
  themselves
Turn/earn an honest penny   Coisinn sgillinn a bharrachd an
                                     siud is an seo

PENSION
A Pensions Officer   Bodach a' Pheinsein
An Old Age Pension   Peinsean na Seann Aoise

PEOPLE
A fierce warlike people   Sluagh garg còmhragach
A great or numerous people   Sluagh mòr
Among the people   Ann am meadhan an t-sluaigh
An afflicted people   Sluagh an-shocrach
Envious people   Luchd-gamhlais
One of the common people   Neach den tuath-cheatharna
People (verb)   Lìon le sluagh
People from every quarter   Sluagh às gach cèarn
People in easy circumstances   Luchd na seasgaireachd

Plausible/fawning/flattering people	Daoine beulach
Spiteful people	Luchd tarcuis
The people of this town	Muinntir a' bhaile seo
The people who were near to death	An dream a bha dlùth don bhàs
The people that came in	An fheadhainn a thàinig a-steach
Your people; your relatives	Do mhuinntir

PERCEIVE

He perceived it, though it was secret	Mhothaich e dha, ged a bha e uaigneach
I perceive	Is lèir dhomh
I perceived that my case was lost	Chunnaic mi gun robh mi dheth

PERCH

| The eagle perched on the top of the dwelling | Laigh an iolair air mullach an taighe |

PERFECT

| Practice makes perfect | Is e an cleachdadh a nì teòma |
| Safe and sound; perfect health | Gu slàn fallain |

PERFECTLY

Completely/perfectly; to the back	Gu cùl
I saw his soul perfectly	Chunnaic mi anam gu cùl
She is perfectly well	Tha i gu slàn fallain

PERFORATE

| He perforated the box | Chuir e tuill anns a' bhocsa; tholl e troimh'n a' bhocsa |

PERFORM

| A man who could perform an exploit | Duine a dhèanadh teuchd |
| To perform | Cuir an gnìomh; coimhlion |

PERHAPS

Perhaps he will not come	Theagamh nach tig e
Perhaps he will see us	Cha lughaide/ma-dh'fhaoidte gum faic e sinn
Perhaps I shall be able to manage him alone	Faodaidh gun tèid agam fhèin air a' chùis a dhèanamh air
Perhaps (it is) so	Theagamh gu bheil
Perhaps you are right	'S mathaid gum bheil thu ceart

PERIOD

| Within the agreed period | Taobh a-staigh den àm socraichte |

PERISH

He perished from exposure on the hill	Chaidh a lapadh air a' mhonadh
I shall do it or perish in the attempt	Nì mi e no thèid mi am muthadh
Perishing; decaying	A' dol a dholaidh

PERMEATE

| Prejudice permeated his opinions | Chaidh claon-bhàigh air feadh nam barailean aige` |

266

PERMISSION
Give me permission — Thoir dhomh cead
Without asking your permission — Gun do chead a ghabhail
With your permission — Le cead; le ur cead

PERMIT
Do not permit him — Na ceadaich dha
Permit him to go — Leig dha falbh
Permit me — Fulaing/leig dhomh
Permit not the slaughter of the Christians — Na fulaing casgairt nan Crìosdaidh

PERPLEX
He perplexed me — Chuir e iomcheist orm

PERSECUTE
The king persecuted his enemies — Rinn an rìgh geur-leanmhainn air na nàimhdean aige

PERSEVERE
Persevere thus — Lean mar sin
Persevering at work — Leanailteach air obair

PERSIST
We persisted with our plans — Lean sinn air/ris na h-innleachdan againn

PERSON
A person who will aid me — Urra a chuireas leam
A useless sort of person; a blanket of a man — Buamastair
A wicked person or beast — Bèisd olc
Another person — Duine eile
He is no respector of persons — Is coma leis ìosal seach uasal
In person — Gu pearsanta
Upon my person — Air mo shiubhal

PERSONAGE
At a great personage's house — An taigh urra mhòir

PERSPECTIVE
In perspective — Ann an rian

PERSPIRATION
I am in a bath of perspiration — Tha mi 'nam fhallas; tha mi fleòdradh le fallas
Perspire — Cuir fallas de

PERSUADE
Are you good at persuading or make believe? — A bheil thu math air leigeil ort?

PERSUASION
What persuasion does he follow? — Dè an aidmheil a tha e a' leantainn?

PERTAIN
The field pertains to the house — Tha an t-achadh a' buntainn don taigh

PERTURB
Don't perturb me — Na cuir dragh orm

PERVADE
The smell pervaded the room — Chaidh am fàileadh air feadh an t-seòmair

PERVERSENESS
The perverseness of trans- Fiaradh luchd-dò-bheirt
gressors

PERVERT
Perverting the truth A' fiaradh na fìrinn

PESTER
We pestered her Chuir sinn dragh oirre; chuir
sinn sàs innte

PETRIFY
Petrify (literally) Tionndaidh gu cloich
Petrify (metaphorically) Cuir dearg eagal air

PHOTOGRAPH
He visited the town and had a Thug e sgrìob don bhaile mhòr
photograph taken is thog e a dhealbh

PICK
Pick a quarrel Lorg buaireadh
Pick and choose Roghadh is taghadh; roghainn is
diù
Pick holes in Thoir às a chèile
Pick-me-up Iocshlaint bhrìgheach
Pick on Dol an caraibh
Pick one's way, or steps Lorg do shlighe
Pick one's words Labhair gu cùramach
Pick up Tog
They all but picked each others Cha mhòr nach tug iad sùilean
eyes out dubha a chèile a-mach

PICNIC
We went for a picnic Chaidh sinn airson cuirm-chnuic

PICTURE
You are the very picture of Is ann ort fèin a tha neul an
hunger acrais

PIECE
A piece of bread Grèim arain
A piece of one's mind Trod
All to pieces Mar aon
Cut a piece of that for me Geàrr sgonn dheth sin dhomh
Cut it in pieces; in chunks Geàrr 'na chlàran e
Go to pieces Dol na mhìrean/na smàl
He broke it in pieces Chuir e 'na chlàran e
He dashed it in pieces Smùid/spad e às a chèile e
It fell to pieces Chaidh e na chlàran
Piece (verb) Cuir mìr ri
You will cut him in pieces Gearraidh tu e na mhìribh

PIG
A pig-sty Fail-mhuc
He is gone to pigs and whistles Chaidh e fo rath
Pig in a poke Muc am poca
Pigs might fly B' e sin an là

PILE
Make one's pile Dèan fortan
Pile it on Càrn e
Pile on! Pile on! Cùm air! Cùm air!
Pile on the agony Cuir ris an fhulang

Piling the peat-stack   A' stèidheadh na mòna

PILFER
He pilfered   Ghoid e leis; dh'fhoil e leis
You lie as the mouse pilfers   Tha thu cho breugach is a tha
    'n luch cho bradach

PILGRIMAGE
While your earthly pilgrimage   Fhad's a bhitheas tu air talamh
  lasts   tròcair

PILL
A bitter pill   Droch bhile
Gild/sugar the pill   Cuir plàsd air

PILLOW
No sooner was his head on the   Cha bu luaithe a bha a cheann
  pillow than he slept   air a' cheann-adhairt na
     chaidil e

Pillow-end of a bed   Ceann-adhairt

PIN
A safety-pin   Prìne-banaltruim
Pin down; make someone sub-   Cuir ri dhùbhlan
  stantiate a fact or statement
Pin down; fix/fasten firmly   Cuir an grèim; dèan diongmholta
Pin one's faith on   Ag earbsa ri
Pin one's hopes on   Cuir earbsa ann
Pin-money   Iomlaid
Pins and needles   Cadal-deilgneach
The pin's head   Gob a' phrìne

PINCH
At a pinch   An èiginn
Where the shoe pinches   Far am bi 'n èiginn

PINE
Pining away   A' sileadh às
The man is pining away   Tha an duine a' seargadh air
     falbh

PINK
In the pink   Ann an deagh shùnnd
Pink of perfection   Foirfe gu lèir

PINNACLE
The pinnacle of the temple   Binnean an teampaill

PIOUS
He is a pious man, although he   Is e an duine còir a tha ann,
  is somewhat bad-tempered   ged a tha e car aithghearr

PIPE
A pipe-maker   Pìobadair
An inlet-pipe   Pìob lìonaidh
Here, light my pipe   Seo, cuir èibhleag ris a' phìob
     agam
Let me see your pipe   Faiceam do phìob
Pipe down   Bi sàmhach
Pipe of tobacco   Pìob tombaca
Pipe up   Tog ort
Piping hot   Cho teth 's a ghabhas; math teth
Put that in your pipe and smoke   Feuch sin
  it (S)

PIQUE
You need not pique yourself so much on that

Cha ruig thu leas a leithid de làn/do làir a ghabhail às

PIT
A man pitted with the smallpox

Fear breac

Pit against

Dol nan caraibh

PITCH
A pitch dark night

Oidhche dhubh dhorch

Pitch into (S); attack violently with fists or tongue

Thoir ionnsaigh air

Pitch into; begin to eat or work with energy

Dol na bhad; gabh ris

Pitch one's tent; settle anywhere

Fuirich ann an àite sam bith

PITEOUS
How piteous is my case

Is truagh mo chàireadh

PITH
Making us pithless with cold

Gar mìobhadh le fuachd

Pithy language

Cainnt tharbhach

PITTER-PATTER
Pitter-patter

Frig-frag; stioram-staram

PITY
An object of pity

Culaidh-thruais

Have pity

Biodh truas agad ri

He pitied her wretchedness

Ghabh e truas rithe

I pitied him

Chuir e truas orm

I pity him

Tha truas agam ris

I pity/am pitied

Is truagh leam

It is a great pity; a great calamity

Is mòr am beud e

It is a pity

Is olc an airidhe e

It is a pity I did not see him

Is truagh nach fhaca mi e

It is a pity I had not as much money as would pay my fare

Is bochd nach robh agamsa na bheireadh air falbh mi

It is a pity we did not get it

Is bochd nach d'fhuair sinn e

It is a pity what happened to him

Nach duilich mar a dh'èirich dha

It is a pity you did it

Nach mairg dhut a rinn e

It is a thousand pities

Is mòr an dìobhail/an diùbhail

It was a great pity you failed to benefit from your schooling

Bu mhòr am beud nach d'fhuair· thu air an sgoil a thoirt leat

It would be a pity

Bu mhòr am beud

It would be a pity that any harm should befall you

B' olc an airidh gun tachradh dochann dhut

Pity him that depends on your will

Is mairg a rachadh fo do mheachainn

Pity the one who would get a stroke from his sword

Is mairg a gheibheadh beum bhon chlaidheimh aige

Take pity on

Gabh truas dhe

What a pity/shame

Nach bochd; nach truagh leam e

PLACE
A hard place

Àite cruaidh

A place of rest

Àite-tàimh

A place of worship	Ionad adhraidh
Did you go there/to that place?	An deach thu siud?
Everything in its place	Gach nì na àite fhèin
In place of	An àite
In the first place	Anns a' chiad àite
In various places	Caochladh àitean
Out of place	Mì-fhreagarrach
Place it beside them,	Càirich ri an taobh e/i
Place it on the table	Càirich air a' bhòrd e
Take place	Gabh àite
The place or property is let	Tha an t-àite air gabhail
There is the place	Siud an t-àite

PLAGUE

A plague on her	Plàigh oirrese
Plague take you	Gun gabh a' bhochdainn thu!

PLAIN

A plain mirror	Sgàthan-còmhnard
A plain or cleared place	Àite rèidh
On the plain	Air a rèidhlean; air a' bhlàr
Plain as a pikestaff	Cho soilleir 's a ghabhas
Plain dealing	Obair onorach
Plain sailing	Gun strìth
Plain speaking	Cainnt shoilleir dhìreach

PLAIT

Plait the cord	Figh an t-sreang

PLAN

Upon the same plan; after the same pattern	Air a' cheart shuidheachadh

PLAY

A tragic play	Bròn-chluich
Are you going to play shinty?	A bheil thu dol a dh'iomain?
Child's play	Coimhlionadh gu furasda
He played the trick on me	Chluich e an cleas orm
I am going to play	Tha mi a' dol a chluich
Play a tune	Gabh port
Play by ear; act without planning	Mar a thig e
Play by ear; without teaching/ music	Ceòl cluaise
Play down	Cuir an dìmeas
Play false; betray; cheat	Brath
Play fast and loose	Leam leat
Play off; one against another	Cuir an aghaidh a chèile
Play one's cards well (or badly)	Gabh (na gabh) an cothrom
(Play) second fiddle	Inbhe as ìsle
Play the devil; ruin; injure(S)	Bi nad dhonas
Play the game	Giùlain thu fhèin gu h-onorach
Play up; cause trouble	Dèan dragh; tog aimhreit
Play up; support	Dèan do dhìcheall
Play upon; take advantage of	Gabh fàth air
Play upon words; a verbal joke	Abhcaid (fhaclach)
Play with fire	Giùlain gu cunnartach
Played out; finished; exhausted	Sàraichte; crìochnaichte
Playing	Ri cleasachd

271

Playing at backgammon	Ag iomairt air dìsnean
Playing at bowls or marbles	Ag iomairt air triùireanan
Playing at cards	Ag iomairt air na cairtean
Playing at chess	A' cluich air tàileasg
Playing in the moonlight	A' cluich leis a' ghealaich
Playing the drum	Fairgne na druma
Playing to the gallery	A' tàladh taic
Playing truant	A' teicheadh às an sgoil
Playing unfairly, being deceitful	Ri foill
Playing with a ball	A' cluiche air ball
They played a dirty trick on him	Rinn iad ballachdair dheth
To play about	Cluich mun cuairt
To play football	Cluich ball-coise
To play shinty	Iomain
You gave fair play to justice	Thug thu toigh don cheartas

PLEAD

Plead the cause	Agair a' chùis

PLEASANT

Pleasant to the sight	Taitneach don t-sealladh
You are pleasant and sprightly	Is connmhor fonnmhor thu

PLEASE

He/it will please them	Thig e riù
He is pleased	Tha e air a dhòigh
How did it please you?	Ciamar a thaitinn e riut?
How will that please you?	Ciamar a thig sin riut-sa?
I am pleased; contented	Tha mi toilichte; 's math leam
I am pleased at that	Tha mi buidheach airson sin
I am pleased you are getting on so well	Tha mi toilichte gum beil a' dol cho math dhut
I will please him; do for him	Thig mi ris
If I please; just as I please	Ma thogras mi fhèin
If you please; please	Mas e do thoil e; mas e bhur toil e
Please myself	Dèan mo thoil fhèin
Pleased as Punch (S)	Glè thoilichte
Quite pleased	Air deagh dhòigh
That will not please him well	Cha tig sin gu math ris
They would be very pleased	B' fhìor mhath leotha
We are pleased with each other; on the best of terms	Tha sinn a-rèir a chèile
Will it please you?	An tig e riut?

PLEASURE

A pleasure-trip	Cuairt taitneis
With pleasure	Le toileachas

PLEDGE

Give me a pledge	Thoir dhomh geall
I pledge that you will not see him	Mo gheall-sa nach fhaic thu e
Mortgaging; pledging	A' tabhairt an geall
Pledge (toast)	Òl air slàinte
Pledge yourself	Geall thu fhèin
Sign the pledge	Cuir ainm ris a' bharrantas
When stripping the pledge; making a clean sweep	An àm rùsgadh a' ghill

PLENTIFUL

A plentiful year	Bliadhna shaoibhir
Otters are not plentiful	Chan eil dobhrain lìonmhor
Plentiful as blackberries	Cho lìonmhor ri rosaran-dubha
Plentiful on the rocks	Tiugh air na creagan

PLENTY

Fatness and plenty — Sult is ìgh
His mother and father have plenty of Gaelic — Tha pailteas Gàidhlig aig a mhàthair agus athair
I've got plenty of time — Tha ùine gu leòr agam
There are deer, and plenty of them on that mountain — Tha fèidh,'s gu leòr dhiubh, air a' bheinn ud

PLIGHT

Plighting one's troth — Gealladh pòsaidh
You are in a sad plight now — Chaidh a' bhochdainn uile ort a-nis

PLOD

We plodded along the road — Dh'imich sinn gu trom air an rathad

PLOT

Half of that plot was planted without manure — Chaidh leth a' chinn ud a chur bàn

PLOUGH

He is ploughing — Tha e ris a' chrann
Ploughing harness — Acainn threabhaidh
The near and off horse in ploughing — Each a' bhàin is each an deirg
The ploughmen rose very early today — Rinn na treabhaichean moch-eirigh mhòr an-diugh
They began ploughing — Theann iad ri treabhadh

PLUCK

Pluck up courage — Glac misneachd
Plucking the hen — A' spìonadh na circe
You have no pluck — Chan eil smiodam annad

PLUME

Plume onself — Bi moiteil/mòrchuiseach
The plume of the helmet — Dosan na ceann-bheairt

PLUNDER

That place is plundered (fishing ground) — Tha an t-àite sin air fhàsachadh

PLY

As for you, you plied your poison — Chuir thusa do nimh an ìre
They will ply us; try our mettle — Cuiridh iad rinn
We plied her with questions — Chùm sinn ceistean rithe

POCKET

A pocket book	Leabhar-pòca
A pocket handkerchief	Neapaicin pòca
I was out of pocket	Chaill mi air
In his pocket	Na phòcaid
Out-of-pocket expenses	Cosgaisean
Pocket an insult	Leig tàmailt seachad

Pocket one's pride | Dol iriosal air èiginn

POINT

A moot point	Bonn còmhraidh/deasbaid
A weak point	Laigse
At the point of; on the point of	An ìmpis
At the point of bursting	Gu spreadhadh
Come to the point	Thig chun a' ghnothaich
Culminating point; the climax	Crìoch na cùise; an àirde
He pointed me out; exposed me	Chomharraich e mach mi
He was on the point of striking me	Bha e a' brath mo bhualadh
I was just on the point of saying to him	Thàinig e gu bàrr mo theangaidh a ràdh ris
Its point is off	Dh'fhalbh an rinn di
Make a point (of)	Cuir an cèill (air)
On that point	Air a' phuing sin
On the point of going home	Air lonn a dhol dachaigh
Point blank	An clàr an aodainn
Point of view	Barail; beachd
Point or tip of the rod	Bàrr na slaite
Point out	Dèan soilleir
Possession is nine points of the law	Is minic gur feàrr na seilbh lagh
Round the point	Timcheall na sròine
See and weather the point	Feuch am fuar thu an rubha
Strong point	A' chuid is feàrr de
That is not the point	Chan e sin a' chùis
The highest point	Am binnean as àirde
The point of a needle	Rinn snàthaid
The point of the headland	Gob an rubha
The point of the needle	Gob na snàthaid
This is the point	'S e seo cnag na cùise
To point a moral	Leasan a shoilleireachadh
To the point	Chun a' ghnothaich

POKE

Poke up the fire	Brod an teine

POLE

Pole to pole	An saoghal mun iadh a' ghrian
Poles apart	Astar math o chèile
Up the pole (S)	Ann an duilgheadas

POLICY

Foreign, imperial and national policy	Poileasaidh-coimheach; p.na h-impireachd; p.na dùthcha

POLISH

Polish off	Crìochnaich gu luath
Polish up	Leasaich no lìomhaich rud sam bith
Polishing the fire-irons	A' sgùradh nan iarann

POLLUTE

Polluted or foul blood	Fuil shalach
Polluted water	Uisge truaillte
You have polluted the land	Thruaill thu am fearann

POMP

He came in with pomp	Thàinig e a-steach le foirm

274

POOL

On a smooth pool

Air buinne rèidh

POOR

A poor man; a man in want

Fear gun dad aige; duine feumach

Aren't you a poor eater!

Nach bu tu am piata/am miarraide!

But in poor Donald's case things were very different

Ach cha b' e sin do Dhòmhnall bochd e

He has a poor opinion of her

Chan eil meas mòr sam bith aige oirre

He, poor man, is as he was and will be

Tha esan, bròinean, mar a bha agus mar a bhitheas e

He, the poor fellow, did as he had been told

Rinn esan, an truaghan, mar a chaidh iarraidh air

I am but poor

Chan eil mi ach bochd

It is better to be poor than a liar

Is feàrr a bhith bochd na bhith breugach

Poor as he was, we should have been worse off without him

Ged a b' olc ann e, bu mhiosa às e

Poor Donald knows no better

Chan eil aig Dòmhnall bochd air

Poor-house; workhouse

Taigh-nam-bochd; taigh-oibre

Poor John had a very sad death

Is duilich am bàs a chaidh air Iain bochd

Poor or rich

Daibhear no saoibhir

Poor soul!

Anaman truagh; brònag bhochd!

Poor wretched men

Daoine brùite truagh

The poor and naked

Am bochd 's an lomnochd

The poor fellow, he almost did away with his life

Theab e, bròinean, làmh a chur na bheatha fhèin

This is poor entertainment

Is bochd an cur-seachad seo

POORLY

Although I am poorly shod today, I shall yet be well-dressed

Ged a tha mi an-diugh air dhroch bhrògan, bithidh mi fhathast air m' àrd èideadh

POPULATE

He populated the new town

Lìon e am baile ùr le sluagh

PORRIDGE

A plate of thick porridge

Stalc lite

Porridge

Brochan; brochan tiugh; lite

The porridge pot

A' phoit bhrochain

PORTION

Portion

Thoir dlighe no tochradh do

PORTRAIT

A portrait quite unlike the sitter

Dealbh gun aon dèalradh leis an duine fhèin

POSE

He posed

Ghabh e air

Posing as champions of the Gaelic cause

A' gabhail orra a bhith eadmhor ann an adhbhar na Gàidhlig

POSITIVE

He told it to me as a positive fact

Dh'innis e dhòmhsa e gu riochdail

Making it positive

Ag ràdh às is às/a-muigh 's a-mach

My statement was not quite as
positive as that

Cha dubhairt mi mar sin às is
às e

POSSESSION
He has got possession
In possession of
Take possession (of)
We got possession

Fhuair e seilbh
Seilbh aig/dheth
Gabh seilbh (air)
Fhuair sinn sealbhachadh

POSSIBLE
As far as possible
As little as possible
It is possible that they will
be

Cho fada agus is fheudar
Cho beag agus a dh'fhòghnas
Faodaidh gum bi iad; 's fheudar
gum bi iad

POSSIBLY
He cannot possibly be anything
but rich

Chan eil rian air ach gum bi
e beairteach

POST
A post-office
A postage-stamp
A postal-order
A postal-packet
Between the posts of the door
Did the post come today?
He is there like a post
Left at the post
Post a letter
Post-card
Post haste
Postal services
Poste restante
When will it go to the post?
You are at your post

Oifis a' phuist; taigh postachd
Stampa postachd
Òrdan postachd
Pacaid postachd
Eadar dà ursainn an dorais
An tàinig am post an-diugh?
Tha e an siud na stob
Gun fheum idir
Cuir litir gu
Cairt postachd
An ciad cabhaig; na dheann
Seirbhisean postachd
Poste restante
Cuin a thèid i leis a' phost?
Tha thu nad àite

POT
A case of the pot calling the
kettle black
A chamber-pot; a jordan
A flesh-pot
A pot-stick; a spirtle
Go to pot(S)
Keep the pot boiling (S)
Pot-boiler
Take off the pot
The pot dried up

An òinnseach ag aoir an amadain
Poit-mhùin
Poit fheòla
Maide-stiùiridh; slis; sleaghag
Dol a dholaidh
Cùm ris
An crann arain
Thoir dheth a' phoit
Shùgh a' phoit

POTATO
A potato-masher
Early potatoes
Lift the potatoes
Mashing potatoes
Our potatoes have all been
lifted
Peel the potatoes
Plant the potatoes
Potatoes and greens mashed
together
Potatoes only; a meal of
Roast or baked potatoes

Plocan/slacan a' bhuntàta
Buntàta luathaireach
Tog am buntàta
A' pronnadh bhuntàta
Tha am buntàta againne gu lèir
air an togail
Rùisg am buntàta
Cuir am buntàta
Càl ceannan

Buntàta lom
Buntàta ròsta

Small potatoes
The year of the potato blight
1846

Buntàta mion
Bliadhna a' chnàmha

POTTER
He is only pottering

Chan eil e dèanamh ach
sgiotaireachd bhochd

POULTICE
Put a poultice on it

Cuir plàsd air

POUND
Pound away

Oibrich gu dìcheallach; thoir
buille gu trom is gu tric
Pound of flesh
Pounding one another
Pàigheadh a làn
A' pronnadh a chèile

POUR
He poured out the last drop
Pour (or rain)
Pour it on to it
Pour out the last drop

Thràigh e an soitheach
Sil
Taom air e
Dòirt

POUT
She pouted

Chuir i bus/gnoig/spliug/spreille
oirre

POVERTY
It is worse than poverty (to
have) more than enough
Living in poverty

Is miosa na an uireasbhuidh
tuille 's a chòir
Beò air an ailbhe/airc/a' bhochd-
ainn
Sheer poverty forced him to it

Is i a' bhochdainn mhòr a thug
air
That reduced him to poverty
They have nothing but poverty

Chuir sin e chun na bochdainn
Chan eil aca ach a' bhochdainn

POWDER
Face powder
He ground it to powder
Mary powdered her face
Tooth powder

Fùdar aodainn
Bhleith e gu fùdar e
Chuir Màiri fùdar air a gnùis
Fùdar dheud

POWER
All/more power to your elbow

Gun soirbhich do ghnothach leat,
gu math
He lost his power of motion
The excellence of power
Without power of escape
Without power of reasoning
Without power or motion

Chaill e a lùth
Òirdheirceas cumhachd
Gun chomas teichidh
Gun chomas breithneachaidh
Gun chlì

POWERFUL
A high spirited, powerful man
Powerful beyond praise

Fear meanmnach urranta
Treun thar glòir

POWERLESS
His foot is powerless

Tha chas gun lùth

PRACTICE
His practice
Practice makes perfect
Practising guile
That is a bad practice

Mar chleachdadh aige
Is e an cleachdadh a nì teòma
Ri feall
Is dona an cleachdadh sin

Their practice   Na chleachdadh aca

PRAISE
Give praise to him to whom   Thoir moladh dhàsan don
  it is due   dlighear e
Let others praise you   Moladh càch thu
To praise   Dèan luaidh air; cuir suas air
To whom every praise is due   Don dual gach cliù
Your eulogy is no praise   Cha mholadh do mholadh

PRAY
I pray you to stay   Guidheam ort fuireach
Past praying for   Nach gabh leasachadh
Pray; supplicate   Cuir athchuinge suas; cuir suas
                                     leis
Praying   Ag/ri ùrnaigh

PRAYER
A prayer-book   Leabhar-ùrnaigh
Engaging in prayer   An ceann ùrnaigh
Prayer-time   Tràth ùrnaigh

PRECAUTION
As a precaution; in case   An earalas

PRECEDENCE
Giving precedence   Toirt toisich
He got precedence over them   Fhuair e an toiseach orra

PRECENTOR
The precentor has a good ear   Tha cluas-chiùil mhath aig
  for music   fear-togail nan Salm

PRECIOUS
A precious/important affair   Gnothach araichdeil/deatamach
A precious thing   Gnothach miadhail
Above precious stones   Os cionn chlach uasal

PRECIPICE
Keep well away from the   Cùm air falbh bhon chreig, mus
  precipice or you will be   tèid thu às an rathad
  killed
The edge of the precipice   Bile na creige

PRECLUDE
He precluded her   Chuir e bacadh oirre

PREDICAMENT
He was in a serious predica-   Bha e ann an droch shuidheachadh
  ment
What a predicament he was in   Nach e bha na theine

PREDICT
People predicted that he would   Bha daoine a' cur air a mhanadh
  not succeed   nach rachadh leis

PRE-EMINENCE
Pre-eminence in all things   Àrd-cheannas anns gach uile nì

PREFER
Because I prefer that   Oir is fheàrr leam sin
Do you prefer this? Yes   An àill/roghnaiche leat seo?
                                     Is àill/roghnaiche
He/it truly prefers   Is fhìor fheàrr leis

I prefer; like; love
I would prefer

PREFERABLE
I think this preferable
It was preferable

PREFERENCE
In preference to any
In preference to everything
In preference to spoiling
  himself
In preference to that
She will give you preference
  above all I ever saw

PREPARATION
In course of preparation

PREPARE
Are you prepared?
I am prepared to prove all
  these things
Prepare!
Prepare/rouse yourself
Prepared or ready, nearly
Preparing food
She prepared a nest for her-
  self
To prepare

PREPOSTEROUS
What a preposterous idea!

PRESCRIPTION
A prescription
To make up a prescription

PRESENCE
In her presence
In my presence

In the presence of

Out of my presence!

PRESENT
As many as are present
At present; now
At the present time
Be present, at all events, in
  case he may come
Do not present yourself
He is present; he is alive
Present (verb)
They were present, both small
  and great
To be present at
Was he present?
While I am present; while I
  live

Is docha/fheàrr leam
B' fheàrr leam

'S e seo as roghnaiche leam
B' fheàrr

Roimh ghin
Roimh na h-uile nì
Seach e fhèin a mhilleadh

An roghainn air sin
Bheir i an t-urram dhut thar
  na chunnaic mi

Ga dheasachadh

A bheil thu rèidh?
Tha mi math air a h-uile nì
  dhiubh seo a dhearbhadh
Cuir àird/sùrd air!
Tog ort
Air bheul a bhith deas
Deasachadh bìdh
Sholaraich i nead dhith fhèin

Cuir air gleus

Teagaisg na bochdainn!

Òrdugh cungais
Dèan suas cungaidh

Na fochair
Air mo bheulaibh; nam fhochair;
  fa 'm chòir; mu mo chòir
Am fochair; am fianais; an
  làthair
Mach às mo làthair/shealladh!

A mheud 's a tha làthair
An tràth seo
An dràsda; aig an àm seo
Bi ann air a h-uile cor, gun
  fhios nach tig e
Na tig an làthair
Tha e an làthair
Thoir do; thoir seachad do
Bha iad an làthair, eadar bheag
  is mhòr
A bhith an làthair
An robh e an làthair?
Am fad 's a bhitheas mi an
  làthair

PRESENTLY

Great will be the smoke from it presently
Is mòr an ceò a thig às an ealachd

Presently, immediately, at once
An ceart uair

That you will see the ebb presently
Gum faic thu an tràigh a dh'aithghearr

PRESERVE

May God preserve or rescue us
Dia gar tèarnadh

Preserving him from loss or harm
Ga ghleidheadh o mhìostadh

PRESS

Be pressed for
Cuir cudthrom air

Go to press
Rach an clò

Press forward or on; hasten
Greas

Pressed down; wedged
Air a gheannadh

Pressing forward (literally)
Dol air adhart

They were pressed upon him
Bha iad air an cothachadh air

PRESUME

He presumed; assumed; pretended
Ghabh e air fhèin

PRESUMPTUOUS

It is presumptuous of me
Is dàna leam

So presumptuous
Cho dalma

PRETENCE

It is only a pretence
Chan eil ann ach leisgeul

PRETEND

He pretended; presumed
Ghabh e air fhèin

He pretended he was ill but I did not listen to him
Bha e a' leigeadh air gun robh e tinn, ach cha tug mi cluas dha

I pretended that I had not heard
Cha do leig mi orm gun cuala mi

Pretend
Gabh ort fèin; leig ort

Pretend; make him believe
Cuir mar fhiachaibh air

Pretend that you don't take the least notice of him
Na leig ort aon uair gum faic thu e

Pretend that you saw me
Gabh ort gum faca tu mi

PRETTY

A pretty-full coat; an easy coat
Còta saoibhir

A pretty kettle of fish
Cùis mhì-riaghailteach

He did pretty well
Is laghach a fhuaireadh e

He is pretty lively!
Tha e gu math beò!

I am pretty well
Tha mi an ìre mhath fallain

It is pretty rather than handsome
Is ann bòidheach is chan ann dàicheil a tha e

Pretty good
An ìre mhath

Pretty late in the evening
Fada gan fheasgair

Pretty well; nearly
Gu beagnaich

That girl is very pretty after a fashion
Tha an nighean ud glè bhrèagha ann an seagh

PREVAIL

Prevail; molest; beach a boat
Cuir air

Prevail upon
Thoir air

Prevail with me   Thoir orm

PREY
A prey to   Buailteach

PRICE
A good price   Luach ciatach
Full price   Làn ciatach
Raise the price   Tog a' phrìs
To sell something at 'full   A reic rudeigin air làn (leth)
(or half) price   luach
What is its price?   Ciod e a' phrìs?

PRICK
Prick up your ears   Bioraich do chluasan
She pricked her finger   Fhuair i bior anns a' chorraig
      aice

PRIDE
For their pride   Airson an uabhair
Full of pride in your work   Làn uaibhreachas nad shaothair
Pride and arrogance   Uabhar is àrdan
Pride goes before a fall   Roimh sgrios thèid uabhar
Pride of place   Inbhe àrd; suidheachadh àrdaichte
Put one's pride in one's pocket   Bi iriosal
Take pride in   Gabh uaill ann
The pride of men   Àilgheas dhaoine
Without pride or blustering   Gun àrdan gun fhoghail

PRIME
Priming powder   Fùdar-cluaisein
She is in the prime of life   Tha i 'n àrd-bhlàth a h-aimsir

PRIMROSE
The primrose path; the easy-   Leum an gàrradh far an ìsle e
going way of living

PRINCIPAL
Principal and interest   Calpa is riadh
You are the principal of the   Sibhse as urramaiche den treud
flock

PRINCIPLE
A first principle   Ciad-thoiseach

PRINT
The print of his fingers   Fail a mheur
The print of your foot   Fail do choise
The print of your hand   Fail do làimhe
They printed the book   Chuir iad an clò an leabhar

PRIORITY
To have priority over someone   Toiseach a bhith agad air duine

PRISON
Commit to prison   Cuir an grèim
I was committed to prison   Chaidh mo chur an làimh/an
      grèim

PRIVILEGE
I was greatly privileged   Thugadh sochair mhòr dhomh

PRIZE
We prized our freedom   Chuir sinn luach ann ar saorsa

PROBABILITY
In all probability   Bhitheadh a h-uile dùil

PROBABLE
This is more probable   'S e seo as dòcha
Very probable   Fìor chosmhail

PROBABLY
It is probably not so   Is dòcha nach eil
Probably it is so   Is dòcha gu bheil
You are probably right   Is dòcha gu bheil thu ceart

PROBE
Probing under the bank   A' bruideadh fon bhruaich

PROCEED
Go up, proceed westward   Teann suas
Proceed as fast as you can   Gabh romhad/rach air adhart/air d'aghaidh cho luath 's a tha agad
She proceeded to light the lamp   Theann i ri lasadh a' chrùisgein
They proceeded towards the town   Ghluais iad chun a' bhaile

PROCEEDINGS
Take proceedings against you   Glac fianais ort
The proceedings of the meeting   Dol-a-mach na cuideachd

PROCESSION
The funeral procession   Imireachadh an tòrraidh

PRODUCE
Garden produce   Bàrr bhon ghàrradh
The produce of the land   Fàs an fhuinn

PROFESS
He professes to be a God-fearing man   Tha e a' gabhail air a bhith na dhuine air am beil cùram

PROFIT
John profited unjustly   Bha e 'na thairbhe eucoireach do Iain

PROFITABLE
A profitable lesson   Leasan buadhach
A profitable or advantageous thing   Nì tàbhachdach
Profitable to man   Tarbhach do dhuine

PROGRESS
I have made considerable progress   Tha mi an inbhe mhath
In progress   A' dol
They progressed   Chaidh leotha
What progress have you made?   Ciod e an inbhe aig a bheil thu?

PROLONG
If God prolongs my days   Ma shìneas Dia mo làithean
They prolonged the discussion   Chuir iad dàil anns a' chòmhradh

PROMISE

A promise without performance	Gealladh gun a cho-ghealladh
He made a promise and kept it	Thug e gealltanas agus choimh-lion e e
I promise you	Bheir mi mo ghealladh dhut
The day promises well	Tha coltas math air an là
The promise of marriage	An gealladh pòsaidh

PROMOTE

We promoted free education for everyone	Chuir/thug sinn air adhart/gu h-inbhe foghlam saor airson gach duine

PROMPT

Prompt, dictate to him, her, us	Cuir roimhe, roimpe, romhainn

PRONE

One is prone to do that	Is ullamh le neach sin a dhèanamh

PROOF

As proof of that	Mar chòmhdach/dhearbhadh air sin
Confirming/proving the fact case	A' dearbhadh na cùise
Proof positive	Dearbhadh cinnteach
Put, or bring, to the proof	Cuir ri dhùbhlan
The proof of the pudding is the eating thereof	Is e dearbhadh gnothaich a bhuil

PROP

Prop/hold against	Cuir roimh
Prop this up	Cuir taic ri seo
Put a prop to her on that side	Cuir sgòrradh rithe air an taobh sin

PROPEL

He propelled his wheel-chair up the slope	Chuir e air adhart a chathair-cuibhle a-suas an leathad

PROPER

It is but proper that you should be so	Is cuimseach dhut sin
That is not proper at all	Chan fhiach sin idir
The proper method	An seòl ceart
To make proper use of it	Buil cheart a dhèanamh dheth

PROPERLY

Properly; as usual; comfortably; nobly	Air chòir
You did that properly	Rinn thu sin gu deas

PROPENSITY

His great propensity for drink	A dhèidh air òl

PROPERTY

The property of these	Cuid na feadhnach seo
Though I were possessed of as much property as he	Ged a bhithinn cho sealbhmhor ris
Without gold, without property	Gun òr gun earras

PROPOSE

He proposed to be a minister	Chuir e roimhe a bhith 'na mhinistear

283

PROPHESY

He prophesies to me
Tha e cur air mo mhanadh

Prophesying false dreams
A' fàisneachadh aislingean brèige

PROPORTION

According to the proportion of each
A-rèir riochd gach aon dhiubh

Out of all proportion
Thar na còrach

PROPRIETOR

Proprietrix of a village; a farmer's wife
Bean-baile

The proprietor or tenant of a farm
Fear a' bhaile

They belong to the proprietor
Is leis an uachdaran iad

PROPRIETY

You have acted with propriety
Rinn thu a' chòir

Your business must be done with little propriety
Is beag sgoinn a bhitheas air do ghnothach

PROSPECT

In prospect
Fa-near do

PROSPER

A man prospering
Duine a' togail air

Everything he does shall prosper
Soirbhichidh leis gach nì a nì e

Everything was prospering with him
Bha gach nì ag èirigh leis

He will not prosper
Chan èirich soirbheas leis

I will prosper
Thèid leam

My word, how that man is prospering!
A chuideachd an t-saoghail, mar a tha an duine ud a' togail air!

Will they prosper?
Am bi piseach orra?

PROSPERITY

Long life and prosperity!
Saoghal fada is soirbheas!

Success and prosperity to you
Sonas is àgh ort

PROSPEROUS

A prosperous farmer
Tuathanach soirbheachail

A prosperous journey
Turas soirbheasach

A prosperous people
Dream rathail

As prosperous as they were
Cho math 's a bha iad

John has a more prosperous air since he married
Tha Iain air togail air bho phòs e

PROUD

Be proud of; boast
Dèan uaill air/às

Excessively proud and senseless
Air mhòr uaille is air bheag cèille

He did himself proud
Chaidh gu math leis fhèin

He is as proud as Lucifer
Tha e cho saoilsinn ris a' mhac-mhallachd

He was as proud as if he had unexpectedly got the present of a cow
Bha e cho mòr às fèin is ged a gheibheadh a mart air adhairc

He was proud of them
Bha e mòr asda

I am proud of him; of you
Tha mi mòr às; mòr asad

Jessie is very proud of the
letter John sent her
John made me feel proud
Proud of the letter

Tha Seònaid glè mhòr às an
litir a chuir Iain thuice
Chuir Iain moit orm
Mòr às/moiteil le/pròiseil
às/uaibhreach leis an litir

PROVE
He was proving down my throat
that I was mocking him
Prove that
To be proved

Bha e a' dearbhadh air mo bhus
gun robh mi a' fanaid air
Dearbh sin
Ri a dhearbhadh

PROVERB
As the proverb says
Have you heard this proverb?
The proverb stands true

Mar a thuirt an sean-fhacal
An cuala tu an sean-fhacal seo?
Cha bhreugnaichear an sean-
fhacal

PROVIDE
He provided for all emergencies

How did you manage to provide
for your family?
I am comfortably provided for;
I enjoy life; I am pleased
Provided that
Providing for a family

Dh'ullaich e airson chruaidh-
chàsan gu h-iomlan
Ciamar a tha a' dol agad air do
theaghlach a chumail suas?
Tha mi air mo dhòigh

Mas eadh is
A' cumail suas teaghlaich

PROVOKE
If I am provided; roused
If you provoke me to anger you
will suffer for it
Provoking him

Provoking or irritating him
You provoke me

Ma dh'èireas ormsa
Ma thogas tu mo nàdur-sa bithidh
ceannach agad air
A' dùsgadh a nàduir; a' togail
a nàduir
A' cur feirg air
Tha thu a' cur feirg orm

PROXIMITY
Going in your proximity

Triall nad ghaoith

PRUDENT
The prudent man

Ceann na cèille

PRUNE
Pruning the trees

A' barradh/bearradh nan craobh

PRY
He pried open the lid of the
box

Chuir e o chèil mullach na ciste

PUBLICITY
To give it publicity

A thoirt gu follais

PUBLISH
Published abroad
When will your book be
published?

Air a chraobh-sgaoileadh cian
Cuin a bhitheas an leabhar agad
air a chur a-mach?

PUFF
A puff came on us
He puffed through his nose

Thàinig plathadh oirnn
Chuir e puth às a shròin

PUG
A pug nose

Sròn smutach

PULL

He pulled down the house	Leag e an taigh
Pull a long face	Cuir drèin air
Pull ahead	Cùm oirre; cùm rithe
Pull astern	Cùm agad
Pull off (S)	Cuir dheth
Pull one's punches	Bualadh socair
Pull one's weight	Dèan do chuid fhèin
Pull oneself together	Grèim a chumail ort fhèin
Pull strings for	Dèan gnìomh air chùl as leth
Pull stronger lest she goes on the rocks	Cùm rithe mus tèid i air na creagan
Pull through; survive	Mair beò
Pull together	Obraich le chèile
Pull-up; stopping place	Àite-tàimh
Pull up; halt; stop	Stad
Pull up short	Cuir stad air
They pulled the young trees by the roots	Tharraing iad na craobhan òga às na freumhaichean
When I gave it a pull it yielded	Nuair a thug mi tarraing air thàinig e leam

PULVERIZE

The chalk pulverized	A' chailc air a meileadh

PUREST

The purest among women	As glaine measg bhan

PURGE

He will purge thoroughly	Glanaidh e gu ro bhuileach

PURPORT

Purport	Cuir roimhe
The purport of this story	Adhbhar na sgeulachd seo

PURPOSE

Disclose not your purpose to a foolish foe or a wise (cunning) friend	Na innis do rùn do nàmhaid gòrach na do charaid glic
For the purpose of coming home	Airson tighinn dhachaigh
He worked to such good purpose that ...	Rinn e a chuid air dhòigh is ...
It will serve the purpose	Nì e chùis
Of set purpose	A dh'aon bhàgh
Singleness of purpose, or heart	Aon-fhillteachd rùin
To direct their affairs to good purpose	A stiùireadh an cùisean gu buil
To no purpose	Gun adhbhar/fheum
To little, or some, purpose	Le chuid buile; le buile bhig
To the purpose	Ris a' ghnothach
What is the purpose of it?	Dè is seagh dha?

PURPOSELY

He was purposely trying to upset me	Bha e a dh'aon obair gam chur troimh a chèile
I went purposely to him and told him my opinion of him	Chaidh mi ann le mo dhà chois is thug mi dhà mo bharail air
I went there purposely to see him	Chaidh mi a dh'aon bhàgh ann ach am faicinn e

PURSUE

I am pursued	Tha tòrachd orm

They did not pursue
We pursued them with all our
  might
You are pursued

Cha d'rinn iad tòrachd
Shìn sinn orra

Tha 'n tòir nad dhèidh

PURSUIT
Eager pursuit
In pursuit of (him)
They took up the pursuit
While the pursuit lasts
You shall flee when there is
  no pursuit

Tòrachd dhian
Air tòir (air)
Thog iad an ruaig
Fhad 's a mhaireas an ruaig
Teichibh sibh nuair nach bi
  an tòir oirbh

PURR
The cat is purring

Tha 'n cat a' durrghail

PUSH
He gave him a violent push
He pushed it away
How you do push!
Push her
Push it in

Thug e urchair dha
Dh'ùt e bhuaidh e
'S ann ort tha am bruthadh
Ùt i
Sàth a-steach e

PUT
A put up affair
Do not put it by me; give me
  the option
Don't put yourself to any
  inconvenience on my account
He has put a complete stop to
  my joy
Playing at putting the stone

Cuilbheart; innleachd
Na cuir seachad orm e

Na bitheadh neo-ghoireasachd
  sam bith ort
Chuir e tur stad air m' aiteas

A' cur air a' chloich; a'
  putadh na dòrnaig
Put a spoke in one's wheel
Put about; anxious; worried
Put about; circulate; make
  public
Put about; reverse a boat's
  direction
Put across (S); convince
Put all one's eggs in one
  basket
Put aside
Put away from you
Put behind; abandon, discard
Put by
Put down; ascribe; attribute
Put down; cease to hold
Put down; kill; suppress
Put down; painlessly kill
  animals
Put down; store for future
  use, as wine
Put down; write; record
Put fuel on the fire
Put him out
Put him to flight
Put in an appearance
Put in good tune
Put into action

Cuir an aghaidh d' innleachdan
Fo iomagain/uallach
Leig ma sgaoil

Cuir mu chuairt

Dearbh; thoir a chreidsinn
Do chuid an crochadh air aon rud

Cuir a thaobh; cuir air leth
Cuir bhuat/air falbh
Cuir air cùl
Cuir gu taobh
Cuir an ainm
Leig às
Marbh
Cuir a chadal

Cuir seachad

Clàraich; sgrìobh
Leasaich an èibhle
Cuir a-mach e
Cuir teicheadh air
Nochd
Cuir air sheòl
Cuir an gnìomh

Put it a slight degree this way	Cuir smèideadh mar seo e
Put it before him	Cuir air a bheulaibh e
Put it obliquely	Cuir tarsainn e
Put it on you	Cuir ort e
Put off; delay; evade	Leig seachad; cuir/leig an dearmad
Put off; deliver, as of a speech	Cuir dhìot
Put off; discourage; repel	Gràinich; sgreumhaich
Put off the evil part to the last	Cuir olc na cùis gu deireadh
Put on, as of shoes	Cuir ort do bhrògan
Put on airs	Bi mòr às fhèin
Put on; dress yourself	Cuir umad
Put on your clothes	Cuir ort d'aodach
Put on steam; make a special effort	Le mòran dìchill
Put or send away; discharge	Cuir air falbh
Put out; annoy	Cuir diomb air
Put out; dislocate a joint	Cuir às an alt
Put out; extinguish a light	Cuir às
Put out; eject from a house	Cuir/tilg a-mach
Put to dry; as washing	Cuir air thioramachadh
Put over	Cuir thairis
Put over; overthrow; pass time	Cuir thairis
Put the best face on it you can	Cuir an aghaidh as fheàrr a dh'fhaodas
Put the house in order	Rèitich an taigh
Put the pail upon the shelf	Cuir an cuman air an sgeilp
Put this by	Cuir seachad seo
Put to flight	Cuir teicheadh air
Put to it; hard put to it	An cruaidh chàs
Put to rights	Cuir ceart
Put to the test	Cuir gu dearbhadh
Put to trial	Cuir deuchainn air
Put to trial or suffering	Cuir gu fulang
Put to use; make use of	Cuir air feum
Put to usuary	Cuir air riadh
Put together; mix together	An ceann a chèile
Put together; assemble	Cuir ri chèile
Put under you	Cuir fodhad
Put up; provide for a definite purpose	Solair airson rùin ceart; cùis àraidh
Put up; receive as a temporary guest	Thoir aoigheachd do
Put up at	Fuirich; fuirich car sealach
Put up with	Cuir suas leis
Put up with me	Giùlain leam
Put upon	Gabh brath air
Put wrong	Cuir air aimreadh
Putting about, like a ship	A' tighinn a-staigh
Putting on their footgear	A' dol nam mogan
Putting oneself out	Dol ri dragh
To be put into force	Cuir an gnìomh
To put in a good word.	Cagar an cluais
To put on	Cuir orm, ort
To put out	Cuir a-mach

| We put them to flight | Chuir sinn an ruaig orra |
| Will be put | Chuirear |

PUZZLE

| I became hopelessly puzzled over the matter | Chaidh a' chùis sa' mhuileann orm |

QUAFF
He quaffed the ale   Sguab e às an leann

QUALM
He had qualms   Bu leisg leis

QUANTITY
A great quantity of the peats fell   Thuit brùchd den mhòine
A great quantity of fish   Mòran/slais èisg
A great quantity or number   Na-h-uimhir
A quantity of money   Slais airgid
A quantity of small potatoes   Sgròd bhuntàta beaga
A small quantity   Beag nithe
A vast quantity of fish   Fuathas èisg
A vast quantity of money   Neart airgid
A vast quantity of potatoes   Neart buntàta
About that quantity   Mun uimhir sin
They got a great quantity of fish   Fhuair iad uamhas èisg
What quantity is there?   Dè 'n uimhir a th' ann?
What quantity or number may there be of it?   Dè na th' ann deth?

QUARREL
Do not quarrel with a stranger   Na tog trògbhail air an aineol
Quarreling; at loggerheads   An claiginn a chèile
Quarreling with me   A' dol a-mach orm
They never quarreled   Cha tàinig facal riamh eatorra
They quarreled   Thàinig eatorra
We quarreled; fell foul of each other   Chaidh sinn thar a' chèile; chaidh sinn a-mach air a chèile

QUARRY
He is quarrying stones to extend the house   Tha e a' dùsgadh chlach gu cur a-mach air an taigh

QUARTER
A quarter of a mile   Cairteal a' mhìle
A quarter of an hour   Cairteal na h-uarach
In every quarter   Anns gach cèarn (aidh)
In what quarter of the world is he?   Cò an cèarn den t-saoghal às a bheil e?
It is a quarter past eight   Tha e cairteal an dèidh ochd
The four quarters of the globe; the whole world   Ceithir ranna ruadha an domhain

QUASH
The judge quashed the sentence   Chuir am breitheamh am binn air chùl

QUEER
In queer street   Ann an droch dhòigh
Queer card, or customer   Duine neònach
Queer one's pitch   Mill do cothroman/thuiteamais

QUELL
We quelled the riot   Chùm sinn fodha an aimhreit

QUENCH
He quenched his thirst   Chaisg e phathadh
He quenched the fire   Bhàth e an gealbhan

QUERN

A quern is better for sharpening without being broken; too much of a good thing — Is fheàirrde bràth a breacadh gun a briseadh

QUEST

In quest of — An tòir air

QUESTION

A stiff question — Ceist theann
Begging the question — A' seachnadh na ceiste
Beyond all questions — Gun teagamh
Burning question — Ceist chudthromach
In question; referred to — Ainmichte
It's a question of — 'S e an gnothach
Open question — Ceist neo-chinnteach
Out of the question — Thar chomais
Somewhat of the same question — Car de na ceart cheistean
The question shall be determined — Rèitichear a' cheist
The same questions — Na ceart cheistean
To put a question — Cuir ceist air
Vexed question — Ceist aimhreiteach/dhoirbh
Without question — Gun teagamh

QUIBBLE

Quibbling with me in that style — Gam sheamasanachadh air an dòigh sin
We quibbled — Chluich sinn air facal

QUICK

He is quick with his feet — Tha e deas air na breaban
Quick as thought — Sa' bhad
Quick in repartee — Eirmiseach air a theangaidh
The quick of the nails — Blanaig nan ingnean
To be quick — A bhith aithghearr/luath
Touch him to the quick — Cuir gu a dhùbhlan e

QUICKLY

As quickly as you can — Cho luath agus a thèid agad air
Couldn't get there quickly enough — Cha b' e ruith ach leum
Quickly, in a short time — An gradaig

QUIET

Be quiet — Bi sàmhach
Be as quiet as a lamb — Bi cho solta ri uan
Be quiet, you there! — Caisd a sin thu!
Will you not be quiet! — Nach eisd thu!

QUIT

John quit his job — Chuir Iain cùl ris a' chosnadh aige; dhealaich Iain ri chosnadh

QUITS

Be quits with; be equal with — Bi co-ionnan ri
Be quits with; be revenged on — Dìoghladh air

QUIVER

The boat began to quiver — Chaidh am bàta air chrith

RACE
A race of men	Stoc dhaoine
A timid race	Sìol meata
My race is Royal (motto of the MacGregors)	Is Rìogail mo Dhream
The former race	An linn a bh' ann
The wicked race	Am pòr dubh
To fight with the pigmy race	A chogadh ris an iarmad mheanbh

RACK
Go to rack and ruin	Dol a dhìth
On the rack; intensely anxious	Glè iomagaineach
Rack one's brains	Smaoinich dlùth/teann

RACKET
Stand the racket	Seasamh ri

RAGE
A man in a rage	Duine fon chaoch
A rapid raging stream	Mire-shruth
A violent rage	Cuthach dearg
He is raging; quite furious	Chuir e caoin air as-caoin
His rage subsided	Shocraich fhearg
In the raging storm	San doineann fheargach
Is his rage abated?	A bheil sìth air a-nis?
She is raging; quite furious	Tha i air bhàinidh

RAGGED
A ragged boy and a shaggy colt should never be despised	Is mairg a bheireadh droch mheas air gille luideagach is air loth pheallagach

RAG-TAG
Rag-tag and bobtail	Sluagh neo-mheasail

RAID
He will make a raid on	Bheir e ruaig air
The lament of the raid	Cumha na caorachd

RAIL
Off the rails	Bho rian
Railing at them	A' faighinn cearb orra; a' trod riutha

RAILWAY
A railway carriage	Carbad trèana
A railway station	Stèisean thrèana
An underground railway	Rathad-iarainn fon talamh

RAIN
Balmy or genial rain	Uisge tlàth
Constant rain	Sìor-uisge
Heavy incessant rain	Uisge trom dlùth
Incessant rain	Uisge leanailteach
It has begun to rain	Leig e
It is raining	Tha 'n t-uisge ann; tha e a' sileadh
It is raining cats and dogs	Tha an dìle bhàite ann
It never rains but it pours	Nuair a thig cith thig bailc
It rained	Shil e
Misty rain	Uisge ceathaich
Rain came in torrents	Thàinig uisge na thaomaibh

292

Raining incessantly
Rainy weather
The day is likely to rain
The rain ceased
The rain is abating
The rain is not abating
There is heavy rain
There is vehement rain; a
  deluge; a downpour

Leantalach air an uisge
Uair shilteach
Tha an là a' brath leigeil fodha
Rinn e turadh
Tha 'n t-uisge ag aotromachadh
Chan eil dìobradh air an uisge
Tha uisge mòr ann
An dìle bhàite;tha uisge nan
  seachd sìon ann

RAISE
He almost raised my gorge by
  his fulsome self-praise

Cha mhòr nach do chuir e a'
  bhuidheach orm leis a' mholadh
  a bha aige air fhèin

He raised his eye
He raised it so lively
He raised my rent by three
  pounds
He raised the hero on his back
Raise Cain (S)
Raise one's glass
Raise one's voice;speak loudly
To raise one's eyebrows

Thog e a shùil
Thog e gu h-uallach
Thog e am màl trì notaichean orm

Thog e air mhuin an laoch
A' tarraing buaireis
Òl air slàinte
Labhair le guth àrd
A chur iongnaidh

RAKE
A rake-off
Rake up

Roinn-phàigheadh no buannachd
Dùisg an àm a dh'fhalbh gu neo-
  fheumail

RAMBLE
Many of them were rambling in
  their remarks
Rambling remarks

Is e sop às gach seid a bha aig
  mòran diubh
Sop às gach seid

RANDOM
Speaking at random

A' bruidhinn air thuaiream

RANGE
Within range

Ann an raon bualaidh

RANK
A rank of soldiers
A rank or luxuriant growth
Rank and file
Rise from the ranks

Ràgh shaighdearan
Bàrr trom
Na saighdearan cumanta
Saighdear cumanta a gheibh
  ùghdarras oifigeich

The centre rank
The rear rank
The van or front rank
To high rank

Sreath meadhan
Sreath chùl
Sreath aghaidh/beòil
Gu àrd-inbhe

RANSOM
A ransom
In ransom for my soul

Iol-èirig; luach-saoraidh
An èirig m' anama

RAP
Not worth a rap
Rap out
Take the rap

Chan fhiach buille
Bruidhinn gu geur
Gabh uallach

RAPE
He committed rape

Dh'èignich e i

RAPID
In the rapids
Keep clear of the rapids of the tide

An coileach an t-srutha
Cùm air falbh bho choileach an t-srutha

RARE
A rare thing
But it is rarely
Rare is the man who can continue all day delving with a spade
Rare is the man who could get the better of him; who could catch him unawares

Gnothach ainneamh; nì gann
Ach 's ann ainneamh
Is tearc fear a sheasas fad an là air ceann na spaide

Cha b' e a h-uile fear a bheireadh an sgiath-chùil dheth

RASH
Rash with your tongue

Bras le do bheul

RATE
At any rate, off I went

Coma leibh, no co-dhiù, a-mach gun tug mi
At precisely the same rate
Aig a' cheart ruith
At that rate
Aig an ruith sin

RATHER
I had rather lose a pound than that you should have mentioned it to him
I have a rather severe headache

Cha bu ghèamha leam air nota gun tug thu guth air ris

Tha mo cheann fhèin gu math goirt
I would rather say it straight to your face than behind your back
B' fheàrr leam a thoirt duit an clàr an aodainn na air cùl do chinn
Rather than anyone else
Seach aon eile
Rather than that they should look for her
Seach iad ga h-iarraidh

RATTLE
The rattle of his chest

Cochlaich a chlèibh

RAVE
The patient was raving

Bha an t-euslainteach air bhoile

RAVISH
John ravished the girl

Thug Iain air èiginn a' chaileag

RAW
Don't eat it raw
Raw flesh

Na ithibh dheth amh
Feòil amh

RAY
A ray of light
There is not a ray of light here
Without a ray of vision; stone blind

Trian de shoillse
Chan eil leus solais an seo

Gun deò lèirsinn

RAZOR
A razor-blade
A safety razor
An electric razor

Lann-ealtainn
Ealtainn làimhe
Ealtainn dealain

REACH
Can you reach it?

An ruig thu air?

I reached at it
Out of reach
Out of one's reach
Reach; fetch me here
Reach here; extend your hand
  to here
Reach-me-downs (S)
Reach your hand to this; reach
  this
They reached the goal
To reach the town
Within easy reach of the town

Ràinig mi air
Thar chomais
Thar tomhais na làimhe
Thoir a-bhos
Ruig an seo

Eideadh roimh-dhèanta
Ruig air seo

Ràinig iad an ceann-uidhe
Am baile a thoirt a-mach
Astar beag on bhaile

READ

He was reading that to me
The letter was read by us

Bha e a' leughadh sin dhomh
Leughadh an litir leinn

READY

All ready; ready-made
Are you ready?
Get ready
He is too ready to speak

I am ready to fight you
Ready!
They are ready to fight you
Too ready

Deas glan; roimh-dhèanta
A bheil thu ullamh?
Dèanaibh deiseil
Tha 'm beul aige ro luatha; tha
  e le a bheul air a ghualainn
Tha mi deònach ort
Deiseil!
Tha iad deònach ort
Ro-dheas

REALIZE

Before he realized it
Do you not realize that I have
  personally seen you?
He realized that he himself
  was to blame
Realizing
Realizing the danger

Mun deachaidh e na fhaireachadh
A bheil a' bhuil ort gum faca
  mise thu le mo dhà shùil?
Ghabh e thuige fhèin gur ann
  aige fhèin a bha a' choire
A' toirt fa-near
A' leughadh an eagail

REALLY

Actually and really so
Is it really true that John
  said he was ready to fight
  you?
Is it really true that she is
  a witch?
Really! Really!
Really; actually

Gu riochdail glan
An i an fhìrinn a tha ann gun
  dubhairt Iain gun robh e
  deònach ort?
A bheil e da-rìribh fìor gur i
  bana-bhuidseach a tha innte?
Seadh gu dearbha!
Gu dearbh/fìor

REAP

They were busy reaping
You will reap the consequences

Bha smùid aca air buain
Bheir thu a' bhuaidh ort fhèin

REAR

Be/bring up the rear
It was not on thin gruel that
  you were reared
That boy was reared on dairy
  produce
The man that reared you
They are rearing on milk
To rear; educate

Air chùl
Cha b' ann idir air a' bhrochan
  bhàn a thogadh thusa
Thogadh am balach ud air math
  na bà
Am fear a thog thu
Tha iad a' togail air bainne
Tog suas

REASON
Almost losing his reason	An impis a chiall a chall
By reason of	Air sgàth
By reason of hospitality	A thaobh mùirn
For every reason	Airson siud fhèin
For that reason	Air an adhbhar sin
Hear, or listen, to reason	Èisd ri comhairle; thoir an aire do reusan
It stands to reason	Tha reusan a' giùlan
They had good reason to	B' ion dhaibh
Without reason	Gun adhbhar/chion-fàth
You have great reason to flee	Is ion dhut a bhith teicheadh

REASSURE
He reassured her	Chuir e an inntinn aice aig fois

REBEL
They rebelled	Rinn iad ar-a-mach

REBELLION
Full of rebellion	Làn ceannairc

REBOUND
The football rebounded from the goal post	Leum am ball-coise air ais bhon phost-bàire

REBUFF
He rebuffed his opponents	Bhuail e air ais na nàimhdean aige

REBUKE
A public rebuke	Cronachadh soilleir
He rebuked me angrily	Thug e achmhasan dhomh gu feargach

RECALL
The soldier was recalled from leave	Bha an saighdear air a ghairm air ais bho fòrladh
He often recalled the Great War	Thug e air ais gu a chuimhne gu tric an Cogadh Mòr

RECEDE
The tide receded	Chaidh an seòl-mara air ais

RECEIVE
He received me kindly	Ghabh e rium gu math
I received it free	Fhuair mi an asgaidh e
Receive; show hospitality to	Dèan dha

RECEPTION
He gave him a cool reception	Chuir e fàilte fhionnar roimhe
He received a hostile reception	Thachair an cat ris air an starsnaich
They met with a most courteous reception	'S ann romhpa bha 'n ùis

RECIPROCATE
We reciprocated his good wishes	Rinn sinn ga rèir a dhùrachdan

RECITE
Recite a verse	Gabh rann

RECOGNIZE
Do you manage to recognize him?	Am beil thu a' toirt suathalais thuige?

| I knew or recognized | Dh'aithnich mi |
| Making a good guess at recognizing you | A' toirt suathalais thugad |

RECKON

Even a fool may be reckoned a wise man while he holds his tongue	Measar an t-amadan fhèin na dhuine glic nuair bhitheas e na thosd
Reckon among	Cùnnt measg
Reckon on	Cùnnt air
Reckon up	Cùnnt
Reckon with; include in your plans	Aireamh 'na do phlanaichean
Reckoning	Cùnntas

RECLAIM

| Malcolm was busy reclaiming a piece of land | Bha Calum agus smùid aige a' toirt a-steach talmhainn |

RECOIL

| He recoiled from the blow | Chlisg/leum e air ais bhon bhuille |

RECOLLECT

As far as I recollect	Cho fad 's is cuimhne leam
Do you recollect?	An cuimhne leat?
If I recollect aright	Mas math mo chuimhne
To the best of my recollection	A-rèir mo chuimhne

RECOMMEND

| I would recommend you to keep at a distance | Mholainn dhut mise a sheachnadh |

RECOMPENSE

| You have recompensed that | Dhìol thu sin |

RECONCILE

| Be reconciled; be friends | Dèan rèite |
| Reconcile oneself | Dèan fèin-rèiteach |

RECONSIDER

| I reconsidered things | Bheachdaich mi às ùr air cùisean |

RECOVER

He is recovering	Tha e tighinn bhuaith
He recovered his judgment; he came to himself	Thàinig e thuige fhèin
He will recover	Thig e uaith

RECRIMINATE

| We recriminated | Chuir sin fo choire |

RECTIFY

| Rectify; arrange; adjust; put in order | Cuir air dòigh |

RED

In the red	Ann am fiachan
Like a red rag to a bull	Cuir dragh dian air
Red coats	Saighdearan dearga
Red blood corpuscles	Frìdean dearga
Red-handed	An sàs

Red herring   Cuir sgeul thairis
Red-hot   Dearg
Red-letter day   Là gàirdeachais
Red-tape; excessive use or   Riaghailtean oifigeach is
  adherence to formalities   suarach
To see the red light   A dh'fhaicinn a' chunnairt

REDDEN
He did not redden it; he made   Cha do dhearg e air
  no impression

REDOUND
It redounded to his credit   Thug e cliù dha

REDRESS
Apply for redress   Dèan do ghearan ri

RE-ECHO
Every hill and knoll re-echoed   Chomh-fhreagair gach tuilm is
                                cnoc
He would make the very rocks   Bheireadh e mac-talla air na
  re-echo   creagaibh

REEK
The peat fire reeked   Chuir an teine mòna smùid/toit
                                  dheth

REEL
A fast reel (music)   Bras-phort
A reel (dance)   Rìghil; ruidhil; ruithil
On the reel of the fishing rod   Air a' chuibhill

REFER
He referred to the book   Thug e iomradh air an leabhar
The matter was referred back   Bha an gnothach air a thilleadh
                                  air ais

REFERENCE
In/with reference to   A thaobh
Saying in reference to us   Ag ràdh umainn
Speaking with reference to you   A' labhairt umaibh
With reference to   A thaobh
Without reference to   Gun bhrath mu

REFLATION
Reflation   Meudachadh/neartachadh luach

REFLECT
Reflecting on me   A' cur iomchoir ormsa

REFLECTION
Due reflection   Cnuasachadh cothromach
On reflection   An dèidh cnuasachaidh

REFORMED
The Reformed (Protestant)   An creideamh catharra
  creed

REFRAIN
Refrain from drinking   Cùm on òl

REFRESH
He is refreshed; revived   Tha e ath-ùraichte
The drink refreshed him   Dh'ùraich an deoch è

REFRESHER
A refresher course

Cùrsa ùrachaidh

REFUGE
A trusty refuge
You are my refuge

Tèarmann dìleas
Mo thèarmann thu

REFUND
I refunded the loan

Dh'aisig mi air ais an t-iasad

REFUSAL
He got a refusal
One refusal is longer
  remembered than a dozen offers

Fhuair e diùltadh
Is buaine aon diùltadh na
  dà-thabhartas-deug

The first refusal

A' chiad dhiùltadh

REFUSE
Any refuse they have
He refused out and out to
  become a shepherd
I will be neither refused nor
  denied
Refuse
Refuse to take it lying down
The codling that would never
  refuse a hook
The refuse of mankind

Aon iomall a bhitheas aca
Dhiùlt e a dhol ris na caoraich

Cha ghabh mi seunadh no àicheadh

Cuir cùl ri
Diùlt gabhail ris
Am bodach ruadh nach obadh dubhan

Sgum an t-saoghail

REGARD
As regards
Have regard
I am regarding; esteeming
You have no regard for the
  truth

A thaobh
Thoir spèis
Tha mi a' measadh
Chan eil thu a' toirt urram don
  fhìrinn

REGARDLESS
Regardless of the wound in
  his side

Gun amhail don lot na chliabh
  fhèin

REGION
A barren region

Àite gun tacar

REGRADE
John was regraded

Bha Iain air a chur air ais

REGRESS
The waters regressed

Chaidh na h-uisgeachan air ais

REGRET
He regrets
I have no cause to regret
I regret
I regret; am sorry; am vexed
Regret does not remedy a
  blunder

Is aithreach leis
Chan aithreach leam
Is olc leam
Is duilich leam
Cha leighis aithreachas breamas

REGULAR
Keep regular hours
Regular as clockwork

Cùm uairean riaghailteach
Cho rèidh ri uaireadair

REGURGITATE
He regurgitated his drink

Chuir e a-mach a dheoch

REIGN
He reigned twelve years — Rìoghaich e dà bhliadhna dheug

REIN
Give rein to — Leig srian le

REINSTATE
We reinstated the teacher — Chuir sinn am fear-teagaisg air ais 'na dhreuchd

REJECT
Neither eat nor reject the child's food — Na ith is na ob cuid an leanaibh bhig
The rejected; the unfit — Daoine tilgte air falbh; daoine bochd

REJOICE
I rejoice; am glad — Is ait leam
Rejoice — Dèan aoibhneas/gàirdeachas
To rejoice in your praise — Chùm caithream a dhèanamh ann ad chliù

RELAPSE
He has got a relapse — Thill ris

RELATE
Closely connected; related — Dlùth an dàimh
Closely related — An dlùth dhàimh ri
Distantly related — Fad a-mach an dàimh
I am only relating what I have heard — Mas breug bhuam e is breug thugam e
Nearly related to me — Dìleas dhomh
Related to each other — Càirdeach da chèile
They are related to each other — Buinidh iad da chèile; tha iad càirdeach da chèile

RELATION
He is better than any relation of yours — Tha e nas feàrr na duine a bhuineas dhut-sa
In relation to — An coimeas ri
Your spouse's people; relations — Do mhuinntir chèile

RELATIONSHIP
Blood relationship — Càirdeas fola
Distant relationship — Càirdeas fada às

RELEASE
Release — Cuir fa sgaoil
Release; deliver — Dèan fuasgladh
Release; let go — Cuir feadh a chèile
They released him; set him free — Leig iad ma sgaoil e

RELIANCE
You need not put any reliance in that — Cha ruig thu leas urrachd a dhèanamh às a sin

RELIEF
He got relief — Fhuair e faothachadh
It gave him relief — Thug e fuasgladh dha
To get relief from — Faigh cuiteas

RELIEVE
Relieve him — Fuasgail air
Relieving him — A' fuasgladh dha

Who relieved/aided/attended/   Cò a fhreasdail air?
helped him?

RELINQUISH
Relinquish; deliver; give up   Thoir seachad

RELISH
No relish for   Gun tlachd do

RELUCTANT
He was reluctant   Bu leisg leis

RELY
Do not rely on/believe it   Na toir gèill d' a leithid sin

REMAIN
Everything that remains   Gach nì a bhitheas thairis
Those that remain   Na dh' fhanas
What remained to him was   Cha robh aige ach an gad air
the semblance, not the   an robh an t-iasg
reality
Without a morsel remaining   Gun chriomag an làthair

REMAINDER
Give me the remainder   Thoir dhomh s' an còrr

REMAND
The judge remanded the   Chuir/ghairm am breitheamh air
prisoner on bail   ais am prìosanach air urras

REMARK
I remarked upon it to my   Tharraing mi air ri mo nàbaidh
neighbour
To make a remark   Facal a ràdh

REMEMBER
Do you remember?   An cuimhne leat?
Do you remember how the boys   A bheil cuimhne agad an dìol a
used to torment us?   bhiodh aig na balaich oirnn?
I remember him   Tha cuimhne agam air
If I remember aright   Mas math mo chuimhne
To remember   Cùm air chuimhne

REMIND
Remind   Cuir air chuimhne
Reminding him; overtaking him   A' toirt a-steach air

REMIT
The bank remitted his salary   Chuir am banca air ais a
thuarasdal

REMNANT
The remnant of my people   Iarmad mo shluaigh
The remnant of the people   Fuigheall an t-sluaigh

REMONSTRATE
We remonstrated with him   Chuir sinn na aghaidh

REMOTE
A remote or solitary place   Àite uaigneach
Remote corners   Cèarnan iomallach
Remote time   An aimsir chèin

REMOVE
Remove your burden from me   Tog do throm dhiom

She removed the books   Chuir i air imrich na leabhraich-
ean

RENDER
Render a service   Dèan gnìomh
Render useless   Cuir am mugha

RENEW
He renewed my torment   Dh'ùraich e mo chràdh
To renew one's acquaintance   Aithne a chur air duine a-rithist
with

RENOUNCE
He renounced his religion   Dh'àicheidh e a chreideamh

RENOWN
Those became men of renown   Dh'fhàs iad sin nan daoine
ainmeil

RENT
Rent-day   Là a' mhàil
The rent-book   Leabhar a' mhàil
We were collecting the rents   Bha sinn a' togail a' mhàil
Without fee, or rent or court   Gun dìoladh, gun mhàl, gun mhòd

REPAIR
I will repair her wall   Càiridh mi a balla
Repair the boots   Càirich na brògan
Repair to the hill   Gabh chun a' mhonaidh
Repairing to the alehouse   A' trusadh don taigh òsda
To have a watch repaired   Uaireadair a chàradh

REPAY
I owe you more than I can ever   Tha comain agad orm nach fheudar
repay   dhomh a ath-dhìoladh a chaoidh

REPEAL
The act was repealed   Bha an achd air a cur air ais

REPELL
He repelled the enemy   Thilg e air ais an nàmhaid

REPENT
I repent   Is aithreach leam
I will repent   Gabhaidh/nì mi aithreachas
Repent   Dèan/gabh aithreachas

REPORT
A bad report   Droch alladh/thuairisgeul
A report   Cunntas; iomradh; tuairisgeul
According to report   A-rèir aithris
A false report   Tuairisgeul brèige
A good report   Deagh alladh
It is a bad report of you   Is dona an t-innseadh ort
It is reported   Tha e air aithris
Report ill of   Tog air
Reported through the country   Air a sheinn feadh na dùthcha
There is such a report among   Tha leithid sin de bhruidhinn
the people   a-measg an t-sluaigh

REPRIMAND
He reprimanded me   Chronaich e mi

REPROACH

A cause of reproach	Cùis-mhaslaidh
Reproaching; defaming	A' tilgeadh innisgean
He reproached them; faced them	Thug e an aghaidh orra
Never deserve a word of reproach	Gu bràth na toill guth ort fhèin
Reproach; despise	Cuir an ìre; dèan tarchais
Reproach me not for that	Na dìt mi airson sin
Why do they reproach you?	Carson a nì iad tailceas ort?

REPULSE

The king repulsed the enemy	Chùm an rìgh air ais an nàmhaid

REPUTATION

According to your reputation	A-rèir do mheas
He has the reputation of being a liar	Tha iad a' fàgail air gum beil e ris na breugan
Under good reputation	Fo dheagh chliù

REQUIRE

He does not require as much as a shilling for the duck	Is uilear dha tasdan air an tunnaig
He requires a shilling for the duck	Chan uilear dha tasdan air an tunnaig
I would require/expect that	Cha b' uilear leam sin
You would require to be here	Cha b' uilear dhut a bhith an seo

RESCUE

If your own kin will not rescue you	Mur eadraig d' fir-fhuil fhèin thu

RESEMBLE

They resemble each other somewhat	Tha iad rudeigin coltach ri chèile

RESENT

He resented my implication	Ghabh e tàmailt den ribeadh agam

RESENTMENT

Incurring the resentment of any person	A' toilltinn mìothlachd duine sam bith

RESERVE

A reserved person	Duine dha fhèin
In reserve; saved up	Air chùl an cinn
Reserve it until tomorrow	Caomhainn e gus a-màireach
Why are you so very reserved as you are?	Carson a tha thusa cho fada às agus a tha thu?

RESIGN

I resigned; gave up office	Leig mi dhìom mo dhreuchd

RESIST

He was resisting with all his might	Bha e a' cur nam bonn an taic

RESOLUTION

Make a resolution	Dèan rùn

RESOLVE

I resolved to throw the dog over the precipice	Chuir mi romham an cù a chur le creig

Resolve; propose	Cuir romhad
Resolving (of oneself/another)	A' cur na cheann

RESPECT

He respects	Tha meas aige air
I will have respect for you	Amhaircidh mi oirbh
In all respects; every respect	Anns gach dòigh
In that respect	Anns an rathad sin
In this respect	A thaobh seo; an ceangal ri seo
James was much respected by the people	Bha Seumas glè mheasail aig an t-sluagh
Respected by high and low	Measail aig uaislibh is ìslibh
Show respect	Thoir eisimeil
With respect and esteem	Le meas is miadh
You are not singular in that respect	Chan eil thu ad aonar mar sin

RESPECTABLE

If the bearer is respectable the message is important	Mas fhiach an teachdaire, is fhiach an gnothach

RESPECTFULLY

How respectfully and hospitably they were received	'S ann romhpa a bha mhùirn

RESPITE

He got a respite; his fever abated	Fhuair e aotromachadh on fhiabhras
He got a slight respite	Fhuair e fèath

RESPONSIBILITY

Heavy responsibilities were laid on them	Leagadh dleasdanas cudthromach orra
On their own responsibility	Air an urra fhèin; air an urrainn fhèin
The responsibility of that affair	Uallach a' ghnothaich ud

RESPONSIBLE

He is responsible for himself	Tha fhuil air a cheann fhèin
It is their foolishness that is responsible for their present plight	Is e na tha orra den amaideas a dh'fhàg iad mar a tha iad
What made him say that, was that he was not responsible at the moment	Is e a thug air siud a ràdh nach robh e aige fèin aig an àm

RESPONSIVE

She is very responsive to the rudder, however	Tha i glè umhail don stiùir, co-dhiù

REST

As much as the rest	Uimhir ri càch
He arrived before the rest	Thàinig e roimh chàch
I will give you rest	Bheir mise suaimhneas dhuibh
Rest assured	Bi cinnteach
Rest on one's laurels	Bi sàsaichte leat fhèin
Rest yourself; take breath	Gabh/leig d' anail; leig do sgìos
Taking my rest	A' leigeadh mo sgìos dhìom

RESTORE

He will restore   Aisigidh e

Restore unto me the joy of thy   Aisig dhomh gàirdeachas do
  salvation   shlàinte

RESTRAIN

Restrain or stop the dog   Caisg an cù

Restrain your hand   Cùm air do làimh

Restrain your slanderous   Cùm do dhroch bheul agad fèin
  tongue; don't be impudent

Restraining myself   A' cumail orm fèin

Under restraint to any man   Fo cheangal aig duine sam bith

RESTRICT

He restricted his activities   Chùm e srian air na h-oibrichean
                                       aige

RESULT

As a result   Air thàilleabh

As a result of   Toradh air

Its bloom and its fruit are   Tha bhlàth 's a bhuil ann
  to be seen; the result is
  obvious

The result is obvious   Is lèir a' bhuil

The result of my toil   Tàilleamh mo shaothair

The result will tell which of   Feuch thusa cò an t-sròin dom
  us is the loser   fuaire

RESUME

John resumed his duties   Thòisich Iain às ùr air a
                                        dhleasnais

RESURRECTION

The day of resurrection   Là na h-aiseirigh

The resurrection of the dead   Aiseirigh nam marbh

RETARD

He retarded the engine's speed   Chuir e èis air luas an innil

RETICENCE

Without reticence   Beul air gualainn; beul gun
                                        fhàitheam

RETIRE

I retired from work   Leig mi dhìom mo dhreuchd

RETORT

He retorted angrily   Thilg e air ais gu feargach

RETRACT

He retracted his evidence   Tharraing/thug e air ais a
                                        theisteanas

RETREAT

Beat a retreat   Teich

They compelled him to retreat   Chuir iad na buille ris

RETRIBUTION

Retribution awaits you,   Is ann thugadsa a tha e, a chinn
  luckless one!   gun bhuaidh!

RETRIEVE

Mary retrieved her clothes   Fhuair Màiri às a chèile an còta
                                        aice

RETURN

He returned   Thàinig e air ais
I had to return home   Thàinig orm tilleadh dhachaigh
I shall never, never more return   Cha till, cha till mi tuilleadh
The acid return from the stomach   Brùchd ruadhain
We shall never return   Cha till sinn a chaoidh; cha tig sinn am feasd

REVEAL

Do not reveal your defects to your enemy   Na rùisg d' easbhuidhean do d' nàmhaid
Reveal thy loving kindness to us   Taisbean do thròcair dhuinn
To reveal   Cuir an cèill; leig ri(s)

REVENGE

He will have his revenge   Bheir e mach an tòrachd
Revenge me   Thoir dhomh aichbheil

REVERE

His name is revered   Tha ainm urramach

REVERENCE

There was a time when people reverenced the Sabbath   Bha là ann,uair den t-saoghal, agus bha cùram aig na daoine don t-Sàbaid
Without reverence/obedience   Gun eisimeil gun ùmhlachd

REVIEW

I reviewed matters again   Chaidh mi a-rithist gu mo smuaintean

REVISION

Revision (say of homework)   Sùil air ais

REVIVE

He is revived; refreshed   Tha e ath-ùraichte
She revived; she came to life   Thàinig i thuige

REVOKE

We revoked his permission   Tharraing sinn air ais a' chead aige

REVOLVE

The globe round which the sun revolves   An domhain mun iadh a' ghrian

REWARD

As a reward for going   Airson falbh
A reward offered for a rebel's head   Airgead-cinn

RHEUMATISM

I had twinges of rheumatism all over my joints   Tha gaoth an t-siataig anns na cnàmhan agam
Rheumatism is depriving me of my night's rest   Tha mi air mo chur bho chadal na h-oidhche aig an t-siataig

RHYME

His story has neither rhyme nor reason   Chan eil bun no bàrr aig a sheanachas
No rhyme nor reason   Chan eil adhbhar ann idir

RICH

A rich man	Duine saoibhir
A rich man; one rich in words and deeds	Duine beartach
To become rich	Fàs beartach; stòras a thional

RID

Get rid of	Faigh cuiteas
He got rid of the business	Fhuair e rèidh 's a' chùis

RIDE

A riding-school	Sgoil-mharcachd
I'm going to ride	Tha mi dol a mharcachd
Ride one's hobby horse	Air an aon phort
Ride roughshod over somebody	Saltairt air neach
Take for a ride; deceive; trick	Thoir car às
Take for a ride, on a journey	A ghiùlain air turas

RIDGE

On a ridge of a mountain	Air faobhar beinne
The house of the ridge; Tyndrum	Taigh an droma
The ridge of the hill	Mullach na beinne
The ridge of the house	Druim an taighe; mullach an taighe

RIFF-RAFF

Riff-raff	Gràisg

RIGHT

All right	Ceart gu leòr
By rights	An ceartas
Come right	Ceart air a' cheann thall
He has no right to	Chan eil dad a (de) chòir aige air
I have a right to claim my wages	The còir agam air mo thuarasdal a thagairt
Is that all right?	A bheil sin ceart gu leòr?
Is that all right for you?	An dèan sin an gnothach dhut?
On the right	Air an taobh dheas
Quite right	Làn cheart; ceart gu leòr
Right, left and centre	A h-uile taobh
Right as rain	Cho math 's a ghabhas; taitneach gu lèir
Right hand	Làmh dheas
Right-hand man	Fear-cuideachaidh riatanach
Right is on my side	Tha a' chòir air mo thaobh
Right may be at times synonymous with might; might is right	Is ann a bhitheas a' chòir mar a chumar i
Right of way	Cead an rathaid
Right side	Taobh deas
Serves you right	'S math an airidh
She thought it right for me	Mheas i gur ceart dhomh
That's right	Tha sin ceart
The right and the wrong side	Caoin is ascaoin
The right corner of the house	Gualann deas an taighe
To be right	A bhith ceart
To the right side	A dh'ionnsaigh na làimhe deise

With just right	Le dlighe cheirt

RIGHTEOUS

A righteous man; righteous people	Fear ionracais; luchd ionracais
He shall pronounce a righteous judgment on your people	Bheir e ceart-bhreith air do shluagh

RIM

The rim of the basin	Bil na mèise
The rim of the hat	Bil na h-aide

RING

A ring on the telephone	Fòn a' bualadh
His answer did not ring true	Cha robh craiceann na fìrinne air an fhreagairt a thug e
Ring a bell; bring to mind	Cuir air chuimhne; thoir gu aire
Ring-finger	Màthair na lùdaig
Ring off	Cuir sìos am fòn
Ring the bell	Buail an clag
Ring the changes	Dèan atharrachadh
Ring up; make a telephone call	Fòn; dèan sanas air fòn
There's a ring at the door	Siud clag an dorais a' bualadh
They brought rings with them	Thug iad leò fàinneachan

RINGLET

Hair in ringlets	Falt snìomhain

RIP

Mary ripped her coat	Shrac Màiri às a chèile an còta aice

RIPER

It is growing riper and riper	Tha e dol an abaichead

RISE

An early rise	Moch-eirigh
Arise	Èirich ort
Have you risen; are you out of bed?	A bheil thu air èirigh?
Rise early	Dèan moch-èirigh; èirich tràth
Rise in the world	Èirich nad staid
Rise to	Dèan mar as còir
Rise with the lark	Dèan moch-eirigh
Take a rise out of anyone	Dèan cùis-mhagaidh dheth
They rose simultaneously and set out for the town	Dh'èirich iad ceart còmhla, is thug iad am baile mòr orra
They rose up to play	Dh'èirich iad gu cleasachd

RISK

Risk it	Cuir an cunnart e

RIVER

Source of a river	Màthair-uisge
The bed of the river	Amar na h-aibhne
The mouth of the river	Bun na h-aibhne
The river has subsided	Tha 'n abhainn air ìsleachadh
Where the river is shallowest it makes most noise	Far an taine an abhainn 's ann as mò a fuaim

ROAD

Across the road	Tarsainn an rathaid
Is there a short road?	A bheil rathad goirid ann?

Is this the right road?	An e seo an rathad ceart?
Off the road	Bhàrr an rathaid
The high-road	An rathad-mòr; an ròd mòr
The king's highway	Rathad-mòr an rìgh; ròd mòr an rìgh
The roadside	Taobh an ròid
The roadstead's entrance	Beul na h-acarsaid

ROAM

We roamed in the forest	Chaidh sinn air fàrsan na coille

ROAR

The roaring cascade	An eas ròiceach
The roaring of the waves	Beucaich thonn
What are you roaring about?	Ciod a' bheucaich a tha ort?

ROB

Going to rob me	A' dol gam spùinneadh
Rob Peter to pay Paul	Spùill Peadar a chum Pòl a phàigheadh

ROCK

At rock bottom	Cho ìosal ri ìosal
Firm as a rock	Cho daingeann ri carraig
From a mountain rock	O chàrr monaidh
On the rocks (S); penniless	Gun airgead
On the rocks; shipwrecked	Air na creagan
Rock the cradle	Tulg a' chreathall
The hunter on the rocks	An sealgair air na stùcaibh
The rock is visible at dead low tide	Bithidh an sgeir a' tighinn ris aig cridhe na tràghad
The rock of my strength	Carraig mo neairt
When the rock becomes visible, launch the boat	Nuair a thig an sgeir ris, cuir a-mach an t-eathar

ROD

Have you a fishing rod?	A bheil slat iasgaich agad?
Make a rod for one's own back	Rud a dhèanamh duilich dhut fhèin
Rule with a rod of iron	Riaghladh le cruas mòr

ROE

The roe bounding swiftly afar	Earb na still air astar

ROLAND

That will give you a Roland for your Oliver	Cumaidh iad ceann a' mhaide riut

ROLL

He rolled down the incline	Chuir e car mu char dheth leis an leathad
Roll-call	Glaodh rolla
Roll up; assemble	Cruinnich
Roll up; literally roll up	Fill suas
Rolling	Car mu char
Rolling in money	Làn airgid
Rolling in pain	Le mòran cràidh
Rolling stone	Fear neo-shuidhichte
The ship rolling	An long a' tulgadh

ROMANCE

Be done with your romancing	Thoir thairis do bhòilich

He is as full of romancing as the egg is full of meat

Tha e cho làn de bhòilich is a tha an t-ugh den bhiadh

ROME
Do in Rome as the Romans do

Dèan mar a nì do nàbaidh

ROOF
A roof-tree
On the roof of the house
Roof the house

Maide-droma
Air mullach an taighe
Cuir ceann air an taigh

ROOK
He rooked me (S); cheated me

Thug e an car asam

ROOM
A room with a wooden floor
In the living room
Not room to swing a cat
Prefer a person's room to his presence
Room and to spare
To make room

Seòmar clàraidh
Aig-an-teine
Àite glè bheag
'S fheàrr leam nach robh e an làthair
Tuilleadh àite 's a' chòir
Dèan rùm

ROOST
The hen roosted

Chaidh a' chearc air spiris

ROOT
Because it had no root

He will leave neither root nor branch
I have rooted out the nettle
Pulling them by the roots
Root it out; eradicate it
The root of the matter
The root of the tree

A chionn nach robh freumhach aige
Chan fhàg e bun no bàrr

Dhìobair mi an fheanntagach
Gam buain às am bun
Spìon às a bun i
Bonn gnothaich
Bun na craoibhe

ROPE
Give one enough rope; leave a man in error until he suffers

If the rope is not properly tied, knot it securely

The rope is quite entangled
To make a rope fast

Ceadaich do dhuine leantainn a bhith am mearachd gus an tuit na toraidhean air
Mur eil an taod air a cheangal ceart cuir snàim cruaidh teann air
Tha 'n còrd na ribleach
Cheangal ròpa gu daingeann

ROSE
A bed of roses; live comfortably
Through rose coloured spectacles

Mair beò gu cofhurtail/socrach

Is geal leis

ROT
Becoming putrid; rotting
Getting useless; rotting

A' grodadh
A' dol aog

ROTATION
Alternately; in rotation
Time about; in rotation

Uair mu seach
Sioll mu seach

ROTE
To learn by rote

Faigh air do mheamhàir

ROTTEN
Rotten to the core   Gu tur lobhte

ROUGH
A rough character   Seamanach balaich
A rough diamond   Duine garbh
In the rough   A bhith sa' gharbhlach
Rough and tumble; jostling   A' brùthadh
  (Noun)
Rough-house (S); a disturbance   Buaireas; aimhreit
Rough on (S); a hardship for   Cruaidh-chàs air
Rough words   Briathran garga
Roughly; approximately   An ìre mhath
Roughly; in a rough manner   Gu garbh
The Rough Bounds   Na Garbh-chrìochan

ROUND
Going the rounds   A' cur mun cuairt
He went round   Chaidh e timcheall
However round it may be   Air a chruinnead
Round numbers; approximately   Gu dlùth/faisg
Round off   Thoir gu crìoch
Round on   Tionndaidh air
Round robin; a circular letter   Cuairtlitir; litir chuairteach
Round-table conference   Comh-chomhairle; co-chòmhdhail
Round trip   Turas iomlan
Round up   Cruinnich
Roundabout way   Slighe mhòr-chuairteach

ROUSE
If I am roused, I shall make   Ma dh'èireas ormsa,nì mi pronnadh
  mincemeat of every one of you   nam meanbh chuileag air a h-uile
     anam agaibh
Rouse yourself   Tog ort
When a person is roused   Nuair a thèid duine gu dhùbhlan

ROW
A rowing stroke   Buille le ràmh
A spell of rowing, eating and   Sgàl air iomradh,air itheadh agus
  scolding   air càineadh
Row Hector, back-water Rory   Iomair Eachainn,cùm fodha a
     Ruairidh
Row the boat   Iomair am bàta
Row the nearest oar   An ràmh as fhaisge iomair
They rowed her along, close to   Chùm iad oirre ris a' chladach
  the shore   leis na ràimh anns a' chloich

ROYAL
A royal palace   Lùchairt rìgh;taigh-rìgh
Royal Highness   Mòralachd rìoghail
Your Royal Highness   Ur Mòrachd Rìoghail

RUB
Rub against   Suath ri
Rub up; polish   Ath-nuadhaich

RUIN
Do you mean to ruin yourself?   A bheil romhad thu fhèin a
     mhilleadh?
He has almost ruined me   Theab e mo chreachadh
He has gone to ruin; to the   Chaidh e chun nan con
  dogs

It was not a cold ruin as it
is tonight
My ruin!
My ruin! Alas and alas!
Ruin; destroy
You have ruined me
Your ruin

RUINATION
My complete ruination!
My ruination!
That would be your ruination

RULE
As a rule

Bad rule
Golden rule
Rule of the road
Rule of thumb; guesswork
Rule out
Rule the roost; in command
Ruling passion; main incentive
Under your rule
Work to rule; work to the book

RUN
A run for one's money
Be out of the running
Run a race
Run a risk
Run across
Run after
Run against
Run amuck, go berserk

Run an eye over
Run away
Run away as fast as you can

Run away with the idea
Run counter to
Run down, collide with
Run down; overtake and often
capture
Run down; in poor health
Run down; visit
Run dry
Run for it
Run high; become heated or
cross
Run in the family
Run into; collide with
Run into debt
Run like mad
Run low
Run mad; become unreal,
exaggerated

Cha b' àbhaist fhuar e mar a tha
e a-nochd
Mo sgaradh/sgrios!
Mo chreach,mo chreach!
Cuir a dholaidh
Chreach thu mi
Do là-dubh

Mo chreach!
Mo dhìobhail!
B' e sin car d' aimhleis

An cumantas;mar as (bu) nòs; mar
as trice
Droch thighearnas
Sàr riaghailt
Riagailt an rathaid
Thoir tuaiream
Sgeith a-mach
Bi air an ceann
Prìomh-bhrosnachadh ann am beatha
Fo do sgòd
Gach rud a dhèanamh a-rèir riagh-
ailte

Ùine is cothrom
Bi às an àireamh
Cuir rèis
Bi an cunnart
Ruith tarsainn
Ruith an dèidh
Ruith an aghaidh; seas an aghaidh
Ruith mun cuairt gu fiadhaich is
gun chiall
Thoir sùil thairis air
Thoir do chasan leat
Ruith air falbh cho luath agus a
thèid agad
Ruith leis a' bheachd
Ruith an aghaidh
Co-bhualadh na chèile
Beir air

Neo-fhallain,tinn
Dèan cèilidh; tadhal
Ruith seasg
Dèan às
Fàs crosda/teasaichte

Anns na daoine
Buail ann;co-bhualadh na chèile
Rach am fiachan
Ruith mar an deamhain
Rach sìos
Fàs neo-fhìor agus meudaichte

Run off; steal and depart	Dèan às
Run off; win easily	Buannaich gu furasda
Run on	Ruith air
Run out; come to an end	Thig gu crìoch
Run over; collide with	Bualadh na chèile
Run over; drive over	Ruith sìos
Run over; glance over a document	Sgrùd sgrìobhainn
Run rings round	Cuir caran air
Run riot	Neo-smachdte gu tur
Run short of	Fàs gann de
Run through; exhaust	Ruith tro
Run through; pierce with a sword	Sàth le claidheamh
Run through;; read through	Sgrùd troimh
Run to; have sufficient money for	Tha gu leòr airgead agam airson...
Run to earth; find after a search	Lorg an dèidh tòir
Run to five hundred pages (a book)	Tha an leabhar a' ruighinn air còig ceud duilleag
Run up; stitch up rapidly	Fuaigheal gu luath
Run wild	Ruith fiadhaich
Running; managing a business	A' stiùireadh gnothach
Running, we met five days running, consecutively	Chruinnich sinn air còig làithean an dèidh a chèile
Running away	A' toirt a chasan leis
Running fight	Trod is ruaig
Running off	A' gabhail fo shròin
Running through the mind	A' ruith air teangaidh
Running to and fro; like cattle on a hot day	Ruith air theas
Running to seed	Dol air ais; a' dol am mionad
Running to seed; growing rank	Fàs garbh agus troimhe chèile
They ran away; took to their heels	Chuir iad na buinn riutha
To be in the running; to have a chance of victory	A dh'fhaighinn cothrom buaidhe
To run slow	Air dheireadh
To run up a bill; to incur debts	Fiachan a tharraing air fhèin
Without power of running	Gun chomas ruith

RUN-WAY

.The end of the run-way	Ceann an rathad-rèis

RUPTURE

He has a rupture	Tha a sgairt briste

RUSH

A rush of people comes forth	Thàinig brùchd de na daoine a-mach
He rushed away to catch a shop open	Chaidh e na chruaidh leum ach am beireadh e air bùth fosgailte
He rushed in	Thug e roid a-steach
John rushed towards him	Bhuail Iain chuige
Off he rushed greatly excited	A-mach gun do ghabh e fìor ghluaiste
Out she rushed with a cry of distress	Mach a bha i le èigh nan creach

Rush one's fences; act precipitately

A dhèanamh gu cas

To make a rush at

A thoirt roid a dh'ionnsaigh

We rushed towards each other

Chaidh sinn an dàil a chèile

RUSTICATE

He rusticated

Dh'fhuadaich e don dùthaich

RUT

A rutting place for deer

Poll-bùiridh; poll-dàmhair

To be in a rut; bored

Ann an clais; leamhaich

SACK
Get or be given the sack — Faigh leabhraichean

SACKCLOTH
In sackcloth and ashes — Le saic-aodach is luath

SACRIFICE
A living sacrifice — Beð-ìobairt
They sacrificed a lamb — Dh'ìobair iad uan

SAD
He is a sadder and wiser man — Tha e nas dubhaiche ach nas ciallaiche
It is a sad affair — Is bochd an gnothach
Sad and few were his days — Bu tùirseach tearc a làithean
Sad was his tale — Bu dhubh a sgeul
The sad spectacle — An sealladh trom
You are sadly mistaken — Tha thu gu mòr air do mhealladh

SADDLE
In the saddle; in office — Am pillean
In the saddle; riding a horse — Anns an dìollaid
Saddled with — Slaodadh ri

SADNESS
Banishing sadness or melancholy — A' cur dhinn a' chianalais
That brought sadness to my soul — A chuir m' anam fo sprochd

SAFE
Safe and sound; perfect health — Gu slàn fallain
That is in safe keeping — Tha sin glèidhteach
You had better keep at a safe distance from him — Is fheàrr dhut cumail fad an sgadain uaithe

SAIL
A boat hoisting sail — Bàta a' dèanamh aodaich
A jib sail — Seòl beag toisich; seòl spreðid
A mainsail — Prìomh-sheòl; seòl meadhanach/mòr
A sailing yacht — Birlinn sheòl
A top sail — Bràigh-sheòl
Full sail — Làn sheòl
Give her more sail — Thoir am barrachd aodaich dhi
Sail near the wind; come near to breaking the law or morals — Dol dàna air
Sail under false colours — Thoir a chreidse
Sails — Aodach
Set sail — Seòl
She is light and speedy under oar and under sail — Tha i aotrom siùbhlach fo ràmh is fo sheòl
She was under full sail — Bha seòl slàn rithe
We lowered the sail — Leag sinn an seòl
We shortened the sail by two reefs — Chuir sinn dà cheann a-steach anns an t-seòl
We were sailing very near the wind — Bha sinn a' seòladh gu math cruaidh air a' ghaoith
Will she carry full sail? — An giùlan i an seòl slàn?
With all reefs in — Fon chùrsa

SAKE
For Christ's sake — Air sgàth Chrìosda

315

For my sake
For the sake of the righteous
I love him for his own sake

Air mo sgàth-sa;air mo shon-sa
Airson nam fìrean
Bu ghaol gun chomain mo ghràdh
dhasan

SALARY
An increase in salary

Àrdachadh tuarasdail

SALLY
Sally forth

Thoir ionnsaigh

SALT
Not worth one's salt
Salt away
Salt of the earth
Salted water; salt water
Take it with a pinch of salt

Nach fhiach
Cuir mu seach
Smior an t-sluaigh
Bùrn saillte;sàile
Cuir teagamh ann

SALUBRIOUS
Salubrious air

Àileadh fallain

SALUTE
I would salute him
They saluted each other

Chuirinn fàilte air
Dh'altaich iad beatha a chèile

SALVATION
Work out one's own salvation

Coimhead a-mach air do shon fhèin

SALVE
A salve for the (sore) feet
Balm or salve
Medicine; salve

Acainn airson na coise
Ballan no sàbh
Cungaidh-leighis

SAME
All the same; quite the same
At the same table as himself
In the same ship
In the same way
It is all the same to me
Neil is the same as he ever was

Uile ionnan
Aig an aon bhòrd ris fhèin
San aon luing
Air an dòigh cheudna
Is co-dheas leam
Am fasan a bha aig Niall bha e
riamh ris

That is all the same
The same
The same as
The same man
The same to you
They are all the same
They are not the same

Is ionnan sin
An aon rud
Mar; an aon....ri
An duine ceudna
Leithid cheudna
Is ionnan iad
Chan ionnan dhaibh

SAND
A sandy shore
Happy as a sandboy

Oirthir ghainneimh
Cho sona agus a tha an là cho
fada
The sands are running out

Tha an ùine a' ruith

SATIATE
After a good meal we were
satiated

An dèidh biadh math lìon sinn
gu sàth

SATISFACTION
Give satisfaction
He did it to your entire
satisfaction
I have my satisfaction; plenty

Thoir sàsachadh
Rinn e g' ad mhiann

Tha mo dhìol agamsa

SATISFY

I am satisfied	Tha mi buidheach
I satisfied him	Thoilich mi e
Satisfying the lusts of the flesh	A' sàsachadh na feòla
To be satisfied with	Bhith riaraichte le

SAUCE

What's sauce for the goose is sauce for the gander	Gach neach air an aon rud

SAUNTER

He and I sauntered along together	Choisich e ceum air cheum còmhla rium

SAVE

Mercifully save me	Fòir is tròcair orm
Save appearances	Cùm suas deagh ainm
Save one's breath	Caomhainn anail
Save the mark	Cùm comharra
Save the situation	Sàbhail cùisean
Save two persons; except two	Saor o dhithis

SAY

As they will say themselves	Mar a their iad fhèin
Be circumspect in what you say	Cuir fàitheam air do theanga
Did he say anything to you about the sheep?	An tug e guth riut air na caoraich?
Do not say to her	Na h-abair rithe
Go without saying	Nach fheumar a ràdh
Have one's say	Facal a bhith aig neach
He said it to me half jestingly	Thuirt e rium eadar fhìrinn is mhagaireachd
I am not saying this of you behind your back	Chan ann a' dol air chùl cnocain riut a tha mi
I can safely say that	Faodaidh mi a ràdh le cinnt...
I must say that	Feumaidh mi a ràdh
I say	A deirim
I should say	Bu chòir dhomh a ràdh
I will say nothing	Chan abair mi dad
It is exactly as you said	Tha e calg-dhìreach/ceart mar a thuirt thu
Needless to say	Cha ruig mi leas a ràdh
Say but little and say it well	Na abair ach beagan,agus abair gu math e
Say not a wheest	Na abair diurr
Say not a word	Na abair diog
Say on	Abair romhad
Say to him	Abair ris
Some shall say	Their cuid
That is to say	Is e sin ri ràdh
What are you saying?	Ciod an rud a tha thu ag ràdh?
You don't say	Chan eil thu fhèin ag ràdh
You have said more than enough already	Thubhairt thu tuilleadh agus a' chòir a cheana
You may certainly say	Abair fhèin e; abair thusa

SCAMPER

They scampered away	Thug iad na buinn asda

SCANTY
On a scanty diet — Air bheag lòn

SCARCE
A scarce thing — Nì gann
A scarce year — Bliadhna chruaich/dhaor/ghann
Getting scarcer and scarcer — A' dol an gainnead/teircead
Scarce of food — Gann de bhiadh

SCARCELY
He is scarcely all there — Chan eil aige-san air
Scarcely before — Mun gann
Scarcely that — Nach gann
Scarcely will eat — 'S gann gun ith
There was scarcely any trace
of fish on the lines — Cha mhòr gun robh deargadh èisg
air na lìn
They had scarcely landed when
a violent storm broke out — Cha robh iad air tìr a dhèanamh
nuair a thàinig an là a-mach
garbh

You will scarcely — Bithidh e cruaidh ort

SCARCITY
A year of scarcity — Bliadhna ghoirt/gann

SCARE
A scare-crow — Bodach-ròcais; bodach feannaig
I am absolutely scared to death — Tha dearg eagal mo bheatha orm
I am almost scared to death — Theab mi a dhol à cochall mo
chridhe leis an eagal

Scaring him away from the house — Ga fhuadach air an taigh

SCATTER
Scatter them like dust — Cuir stùr riu

SCENE
Behind the scenes — Air cùl gnothaich
Create/make a scene — Tog buaireadh
To appear on the scene — Teachd an làthair

SCENT
Scent a mystery — Gabh amharas
The dogs are on the scent — Tha na coin nan tòir
To be on the right scent — A bhith air an tòir cheart
To throw the dogs off the scent — Na coin a chur air seachran

SCHEME
All his schemes came to nought — Chaidh a h-uile rud a bha ann
air a broinn da/air a thòin da

SCHOLAR
He was an apt scholar — Thug e leis foghlam glè mhath

SCHOOL
A private school — Sgoil-dhìomhair
He dismissed the school — Sgaoil e an sgoil

SCOFF
You must not scoff at God's
handiwork — Na bi thusa ri fanoid air obair
a' Chruthachaidh

SCOLD
He got a scolding — Fhuair e a throd
My wife scolded me in earnest — Throid mo bhean is throid i rium
Scolding him — A' trod ris

318

SCORE
On that score   Air a' chuspair sin
Score off   Dubh às (a-mach)

SCORN
Point the figure of scorn   Dèan tàir

SCOT
Scot free   Gu tur saor

SCOURGE
A lash; scourge   Slat-sgiùrsaidh
A scourge of small cords   Sgiùrsair de sginnich
They shall scourge you   Sgiùrsaidh iad sibh

SCOWL
He was habitually scowling   Bha e fo ghruaim gu gnàthach;
                              cuir e mùig air gu gnàthach

SCRAPE
Get into a scrape   Faigh ann an sgruib
Scrape acquaintance with   Cuir eòlas air
Scrape through   Faigh troimhe air èiginn
Scrape together   Sgrìob ri chèile

SCRATCH
Bring, or come, up to scratch   Thoir gu ìre
Scratch team   Sgioba measgaichte
Scratch the surface   Toiseach tòiseachaidh
Up to scratch   Gu ìre; ri tìde a' bhaile
You scratch my back and I'll   Dèan fàbhar rium is nì mi fàbhar
   scratch yours   riut

SCREAM
Scream; shriek   Thoir sgread
She screamed   Leig i sgread aisde

SCREW
A screw loose (S)   Air chuthach
Have one's head screwed on   Tuigseach; seaghach
He screwed up a grimace   Chuir e mùig
Put on the screw(s)   Thig teann air

SCRUPLE
Have no scruples   Gun chogais

SCUD
The boat scudded over the waves   Bha am bàta a' ruith roimh 'n
                              ghaoith thar nan tonn

SCULPTURE
Sculptured like a statue   Snasaichte mar ìomhaigh

SCUM
Scum will not come on a cat's   Cha tig barrag air cuid cait
   portion

SEA
A bank in the sea   Oitir
A rough sea   Fairge mòr
A sea-calf   Bèist mhaol
A sea devil   Mac greusaiche; mac làmhaich
A sea voyage   Bòidse
All at sea; fail to understand   Gun a bhith a' tuigsinn
At sea   Aig muir

At the seaside	An cois na tràghad
Bounding over the sea	A' leum thar an t-sàl
By sea and by land	Air muir 's air tìr
Close to the seashore	Ri cois na mara
Get one's sea legs	Ionnsaich marachd
Half seas over	Deagh smùid air
He is seasick	Tha am muir a' cur air
Like the raging reflux of the sea	Mar thràigh fhuaimear a' chuain; mar iomairt mara
On the high seas/open sea	Air àirde a' chuain
On the surface of the sea	Ri aodann a' chuain
Perils of the sea	Gàbhadh cuain
Put to sea	Cuir gu muir
Sea spray	Smùid na mara; marcan-sìne
The high sea	An t-àrd-chuan
The open sea	Druim a' chuain
The raging of the sea	Gàirich a' chuain
The sea air	Àile na mara
The sea in profound repose	An lear an sàimh shuain
The sea is rough	Tha 'n fhairge mòr
The sea-side	Taobh na mara
The smooth sea	Am muir lom
The troubled billowy sea	Cuan salach nan garbh-thonn

SEAFARING
Seafaring	A' strì ris a' mhuir

SEAL
One's lips are sealed	Seula air bilean
Seal or wax of letter	Cèir na litreach
Sealed book	Rud do-thuigsinn
Sealing-wax	Cèir-sheulaidh
The hiding place of the seals	Ionad falaich nan ròn slapach

SEARCH
Although I searched high and low, not a vestige of it could I find	Ged a dh'imichinn an talamh agus an t-adhar chan fhaighinn lorg air
Did you search it minutely?	An do mhion rannsaich thu e?
He is making a search for	Tha e air tòir
In search of	An tòir air
In search of the house	Air forfhais an taighe
Let us search for him; I will not	Tiugainn air a thòir; cha tèid mo chas
Searching for fish with torches	A' sireacdh an èisg le biùgain
Searching for sheep	A' tòrachd chaorach
A search for	Rùraich

SEASON
A word in season	Facal na ionad
At the proper season	Sna tràthaibh ceart
Close season	Àm cuirte/toirmisgte
For a season	Fad ràithe
In season and out of season	An àm is an an-àm; an ionad 's à ionad
Seasonable weather	Tìde na h-ionad
Seasoned wood	Fiodh abaich/sùighte
The wood is seasoned	Tha 'm fiodh air sùghadh

SEAWORTHY
The boat is very seaworthy	Is bàta-mara math a tha anns a' bhàta

SECRET

Bread eaten in secret is pleasant	Tha' n t-aran a dh'ithear an uaigneas taitneach
Communicate secrets	Rùn-phàirtich
I make no secret of it	Chan eil mi ga cheil air aon duine
In secret; in a retired place	An uaigneas
Make no secret of	Gun falach sam bith

SECRETLY

Do not make a practice of taking drams secretly	Na gabh an dràm gun fhios
Openly or secretly	Os àrd no os ìosal

SECURE

A secure knot	Snàim cruaidh teann
Secure in his holding	Dìonach na fhearann
Secure it; modify a statement	Gabh aige
Secure the corn	Gabh aig an arbhar
Secure the stacks before the wind blows	Ceangail na cruachan mus sèid a' ghaoth

SECURITY

Hold as security	Cùm mar bharantas
I'll go security for you	Thèid mise an urras ort
I want no security	Chan eil urras a dhìth orm
The security is not a whit better than the principal	Chan fheàrr an t-urras na 'n t-earras
Who will become security for you?	Cò a thèid an urras ort?

SEDUCE

He seduced her	Chaidh e rithe; thug e a thaobh i
She was seduced by him	Dh'aom/shìn/thuit i leis

SEE

As far as I can see	Mar is lèir dhomh
As you see fit	Mar chì thusa iomchaidh
Do you see it?	An lèir dhut e?
Going to see her	A' dol ga faicinn
He saw, as he imagined, a ghost at the end of the barn	Chunnaic e, mar b' fhìor dha, taibhse aig ceann an t-sabhail
He was never seen from that day	Cha do thog e ceann on là sin
I can see well	Is math is lèir dhomh
I cannot see it; make it out	Chan eil mi ga thogail
I do not see it	Cha lèir dhomh e
I don't see why I should waste my time listening to you	Is ann agamsa a tha a' chùirt ag èisdeachd riut
I have never seen him since he was a boy	Cha do bhuail mo shùil air bho bha e na bhalach
I have not seen a sailing ship for ages	Chan fhaca mi, bho chionn fad an t-saoghail, soitheach-seòlaidh
I'll see	Chì mi
I never saw his like before	Chan fhaca mi a leithid riamh
I saw a boat with three sails today	Chunnaic mise an-diugh eathar ris an robh trì siùil
I saw him at a distance once or twice	Chunnaic mi uam e uair no dhà
I saw you talking to John	Chunnaic mi thu a' bruidhinn ri Iain

I shall go that I may see	Thèid mi ach am faic mi
May I see you well	Guma slàn a chì mi thu
Nor do I see a view of them	Ni 'm faic mi sealladh dhiub
See fair play	Faic cothrom na Fèinne
See how the land lies	Faic mar a tha cùisean
See if he will come	Feuch an tig e
See if I will!	Feuch an cuir!
See one's way	Tha an comas agam
See red	Gabh fearg
See through	Tuig cò th' agad
See to	Thoir an aire air
See what was	Feuch dè bha
See with half an eye	So-thuigsinn
Seeing that they would look for her	Seach gun iarradh iad i
She can't see the wood for the trees	Chan fhaigh i sealladh san fharsaingeachd le coimhead air na tha fo casan
That they will long be seen	Guma fad a chithear iad
The longer I can see her	Mar as fhaide chì mi
There was nothing to see	Cha robh càil ri fhaicinn
Ugly to be seen	Grànda ri 'm faicinn
While I see	Fhad 's a chì mi

SEED

Bad seed	Droch phòr
Early oats or seeds	Sìol luaithreach
Grass feed	Fras feòir
Seed for sowing	Sìol gruinnd-cuire
Seed-time	Àm a' chuir

SEEK

Seek it	Sir e
Three things that come without seeking, jealousy, fear and love	Trì nithe gun iarraidh,an t-eagal, an t-eudach 's an gaol

SEEM

How does it seem to you?	Ciod e do bharail-sa air?
Seems to me	Ar leam
You do not seem to be the least sorry for it	Is beag duilichinn a th' ort

SEIGE

Under seige	Fo shèisd

SEIZE

Seizing me by the hand	A' breith air làimh orm
They seized the still	Ghlac iad a' phoit ruadh

SELDOM

He seldom comes	Is ainmig a thig e
It is very seldom that..	'S ann glè ainneamh a..
You could seldom come across his equal	Cha b' ann anns a h-uile poll-mònadh a chitheadh tu a leithid
You seldom come	Is annamh a thig thu

SELF

As self-important as Lucifer	Cho mòr às fhèin ris a' mhac-mallachd
He is quite his old self again	Tha e aige fhèin a-rithist

His self-esteem received a
sudden blow
Self-conceit

Self-confidence; self-
sufficiency
Self-denial
Self-interest
Self-motion
Self-murder; suicide
Self-reproach; compunction
Self-will; wilfulness

Bhuail an t-ardan am bàrr na
sròine e
Fèin-bheachd; fèin-mheas; fèin-
spèis
Fèin-earbsa; fèin-fhoghainteas

Fèin-àicheadh
Fèin-spèis
Fèin ghluasad
Fèin-mhortadh
Fèin-agartas
Fèin-thoil

SELL
I may sell the horse
I might have sold the horse

Faodaidh mi an t-each a reic
Dh'fhaodainn an t-each a reic

SEND
He sent for me that I should
write a letter for him
He sent word to me that he had
left
Send away
Send for
Send for me/him
Send my compliments
Send on a message
Send word to him

Send word to me

Chuir e fios orm ach an sgrìobh-
ainn litir dha
Chuir e fios thugam gun robh e
air fàgail
Cuir air falbh
Cuir a dh'iarraidh
Cuir fios orm/air
Cuir mo bheannachd
Cuir air gnothach
Cuir fios d' a ionnsaigh/air/-
chuige
Cuir fios thugam

SENSATION
Creating a sensation

A' tarraing aire dhaoine

SENSE
A fragment of sense
A man of good sense, with the
courage of his convictions
A man without principle or
sense
Come to one's senses
Good sense; common sense
Having little sense
He lost his sense of feeling
I have the sense
Of little sense
Out of his senses
Sense of humour
Showing your sense of gratitude
They lost their sense of
hearing
Who can bring any sense out of
it?

Sgot chèille
Duine seaghail

Duine gun chonn

Glac ciall
Toinisg
Air bheagan tuaireim
Chaill e a mhothachadh
Tha ciall agam fhèin
Air bheagan cèille; air bheag tùr
Às a bheachd/a chiall
Tuigsinn air àbhachdas
A' nochdadh do thaingealachd
Chaill iad càil an clàistneachd

Cò as urrainn brìgh sam bith a
thoirt às?

SENSELESS
A senseless idiot
A senseless man
A senseless or sapless affair
As a senseless thing
Exceedingly proud and sense-
less

Òinid gun chonn
Duine gun mhothachadh
Gnothach gun dòigh/seagh/sùgh
Mar nì gun chiall
Air mhòr uaille is air bheag
cèille

SENSIBLE
A sensible man
Sensible of

Duine cnocach
Fiosrach air

SENTENCE
Receive sentence
To pass sentence of death on
someone

Faigh binn
Breith bàis a thabhairt air duine

SEPARATE
Separate; appropriate; set
apart
Separate the sheep from the
goats
Separate the wheat from the
chaff
Separate them
Separate them; cause a quarrel
Separating the lambs

Cuir air leth

Tearb na caoraich 's na gobhair

Eadar-dhealaich min agus moll

Cuir dealachadh eatorra
Cuir eatorra
A' tearbadh nan uan

SERIOUS
Joking will end in serious
earnest
When the affair assumed a
serious aspect

Thèid an fhealla-dhà gu fealla
trì
Nuair a thàinig a' chùis teann-
ri-teann

SERVANT
He is with them as a servant

Tha e aca 'na sheirbhiseach

SERVE
I got what serves my purpose
It serves no end to read that
to you
Serve its purpose
Serve its turn
Serve no purpose
Serve someone right
To speak of that serves no
good purpose
What serves for a meal

Fhuair mi m' fheumalachd
Chan eil math dhomh a bhith
leughadh sin dhuitse
Fòghnaidh e
Nì e àite
Gun fheum
Fhuair e a thoillteanas
Chan eil stàth a bhith 'tighinn
air sin
Cuid an tràth

SET
A set of nails in a boat
Before setting their faces
He set himself thoroughly
about obeying the order
He set his heart on that
He set out for the hills alone

Alach thàirngean
Mun cuireadh iad aghaidh
Ghabh e mun òrdugh le toirt

Shocraich e a chridhe air sin·
Thog e air a dh'ionnsaigh a'
mhonaidh leis fhèin

I am setting off
I set about the work

Tha mi a' togail orm
Chaidh mi an sàs anns an obair;
chaidh mi an dàil/an seilbh/an
ceann/an tarraing na h-oibre

I set my foot on the ladder
I set the salmon net at the
extreme end of the sands
Set about; attack
Set about; begin
Set against; balanced·against
Set against; opposed to
Set round; forbidden

Leag mi mo chas air an fhàradh
Chuir mi an'lìon-bhraden aig
cluais na tràghad
Thoir ionnsaigh
Dèan tòiseachadh
Sa' mheidh
An aghaidh
Air a chrosadh

324

Set aside	Cuir a dh'aon taobh
Set back (S); cost something	Cuir air ais
Set back, impede or reverse progress	Clach na bhròig
Set-back; relapse or reversal of progress	Tuiteam air ais
Set by the ears	Cuir na chluais
Set down; alight from a vehicle	Leig às
Set eyes on	Dearc sùil air
Set an example	Thoir samhla
Set foot in	Cuir cas ann; seas ann
Set forth; off; out	Tog ort
Set free	Cuir mu sgaoil; leig às;thoir fuasgladh
Set him at variance; quarrel with	Cuir a-mach air
Set in motion	Tòisich
Set off; make more effective	Cuir loinn air
Set on; attack	Thoir ionnsaigh
Set on fire	Cuir ri teine
Set on his (or her) feet	Cuir air a cheann (a ceann) e (i)
Set one's affections on	Cuir spèis ann
Set one's hand to	Cuir làmh ann
Set one's heart on	Rùnaich
Set one's house in order	Cuir rian air do ghnothaichean
Set phrase	Facal
Set purpose	A dh'aon ghnothach
Set at rest	Aig fois
Set right	Cuir ceart
Set the dogs on him	Leig na coin ann
Set the seal on	Cuir seula air
Set the Thames on fire	Cuir gach neach na bhoil
Set to	Tòisich
Set-to	Caonnag
Set up; assume the right	Gabh ort fhèin
Set up; formally establish	Cuir suas leis
The setting of the sun	Dol fodha na grèine
They set out for the town	Thug iad am baile mòr orra
Thy sun has set forever	Thuit do ghrian gu sìor
To set in order	A chur an òrdugh
To set (someone's) mind at rest	A thogail iomnaidh bho

SETTLE
He settled you; dressed you down	Thachair e riut
Settle down	Sìothlaidh sìos

SEVERE
A severe person	Duine teann
Don't be severe on him; he is only young	Na bi trom air;chan eil aige ach an òige
He is too severe	Tha e tuilleadh is geur

SEW
Sew a stitch	Cuir grèim;stic
Sewing and hemming	A' fuaigheal is a' fàitheam
Sewing-class	Sgoil-fhuaigheil
Sewing thread	Snàth caiste;snàth-fuaighle

SHADE
In the shade	Anns an sgàil
Put in the shade	Cuir duine eile air chùl
The shade of a leaf of cabbage	Dubhar duilleag chàil
Under the shade of a rock	Fo sgàth na creige
Under the shade of the trees	Fo sgàile nan craobh

SHAGGY
The cloth is shaggy; has a nice nap	Tha caitein air an aodach

SHAKE
Every bone shaking with terror	Dlùthchrith air gach cnàimh le oillt
He shook hands with her	Rug e air làimh oirre
Shake a little on it	Crath fàdhadh air
Shake in one's shoes	Air chrith
Shake out	Sgaoil a-mach
Shake-out (S)	Rusladh
Shake the dust from one's feet	Cuir cùl ri àite
Shake up; mix by shaking	Measgaich
Shake, arouse	Dùisg
Shake-up; chastising; correction	Smachdachadh
Shake your head	Crath do cheann
Shaking hands on a bargain	Sgailc air bois
Shaking straw	A' crathadh connlaich
To shake with fear	Criothnaich le geilt
Without your being shaken/ moved	Gun sibh bhith fo imcheist
You are shaky on your feet	Tha thu a' crith air do chasan

SHALLOW
A shallow place; a shoal	Àite tana
In the shallow	San tanalaich
Shallow soil	Talamh tana
She is very shallow	'S ann glè fhaoin a tha i

SHAME
A burning shame	Nàire
A man without shame or confusion of face	Duine gun nàire gun athadh
For shame! Fy!	Mo nàire!
My nakedness and shame	Mo nochd is mo nàire
Put to shame	Nàraich
Shame is more lasting than anything else	Is buaine na gach nì an nàire
Shame man! Why do you speak bad language to the child?	Mo nàire ort,a dhuine! Carson a tha thu ri droch-chainnt ris an leanabh?
With shamefacedness and sobriety	Le nàisneachd agus stuaim
Without shame or flinching	Gun nàire gun athadh

SHANK
Nor slender shank, nor thick thigh; yarn of even thickness	Gìog chaol no sliasaid reamhar
Shank's pony (S)	Coiseachd

SHAPE

In a different form or shape	Air chaochladh dreach
In the shape of	An cumadh
My hat is out of shape	Tha m' ad a-mach à cumadh
She assumed the shape of a hare	Chaidh i ann an riochd geàrr
To shape the course of public opinion	Buaidh mhòr a thoirt air barail choitcheann

SHARE

A man's share	Cuid fir
A share of the fruits	Co-roinn den toradh
May he be enjoying his share of paradise (A common ending in obituary notices)!	A cuid de Phàrras dha!
My own share	Mo chuid/roinn fhèin
Share and share alike	Leth mar leth; roinn mhic is athar
They have share and share alike	Tha uimhir is uimhir aca
This is mine; this is my share	Is e seo mo chuid
Growing sharper and sourer	A' dol an geurad
I will meet you at 4 o'clock sharp	Thèid mi nad choinnimh air buille nan ceithir uairean
Rebuke him sharply	Thoir achmhasan dha gu geur
Sharp practice	Nàdur de mhealltaireachd
Sharpening the knife	A' geurachadh na sgine

SHATTER

Mary shattered the cup	Rinn Màiri 'na mhìreannan an cupan

SHEAR

Shearing sheep	A' rùsgadh chaorach
Shorn of	A' dhìth agus

SHED

He shed his blood	Dhòirt e 'fhuil
She was shedding copious tears on the floor	Bha boinne-taige aig na deòir aice air an làr (boinne-taige = trickling)
Shed light on; make plain	Dèan soilleir
Shedding the hair	A' cur a' chuilg
Shedding tears	A' sruthadh dheur

SHEEP

A sheep-cot	Taigh-chaorach
A sheep with a red mark at the back of her neck	Caora le dearg oirre an cùl a' chinn
As well be hanged for a sheep as a lamb	An aon duais airson cron beag no mòr
Black sheep; a blackguard	Caora dhubh; droch stic
Cast sheep's eyes	Dèan mìogshùil
Do you think the sheep will take to the lamb?	Am beil tha an dùil gun gabh a' chaora ris an uan?
Sheep's milk	Bainne chaorach
The sheep has lambs	Tha uain aig a' chaora

SHEER

Sheer off (S)	Bris às

327

Sheer poverty forced him to do
it
Sheer pride made you do that

Is e a' bhochdainn mhòr a thug
air a dhèanamh
'S i an ra-spors a thug ort sin
a dhèanamh

SHEET
A sheet of ice
A shroud; a winding sheet
A timorous person holding the
sheet-rope
Sheet anchor
The foresail, job and main
sheet
Three sheets in the wind

Leac eighe
Lèine-bhàis/-mhairbh
Fear gealtach san aoir

Bonn stèidh
Sgòd an t-siùil thoisich, chinn
's mheadhain
Deagh smùid

SHEILING
The night prior to leaving the
sheiling

Oidhche na h-imrich

SHELF
On the shelf

Gun chèile

SHELL
Come out of one's shell
Hand over the drinking-shell
Shell out
Shelling out the winkles

Fàs misneachail
Fa a-nall an t-slige chreachain
Pàigh a-mach
Spìogadh nam faochag

SHELTER
For want of shelter
In a sheltered place
Shelter and kindness
Sheltered from the wind
The shelter of the house
We sat in a sheltered place
facing the sun
We took shelter during the
showers

A dhìth fasgaidh
Ann an àite seasgair
Fasgadh is càirdeas
Air cùl gaoithe
Sgàth an taighe
Shuidh sinn air cùl gaoithe agus
air aghaidh grèine
Ghabh sinn fasgadh ris na frasan

SHEPHERD
He works as a district shepherd
The shepherd set out for the
moor accompanied by his dog
The shepherd was shouting to
the dog at the top of his
voice

Tha e ris a' phùnndaireachd
Thug am buachaille am monadh
air agus an cù na chois
Bha am buachaille ag èigheach
àrd a chinn ris a' chù

SHIFT
He made shift to
Shift for oneself
Shift one's ground

Chuir e luim air
Thoir thu fhèin às
Atharraich adhbhar

SHINE
Shining on the mountain

A' boillsgeadh air an t-sliabh

SHIP
We shipped the cargo

Chuir sinn air bòrd luinge an
luchd

SHOCK
A sheaf is as good as a shock
of it (I have had enough of
it)

Is cho math sguab ri adaig
dheth

328

I am shocked at him | Tha mi air m' oillteachadh ris

SHOD
Poorly shod | Air droch bhrògan
Well shod | Air deagh bhrògan

SHOE
A slipper; sandal | Cuaran
A shoe-lace | Iall bròige; barr-iall; barrall
Hob-nailed shoes or boots | Brògan tacaideach
In a person's shoes | Na bhrògan
My shoe has blistered my foot | Sgiul mo bhròg mo chas
On a shoe-string | Air bheagan taic
Shoe blacking | Dubhach bhròg
The shoe fitted her foot | Chaidh a' bhròg oirre mu a cois
To put on your shoes | A chur ort do bhrògan
To take off your shoes | A chur dhìot do bhrògan

SHOOT
About a gun-shot away | Beul ri urchair gunna air falbh
Did you shoot it? | An do leag sibh e?
He shot the man | Thilg e an duine
Shoot ahead | Gabh romhad gu luath
Shoot at | Leig urchair
Shoot one's bolt | Dèan t' aon oidheirp
Shoot the line | Cuir an lìon
Shooting or aiming at a mark | A' caitheach air comharra

SHOP
A shop assistant | Gille/caileag bùtha
All over the shop | Air feadh an àite
Closed shop; where workers must belong to a trades union | Bùth dhùinte; far am feum na buill buntainn do chèard-chomann
Doing some shopping; go shopping | A' dol do na bùthan
Talk shop | Còmhradh air nithean dreuchdail
Thomas will look after the shop | Bithidh Tòmas a' coimhead na bùtha

SHORT
In short | A dh'aon fhacal
In short supply | Gann
Short-circuit | Cruinn-rathad goirid
Short-handed | Air bheag cuideachaidh
Short-lived | Diomain
Short of | Gann de
Short shrift | Èisdeachd obann
Short-staffed | Gann de luchd-obrach
Short weight | Gann san tomhas
Shorter | Nas giorra
They made short work of it | Chuir iad crìoch gu h-aithghearr air

This is a short method, road or way; an abridgement | Seo an aithghearr

SHORTEN
Are you going to shorten my trousers? | A bheil thu dol a chur a-steach air mo bhriogais?
Have you shortened the cow's tether? | An do chuir thu a-steach air ceangal/feisd na bà?
Shorten it | Cuir a-steach air
Shorten sail by a reef | Cuir ceann a-steach

SHOT
A good shot	Deagh shùil le gunna
A long shot	Rud car eu-coltach tachairt
A Parthian shot	Beum san dealachadh
A pot shot .	Amas
Like a shot	Cho ealamh ris an fhùdar
Small shot in the gun	Fras sa' ghunna

SHOULD
He should	Bu chòir dha
He should not	Nach bu chòir

SHOULDER
A shoulder-belt	Crios-guailne
Have broad shoulders	A chumas ris gach uallach
Have on one's shoulders	Cùm taic ri uallach fir eile
Put one's shoulder to the wheel	Cuir do chuid san oidheirp
Rub shoulders with	Cuir eòlas air

SHOUT
He shouted angrily at me	Thug e spochadh thugam

SHOVE
Give her (the boat) a shove	Thoiribh sàthadh dhi
He shoved it away	Dh'ut e bhuaidh e
Shove her	Ut i

SHOW
I showed him	Leig mi ris dha; choimhead mi dha
I will show it to you	Seallaidh mi dhut e
I will show you	Nochdaidh mi dhut
I will show you that you must keep away from me	Leigidh mise ris dhuit gum feum thu cumail air falbh uamsa
I will show you that you must not get your own way	Leigidh mise ris dhuit nach fhaigh thu do thoil fhèin
Show cause	Seall adhbhar
Show-down	A h-aon agus a dhà
Show it to me	Seall dhomh e
Show me that; let me have that	Cia dhomhsa sin
Show me the way	Seòl dhomh an rathad
Show of reason	Taisbeanadh reusantachd
Show off	Mol thu fhèin
Show one's face	Nochd
Show somebody the door	Seall an doras dha
Show up; be conspicuous	Ri fhaicinn
Show up; take someone upstairs	Seòl suas an staidhre
Show up; expose, often unfavourably	Cuir ann am mì-chliù
Showing you	A' leigeadh ris dhuit
That shows you that you should not heed him	Tha sin a' leigeil ris dhut gun feairt a thoirt air
To shew in	Thoir a-steach

SHOWER
A heavy shower	Garbh-fhras
Finest autumn-sun and shower	Foghar an àigh-grian is fras
Showery weather	Uair shilteach

SHREWD.
A shrewd ingenious fellow	Duine geur
How shrewd you are!	'S ann agad a tha an ceann!
Shrewd; cunning	Fada sa' cheann; carach

SHRINK

The cloth will shrink in the
first washing

Thèid an t-aodach a-steach air
a chiad nighe

SHROUD

Dressed in the shroud

Anns an anart bàis/an eas-lèine
/an lèine-bhàis/-mhairbh/an
taiseadach

I wish to goodness you were
shrouded

Nach robh thu air do righeadh

SHUDDER

He made me shudder
It made me shudder

Thug e grìs orm
Chuir e ball-chrith orm

SHUFFLE

He shuffled off

Chrath e dhe

SHUT

Shut down
Shut one's eyes to
Shut out
Shut up!
Shut up shop (S); stop work

Dùin sìos
Leig ort nach fhaic thu
Dùin a-mach
Dùin do bheul; dùin do chlab!
Cuir stad air do shaothair

SHY

A horse liable to shy
He fights shy of work

Each frionasach
Tha e a' doicheall roimh obair

SICK

Behold your father is sick
He is sick; unwell
He says he is sick-tired of us

Feuch tha d' athair tinn
Tha e bochd
Tha e ag ràdh gum beil e seachd
searbh dhinn

SIDE

A side-look; a side-glance
Aside; only one side
At the side of
Be on our side
Beside me
By your side
From the other side
He sided with me; took my
part
On one side
On the lee side
On the side; as a side line
Side by side
Side-wind
Side with
The hinder side
The inside; the interior
Who is on my side?

Sealladh fo shùil
Leth-taobh; ach a leth-taobh
Ri taobh
Bi leinn
Ri m' thaobh
Ri do chliathaich
As an taobh thall
Chaidh e às mo leth

Air aon taobh
Air taobh an fhasgaidh
A bharrachd
Taobh ri taobh
Naidheachd fuadain
Gabh le; gabh taobh
An taobh cùil; an taobh air chùl
An taobh a-staigh
Cò tha leamsa?

SIGHT

At first sight
At second sight
At sight; in view
Getting out of sight
Going out of sight
In sight

An toiseach
Aig an dara sealladh
San amharc
A' dol às an amharc
A' dol às an t-sealladh
Am fianais; am follais

In sight of	San t-sealladh
In the sight of	Ann am barail
It is a pleasant sight	Is taitneach an nì e
Know by sight	Aithne ri fhaicinn
Lose one's sight	Call fradharc
Lose sight of	Dol à sealladh
Out of sight out of mind	An rud nach fhaic sùil cha ghluais cridhe
Sight for sore eyes	Sealladh a thogadh cridhe
They sighted the hill's summit	Thog iad mullach na beinne
Want of sight; poor vision	Cion lèirsinn
We have gone out of sight	Chan eil sgeul oirnn

SIGN

A bad sign	Droch chomharradh
A good sign	Deagh chomharradh
Communicating ideas by signs	Ri balbhanachd
He has every sign of extreme poverty	'S ann air a tha blàth na bochdainn
He shows no sign of life	Chan eil deò ann
It is a bad sign	Is olc an comharradh
It is a very bad sign for you	Is dona an innse ort
Sign of the times	Comharrra nan tìmean
There was no sign of him	Cha robh sgeul air
They gave the sign/signal	Rinn iad an comharra

SILENCE

I put him to silence; muzzled him	Chuir mi a' ghlas-ghuib air
Silence gives consent	Ionann èisdeachd agus aontachd
Silence is golden	Is buidhe an tàmhachd
The dead silence of night	Marbh bhalbhachd na h-oidhche
To pass over someone in silence	Gun guth air bith a thabhairt air rud

SILENT

A wave will rise in silent water	Eiridh tonn air uisge balbh
Be silent	Bi ad thosd; gabh gu clos
I was mute and silent	Bha mi balbh tosdach
Like silent dew	Mar bhalbh dhriùchd
Like the silent water of the valley	Mar uisge balbh a' ghlinne
To be silent	A bhith sàmhach

SILK

A silk-hat	Ad-mholach
A silk-thread	Snàth-sìoda
Take silk; when an Advocate becomes a Queen's Counsel (Q.C.)	Faigh urram am-measg fir-lagha

SILVER

Accumulating silver or wealth	A' càrnadh airgid
Real silver	Airgead dìleas
Silver ore; silver mine	Mèinn airgid
Veins of lead and silver ore	Ditheanan luaidhe is airgid

SIMPLE

A weak or simple person	Duine socharach
Making the simple wise	A' dèanamh an duine aonfhillte glic

332

Since I was so simple, back-
ward

SIMULATE
He simulated his friend

SIN
A venial sin
Be sure that your sins will
find you out
They sinned against me

SINCE
Ever since Malcolm began to
fish, he has had his own boat

Since 1.time; 2.reason; 3.time
and reason

Since he had no son
Since he was conceived
Since I was born
Since I went away

SINCERE
As a sincere friend you have
no equal; no ordinary
friendship
I sincerely hope I shall not
covet it
With sincerity of heart

SINEW
The sinew that shrank

SING
She sang her very best songs
for us
Sing
Sing-song (Adj.)
Sing-song; impromptu concert
Sing the praises of
Sing the song well
Singing school or class
That singing of yours makes me
laugh
We asked him to sing a song

SINGLE
Singleness of purpose; of
heart
To single someone out for
praise

SINK
Almost sinking
Sink
Sink or swim
Twixt sinking and swimming
(between *two liquids*)

On a bha mi cho socharach

Bha e ga dheanamh fhèin coltach
ri a charaid

Peacadh-sola; peacadh-so-laghadh
Bithibh cinnteach gum faigh
bhur peacadh a-mach sibh
Chiontaich iad am aghaidh

Bho thòisich Calum a'strì ri
muir bha e ag iasgach air a
cheann fèin

1.O chionn (time); 2.a chionn
gu (reason); 3.bhon(time and
reason)

O nach robh mac aige
On a ghineadh e
On rugadh mi
On a dh'fhalbh mi

Bu tu fèin an caraid; is cha b'
e sin a h-uile caraid

Tha mise an dòchas nach gabh mo
shùil air
Le dùrachd cridhe

An fhèith a shearg

Sheinn i dhuinn gach òran a b'
fheàrr na chèile
Tog fonn
Aona-ghuthach
Hòro gheallaidh
Dèan moladh air
Eirich air an òran
Sgoil-sheinn
Tha an t-seinn a tha ort a' toirt
gaire orm
Dh'iarr sinn air òran a ghabhail

Aon fhillteachd rùin

Moladh a thabhairt do dhuine à
measg chàich

An impis dol fodha
Cuir fodha
Rach ann no às
Eadar dhà leann

333

SIR
Dear sir; my dear sir!

Take it easy, my dear sir!

SIRE
The horse sired many good foals

SIT
Be seated
He is sitting
He is there sitting alone
He sits brooding and never
  utters a word
I sat on the bench taking a
  rest
Please sit down
Sit close
Sit on; literally
Sit on (S); rebuke; snub
Sit tight (S)
Sit up (S)
Sit up for
Sitting on an eminence
Sitting up and on the alert
We sat together around the
  hearth
When he had sat
Will you sit here?

SITE
A good site for a house
The site where your grand-
  father's habitation stood

SITUATION
A pretty central situation
You have not grasped the
  situation
Your situation is better than
  it ever was

SIX
At sixes and sevens; confused
Hit for six (S); repulse in
  battle
Six of one and half-a-dozen
  of another

SIZE
About that size
I am surprised at his size
Of a handy size
Of the same size
Sizing of the slates
The herring we caught last
  night was of good size
The size of the house
Twice the size he was

Uasail ionmhainn!; a chaomhain!;
  a mhic chridhe!; uasail!
Socair a dhuine!

Bha an t-each mar athair air mòran
  shearraich grinn

Dèan suidhe
Tha e na shuidhe
Tha e an siud na ghurrach
Tha e na shuidhe fo na mùigean
  agus facal cha tig às a cheann
Shuidh mi air a' bheing,a' leigeadh
  dhìom mo sglos
Nach dèan sibh suidhe
Teannaibh ri chèile
Suidh air
Thoir achmhasan do
Fuirich mar tha
Suidh suas
Caithris
Na shuidhe air àrdan
Ga sgorrachadh fhèin
Shuidh sinn cruinn còmhla mun
  chagailt
Air suidhe dha
An suidh thu an seo?

Làrach math taighe
An làrach an robh ionad do sheanar

Àite fìor mheadhanach
Cha do thuig thu an clò

Tha do shuidheachadh nas fheàrr
  na bha e riamh

Troimhe-chèile
Cuir sìos gu buileach

An t-aon taobh seach taobh

Mun mheud ud
Is iongnadh leama mheudachd
Ann am meudachd dheas
San aon mheudachd
A' cothromachadh nan sclèata
Bha an sgadan a dh'iasgaich sinn
  an raoir proinneach laghach
Meud an taighe
A dhà uimhir 's a bha e

SKELETON

A skeleton in the cupboard (S) Rud nàrach san eachdraidh

SKILL

That acquired his skill in the A fhuair a char san uisge
water
You have little skill at that Is beag do thuigse dheth sin

SKIM

Mary skimmed the milk Thog/thug Màiri uachdar/barrag
den bhainne

SKIN

A rabbit's skin Bian coinein
An otter's skin Bian bèiste duibhe;bian dòbhrain
By the skin of one's teeth Air èiginn
Clear skinned Glan sa' chraiceann
Don't be thin-skinned, face Cuir craiceann a' bhuinn air a'
it with courage bhathais
He is almost nothing but skin Cha mhòr gum beil càil ann ach
and bone an t-anam
Put it next to your skin Cuir leth riut e
Skin deep Rud gun stèidh
The skin has peeled off my Tha mo làmhan air an craiceann
hands a chall

SKINFLINT

A skinflint like his father Cho cruaidh ri athair

SKIP

Cut a leap; make a jump Geàrr sùrdag
Skipping on the top of the A' sitheadh air mullach nam beann
hills

SKULL

He broke his skull Bhrist e chlaigeann

SKY

The clear blue sky An t-adhar sìmplidh gorm
What do you see between you Ciod a tha thu faicinn eadar thu
and the sky line? 's fàire?

SLACK

Slack sheet! Let go before the Leig leis!
wind
Slack water Am marbh-shruth
Slacken the rope Lasaich an còrd

SLAM

Slammed in his face Dùinte air a shròin

SLANT

A slant backwards Gothadh gu chùlaibh
Place the post in a slanting Leig aomadh anns a' phosta
position

SLAP

A slap on the side of the Gleoc san leth-cheann; sglais
head
Slap on the face Cnag obann
Slap-up (S); first rate; Gasda; barrail
splendid

SLAVE

Meaning to make me his slave or drudge	A' brath sgalag a dhèanamh dhìom
They are in hard chains; in slavery	Tha iad nan cuibhreach cruaidh

SLEEP

Are you asleep?	An cadal dhut?
Awake from your profound sleep	Dùisg às do shuain
Between sleeping and waking	Eadar cadal is dùsgadh
Did you sleep?	An d'fhuair thu cadal?
Have a good sleep!	Cadal math dhuibh!
He is in a sound sleep	Tha e na thurram suain
I shall go to sleep	Thèid mi chadal
In my sleep	Às mo chadal
Let sleeping dogs lie	Na dùisg aimhreit
Sleep	Dèan cadal
Sleep like a top	Cadal suaimhneach
Sleeping, slumbering	Fo phràmh
Sleeping partner (in business)	Companach dìomhain
Sleeping rough	A' cadal a-muigh
They sleep with the blankets next them	Tha iad a' cadal is na plaideachan leth riu
They went to sleep	Chaidh iad a chadal
To feel sleepy	Faireachdainn cadalach
To go to sleep	A chadal
Thomas is sleepy	Tha an cadal air Tòmas
William became sleepy	Thuit an cadal air Uilleam

SLIDE

Let things slide or drift	Leig roimhe

SLIGHTEST

He was not afraid in the slightest	Cha robh an dà eagal air
I never heard the slightest mention of it	Cha chuala mi guth air riamh

SLINK

Slink away; slope off	Ealaidh air falbh; sèap air falbh

SLIP

A slip of the tongue	Sgiorradh-facail
Giving the slip; dodging	Car mu chnoc
Make a slip; slip up	Dèan mearachd
Many a slip twixt cup and lip	Iomadh tuisleadh eadar rùn is. gnìomh
My feet almost slipped on the ice	Theab mo chasan falbh uam air an deigh
My foot slipped	Shleamhnaich mo chas
Slip away; out of; across	Siolp air falbh
Slip of the pen	Mearachd a' phinn
Slip of the tongue	Leig tuiteam le facal
Slip through one's fingers	Leig air falbh gu leibideach
To slip inside	Goid a-staigh
Without slip or mishap	Gun sgiorradh gun tubaist

SLIPPERY

The stones are slippery	Tha na clachan sleamhainn
You are as slippery as an eel	Chan eil annad ach grèim air earball easgainne

336

SLOP

The maid slopped out the floor   Shlaob an òigh às an urlar

SLOPE

A rough slope   Garbh-shlios

The slope is long   'S ann fada a tha an leathad;
    tha an leathad fada

The slope which borders the   Lear an locha
loch

SLOT

Slot in   Cuir na chèis

SLOTH

The hand of sloth does not make   Cha dèan làmh na leisge beairteas
wealth

SLOW

He is slow, sluggish   Is neo-ghrad e

Slow to speak and slow to anger   Mall chum labhairt 's mall chum
    feirge

To be slow (of a watch)   Air dheireadh

What a slow coach you are!   Nach bu tu an slaodaire!

SMATTERING

A smattering of arithmetic and   Prabardaich chùnntais is leughaidh
reading

SMELL

A bad smell   Droch àile/fhàileadh

An abominable smell   Boladh gràineil

He has a keen sense of smell   Tha sròn gheur aige

He smelled a smell   Dh'fhairich e boladh

SMILE

A smile (lit: Fiamh gàire
)

A sniggering smile   Snodha gàire

Make smile   Thoir gàire air

SMOKE

Do you smoke?   A bheil thu ris a' phìob?

End, or go up in smoke   Thig gu neoni

He is (not) a heavy smoker   Tha (chan eil) e trom air a'
    phìob

He smokes   Tha e ris a' phìob

No smoke without fire   Chan eil fathann gun bhun

No smoking   Smocadh air a thoirmeasg

Smoking a pipe   A' gabhail na pìoba

Smoking; in hot action   Na smùid

SNACK

To have a snack   Gabh blasad

SNAKE

A snake in my bosom   Nathair nam bhroilleach

A snake in the grass (S);   Fear-foill
twister

SNAP

He fairly snapped   Thug e sgeamhadh às

He made a snap after him   Thug e sic às a dhèidh

Snap at; accept eagerly   Gabh gu luath

Snap at; speak irritably to   Labhair gu guineach

Snap at; try to bite
Snap one's fingers at
Snap out of it (S)
Snap up

Oidheirp air grèim a thoirt
Thoir dùbhlan
Cuir sgoinn ort
Gabh gu h-ealamh

SNARE
He himself fell into the snare
They laid a snare

Thuit e fhèin anns an lìon
Leag iad ceap

SNATCH
He snatched the opportunity

Rug e air a' chothrom

SNEAK
He sneaked away quietly without
 a word, tail between his legs
He sneaked or stole by/away

Dh'fhalbh e gu bog, balbh, bodhar

Shnàig e seachad/air falbh

SNEEZE
He began to sneeze
He is sneezing
Not to be sneezed at

Thòisich e air sreothartaich
Tha e a' sraigheadh
Nach eil ri chur an neo-shuim

SNIFF
He sniffed at the proposal

Rinn e tarcais air an tagradh

SNORE
He is snoring
Your snoring would almost
 drive the horses out of the
 corn

Tha srann aige
Cha mhòr nach cuireadh an t-srann
 a tha agad na h-eich às a'
 choirce

SNOW
A huge snow-ball
I am snowed under with work

In snow-water
It has snowed so heavily that
 people cannot show their noses
 out of doors
It is snowing and drifting
Light snow swept into a
 blinding snowstorm; a blizzard
Sleet
Snowing and drifting without
 a halt
Soft flakes of snow
To snow

Balla sneachda;clach shneachd
Tha mi gu mo dà shùil ann an
 obair
An uisge sneachdaidh
Tha e air sneachda cho mòr a
 dhèanamh is nach fhaigh duine
 a-mach
Tha cur is cabhadh ann
Cabhadh-làir; cathadh-làir

Flinnteach shneachd
Cur is cabhadh gun snasadh

Bleideagan sneachda
Cuir sneachd

SNUFF
A snuff box; a snuff-mill
Give me a pinch of snuff
I haven't a particle of snuff
Take snuff!

Muileann-snaoisein
Thoir dhomh snaoisean
Chan eil deann snaoisein agam
Gabh snaisean!

SNUG
He has found a snug berth
Snug and warm

Dh'amais e air deagh bhuathal
Gu bog blàth

SNUGGLE
She snuggled up to him

Laigh i dlùth ris

SO
And so forth; so on

Agus mar sin air adhart

Perhaps (it is) so | Theagamh gu bheil
So also | Mar siud agus
So and so | Mar sin fhèin
So-and-so; a mild form of abuse | Am fear/ an tè ud
So-and-so; such and such a person | A leithid seo de fhear/thè
So do I | Agus mi fhèin cuideachd
So good (adverb) | Cho math
So-long (S); good-bye for now | Soraidh leat
So much so that he decamped | Ionnas gun do theich e
So-so; average | Chan eil ro mhath no ro dhona
Yes indeed! By Mary it is so! | Muire seadh!

SOAK
The water soaked away | Shùigh an t-uisge às

SOAR
The eagle soared away | Dh'èirich an iolaire don adhar; dh'itealaich an iolaire gu h-àrd

SOB
A sobbing voice | Guth caoineach
Suppressed sobbing | Glug a' ghuil

SOBER
Sober as a judge | Cho ciùin ri breitheamh
Sober down/up; become more staid | Bi stòlda
Sober down/up; become sober | Bi sòbarra

SOD
He is now on the sod of truth (dead) | Tha e nis air fòid na fìrinn
The sod where a man is destined to be born and die | Fòd a bhreith 's a bhàis

SOFT
A soft answer | Freagairt gleusda
A soft spot for | Taobh àraidh ri
Soft be your repose | Sèimh gun robh do thàmh
Soft-hearted | Maoth-chridheach
Soft in the head | Ceàrr sa' cheann
Soft job | Obair fhurasda
Soft option; an easy choice | Rathad ìosal
Soft option; an easy job | Obair aotrom
Soft soap; behave ingratiatingly | A' miodalaich
Soft soap; flattery | Miodal
Soft-spoken | Ciùin gu bruidhinn
Somewhat soft | Car bog

SOFTLY
Quietly; softly | Gu sèimh
Solemnly and softly | Gu furasda fòil

SOIL
I left it where it was; I would not soil my hands with it | Dh'fhàg mi air a thom e
Soil taken from one place to another | Talamh tilgte
You soiled the paper | Shalaich thu am pàipear

SOLDIER
Come the old soldier, over — Foghainn le seòltachd na h-aoise
Soldier of fortune — Saighdear tuarasdail
Soldier on — Cùm air/ris

SOLILOQUIZE
He was always soliloquizing — Bha e a' bruidhinn/a' labhairt ris fhèin an còmhnaidh

SOLVE
Solve the riddle — Fuasgail an tòimhseachan
The solver of all difficulties — Fear-rèitich gach teagamh

SOME
Some book or other — Leabhar air choreigin
Some female or woman — Tè-eigin
Some goodwill — Car de bhàidh
Some man — Fear-eigin
Some of it — Pàirt dheth
Some of the men — Cuid de na daoine
Some of them — Cuid diùbh
Some or other — Air choreigin
Some....others — Feadhainn....feadhainn eile
Some person — Cuideigin
Some person or other — Duine air choreigin
Some time or other — Uair no uaireigin
Somebody or other — Cuideigin no eile
They have some claim on that family — Tha iad a' leanmhainn air an teaghlach sin

SOMEWHAT
Somewhat foolish — Car faoin
Somewhat of the same question — Car de na ceart cheistean
Somewhat round — Rudeigin cruinn
Somewhat soft — Car bog
Somewhat unwilling — Rudeigin aindeoineach
This is somewhat moist or humid — Tha seo tlàth

SON
A woman may bear a son but God alone can make an heir — Beiridh bean mac,ach 'se Dia nì oighre
Her sons; his sons — A cuid mhac;a chuid mhac
My beloved son! — A mhic mo ghaoil!
My own son — Mo mhac fèin
The sons of bravery — Clann na gaisge
To my son — Gu mo mhac
You son of a gun that you are — A mhic mo mhàthar a tha thu ann

SONG
A song without defect — Oran gun chearb
For a song — Glè shaor
Make a song about it — Dèan ùpraid timcheall
Singing a song — A' gabhail òrain

SOON
As soon as I can — Choluath 's as urrainn dhomh
As soon as possible — Cho luath agus a ghabhas dèanamh
As soon as they arrive — Cho luath agus a thig iad
As soon as you behold him or it — Cho loma-luath 's a chì thu e
Soon after — An ùine gheàrr an dèidh
We dispersed so soon — Sgaoil sinn cho aithghearr

340

SOONER

No sooner had....
No sooner than
No sooner was his head on the
pillow than he slept
Sooner or later

The sooner the better

Cha bu luaithe bha....
Cha bu laithe....na
Cha bu luaithe a bha cheann air
a' cheann-adhairt na chaidil e
Luaithe no maille; an-dràsda no
a-rithist
Mar as luaithe 's ann as fheàrr

SORE

A sore foot
A sore throat
With sore distress
With sore fatigue

Cas ghoirt
Muineal goirt
Le trioblaid chruaidh
Le carra ghèir

SORELY

He is sorely in need of it
I was sorely vexed at my own
foolishness

Chan eil an droch fheum aige air
Bha mi gam itheadh fèin airson
mo ghòraich

SORROW

Great is the cause of my sorrow
Sorrowing; lamenting
This is the cause of my sorrow

Is mòr fàth mo thùirse
Fo bhron
Is e seo fàth mo bhròin

SORRY

I am sorry
I am sorry for him
I am sorry it is true
I would be very sorry to do
that
I would be very sorry to tell
lies about you

Is duilich leam; is cruaidh leam
Tha dorradas agam air a shon
Is duilich leam gur fìor
Is mòr a bheireadh orm e

Is mòr a bheireadh ormsa na
breugan a chur ortsa

SORT

A good sort
He is out of sorts

Of the same sort
That's your sort, my little
hero!
This sort of work

Duine gasda
Tha e dheth-rian; tha e car
meadhanach
Den cheart sheòrsa
Sin thu fhèin,a laochain!

An leithid seo a dh'obair

SOUL

Be unable to call one's soul
one's own
My soul is oppressed within me
Not a soul
On my soul
Poor soul!
Soul of discretion
Without a living soul but the
two of us

Gun rian air do bheatha fhèin

Tha m'anam brùite nam chom
Chan eil anam
Air m'anam
Brònag bhochd!
Fuathasach faiceallach
Is gun againn ach sinn fhèin nar
dithis

SOUND

A horrid sound
He cannot utter a sound
Sound and healthy
Sound in mind
Thomas is as sound as a bell

Fuaim baoth
Chan eil dèam aige
Gu slan fallain
Slàn ann an inntinn
Tha slàinte a' bhradain aig Tòmas;
tha Tòmas cho fallain ris a'
bhreac

341

SOUP
Fish soup; rice s.; shrimp s.;
tomato s.; vegetable s.
In the soup

Sùgh èisg; s.ruis; s.carrain;
s.tomàto; s.glasraich
Ann an aimlisg

SOUR
Sour grapes
Sour or high skate
Sour wine; vinegar

Farmad ri rud nach gabh buannachd
Sgait sgagaidh
Fìon geur

SOUTH
From the south
The south
The south course; right
direction
The southern exposure of the
glen
While the sun goes southwards

Bho dheas
An àird a deas
Deiseal air gach nì

Deisir a' ghlinne

Am feadh 's a bhitheas a'
ghrian a' dol deiseal

SOW
He that will not sow on a cold
day, will not reap on a warm
one
I shall have to sow the seed
today
Reap what one sows
Sow the seeds of
Sow the wind and reap the
whirlwind; perform badly and
cause worse consequences

Sowing the seed
Sowing time
The sow and her litter
What a man sows that will he
reap

Am fear nach dèan cur ri là fuar,
cha dèan e buain ri là teth

Thig orm an sìol a chur an-diugh

Buainidh mar a chuireas
Cuir beachd ann an ceann
Cuir a' ghaoth agus buain an
iomghaoth (Lit);coimhlion gu
h-olc agus dèan cùisean nas
miosa
Cur an t-sìl
Am cura
A' mhuc 's a cuid àil
An nì a chuireas duine 'se
bhuaineas e

SPACE
For the space of a night
Space between boat and shore
The space of three days

Car oidhche
Alach nan ràmh
Uine trì làithean

SPAN
Allotted span
The span of his tongue

Rèis roinnte
Rèis a theangaidh

SPANNER
Throw a spanner in the works

Cuir gnothaichean troimhe chèile

SPAR
Sparring with you
They are diamonds free of spar
or admixture

A' gleachd ribh
Is daoimean iad gun spàrr gun
truailleadh

SPARE
A spare man in a boat
A spare-wheel
Can you spare or dispense with
this?
Do not spare it
He is still spared

Duine a chòrr san sgioba
Roth a chòrr
An seachainn thu seo?

Na caomhainn e
Tha e ann fhathast

342

He spared no expense
In my spare time
You did not spare him

SPARK

A spark of fire
He hasn't a spark of sense
Many of them have not a spark
  of grace

SPEAK

Bad speaking
Do you speak English?
He did not speak to me
He spoke with unexpected
  violence
So to speak
Speak a word to me
Speak in passing
Speak of

Speak the truth
Speak up; speak more loudly
Speak up; speak one's opinion
Speak volumes
Speak well of
Speak with some affection
Speak wrongly
Speaking about you
Speaking likeness
Speaking simultaneously
Speaks for itself
They are ready to speak
They were speaking about you

They will speak of us
They will speak of you far and
  wide
Why should you speak of such a
  thing?

SPEEECH

He made a speech
Indiscreet speech
Pure English speech
To make a speech

SPEED

At full speed
Going at full speed
God speed to you!
He ran off at full speed
He ran with all speed
Keep her at that speed
Making speed
Speed her up
Speedily
With the greatest speed
You were journeying with speed

Cha do chùinn e cosgais
Nam àm saor
Is tu a thug dha e

Deð gealbhain
Chan eil smiorcadh cèill' aige
Tha mòran diùbh gun shrad gràis
  air an siubhal

Droch labhairt
A bheil Beurla agad?
Cha do bheannaich e 'n là dhomh
Thionndaidh e orm ann an
  craiceann nan con
Mar gun canadh tu
Dèan guth rium
Labhair san dol seachad
Labhair iomradh air; dèan luaidh
  air
Innis an fhìrinn
Bruidhinn a-mach
Thoir do bharail
Ag innseadh gu leòr
Mol
Labhair le tlus
Labhair gu clì
A' labhairt umad/umaibh
Coltas ann an seanchas
A beul a chèile
Chan eil feum air faclan
Tha iad le am beul air an gualainn
Bha iad a' bruidhinn mu d' dheidh-
  inn
Bidh iad a' tighinn oirnn
Bruidhnidh iad ort fad is farsaing

Carson a thigeadh tu fhèin air a
  leithid sin?

Rinn e òraid
Beul ro luath
A' bheurla Shasannach
A dhèanamh òraide

Aig peilear a bheatha
A' dol na steud
Soirbheas math leat!
Thug e na buinn às
Chaidh e na leum
Cumaibh air an ruith sin i
Gearradh astair
Thoir astar dhith
Air luathair
Leis an luathas as mò
Bha sibh air astar gu dian

SPELLBOUND
A princess spellbound	Nighean rìgh fo gheasaibh
A short spell	Greiseag
A spell of scolding	Sgal air càineadh
She practises spells	Bidh i ri na geasagan
Spell out	Mìnich
Spells are going out of use	Tha sian a' dol às

SPEND
He spent most of his life among the peasantry	Chaith e a' chuid bu mhotha de a bheatha am-measg na tuatha
I spent a whole month before I managed to find a house	Thug mi mìos mhòr air a ceann mus deachaidh agam air taigh a lorg
Spend extravagantly	Caith gun abhsadh
Spending time	A' caitheamh/a' togail ùine
Teaching us to spend our lives soberly	A' teagasg stuama oirnn
To spend money	Cosg airgid

SPICK
Spick and span	Glan sgiobalta

SPIGOT
Take the spigot out of the cask	Thoir an goca às a' bhuideal

SPIKE
Spike a person's guns	Cuir stad air

SPILL
He spilt his blood for Charlie	Dhoirt e 'fhuil airson Theàrlaich
It spilled on the ground	Chaidh e feadh a' bhlàir

SPIN
In a flat spin (S)	Ann am breislich
My mother was spinning	Bha mo mhàthair a' snìomh
Spin a yarn	Innis sgeul
Spin out	Leudaich
The women span	Shnìomh na mnathan

SPIRIT
A broken spirit	Spiorad briste
A lively spirit	Spiorad beò
A spirit or wine-cellar	Seilear-dibhe
An evil spirit	Droch spiorad
In a spirit of rivalry	Fo làmhan a chèile
In high spirits	Togarrach
Keep him in spirits	Thoir misneach mhaith dha
Keep up your spirits	Cùm suas do mhisneach
Lowly in spirit	Umhail an cridhe; ìosal na spiorad
The Holy Spirit	An Spiorad Naomh
The spirit of the law	Spiorad an lagha
The unity of the spirit	Aonachd an spioraid
To recover one's spirits	Misneach a ghlacadh chugad fèin
John has spiritual under-standing	Tha gliocas spioradail aig Iain
We are spiritually awakened	Tha cùram oirnn

SPIT
Spit on it	Cuir sìos air

SPITE

I will do that in spite of you	Nì mi sin gun taing dhut
In spite of all opposition!	A dh'aindeoin cò theireadh e!
In spite of every disadvantage I laboured under	A h-uile olc ge 'n d'fhuaras mi
In spite of her wit, she made no impression on him	Air cho geur is gun robh i cha do dhearg i air
In spite of him	Air a bhuille-trot
In spite of his generosity some people miscall him	Air cho còir is gum beil e bithidh feadhainn sìos air
In spite of many ups and downs I am now well off	Ged a thachair an saoghal rium, tha mi an-diugh gu math air mo dhòigh
In spite of me	Ge b' oil leam
In spite of the mischief	Ge b' oil leis a' chruaidh-fhortan
In spite of that	A dh'aindeoin sin
In spite of you	Gad aindeoin
In spite of you; though it should please you	Ged bu bhuidhe leat
Out of/from spite	Le gamhlas
With their words of spite	Lem briathraibh fuatha

SPLASH

Make a splash (S); cause a sensation or excitement	Dèan breisleach/mothachadh
Splash out or on	Dèan cosgais air gun chùram

SPLAY

The timbers splayed with the sun	Chuir na clàran às an alt leis a' ghrian

SPLICE

Splice the mainbrace (S)	Dràm do na h-uile

SPLINTER

The boat went to splinters	Chaidh am bàta na sgealbaibh

SPOIL

Spoil; abuse	Cuir a dholaidh
Spoil completely	Cuir glan a dholaidh
Spoil-sport	Fear-millidh spòrs
Spoiling for a fight	A' sireadh sabaid
They have spoiled him by making too much of him	Mhill iad e le a bhith a' dèanamh tuilleadh 's a' chòir dheth
To spoil the ship for a ha'p'orth of tar	A chall a' bhàta a lorg saoiread
You have spoiled it	Chuir thu bho loinn e
You spoiled it	Mhill thu e

SPONGE

Sponging on; getting money from friends	A' spiolladh chàirdean
The sponge absorbed the water	Shùgh an còs an t-uisge
Throw in/up the sponge	Gèill; strìochd

SPOON

Born with a silver spoon in his mouth	Le cothrom bho là bhreith

SPORT

We shall get some sport or fun	Gheibh sinn spòrs

| We would not wish better sport | Chan iarraidh sinn spòrs na b'
fheàrr |

SPOT

A black spot	Ball dubh
A spot of (S)	Beagan
I spotted them on the horizon	Fhuair mi fàir orra
On the spot	San t-seasamh air/bonn
On the spot; at once; immediately	As a' bhad; air ball
On the spot; there	An sin
Spot (S)	Faigh a-mach; nochd
Spot the winner	Cuir geall gu soirbheasach
With reddish spots	Breac-ruadh

SPOUT

| Spouting milk into a pail | A' stealladh bainne an cuachan |

SPRAIN

| I sprained my ankle | Sgoch mi mo chas |

SPRAT

| Set a sprat to catch a mackerel | An t-ugh circe airson an ugh
geòidh |

SPREAD

He spread his arms	Sgaoil e ghlacan
Spread it out	Sgaoil a-mach e
Your fame shall spread like a young oak	Sgaoilidh do chliù-sa mar ùr-dharag

SPRIGHTLY

| Sprightly is the free man | Is aigeannach fear aotrom |

SPRING

A springing breeze	Caitein gaoithe
He sprang quickly into the pool of the rock	Leum e gu luath anns an linne a bh' anns a' chreig
I sprang across the river	Thug mi leum asam thairis air an abhainn
In spring	As t-Earrach
The cold and shrivelling of spring	Fuachd is crannadh an earraich
The fanning breeze of spring	Aiteal an earraich
The spring has hit me hard	Bhuail an t-earrach trom mi
The spring season	Aimsir/tìm an earraich
The spring-work will soon be upon us	Chan fhada gu am bi an t-àiteach mu na casan againn
We have spring now, according to the new reckoning	Tha an t-Earrach againn a-nis anns a' chùnntas ùr

SPRINKLE

A sprinkling of meal	Aiteal mine
Sprinkle water on it, to keep it from cracking	Crath uisge air, mus bi e ri dìosgail
Sprinkling water	A' crathadh uisge
The least sprinkling or shade	Sgàile as lugha

SPROUT

| The greens sprouted | Sheot an càl |
| The potatoes have sprouted well
in that plot | Thàinig am buntàta glè mhath anns
a' cheann ud |

SPRY
Are you feeling spry today?　　　　A bheil sùrd math oirbh an-diugh?

SPURN
Mary spurned John's affection　　　Chuir Màiri dìmeas air a' ghaol
　　　　　　　　　　　　　　　　aig Iain; rinn Màiri tarcais air
　　　　　　　　　　　　　　　　a' ghaol aig Iain

SPY
He spied the deer　　　　　　　　Chunnaic e am fiadh; dhearc e air
　　　　　　　　　　　　　　　　an fhiadh

SQUALL
A squall of wind　　　　　　　　　Sgal gaoithe
The squall almost capsized the　　Is beag nach do chuir an uspag an
boat　　　　　　　　　　　　　　t-eathar thairis oirnn

SQUANDER
James always squandered his　　　　Rinn Seumas ana-caitheamh air an
money　　　　　　　　　　　　　　airgead aige an còmhnaidh

SQUARE
All square; equal; level　　　　　Co-ionnan; còmhnard
Back to square one; to the　　　　Mar a bha; air ais don toiseach
start
On the square (S); honest　　　　　Le fosgailteachd; onarach
Square a man　　　　　　　　　　　Brìb duine
Square peg in a round hole　　　　Gnothach, no neach, mì-fhrea-
　　　　　　　　　　　　　　　　garrach airson an t-suidheachaidh

SQUASH
The egg was squashed　　　　　　　Chaidh an t-ugh na spealgan

SQUEAMISH
You make me feel squeamish　　　　Tha thu cur sgàth orm

STABLE
Lock the stable door after the　　Glac doras an stàbaill an dèidh
horse has bolted; act too late　　don each teicheadh; dèan gnìomh
　　　　　　　　　　　　　　　　ro anmoch

STAFF
Over-staffed　　　　　　　　　　　Mòran luchd-oibre
Under-staffed　　　　　　　　　　Le beag luchd-oibre

STAGE
At this stage　　　　　　　　　　Aig an ìre seo

STAGGER
I staggered him; amazed him　　　　Chuir mi fìor iongnadh air
I staggered along the road　　　　Bha mi san tuainealaich air an
　　　　　　　　　　　　　　　　rathad

STAID
As staid as a hill　　　　　　　　Cho stòlda ri cnoc

STAIN
He stained the cloth　　　　　　　Chuir/dh'fhàg e spot air a' chlò

STAIR
A winding stair　　　　　　　　　Staidhir shnìomhach
He is downstairs　　　　　　　　　Tha e shìos an staidhir
I am going up the stairs　　　　　Tha mi a' dol suas an staidhir
On the top of the stairs　　　　　Mullach nan ceum; bàrr na staidh-
　　　　　　　　　　　　　　　　reach

347

She is going down the stairs	Tha i a' dol sìos an staidhir
Up-stairs	An àird an staidhir

STAKE

At stake	An geall
Everything he has is at stake	Tha e an geall nas fhiach e
Have a stake in	Cuid an geall ann
Staking the earth	A' putadh na talmhainn

STALWART

He is a very stalwart man	Tha e glè mhath air a bhonnan

STAMP

He stamped the envelope	Chuir e stampa air a' chèise

STAND

Every man stood stock-still	Sheas a h-uile duine cruaidh
He has to stand apart from the others	B' e a chuid seasamh air leth bho chàch
He is standing; she is standing	Tha e na sheasamh; tha i na seasamh
Stand	Dèan seasamh
Stand aghast	Air oillteanach
Stand aloof	Seas a dh'aon taobh
Stand aside; give others a chance	Leig cothrom le fear eile
Stand aside; don't stop progress	A-mach às an rathad
Stand back!	Air ais!
Stand by; be an observer	Gabh beachd
Stand by; give support to	Cùm taice
Stand by; wait in readiness	Bi deiseil
Stand corrected	Air mo cheartachadh
Stand down	Leig dhìot
Stand fast/firm	Seas gu cruaidh
Stand in a person's light	Seas san t-solas
Stand in good stead	Na chuideachadh an àm feuma
Stand-offish; haughty; superior	Àrdanach; uachdarach; neo-bhàigheil
Stand on ceremony	Giùlain gu riaghailteach
Stand on one's dignity	Ag iarraidh urrais
Stand on one's rights	Agair còir
Stand on one's own (two) feet	Thoir thu fèin às
Stand one's ground	Seas do chòirichean
Stand out; be conspicuous	Comharraichte
Stand out; remain in opposition	Cuir an aghaidh
Stand out for	Cuir an cèill
Stand over; put off temporarily	Cuir a dh'aon taobh
Stand over; oversee or enforce work or orders	Fuirich faisg
Stand to	Bi deiseil
Stand to win or lose	Gu buannachd no gu call
Stand up for	Seas airson
Stand up to; be capable of; bear	Cùm ri
Stand up to; confront; oppose	Thoir aghaidh
Stands a chance	Bithidh cothrom aige/aice
Standing stock still staring	Làrach nam bonn
The exact spot one is standing on	Làrach nam bonn

They all stood firm on the plain

They had stood for the first prayer

They stood before us

This is how matters stand

Shocraich iad uile air an lòn

Bha iad air èirigh air a' chiad ùrnaigh

Sheas iad romhainn

Sin agadsa mar a tha a' chùis

STANDARD

Standard of living

We standardized our uniform

Inbhe beòshlaint

Thug sinn gu bun-tomhas ar culaidh

STAR

A star turn

Like starlight

The starry heavens

Wandering stars

An tùrn as fheàrr

Mar theine speur

Nèamh nan speur

Reultan siùbhlach

STARE

Eternally staring at me

Stare one in the face

A' sìor-amharc orm

Coimhead san dà shùil

START

A fresh start

He started a shop in the end of the house

He took a start

Starting the spring-work

They started

They started ploughing

What a start you gave me!

You gave me a start

Tòiseachadh às ùr

Chuir e suas bùth ann an ceann an taighe

Chlisg e

A' teannadh ris an àiteach

Thog iad orra

Theann iad ri treabhadh

Is tu chuir am biorgadh annam!

Chuir thu giorag orm

STARTLE

Deer and roe were startled in the heath

Chlisgeadh fèidh is earba san fhraoch

STARVATION

He died of starvation

Starvation to you!

Fhuair e bàs leis a' chaoile

Dìth-bìdh ort!

STARVE

He starved her to death

She starved to death

Chuir e gu bàs leis a' ghoirt i

Chuidh i gu bàs leis a' ghoirt

STAUNCH

Staunch the blood

Staunching the blood

Caisg an fhuil

A' casgadh na fola

STAVE

Stave in

Stave off

Pronn a-steach

Cùm thall

STAY

He would not stay alone for fear of ghosts

I was staying in charge of the children

Stay here

You stayed so long a time

You stayed too long

Chan fhuiricheadh e leis fhèin le eagal nam fuath

Bha mi a' fuireach an cois na cloinne

Dèan fuireach an seo

Is fhad a dh'fhan thusa

Is fada leam a dh'fhan thu

STEAL

He stole quietly upon me

Ghoid e orm

He stole the stone from me — Ghoid e a' chlach orm
Steal a march on — Faigh ceum air thoiseach
Steal one's thunder — D' fhacal a-staigh air thoiseach
Steal upon — Ealaidh air

STEAM
Get up steam — Faigh deiseil gu
Let off steam — Cuir dheth,dhìot
Steamed up (S) — Ann am boile
The steam that came from the — An stoth a thàinig às a' choire
cauldron

STEEL
As hard as steel — Cho cruaidh ris an stàilinn
Stainless steel — Stàilinn nach meirg
The clangour of their steel — Faram an stàilinn

STEEP
A steep place; an unsteady seat — Aite corrach
I would steep him in the stream — Bhogainn anns an allt e
The steepness of the ascent — Caise na brùthaich
The wool needed to be steeped — Dh'fheumadh a' chlòimh a bhith
  air a bogachadh

Under the steep of the rock — Fo chreig a' bhruthaich

STEER
Steer a middle course — Gabh an rathad meadhain
Steer clear of — Seachainn
Steer the boat — Stiùir am bàta
Steer your course — Seòl do chùrsa
Take your turn at the helm; — Glac an fhalm; stiùir
steer

STEM
A stem-thwart — Tobhta-thoisich / bràghad
The stem and stern of the ship — Toiseach is deireadh na luinge
The stem of the boat — Claigeann toisich a' bhàta
The stem of the grass — Lurg an fheòir

STEP
Folding steps — Fàradh paisgte
I bent my steps towards the — Leag mi mo chas a dh'ionnsaigh
  castle — a' chaisteil
Liveliness of step — Sùrd coiseachd
Retrace your steps — Lorg do cheuman
Step by step — Ceum air cheum; beag air bheag
Step in — Gabh ceum a-steach
Step; make a step — Thoir ceum
Step on it (S); hurry up — Dèan cabhag
Stepping stones; a means to an — Seòl
  end
Stepping stones; across a river — Clachan-àtha

STERN
A round stern — Deireadh cuaich
At the stern — Air an stiùir
In the stern of the boat/ship — Ann an deireadh a' bhàta/na
  luinge
Stern bow-thwart — Tobhta-amar deiridh
Stern-post — Saidh-deiridh
Stern-seat — Tobhta-deiridh
Stern-thwart — Tobhta-deiridh

350

Sternness in their visage | Gruaim nan gruaidh

STEW
Stew in one's own juice | Fulang na thug thu ort fhèin

STICK
A crooked stick | Maide càm
A weaver's turn-stick | Maide-leigidh
Brandish a stick | Crath bata
He flourished his stick | Chrath e a bhata
He stuck fast | Chaidh e 'n sàs
Stick at nothing | Nach stad aig rud sam bith
Stick in one's throat; disgusting | Cuir sgreamh air
Stick in one's throat; choke on | Tachd
Stick-in-the-mud | Nach dèan adhartas sam bith
Stick at it (S) | Lean air
Stick it out | Cùm ris
Stick out | Comharraichte
Stick out a mile; be very obvious | Bi glè fhollaiseach
Stick out for | Seas a-mach airson
Stick to your guns | Cùm ri d' rùn
Stick up for | Seas às leth
Stick up to | Thoir dùbhlan do
The cow stuck fast (in the mire) | Chaidh a' bhò am bogadh
You bent the stick | Chàm thu am maide

STICKY
He will come to a sticky end | Bithidh droch-chrìoch air
The glue is sticky | Tha 'n glaodh leantalach

STIFF
I am stiff with cold | Tha mi air mo ragadh
Stiff as a poker | Cho rag ri pòcar
Stiff upper lip | Gaisgeil ri àm cruadail

STILL
A calm, still evening | Feasgar sàmhach
Be still | Bithibh sàmhach
But still; but yet | Ach fòs
He stilled or calmed | Chiùinich e
Is he still alive? | A bheil e beothail fhathast?
Still and before; abidingly | Riamh is roimhe
Still? Do you persist? | 'N ann fhathast?
Still life | Rudan gun anam
There is no standing still | Mura tèid tu air adhart thèid tu air chùl

STING
The bee stung his leg | Chuir an seillean gath anns a' chois aige

STIR
A perverse man stirs up strife | Togaidh fear fiar aimhreit
As an eagle stirs up her nest | Mar a charaicheas iolair a nead
Do not stir it | Na caraich e

STITCH
A stitch in the cloth | Grèim san aodach

Every stitch I have   Gach stiall a th' agam

STOCK
A stock   Stoc
Lay in a stock of   Cuir stoc mu seach
My cattle and my stock   Mo nì is m' èarnais
On the stocks; unfinished (S)   Ga togail (ship); neo-chrìoch-
                                          naichte
Stock in trade; used in   Acainn ceàird
  business
Stock in trade; tradesman's   Stoc
  stock
Stock still   Gun ghluasad
Take stock   Gabh stoc
The big-drone, the chanter and   Stoc an dos mhòir; s.an fheadain;
  the little-drone stocks   s.an dos bhig
Under stock   Fo uachdair

STOKE
She stoked the fire   Chùm i connadh ris an teine

STOMACH
For your stomach   Airson do ghoile
The acid return from the   Brùchd rùdhain
  stomach

STONE
A block of stone   Sgonn cloiche
A grave-stone   Leac-lighe
A hewing of stone   Snaigheadh chlach
A stone of butter   Clach ime
A stone-mason; hewer; polisher   Clachair; saor-chlach
A stone's throw   Urchair cloiche
Breaking stones   A' pronnadh chlach
He dashed his foot against a   Bhuail e a chas ri cloich
  stone
Hewn stones   Clachan snaighte
I will put a stone on your   Cuiridh mise clach air do chàrn-sa
  cairn
Play at putting the stone   Feuch an dòrnag
Smooth stone from the stream   Clach lìomhta on t-sruth

STOOK
Making stooks   Ag adagachadh

STOOL
A stool will serve   Nì stol a' chùis
He is at stool   Tha e air a thom

STOOP
Stoop to conquer   Islich a chum do bhuannachd

STOP
A dead/full stop   Stad sa' bhad; stad buileach
Come to a full stop   Stad buileach
It did not stop snowing all day   Cha deachaidh iaradh air ach a'
                                         cur an t-sneachda fad an là
Put a stop to it/him   Cuir stad air
Put a stop to the work   Cuir sàr san obair
Stop   Dèan stad
Stop a little   Fuirich beagan/greiseag
Stop at nothing   Cha bhac sìon e, i et cetera

Stop by (S)	Stad aig
Stop-gap	Lìonadh beàrn
Stop her progress; go before her	Gabh roimhpe
Stop or restrain the dog	Caisg an cù
Stop; wait a while	Fan ort
Stop your carry on	Sguir do dhol-a-mach
Stop your jeering	Tàmh de do steig
They cannot be stopped	Cha ghabh stad a chur orra
Will you not stop?	Nach sguir thu?

STORE

Anything in store	Nì sam bith tha 'n taisg
In store	An tasgadh
Set store by	Cuir meas air
Stored away; carefully laid away	Air an spàrr
Storehouse; granary	Ionad tasgaidh

STORM

A raging storm	Stoirm uamharr
A storm at sea	Ànnradh fairge
Bow before the storm	Gèill ri gailleann
Storm in a teacup	Ùpraid mu rud suarach
Storm or windbound	Ri beul puirt
Storm-stayed	Air a chumail ri port
The day shows signs of a storm	Tha an là a' tarraing air
The first abatement of the storm	A' chiad leigeil fodha a thig
The hush before the storm	A' chiùineas roimh an doineann
The mighty force of the storms	Mòr-ghailleann nan stoirm
The mountain storm	Gailleann nan sliabh
The storm subsided	Chaisg an onfhadh
We were storm-stayed in port	Bha sinn air ar cumail ri port
When the storm abates	Nuair a nì e sìd
Will she ride the storm?	An cùm i a ceann ann?

STORMY

A stormy wind	Gaoth stoirmeil
Exceedingly stormy	Cianail fiadhaich
It is very stormy	Tha uair gharbh ann
Stormy weather	Aimsir ghailleannach
The stormy sea	A' mhuir mholach

STORY

An unlikely story	Sgeul gun craiceann na fìrinne air
His story did not receive much credence	Cha d'fhuair an seanachas a bha aige mòran cluaise
The story goes	Mar a tha an sgeul
Your story has neither rhyme nor reason	Chan eil bun no bàrr aig do sheanachas

STRADDLE

| He straddled the horse | Chaidh e gobhlachan air an each |

STRAIGHT

I told him straight to his face how little I thought of him	Thug mi a chliù dha eadar an dà shùil
Keep a straight face	Na leig ort
Straight away	Sa' mhionaid; sa' bhad; air ball
Straight from the shoulder	Sùil mun t-sròin

Straight off	Gun dàil
Straight on	Dìreach romhad
Straightforward; honest	Onorach
Straightforward; no problems	Gun troimh-chèile
The bar of iron is bent; who will straighten it?	Tha car anns a' ghàd iarainn; cò a nì dìreach e?

STRAIN

Strain one's eyes; try to see	Dèan oidheirp gu faicinn
Strain one's eyes; tire one's eyes	A' claoidh shùilean
Straining the milk	A' sìoladh a' bhainne

STRAIT

He is in a strait; in custody	Tha e an làimh
I am in a strait	Tha mi an airc

STRANGE

A strange god	Dia coimheach
A strange person	Duine neònach
He thinks it strange	Is neònach leis
In a strange place	Air choigrich
Noticing something strange about him	A' cur umhail air
Strange; amusing	Neònach
Strange; foreign	Coimheach
Strange; unusual	Annasach

STRANGER

Among strangers	Air eilthirich
Do not quarrel with a stranger	Na tog trògbhail air an aineol
I'm a stranger here	Tha mi air m' aineoil an seo
With strangers	Aig na coimhich

STRAW

A straw will show which way the wind blows	Sop anns a' ghaoith
Gathering straws	A' trusadh nan sràbh
Make bricks without straw	Dèan breicichean gun chonnlaich
Not care a/two straws	Ceart-coma
Straws in the wind	Sùileachan
To clutch/grasp at a straw	Ag earbsa teàrnadh o rud gun stàth

STRAY

A stray dog	Cù air chall; cù-fuadain

STREAM

A limpid stream	Sruth soilleir
A running stream	Fìor-uisge
Going with the stream; downhill	A' dol leis an t-srutha
Like the still stream of the valley	Mar uisge balbh a' ghlinne
Streaming blood from a wound	Sileadh fola
The ancient stream	An seann sruthan
The stream is against us	Tha 'n sruth nar n-aghaidh
The stream of air from the door	An srùladh a tha bhon doras

STRENGTH

He has not strength enough to do that	Chan eil neart aige airson sin
Her strength forsaking her	A treise ga fàgail

He went from strength to strength	Chaidh e bho neart gu neart
His strength broke down	Bhris air a reachd

STRETCH

At a stretch; continuously	Gun spar
At a stretch; with an effort	Le spàirn
He was stretched face downward on the ground	Bha e na shìneadh air an talamh agus a bheul 's a shròin fodha
He stretched himself on the ground	Laigh e air an làr
Stretch a point; yield a little	Dèan fàbhar; gèill beagan
Stretch one's legs	Gabh sgrìob
Stretch your hand	Sìn do làmh
Stretched beside her	Na shìneadh dlùth dhith
Stretched by his side	Sìnte r' a thaobh
Stretched on the ground	Na shìneadh air a' bhlàr
Stretching his hand towards it	A' ruigheachd air
Stretching yourself on the top of the bed	A' leigeil thu fèin na do shìneadh air uachdar na leapa

STRICT

A strict injunction	Teann sparradh
He is making strict inquiry	Tha e a' tòrachd
He is very strict with his workers	Tha e glè chruaidh air na seirbhisich aige
I must be strict with him	Feumaidh mi a bhith cruaidh air
To apply the strict letter of the law	Cnàimh an lagha a chumail
To be strict with the boys	A bhith trom air na balaich

STRIDE

He has such leaping strides	Is ann aige bha na sìnteagan
He sped along with long strides	Thug e na searragan às
Make rapid strides	Dèan adhartas gu luath
To take something in one's stride	Rud a dhèanamh gun saothair
Twenty feet, the deer's stride	Fichead troigh, searrag an fhèidh

STRIFE

In time of strife and distress	An aimsir carraid agus teinn
With strife and cruelty	Le connspoid is le an-iochd

STRIKE

A strike in industry; on strike	Stailc; air stailc
He struck her with a stone	Bhuail e i le cloich
He struck him in the temple	Bhuail e sa' chamaig e
He struck me but I did not touch him	Bha e rium, ach cha do bhuin mise dha
Strike a bargain; reach agreement	Dèan bargan; aontaich
Strike a blow for	Gabh pàirt airson
Strike at	Thoir ionnsaigh air
Strike at the root of	Rach gu bun
Strike back	Buail air ais
Strike him; strike on	Gabh air
Strike home	Faigh buille a-steach
Strike off; print illustrations	Clò-bhuail
Strike off; remove from a register	Cuir dheth

355

Strike out; with legs and arms | Buail a-mach
Strike terror | Cuir uabhas
Strike the happy mean | Dèan meadhanan
Strike up the harp | Buailibh clàrsach
Strike while the iron is hot | Gabh cothrom san àm
Striking a smart blow | A' smiotadh
Struck all of a heap (S) | Ann am mòr iongnadh
Within striking distance of | Faisg air
You have struck the nail on | Thug thu dìreach am facal às mo
 the head; anticipated my very | bheul
 words

STRING
A string of fish | Gad èisg
A string of pearls | Gad neamhnainn
She has him on a string | Tha e air iall aice
String together; place in order | Lìon fear is fear
String together; to string | Co-cheangail
 beads
The string is tight | Tha 'n t-sreang teann
String yourself up to do some- | Do mhisneachd a thogail gu rud
 thing | a dhèanamh

STRIP
Strip the tree | Rùisg a' chraobh
Stripped and naked | Rùisgte agus lomnochd
Stripping off the string whole | A' feannadh builg

STRIPE
A white and black stripe | Stiall gheal is dhubh

STROKE
A stroke of luck | Deagh rath
A stroke of work | Car obrach
On the stroke of ten o'clock | Air buille nan deich uairean
Stroking the cat | A' slìobadh a' chait

STROLL
I am going for a stroll | Tha mi dol a ghabhail spaid-
 | searachd
Let's go for a stroll | Tugainn a-mach cuairt
To stroll through | Sràidireachd

STRONG
A strong man | Duine làidir
A strong point | Deagh phuing
He was as strong as any man | Bha e cho calma ri mac màthar a
 who ever trod on shoe-leather | sheas air bonn bròige
However strong he is | Air a làidiread sam beil e
Strong as the oaks | Làidir mar na daragaibh
Strong box | Ciste tasgaidh
They are strong-willed | Tha iad làidir nan inntinn

STRUGGLE
Struggling against you | A' cothachadh riut
They struggled against him | Chuir iad cath ris

STRUT
He strutted along the road | Dh'imich e gu stràiceil air an
 | rathad

STUDY
He is studying | Tha e ris an sgoil

In a brown study

Rannsaich leat fhèin; a' cur
speura a chinn troimh a chèile

STUFF

Bad stuff; good stuff
It is good stuff
The stuff of Ferintosh; whisky

Droch stuth; deagh stuth
Tha 'n deagh chungaidh ann
Stuth na Tòiseachd

STUMBLE

A stumbling-block; obstruction
His stumbling speech declares
him a liar
My pursuers shall stumble
Stumble upon

Cnap-starraidh
Tha na breugan a' dol tarsainn
aige
Tuislichidh mo luchd-tòir
Thig air

STUMP

A tree stump
An old stump of a horse
Stumped for

Stoc craoibhe
Bun eich
Gun fhuasgladh air

STUN

She stunned him

Chuir i 'na thuaineal e

STUNTED

Young corn stunted in the
ground

Fochann gorm a' godadh ris an
talamh

STUPID

A stupid/arrogant fool
A stupid person
How stupid I was!

Dearg amadan
Duine doilleir
Nach mi bha mìr às mo chiall!

SUBDIVISION

The subdivision he made of
them

An ath-roinn a rinn e orra

SUBJECT

A sore subject
A subject for
Change the subject
Subject of sorrow
Subject to many dangers
Subjected
The subject of her dream
The subject of my thoughts

Cùis mhì-thoilichte
Cùis airson
Tionndaidh gu nì eile
Cùis-bhròin
Buailteach do iomadh cunnart
Fo cheannsal
Cuspair a h-aisling
Cuspair mo smuaintean

SUBJECTION

Bring into subjection
Under his subjection
Under subjection

Cuir fo smachd
Fo 'cheannsachadh
Fo chìs

SUBMERGE

He submerged

Chuir e e fhèin fon uisge

SUBSTANCE

Beef without substance
Dissolving my substance
Foreign substance

Feòil gun bhrìgh
A' caitheamh mo bhrìgh
Stuth coimheach

SUBSTANTIAL

A substantial crop
Substantial productive crops

Bàrr trom
Toradh feartach

SUBTRACT
He subtracted ten from the
total

Thug e air falbh a deich bhon
iomlan

SUBURBS
In the suburbs of the town
The suburbs of the city

Air iomall a' bhaile
Iomallan a' bhaile mhòir

SUCCEED
Does he succeed?
Has John succeeded in getting
friendly with you yet?
How did you succeed?
Is she succeeding?
It is impossible that he
should succeed
One cannot succeed without
perseverance
People predicted he would not
succeed
Some men succeed without effort

That will not succeed with you
You will succeed in supporting
yourself

A bheil a' dol leis?
An d'fhuair Iain a-steach ort
fhathast?
Ciamar a chaidh/shoirbhich leibh?
A bheil e a' dol leatha?
Chan urrainn gun tèid leis

Cha dèanar math gun mhulad

Bha daoine a' cur air a mhanadh
nach rachadh leis
Chan eil air an dàrna duine ach
a bhreith
Cha tèid sin leat
Thèid agad air thu fhèin a
chumail suas

SUCCESS
Great success to you
May success and happiness
attend you!
Success and health to the
handsome Gael
Success or misfortune
Success to you!
They were not all successful
at the fishing

Soirbheachadh math leat
Sonas is àigh ort!

Soraidh slàn don Ghàidheal ghasda

Sonas no donas
Piseach ort!
Cha deachaidh an t-iasgach gu
math idir leo

SUCCOUR
Succour me

Fòir orm

SUCH
Such being the case
Suchlike

Sin a bhith mar a tha e
A leithid

SUCK
Suck it in

Sùgh ort e

SUDDEN
All of a sudden
All of a sudden he had an
attack of toothache
He made a sudden start
I had a sudden impulse to bolt
away
Sudden death
Sudden fear

A dh'aon bheum
Agus air ball bhuail an dèideadh
air
Ghrad chlisg air
Thàinig buatham fodham toirt às
mar a bha agam
Bàs aithghearr
Eagal obann

SUDDENLY
He grasped suddenly
He rose so suddenly

Rug e le sic
Dh'èirich e cho grad

SUE
Sue him

Cuir thuige

SUFFER

Greatly did I suffer!	Is mòr a dh'fhuiling mi!
He now suffers the evil con- sequences	Tha 'n droch-bhuil air
What he suffered on my account	Na dh'fhuiling e air mo sgàth-sa
Who will suffer for that?	Cò a chreanas air sin?
Who will be the sufferer?	Cò an t-sròin do am fuaire?
You will suffer yet	Leig thusa leat

SUFFICE

A bit of that flesh will not suffice us	Cha ruig grèim den fheòil sin sinn
Won't that suffice; be enough?	Nach foghainn sin?

SUFFICIENT

I have sufficient	Tha m' fhoghantas/mo shàth agamsa
I have sufficient	Tha/cuimse/goireas agam-sa
It has not sufficient room here	Cha teachd e 'n seo
Sufficient unto the day is the evil thereof	Is math da-rìribh an là a bheir e fhèin às
This will be sufficient	Fòghnaidh seo

SUGGEST

John suggested to me that I had better get a wife	Chuir Iain nam cheann/shùil gum b' fheàrr dhomh bean fhaighinn

SUICIDE

He committed suicide	Chuir e às dha fhèin; chuir e làmh na bheatha fhèin
John committed suicide	Ghabh Iain ri a bheatha fhèin

SUIT

That did not suit them at all	Cha deach sin gu math dhaibh
That would suit me better	A fhreagradh ormsa na b' fheàrr
The suit is excellent	Tha an deise ciatach
They are suited to each other	Tha iad a' tighinn air a chèile
To bring a suit against	Duine a thabhairt chun na cùirte
What would suit his nature?	Dè thigeadh r' a nàdur?
Would that suit you?	Am freagradh sin ort?
You suit me very well	Tha thu a' freagairt orm glè mhath

SULKY

He turned sulky when I refused him the money	Chuir e bus mòr air nuair a dhiùlt mi an t-airgead dha

SUM

Sum up	Thig go co-dhùnadh

SUMMARIZE

He summarized it	Thug e geàrr-chùnntas air

SUMMER

A summer school	Sgoil-shamhraidh
In summer	As t-samhradh
Summer holidays	Làithean saora samhraidh
The beginning of summer; May	Toiseach an t-samhraidh
The summer quarter	An ràidhe samhraidh
The summer season/time	Aimsir/àm an t-samhraidh
Spend the summer	Cuir seachad an samhradh

SUN

A place in the sun	Àite fàbharach
A sun-dial	Uaireadair-grèine
As the sun and a cloud over-shadowing it	Mar a' ghrian is neul ga sgàileadh
Basking himself in the sun	Ga ghrianadh fhèin; ga bhlianadh fhèin
In the sun	Sa' ghrèin
Sun-bathing	Blianadh
Sun-stroke	Tinneas grèine
The scorching of the sun	Losgadh na grèine
The sun descends	Tha a' ghrian a' dol fodha
The sun stands exactly due south	Tha a' ghrian dìreach an cridhe na h-àirde deas
There is nothing under the sun but he knows about	Chan eil fon ghrèin nach eil fios aige air
Under the sun	Fon ghrèin

SUPERIOR

For its superiority	Airson 'fheabhas
I cannot see its superior	Chan fhaic mi 'fheabhas
Superior to you	Os do cheann

SUPERSEDE

I will supersede him	Cuiridh mi às àite e

SUPERSTITIOUS

He is superstitious	Tha e geasagach

SUPERVISE

The schoolmaster supervised the examination	Chum am maighstir-sgoile sùil air an deuchainn

SUPPER

After supper	An dèidh na suipeireach
At supper time	Mu thràth an fheasgair
Supper	Biadh-feasgair

SUPPLY

Supply me as I want	Cùm rium

SUPPORT

A support in the face of hardship	Bata-làidir an aghaidh cruadail
He need not depend much upon your support	Cha ruig e leas a thaic a leigeil ortsa
I will support you, right or wrong	Seasaidh mise thu an còir 's an eucoir; math no olc
In support of; beside	An taice
My support or sustenance	Mo chumail suas
Support me	Cùm taic rium; dèan taca dhomh
Supporting him	An co-bhuinn ris
The sole support of his old age	An t-aon taca a-mhàin aige na sheann-aois

SUPPOSE

As I supposed	A bha dùil agam
I suppose, presume	Is dòcha leam
I suppose, intend	Tha rùn orm
One would suppose	Shaoileadh duine

SUPPRESS

I suppressed him	Chùm mi fodha e

SURE

Are you quite sure?	A bheil thu cinnteach?
As sure as death	Cho cinnteach ris a' bhàs
I'm not sure	Chan eil mi ro chinnteach
I am sure he appropriates some of it for himself	Tha mi cinnteach gum bheil imlich na corraig aige fhèin dheth
I was not sure whether he believed me or not	Cha robh fhios agam an robh no nach robh e gam chreidsinn
Make sure/certain	Dèan cinnteach
Sure as fate	Cho cinnteach ri rud san dàn
Sure of himself	Cinnteach às fhèin
To make sure	A bhith a' dèanamh cinnteach

SURELY

Surely, clearly	Gu beachd; is cinnteach gu bheil
You surely don't expect me to believe you?	Is ann agad a tha am beachd gun creid mise thu?

SURETY

A surety; sureties	Fear-urrais; luchd-urrais
He became a surety for him	Chaidh e an ràthan air

SURFACE

Coming to the surface	A' tighinn an uachdar
On the surface	Air uachdar

SURPASS

He is surpassing everyone	Tha e a' toirt bàrr air gach duine
You surpass everything I have ever heard	Thug thu bràigh-ghill air na chuala mi riamh

SURPRISE

Be surprised	Gabh iongnadh/iongantas
I am not at all surprised	Chan iongnadh leam
I am surprised	Is neònach leam; is neònachas orm
I am surprised that you could	Is treun leum fhèin gum b' urrainn thu
It greatly surprised him	'S e chuir na cluasan air
It is surprising that you did not come home in time	Is iongantach nach tàinig thu dhachaigh ann an àm
She was surprised	Chuir e iongnadh oirre
Taken by surprise	Tighinn gun fhios
To my surprise	Le iongnadh dhomh
To spring a surprise on someone	A bhreith gun fhios air duine
We are not surprised	Chan iongnadh leinn
What surprises me	Is ann a tha mise dhut
You act surprisingly well	Is làidir a gheibhear thu
You did surprisingly	Is treun a fhuaradh thu

SURROUND

He surrounded them	Chaidh e timcheall orra
Surrounding; encircling	A' cuairteachadh
They surrounded us	Dh'iadh iad umainn

SUSPECT

I half suspected	Chuir mi umhail
I very much suspect	Is mòr m' amharas

SUSPENSE
  In suspense   An crochadh

SUSPICION
  She has a suspicion   Tha amharas aice

SUSPICIOUS
  I am suspicious   Is neðnach leam

SUSPEND
  We suspended the work   Chuir sinn stad air an obair

SWALLOW
  He swallowed his pride   Shluig e a mhòrchuis
  Swallow an insult   Gabh le tàmailt
  Swallow up   Sluig sìos

SWAY
  A tree swaying in the wind Craobh a' crathadh ri gaoith

SWEAR
  He swore; gave an oath   Thog e facal/mionnan
  Swear by   Thoir do mhionnan air
  Swear like a trooper   Mionnachadh mar shaighdear
  Swear on his oath   Toirt a mhionnan air an leabhar

SWEAT
  I am covered with sweat   Tha mi nam shruth fallais
  I am sweating all over   Tha mi 'm fhliuch fhallas
  In a cold sweat; in a hurry Ann an cabhaig
  In a cold sweat; very anxious Fo iomagain
  In a cold sweat; perspiring Làn fallais
  Pouring sweat   Braon fallais
  Sweat on (S); trust on; rely Cuir muinghinn air
    on
  Sweated labour   Saothair air bheag pàighidh
  The sweat of your brow   Fallas do ghnùis

SWEEP
  Sweep it away with you   Sgrìob leat e
  Sweeping off the rind of the A' sgriosadh an leathrach
    leather

SWELL
  Pride swelled in his breast Dh'at àrdan na chridhe
  Swell the ranks   Cuir ris an àireamh
  Swelled or swollen head   Gu sracadh às a sheiche le meud-
                             mhòr

SWELTER
  We were sweltering   Bha sinn am brothail

SWILL
  He swilled it   Dh'òl e gu lonach

SWIM
  A swimming-costume   Deise shnàmh
  Cause to swim   Cuir air snàmh
  Going swimmingly   A' dol gu bòidheach
  He can't swim a stroke   Chan eil snàmh air bith aige
  In the swim; fully involved Bidh làmh aige ann gu buileach
  My soul swims in a mist   Tha m' anam a' snàmh an ceð
  Swimming; afloat   Air snàmh

Who swims through the kyles   A shnàmhas thar a' chaolais

SWINDLE
He swindled me   Thug e an car asam

SWING
Go with a swing   Le sùnnd
In a swing   An greallaig
In full swing   A' falbh gu slàn
Swinging; vibrating   Ri siùdan

SWIRL
Swirling the sand of the shore   Sluaisreadh gainneamh na tràghad

SWITCH
A light-switch   Suidse
A rider's switch or whip   Slat-mharcachd
Bend the switch   Lùb an t-slat
Switch off the light   Cuir às an solas
Switch on the light   Cuir air an solas

SWOLLEN
My face is swollen   Tha m' aodann air at

SWOOP
In one fell swoop   Aon sguabadh slàn

SWORD
A man to give thrusts with his   Fear gu toirt nan sàth 's gu
  sword and cut bones through   geàrradh nan cnàmh
  with it
A sword-belt   Crios-claidheimh
A sword-stroke   Beum claidheimh
A sword-wound   Lot-claidheimh
Cross swords with   Cuir an aghaidh; dèan trod ri
Put to the sword   Cuir gu bàs
Sheathe your sword   Truaill do chlaidheamh
Sword of Damocles; a constant   Claidheamh Dhamocles; bagairt
  threat of danger   dhaingeann de chunnart
Wielding or brandishing a   Làimhseachadh lann
  sword
Who would unsheathe a sword?   Cò bheireadh claidheamh à duille?

SWORN
A sworn enemy   Dearg-nàmhaid
Sworn to secrecy   Mionnaichte ri cleith

SYLLABLE
Don't say a syllable   Na h-abair diog

SYMPATHIZE
We shall sympathize with them   Thèid sinn nam faireachdainn

SYMPTOM
I don't see any symptom of   Chan fhaic mi fhèin fèairrdeachd
  improvement of convalescence   sam bith air
  in him
The symptoms of death   Coltais bàis

T

Cross the T's; be very accurate	Bi inigeil
To a T; exactly	Gu h-eagnaidh; ceart; dìreach

TABLE

A bedside table	Bòrd leapa
A table-cloth	Tubhailt-bhùird
A table knife	Sgian-bhùird
A table napkin	Neapaigin bhùird
Setting the table	Suidheachadh a' bhùird
Table service	Seirbheis bùird
To lay the table	Am bòrd ullachadh
Wait at table	Freasdail air a' bhòrd

TACK

He got down to brass tacks	Chaidh e gu smior an sgèil
On the next tack	Air an ath ghualainn
On this tack	Air a' ghabhail seo

TACKLE

It were not for me to tackle it	Bu dona mo ghnothach ris
Tackle of the fishing rod	Acainn iasgaich
There was no flaw in the tackle	Cha robh mura-bhiodh san driam-lach

TACTFULLY

Do it tactfully	Dèan le sgoinne

TAIL

Catch her by the tail	Glac air a h-eàrr i
Tail between one's legs	Gu gealtach
Tailing off; becoming weaker	A' fannachadh beag air bheag
Turn tail	Teich
With one's tail up	Le misneachd

TAKE

He has taken a great notion to Jessie	Tha sùil mhòr aige ann an Seònaid
He that takes not advice will go astray	Am fear nach gabh comhairle thèid e air seachran
He will take pleasure	Gabhaidh e tlachd
John took my part	Chaidh Ian às mo leth
She took him aside	Thug i a leth-thaobh e
She took it so much to heart	Ghabh i thuice cho mòr e
Take a back seat (S)	Gabh àite as ìsle
Take a cue	Ionnsaich bho
Take a liking to	Gabh tlachd do
Take a person's part	Gabh taobh
Take after; resemble somebody	Bi coltach ri cuideigin
Take away	Thoir air falbh
Take back; withdraw	Thoir air ais
Take by storm	Gabh le sèisd
Take care!	Gabh cùram; thoir an aire!
Take care! Pay attention!	Gabh omhaill!
Take care of it	Thoir aire air
Take care of me; see to me	Gabh umam
Take care of yourself'	Thoir an aire ort fhèin
Take care that you don't let the milk spill	Thoir an aire nach dòirt am bainne ort

Take care that you don't under-value what you have heard	Thoir an aire nach cuir thu an neo-phrìs na chuala thu
Take care that you return	Feuch gun till thu
Take down; write; record	Sgrìobh sìos
Take down; take something down	Gabh nota air
Take down a peg (S)	Cuir sìos pìos
Take for granted; assume as a fact	Gabhail ris mar a tha
Take heed of; attend; be warned	Gabh suim
Take herself to	Thoir oirre
Take him or it in hand	Rach na sheilbh
Take him with you	Thugaibh leibh e
Take in; buy regularly	Daonnan a' gabhail
Take in; escort to a room	Thoir do sheòmar
Take in; mislead; deceive	Thoir car à
Take in; receive	Gabh a-steach
Take in bad part; accept angrily	Gabh gu dona
Take in good part; accept amiably	Gabh gu math
Take in to; attach a cable	Slaod
Take it from me (S)	Creid mise
Take it, then, and make off	Seo dhut e, ma tha, agus dèan às
Take it out of one; exhaust; weaken	Sàraich
Take it out of one; have revenge	Thoir a-mach dìoghaltas
Take notice	Thoir ... feart
Take notice of	Thoir an aire air
Take off; mimic	Ath-aithris
Take off; rise from the ground	Èirich air iteig
Take-off; caricature or mimicry	Atharrais; dealbh-magaidh
Take offence or umbrage	Gabh mìothlachd; gabh san t-sròin
Take on; accept responsibility for	Gabh ri
Take on trust	Gabh air creideas
Take one's fancy	Gabh tlachd ann
Take one's stand	Seas air
Take oneself off	Gabh an rathad
Take out; accompany for a walk	Thoir air chuairt
Take out; extract	Thoir às
Take out; obtain a patent	Faigh còir air
Take over; take someone's place	Gabh os làimh
Take-over bid	Tairgse gu gabhail
Take pains or trouble	Gabh cùram
Take part in	Gabh pàirt ann
Take sides	Gabh an taobh
Take stock	Gabh stoc
Take stock of	Gabh cùnntas air
Take stock of him; watch him	Gabh ealla ris
Take the bull by the horns	Rach calg-dhìreach gu
Take the cake or biscuit (S)	Do-chreidsinn
Take the consequences	Feumar seasamh ris
Take the part of	Rach an riochd
Take the road; march off	Gabh an rathad

Take the rough with the smooth   Gabh doirbh agus furasda gu
   cothromach
Take the will for the deed   Gabh an rùn airson a' ghnìomh
Take to; form a liking for   Gabh ri
Take to one's bed   Rach gu leabaidh
Take to task; blame; reprove   Cronaich
Take to the oar   Cuir ris na ràimh
Take too much; drink too much   Ol cus
Take up; absorb; occupy   Cùm a' dol
Take up; lift   Tog
Take up with; become friendly   Rach còmhla ri
 with
Take upon myself   Gabh orm fhèin
Take yourself off; clear out   Thoir do chasan leat
Taken aback   Stad air a chur orm
Taken for a ride; deceived   Air a mhealladh
Taking the shine off/out of (S)   Ag ìsleachadh meas
They took him prisoner   Ghlac iad e; chuir iad an grèim
   e

To take away   A thoirt leat/air falbh
To take his part   A dh'aontachadh leis
To take in   A thoirt a-steach
To take long   A tharraing ùine
To take off   A thogail air sgèith/ort
To take off one's clothes   A chur dhìot
To take out   A thoirt a-mach
To take the pulse   A chùnntadh bualadh na cuisle
To take up   A thoirt an àirde

TALE
A tale concerning the Fian   Sgeulachd mun Fhèinn
An amusing little tale   Sgeula bheag àbhachdail
Deplore the hapless tale   Tuir an aithris neo-àghmhor
Tale-bearer   Fear/tè gu giùlain naidheachd
Tale-tellers; false reporters   Luchd-sgeòil
Tell its own tale   Follaiseach
Telling tales out of school   A' giùlain naidheachdan
Thereby hangs a tale   Agus sin sgeul

TALENT
Excellent natural talents   Deagh bhuadhan nàduir
Great are the talents God has   Is mòr na tàlantan a bhuilich
 bestowed on you   Dia ort
The man of talents   Fear nam buadh

TALK
He talked and talked till he   Bha e a' cur dheth gus an do
 gave up through exhaustion   leig e roimhe leis an sgìos
He talks big, but it is easy   Tha am facal mòr aige, ach tha
 to talk!   cainnt saor!
How talkative you are   'S ann agad a tha 'n clab
I hear talk or conversation   Tha mi a' cluinntinn bruidhinn
Idle talk   Seanchas gun bhrìgh; barrchainnt
Loud talk   Bruidheann àrd
She talked and talked   Cha robh abhsadh/dùnadh a' dol
 excessively   air a beul
Small talk   Seanchas neo-chudthromach
Talk over; convince   Dearbh
Talk over; discuss   Deasbad

Talk the hind legs off a donkey Sìor-bhruidhinn
Talk through one's hat Bruidhinn gun bhrìgh
Talking of; as we were A' bruidhinn air
  discussing
Talking too much A' fàgail cus còmhraidh
That man talks a great deal Tha mòran còmhraidh a' ruith air
  an duine ud
To talk to yourself A bhith cur-a-mach leat fèin
What a talkative fellow he is Nach e sin am fear bruidhneach
You are the talk of the village Tha thu na do làn-beòil aig a'
  bhaile

TALL
A tall order (S) Ordugh doirbh
A tall slender girl Nighean chaol àrd
A tall story Sgeul neo-chreidsinn
He grew tall Dh'fhàs e mòr
He is fully as tall as I am Tha e pailt cho àrd rium-sa

TAMPER
He tampered with it Bhean e ris

TAP
He tapped the barrel Bhris e air a' bharaille;
  tharraing e às a' bharaille

TAPE
Get something taped (S) Gabh tuigse air

TAR
Tarred with the same brush As an aon nead

TARNISH
The gold is tarnished Tha smal air an òr

TASK
I took him to task for his Chuir mi aghaidh air airson mar
  opposition to his brother a bha e an aghaidh a bhràthar
That is no hard task for him Chan uallach/spàirn sin air

TASTE
A bitter, sour taste Blas geur
A pungent or tart taste Blas garg
A taste for Miadhail air
An insipid taste Blas leamh
I got a taste or trial of it Fhuair mi deuchainn dheth
It has a bad taste Tha droch bhlas air
There's no accounting for taste Chan eil tuigsinn air ciall
When he tasted the wine Nuair a bhlais e air an fhìon
Without tasting them Gun am blasad

TAUNT
He taunted me Mheath e orm
He taunted me that I was poorly Thilg e orm gur anns a' bhoch-
  brought up dainn a thogadh mi
Taunting him; reproaching him A' cur an ìre dha
Taunting me; casting up to me A' tilgeadh orm

TAX
I taxed him with it Chuir mi às a leth e

TEA
A cup of tea Cupan tì
A tea-table Bòrd tì

Has the tea infused?

An do tharraing an tì?

TEACH

As was taught to him
Mary was teaching John his
lesson
Teaching
Teaching as one having
authority

Mar a dh'ionnsaicheadh dha
Bha Màiri a' cur a leasain air
Iain
A' toirt seachad sgoile
A' teagasg mar neach aig a bheil
ùghdarras

TEAR

Do not tear me away from my
love
Tear one's hair; be very angry
Tear to tatters; kill an
argument
Tear to tatters; to small
pieces
They almost tore each other to
pieces; a tooth and nail
fight

Na spìon om ghaol mi

A bhith glè fheargach
Cuir casg air connspaid

Dèan mìrean beaga

Cha mhòr nach tug iad sùilean
dubha a chèile a-mach

TEARS

Bathed; drowned; dissolved in
tears
Crocodile or hypocritical
tears
His eye shedding tears
Reduce to tears
Your conduct would make the
very stones shed tears
Your tearful eye

A' sileadh nan deur

Deòir nam breug

A shùil a' snigheadh
Cuir gu gul
Bheireadh do dhol-a-mach air na
clachan snigheadh
Do shùil shilteach

TEASE

I teased him; embittered his
life
Teasing him
The boys were teasing the old
man
Why are you teasing him?

Shearbhaich mi e

A' tarraing às
Bha na balaich a' tarraing às a'
bhodach
Carson tha thu a' conas air?

TEDIOUS

A tedious way
James found the day tedious
Tedious is the night

Rathad buan
B' fhada le Seumas an là
Is cian an oidhche

TEEM

His brain is teeming with new
ideas
Teeming with rabbits

Tha 'eanchainn a' cur thairis le
beachd-smuaintean ùra
Air torradh le gràisg choineanan

TELL

He told me
I am only telling lies
I have been told you had a
fever
I may tell you that Donald
shouted lustily
I told him, straight to his
face, how little I thought of
him

Chuala mi aige
'S ann a tha mi mas fhìor
Chaidh innseadh dhomh gun robh
an teasach ort
Abair thusa gun robh èigheach
air Dòmhnall
Thug mi a chliù dha eadar an dà
shùil

I will tell you what you
should do
Tell a story
Tell him to be here, by all
means, tomorrow
Tell off; reprove
Tell off; select for a job
Tell one's beads
Tell that to the Marines
Telling about what had happened
Telling most notorious lies
To tell you the truth
You're telling me! (S)

Innsidh mi dhut dè as còir dhut
a dhèanamh
Dèan seanachas
Abair ris a bhith an seo
a-màireach muigh 's a-mach
Coirich
Tagh neach airson oibre
Coron-Mhuire a labhairt
Innis sin do na Maraichean
Ag innseadh mu na thachair
Ag innseadh nan tul-bhreugan
A dh'innse na fìrinn
Tha thu ag ràdh rium!

TEMPER
He has an even temper
He is short tempered
He lost his temper
Keep one's temper
Most quick tempered
Temper the wind to the shorn
lamb
Your bad temper

Tha nàdur socair ann
Tha e mar am fùdar
Dh'èirich droch nàdur air
A bhith foighidinneach
As caise nàdur
Rèitich gnothaichean a' freagairt
an luchd as fainne
Do dhroch nàdur

TEMPT
I am strongly tempted to accept
it
The source whence all
temptations are flowing
When your fathers tempted me

Tha mi brath air a ghabhail

An tobar bho bheil gach
buaireadh a' sruthadh
Nuair a bhuair bhur n-aithrichean
mi

TEN
Ten to one

Deich 's a h-aon

TEND
And he tending/herding the
cattle
I will tend your sheep
Tend to the wounds
Tending the sheep

Agus e a' cuallach na sprèidhe

Gleidhidh mi do threud
Gabh aig na lotan
An lùib nan caorach

TENDER
A tender heart
On account of tenderness and
delicacy

Cridhe bog
A thaobh mùirn agus maothalachd

TENNIS
Tennis; t-ball; t-court;
t-match; t.player; t-racket;
t.umpire; table t.

Cluich-cneutaig; ball c.;
achadh/cùirt c.; strì c.;
cluicheadair c.; ràcaid c.;
breitheamh c.; cneutag
bùird/clàir

TENTERHOOKS
On tenterhooks

Air bhioran

TERMS
Couched in terms; verbally
On bad terms; unfriendly
On good terms; friendly with
One one's terms

Labhairte le briathran/le faclan
Neo-chàirdeil
Càirdeil ri
Air chùmhnantan

On speaking terms   A' bruidhinn ri chèile
On those terms   Air na teirmean sin

TERRIFY
He is terrified out of his   Tha eagal dearg a bheatha air
  wits
Terrified   Eagal am beatha

TEST
A testing examination   Ceasnachadh dheuchainn
I'll test you yet   Feuchaidh mi fhathast thu
This will test your powers   Feuchaidh seo thu fhèin

TESTIMONY
They bore testimony against   Thog iad fianais na aghaidh
  him

TETHER
A tethered heifer   Gamhainn bacain
You must be tethered like   Thèid do chur air taod cleas
  cattle   a' chruidh

THANK
Give thanks   Thoir buidheachas
Little thanks to you   Seachd neo-ar-thaing dhut
Many thanks to you   Taing is buidheachas dhut
No thanks to you   Neo-ar-thaing dhut
Thank heaven   Taing do Shealbh
Thank one's lucky stars   Bi taingeil
Thanks to   Buidheachas/taing do
Thank you!   Gu robh math agad!; tapadh leat!
Thank you; the same to you!   Slàinte agad-sa!
Thanks be to God   Buidheachas do Dhia
Thanks without ceasing   Buidheachas gun sgur
They returned thanks   Thug iad buidheachas
Without thanks to you   Gun taing dhut
You ought to be very thankful   Is taingeil is còir dhut a
     bhith
You will be thankful   Bithidh thu buidheach/taingeil

THAT
In that   Air dhòigh
So that   A chum
That's it   Sin e
That which   A/na
What is that?   Dè tha sin?
What is that to you?   Nach coma leat-sa?

THATCH
Thatched houses   Taighean tughaidh
They are thatching the house   Tha iad a' tughadh an taighe

THAW
It is thawing   Tha aiteamh ann

THEM
Among themselves   Eatorra fhèin
From them you shall buy   Uatha-san ceannaichidh sibh
He spoke about them   Labhair e umpa
One of them   Aon aca
Some of them   Cuid diùbh

THERE

Are there?	A bheil?
Are you there?	A bheil thu ann?
He went there	Chaidh e an siud
In there	A-staigh an sin
In there (away from the speaker)	Thall an siud
In there (near the speaker)	A-bhos
Is there anything in it?	A bheil càil/dad innte?
Over there	Thall an sin
There he is	Siud e
There is nothing under the sun he knows about	Chan eil nì fon ghrèin nach eil fhios aige air
There is the man	Siud an duine
There was a time when	Bha uair a
There you are	Sin agad e
What quantity is there?	Dè 'n uiread a th' ann?
Would be there	Bhitheadh ann

THICK

A bit thick; unreasonable (S)	Mì-reusanta
A thick stick	Rot maide
A thick-set man	Duine geinneach
As thick as thieves (S)	Mar na meirleich
Growing thicker and thicker	A' dol an gairbhead
In the thick of	An teis mheadhain
The thick and thin	An garbh is an caol
Thick-skinned	Neo-mhothachail
Through thick and thin	Tro gach gàbhadh

THICKET

In a thicket	Am preas
Sheltered only by the thicket	Am bun an tuim

THIMBLE

I have a thimbleful of each	Tha làn meurain an urra agam dhuibh

THING

All things being equal	Agus gach nì mar a cheile
An absurd thing; without propriety	Gnothach gun snas
Another thing	Nì eile
Have a thing about; obsessed by	Bi beò-ghlacadh ort air
How are things?	Ciamar tha cùisean?
It is a pleasant thing	Is taitneach an nì e
Just the thing	An dearbh rud
Of all things	De na h-uile
On to a good thing (S)	Ann an deagh ghnìomh
Something or other	Rud air choreigin
Taking one thing with another	A mheas an dà thaobh den sgeul
That is the very thing to bring disaster upon you	Is e sin a choisneas dhut gu faigh thu do là-dubh
That thing will dissolve in water	Ruithidh an rud sin air an uisge
That very thing will yet leave you destitute	Bheir an dearbh rud sgrìob liath an earraich ort
That very thing will yet openly show itself	Bheir an dearbh rud a chruth an coltas

The only thing to do in your
  case is to ignore you
There is one thing about him
This is the thing to do
Things have been allowed to
  go too far
Things will turn out all right
  in the end
Things without profit
You nasty thing!

THINK
Do not think/suppose
Do you think so?
He thinks it a hard matter
I did not think about it
I don't think he will come
  home again in a hurry
I do not think it is
  presumptuous of me to tell you
I do not think much of him
I don't think!
I think it probable; suppose
I think it high
I think it is a shame
I think it is melodious
I think it more likely; presume
I think it is young
I think more of it
I think so
I think that is heavy
I think that is so
I thought
I thought it galling
Just you think (of it)!
Little do we think
One would (will) think
Think better of it
Think fit or proper
Think highly/much of
Think little, or nothing, of
Think no end of

Think no more of, forget
Think out; consider
Think over
To think of
Way of thinking
What do you think?

What do you think of him?
What you think is of little
  or no consequence

THIRSTY
Are you thirsty?
He is thirsty

Chan eil ortsa ach do leigeadh
  seachad
Tha a dh'aon rud air
An rud ceart
Tha an taoim air a dhol thairis
  air na reangan
Bidh cùisean ceart gu leòr
  air a' cheann thall
Nithe gun tairbhe
A rud mhosaich!

Na meas
An e sin do bheachd?
Is saothair leis
Cha tug mi for air
Chan eil mi a' gabhail ris gun
  tig e a-rithist air luathair
Cha dàn leam innseadh dhut

Chan eil a bheag agam mu cheann
Chan eil mi a' smaoineachadh
Is dòcha leam
Is àrd leam e
Is nàir leam e
Is binn leam e
Is dòcha leam
Is òg leam e
Is mò leam
Tha mi 'n dùil
Is trom leam e
Ar leam gum bheil
Shaoil mi
Bu leamh leam
Feuch thusa riut!
'S beag a shaoileas sinn
Saoilidh duine
Atharraich beachd
Thoir breith
Deagh bharail a bhith dheth
Droch bharail air
Bi barail mòr aig duine air
  cuideigin
Cuir às do cheann; dìochuimhnich
Beachdaich
Beachd-smuainich
Gu smaoineachadh air
Dòigh smaoineachaidh
Ciod e do bharail?; dè tha i
  agad air?
Feuch ris?
Is mòr sin an seo, ciod e a tha
  thusa 'smaoineachadh

A bheil am pathadh ort?
Tha am pathadh/an tart air

THIS

In this way

This and that
This is my time
This is not the time nor the
  place
This may
This, that and the other
What is this?
Who is this?

Air an achd seo; mar seo; san
  dòigh seo
Siud is seo
Seo mo shiubhal-sa
Chan e seo an t-àm no an t-àite

Faodaidh seo
Seo,sin agus nì eile
Ciod seo?
Cò e seo?

THITHER

Go across; go over, go thither
Hither and thither; on all
  sides

Theirig a-null
Thall 's a-bhos

THORN

A thorn in the flesh
You are a real thorn in my
  flesh

Sgolb san fheòil
·Is ann agamsa a tha an t-àmhghar
  dhìot

THOROUGHLY

Altogether; thoroughly

A-mach 's a-mach;air/am fad;
  còmhla ri chèile; gu buileach/
  cùl/lèir/ tur; uile gu lèir

THOSE

In the possession of those
Those we left

Aca siud
An fheadhainn a dh'fhàg sinn

THOUGHT

As swift as the thought of
  the foolish women
His thoughts were elsewhere
I did not give it another
  thought
I will fix my thoughts
My thoughts are disturbed
My thoughts are sad
Second thoughts
Take thought; consider well
The thought struck me
You had no thought of coming
  to see me

Cho luath ri aigne nam ban
  baoth
Air rudeigin eile bha aire
Cha do smuainich mi air a-rithist

Socraichidh mi mo smuaintean
Is bruailleanach m' aigne
Is cianail m' aigne
Ath-smuain
Thoir fa-near gu h-iomlan
Thàinig buatham fodham/orm
Is fhada mus tàinig thu a
  choimhead orm

THRASHING

Give him a good thrashing
He got a good thrashing

Thoir a dheagh shlacainn dha
Fhuair e a dheagh ghrèidheadh/
  shlacainn

THREAD

Disentangle the thread
Lose the thread
Pick up the threads
Thread, or edge, one's way

Rèitich an snàth
Rach iomrall
Tòisich às ùr
Dèan do shlighe tron t-sluagh

THREATEN

A threatening evening
He threatens me
It has been threatening a
  storm from the north all day

Feasgar greannach
Tha e maoidheadh orm
Tha i a' bagradh fad an là bhon
  àirde tuath

It has been threatening all
  the evening
It threatens rain
Let us threaten them
Threatening us

THRESH
They are threshing corn in
  the barn

THRESHOLD
On the threshold; the door
  sill
On the threshold; the start

THRILL
She thrilled the audience

THROAT
At each other's throats
I've got a sore throat
Something has stuck in my
  throat

THROUGH
He broke through the door
Through; by means of
Through desert valleys
Through fire and water
Through the truth
Through with; finished with

THROUGHOUT
Throughout every land
Throughout my whole life
Throughout the neighbourhood

THROW
He threw the stick as far as
  he could out into the sea
Throw a fit; become agitated
  (S)
Throw a fit; literally

Throw away
Throw dust in the eyes of

Throw in; give in addition
Throw light upon
Throw off
Throw off the scent
Throw open, make accessible
Throw out
Throw over; abandon; discard
Throw up the sponge; admit
  defeat
Throw with all your might
To throw a red herring across
  the track
To throw to the dogs
You shall be thrown out

Tha i a' tarraing oirre fad an
  fheasgair
Tha e bagairt an uisge
Bagramaid orra
A' bagairt oirnn

Tha iad a' bualadh an arbhair san
  t-sabhal

Air an starsaich

Aig an toiseach

Chuir i gaoir anns an luchd-
  èisdeachd

An amhaichean a chèile
Tha m' amhach goirt
Tha rudeigin nam amhaich

Bhris e tron doras
Troimh
Feadh ghleanntan fàsail
Troimh uisge is troimh theine
Trid na fìrinn
Deiseil 's

Feadh gach tìr
Fad làithean mo bheatha
Air fad na coimhearsnachd

Thilg e am maide fad a làimhe
  a-mach air a' mhuir
Fàs troimh-a-chèile

Tilgeil taoma; cuairt a thighinn
  air
Tilg às
Cuir dalladh an inntinn; mì-
  threòraich
Thoir a bharrachd air
Soillsich
Tilg de
Cuir air seachran
Dèan so-ruigsinn
Tilg a-mach
Trèig
Gèill; leig roimhe

Tilg fad do làimhe
Rud a chur san eadraiginn

A leigeil an toil leotha
Gheibh thu an t-sitig

THRUST

He gave a thrust
He thrust it into him/it
She thrust her hand into it
Thrusting this one on us

Thug e sàthadh
Shàth e ann e
Spàrr i làmh innte
A' sparradh an nì seo oirnn

THUMB

On the thumb of their right hand
Thumbs up! expresses satisfaction
Under one's thumb

Air òrdaig na làimhe deise
Math gu lèir; 's math sin
Fon òrdaig

THUMP

He gave him a thump
His heart thumping or beating
Thumping me

Thug e dòrn dha
A chridhe ri bualadh
Gam chnapadh

THUNDER

Like a thunderclap
Thunders of applause
Thunderstruck; very astonished

Mar bheithir-theine
Àrd-mholadh mar thàirneanach
Buailte le dealanach; fo iongnadh

THWART

We thwarted them

Chuir/bha/sheas sinn 'nan aghaidh

TICK

Half a tick; a very short time (S)
On tick; on credit (S)
Tick off; cross off on a list
Tick off; reprimand

Tiota
Air dhàil
Dèan strìochag air chlàr-ainm
Thoir achmhasan do

TICKLE

Tickle him
Tickle to death; very amused (S)
Tickling

Diogail e
Thoir gàire air
A' diogladh

TIDE

An eddy tide
Dead ebb tide; low water
Ebb tide
Go to the ebb tide
Height of the spring tide
High tide
How high is the tide?
The spring tide
The tidal current is with us
The tide; the tide period
The tide; the state of the tide
The tide ebbed
The tide has turned
The tide overtook us
There is a very high tide
Tide over
What is the state of the tide? Is it far from high-water?

Saobh-shruth
Cridhe na tràghad; muir-tràigh
Sruth-tràghaidh
Rach don tràigh
Àirde-reothairt
Muir làn
Ciod e an tìde-mhara a tha ann?
An làn reothart
Tha an tìde-mhara leinn
Seòl-mara
Tìde-mhara

Thraogh an tìde
Tha an seòl-mara air tilleadh
Rug an làn oirnn
Tha làn mòr ann
Cùm a' dol
Ciod e an tìde-mhara a tha ann? A bheil e fada bho àrd a' mhuir làin?

When the tide was out	Nuair a bha an làn a-muigh

TIE

It was tied to`.the corner of the herring net	Bha e ceangailte ri cluais an lìn sgadanach
Tie the horse's tether to the trunk of the tree	Ceangail ceangal an eich ri stoc na craoibhe
Tying of the five smalls	Ceangal nan còig caol

TIGHT

A tight corner	Àite cuingeil
It is not tight or well-fitting	Chan eil snas air
Tighten the rope	Teannaich an taod
Tighten your bonnet on your head	Sgrog do bhoineid ort

TIMBER

He bought timber to roof the house	Cheannaich e fiodh gu ceann a chur air an taigh
The rafter out of the timber	An t-sail às an fhiodh

TIME

A good time; a considerable time	Deagh ùine
A good time; a pleasant time	Uine thaitneach
A long time	Uine mhòr
A second time; again	As ùr
A short time	Uine bheag
A short time since	O cheann goirid
A time table	Clàr amannan
About this time last year	Mun àm seo an-uiridh
Against time; with all speed	Na buinn às;na dhian ruith
Ahead of time	Roimh an uair cheart; ron àm
All the time	Fad na h-ùine
Another time	Uair/turas eile
Any time	Am/uair sam bith
At all times	Na h-uile uair; gach uair
At odd times	Aig amannan neònach
At one and the same time	Ceart còmhla
At other times	Aig amannan eile
At that time	Aig an àm sin
At the first time; at once	Air a' chiad tarraing
At the right time	Aig an àm cheart
At the same time	Aig an aon àm
At this time	Air an t-siubhal seo
At times	Air uairean; uaireannan
At what time?	Dè 'n uair; cuin?
Before the time	Ron an àm
Behind time	Air dheireadh na h-uarach
Bide one's time; wait patiently	Fuirich gu faighidneach
By the time I was ready	Air chionn dhomh bhith deas
During my time and day	Fad mo rè is mo là
During the time	Rè an là
During your grandmother's time	Ri linn do sheanmhar
Every time	Gach uair; a h-uile turas/uair
For a long time	Airson ùine mhòir; o 'chionn fhada
For the time being	Airson greis
From time to time	Bho àm gu àm

Have a good time	Tha mi' n dòchas gun còrd e riut
He will begin sharp on time	Tòisichidh e air an uair
I have got plenty of time	Tha tìde/ùine gu leòr agam
In a little time hence	Eadar seo agus ceann tacain
In good time	An deagh àm
In (less than) no time	An ùine gheàrr
In recent times	Bho chionn ghoirid
In the nick of time	Dìreach ann an tìde; sa' cheart àm
In the meantime	San àm
In time; after some time has passed	Rè ùine; an ceann ùine
In time with	An co-sheirm ri
In two years' time	Dà bhliadhna thìm; an ceann dà bhliadhna
It is a long time since he was here	'S fhada bho nach robh e an seo
It is full time	Tha 'n t-àm ann
It is high time	'S ann a tha 'n t-àm ann; tha e na làn thìde
It is high time for us to go	Is mithich dhuinn falbh
It is not before time	Chan ann ron a' mhithich
It is the time I like best	'S e' an t-àm as àille leam
It is time to be off	Is tìm teicheadh
It is time to get a move on	Tha an t-àm ann a bhith a' toirt ceum às
It took him all his time	Bha a leòr aige
Overtime; extra hours of work	Seach-thìm; uairean oibre a chòrr
Part-time	Pàirt thìde
Pass your time; mis-spend your time	Caith d' ùine
Pressed for time; short of time	Chan eil mòran ùine aig
Quite some time	Greis mhath
Stand the test of time; still valid	Mhair e èifeachdach
Stated time; a time already fixed	Aig an àm shuidhichte
Take time by the forelock; no delay	Obraich gun dàil
The second time	An dara uair
The time that has passed; the past	An t-àm a dh' aom
There was a time	Bha uair den t-saoghal
This is my time; my turn	Is e seo m' uair-sa
This time four years	Ceithir bliadhna bhon àm seo
Time about	Fear mu seach
Time after time	Àm is àm
Time and again	A-rithist 's a-rithist
Time is short	Tha an ùine goirid
Time is up (S)	Crìoch ùine
Time lies heavy on my hands	Is fada leam an là
Time of day	Uair an là
Time of life	Àm beatha; aois
Time of one's life	Cùisean a' fìor chòrdadh; hòro gheallaidh
Time on one's hands	Tìde air do làmhan

Time out of mind; time immemorial
Time without number
Times, days, years to come
To tell the time
We have fallen on evil times
What is the time?
When I have time
Work against time; try to finish in time

Bho àm nan cian
Amannan gun àireamh
Ann an àm ri teachd
Innis an uair
Is ann oirnn-ne a rug an là
Dè an uair a tha e?
Nuair a bhitheas ùine agam
Dèan do dhìcheall a chrìoch-
nachadh obair ann an tìde

TIMID
That would leave the timid wounded
Timid or fearful persons

Dh'fhàgadh earblaich creuchdach

Luchd-eagail

TINGE
A tinge of blue, red and gold

Fiamh ghorm; f.dhearg; f.an òir

TINGLE
A tingling in his ear

Gaoir 'na chluais

TIP
On tiptoe; a state of excite-
ment
On tiptoe; literally on one's toes
Tip of my finger
Tip of the ear
Tip the wink; warn (S)
Tip-top; excellent

Air bhioran

Air a chorra-biod

Bàrr mo mheòir
Bàrr na cluaise
Thoir rabhadh
Barrail; sàr mhath

TIRE
A heart that will not tire in battle
As tired as a dog
I am tired
I am tired of wandering
I am rather tired

Cridhe nach sgìthich an trod

Cho sgìth ri cù
Tha mi air mo chur; tha mi sgìth
Tha mi sgìth le seachran
Tha mi car sgìth

TITTLE-TATTLE
Tittle-tattle; idle gossip

Goistidh

TO
He went there in order to destroy me
I was adviser to the army

I hope to see it
My horse was ten to one

She gave an apple to the boy
The train goes to/as far as Oban
They will meet him tomorrow
To and from

To the utmost
We went to a concert

Chaidh e an sin a chum mo sgrios

Bha mi nam chomhairleach aig an arm
Tha dòchas agam a fhaicinn
Bha deichnear an aghaidh aoin air m' each
Thug i ubhal don bhalach
Thèid an trèana gu ruige Oban

Tachraidh iad ris a-màireach
A-null 's a-nall; air ais 's air adhart
Gu cùl
Chaidh sinn gu cuirm-chiùil

TOAST
Give us a toast

Thoir dhuinn slàinte

Toasting a cake hurriedly
Toasting bread

A' dathadh bonnaich
A' grèidheadh an arain

TODAY
He is here today, and gone
 tomorrow
Up today and down tomorrow;
 too much and too little

Tha e an sea an-diugh agus
 an siud a-màireach
Reothart an-diugh agus contraigh
 a-màireach

TOE
On the great toe of their right
 foot
Toe the line
Tread on one's toes

Air òrdaig na coise deise

Dèan a-rèir chàich
Seas air òrdagan an duine

TOGETHER
All together
To get together
Together with me; with that
We sat together around the
 hearth
When you met together

Ceart còmhla
Tighinn còmhla
Maille rium; maille ri sin
Shuidh sinn cruinn còmhla mun
 chagailt
Nuair a thàrladh sibh cuideachd

TOIL
What I toiled for

With much toil

An nì a shaothraich mi air a
 shon
Le mòran saothair

TOKEN
As a token of affection
By the same token

Mar chomharradh spèise
Air an aon dòigh

TOLERABLY
Are you tolerably well?
I am tolerably well

A bheil thu 'n ìre mhath?
Tha mi meadhanach/mar nach b'
 olc

TOM
Every Tom, Dick and Harry

A h-uile mac màthar

TON
Like a ton of bricks

Gu fìor throm

TONGUE
A smooth tongue
A wholesome tongue
An uncurbed tongue
Give tongue
He has a ready, glib tongue
Hold your tongue
If you don't hold your tongue
 you will get a rough dusting
Lose one's tongue
Mother tongue
My tongue slipped; I put my
 foot in it
On my tongue; my heart
On the tip of one's tongue
The root of the tongue
To show one's tongue
Tongue-tied
Wag one's tongue

Teanga leacach
Teanga fhallain
Beul gun fhàithean/phutan
Abair,bruidhinn,labhair
Tha lùth na teangaidh leis
Dùin do bheul; cùm do theanga
Mur a cùm thu do theanga thèid
 smùid a chur asad
Caill do theanga
Cainnt mhàthaireil
Leum mo theanga orm

Air mo theangaidh
Air bàrr teangaidh
Bun na teangaidh
Cuir a-mach do theanga
Glasadh cainnte air
Bi glè bhruidhneach; labhair cus

With one's tongue in one's
cheek

Gu neo-dhùrachdach; gu neo-
onorach

TOO
I think it too much
It is too much
Not too much for him
There is too much here
Too far

Is mòr leam
Tha sin cus
Chan fhuilear dha
Tha cus an seo
Tuilleadh is fada

TOOTH
A sweet tooth; to like sweets
Clean your teeth
In the teeth of
Lie in one's teeth
Make someone's teeth chatter
Set one's teeth on edge
The tooth will not move
The man is long in the tooth
They fought each other tooth
and nail

Tha siùcairean a' còrdadh riut
Glan d' fhiaclan
A dh'aindeoin
A dhèanamh breugan mòra
A thoirt air na fiaclan bualadh
Cuir dèisinn air fhiaclan
Cha diogaich an fhiacail ud
Tha an duine aosda
Chaidh iad am badaibh a chèile

TOP
About the top of the trees
From top of
From top to toe
On the top of the hill
On the top of the wall
On top
The top of the grassy tufts
The top of the house
The top of the stack
Top of the ash
Top up; fill up the petrol tank
Top up; finish; conclude

Mu cheannaibh nan crann
O bhàrr
O bhun gu bàrr
Air mullach a' mhonaidh
Air bàrr a' bhalla
Os bàrr
Bàrr a' mhilltich
Mullach an taighe
Mullach na cruaiche
Bàrr an uinnsinn
Lìon tanca a' pheatrail
Cuir crìoch air

TOPE
He was continually toping

Bha e air mhisg gu sìor

TOPIC
Among other topics, we touched
upon Parliament
Topics of the day

Am-measg rudan eile thug sinn
tarraing air a' Phàrlamaid
Gnothaichean an là

TORMENT
I would not torment my love

Cha ruighinn grinneal mo
ghràidh

TORRENT
Like a mountain torrent
The rage of the torrent

Mar steall aonaich
Onfhadh an t-srutha

TORTURE
He tortured me
Who tortured and tormented you

Phian e mi
A ghuail 's a chràidh thu

TOSS
A toss-up
Toss up
Tossing the head will not make
the rowing

Croinneadh
Cuir croinn air
Chan e godach nan ceann a nì an
t-iomradh

TOUCH

A touch hole; the ear	Toll-cluaise
He got in touch with the police	Chaidh e far an robh am poileas
He was in touch with them	Bha caidreamh aige leo
I will not touch it	Cha bhuin mi dha
In touch with	A' cluinntinn bho
Keep in touch	Cùm ceangal
Lose touch	Caill ceangal
The first man that touched land	A' chiad fhear a bhuail air tìr
Touch and go; doubtful or very precarious	Fìor mhì-chinnteach; glè chugallach
Touch up	A chur am feabhas; rèitich gu beag
Touch upon; refer to briefly	Thoir iomradh air
Touch wood; I hope my luck lasts	Làimhsich fiodh; tha mi 'n dòchas gum bi mo shealbh a' leantainn rium

TOWARDS

How is he disposed towards you?	Dè an rùn sa bheil e dhut?
To or towards the man	Chum an duine
Towards each other	A chum a chèile
Towards him; towards her	Ga ionnsaigh; ga h-i
Towards the house	Chun an taighe
Towards the shore	Dh'ionnsaigh na tràghad

TOWER

In a towering passion or rage	Air bhoil
Ivory tower	Tùr ìobharaigh
Tower of strength; great support	Tùr neirte; taic mhòr

TOWN

A sea-port town	Baile-puirt
A town hall	Talla baile
In town	Anns a' bhaile
Out of town	A baile
That is the town	Sin am baile
That town	Am baile sin,siud,ud
To the town	Chun a' bhaile

TRACE

A trace of English accent	Blas na Beurla
Any trace of him, dead or alive	A dhubh no a gheal
I saw no trace of him	Chan fhaca mi a dhubh no a dhath
Not a trace of her was found, dead or alive	Chan fhacas a dubh no a geal a-riamh tuilleadh
That can be traced	A tha air sgeula
The trace of your feet	Lorg do choise
There is no trace of him	Chan eil lorg/for air

TRACK

A tracking dog; terrier; pointer	Cù luirge
I followed his track	Lean mi/thog mi air an luirg aige
Make tracks	Imich; falbh
On his track	Air a lorg/thòir

Off the beaten track; astray
Off the beaten track; out of
  the normal routine
The track of the wheels
Track down; find

TRADE
And you shall trade in the
  land
Free trade
They are in the trade
We began trading

TRADITION
The tradition of the elders

TRADUCE
He traduced me thoroughly

TRAIL
Trail off
Trail one's coat; seek a
  quarrel

TRAIN
A through train
In the train of
To change trains

TRANSACT
I have some business to
  transact with you

TRANSCEND
He transcended everyone

TRANSFER
We transferred the cargo

TRANSFIX
He transfixed his clutches in
  me

TRANSLATE
Translate these words into
  English for me

TRANSMISSION
Means of transmission

TRANSPIRE
It transpired that John was a
  thief

TRANSPORT
A transport ship
I became transported with rage
Transported with joy

TRANSVERSELY
Place it transversely

Aš an lorg bhuailte; air iomrall
Gnath-chùrsa neo-ghnàthach

Làrach nan rothan
Lorg; faigh

Agus nì sibh ceannachd san tìr

Saor mharsantachd
Tha iad nan ceàird
Thòisich sinn ri marsantachd

Beul-aithris/seachadas/sgeultach
  nan seanar

Chàin e mi gum bhrògan/gu cùl

Slaod air falbh
Iarr còmhstri

Trèana dhìreach
An cuideachd
Dèan iomlaid air trèana

Tha gnothach agam riut

Thug e bàrr air gach duine;
  chaidh e thairis air gach duine

Thug sinn thairis an luchd

Shàth e 'dhubhain annam

Cuir Beurla dhomh air na facail
  sin

Meadhan sgaoilidh

Thàinig e am follais gun robh
  Iain 'na mheirleach

Long aisig
Chaidh mi am feirg choimhich
Air mhireadh

Cuir tarsainne

TRASH
There is nothing here but trash

Chan eil ann ach truileis

TRAVEL
In all travels I have never seen your equal
To travel by bus; car; plane and train
Your travels

Fad mo shiubhail chan fhaca mi do leithid
Am bus; an car; an iteal/am pleuna agus an trèana a ghabhail
Do shiubhal

TRAVELLER
He was a veritable globe-trotter; he travelled all over the world

Shiubhail e an saoghal mun iadh a' ghrian

TRAVERSE
Traversing the town

A' siubhal a' bhaile

TREAD
Tread on the heels of

Seasamh air sàilean; thig an dèidh gun dàil

Treading the hens

A' cliathadh

TREASURE
Her gold and her treasure
Treasure up; retain
Yes, my treasure; my darling!

A h-òr 's a h-ionmhas
Taisg
Tha,a thasgaidh!

TREAT
He has been treated badly
He treated him badly
To treat oneself to

Fhuair e droch ghrèidheadh
Rinn e droch ghiullachd air
Thoir dhut fhèin

TREATMENT
Bad treatment
Give him the same treatment
Good treatment

Droch ghrèidheadh
Thoir an aon ruith dha
Deagh ghrèidheadh

TREE
A clump of trees
A tree swaying in the wind
Between the bark and the tree
Every tree that yields fruit
The tree is bare, leafless

Bad coille
Craobh a' crathadh ri gaoith
Eadar an t-sùgh 's an t-slat
Gach craobh a thilgeas meas
Tha a' chraobh mhaol,gun duilleach

The tree faded
Top of the tree
Two solitary trees

Mheath a' chraobh
Bàrr na craoibhe
Dà chraoibh chianail nan aonar

TREMBLE
The earth trembling
The house trembled
Trembling for revenge
Trembling from terror

An talamh air chrith
Chrithnich an taigh
Air ioma-chrith chum dìoghailt
Geilt chrith

TRESPASS
By trespassing against me

Le ciontachadh am aghaidh

TRIAL
A severe trial; hard examination
Give it a trial

Deuchainn ghoirt'

Feuch ris

I got a trial or trace of it   Fhuair mi deuchainn dheth

TRIBUTE
Pay tribute; admit indebtedness   Aidich fiachan
Pay tribute; pay a fixed levy   Pàigh cìs
To go under tribute; tributary   Gu dhol fo chìs

TRICK
All his wiles and tricks   Gach car a tha ann is cleas
Deceive; trick   Thoir an car às
He tricked him   Thug e car às
Parlour tricks   Cleasan
They were tricked; defrauded   An car air a thoirt asda
Thomas knows the trick of it   Tha an làmh aig Tòmas air
To obtain something by a trick   Rud fhaighinn le cleas

TRIFLE
Did you get much? Yes, a trifle   An d'fhuair thu mòran? Fhuair,
                                              straic
No trifle for us   Cha diochd dhuinn

TRIFLING
A trifling affair   Nì faoin;gnothach beag
Are you going to pay that   A bheil thu brath am brìb
  trifling sum?   sin a phàigheadh?
Its ill is not trifling   Cha teic cleas

TRIM
Are you in good trim?   A bheil thu gu dòigheil?
Are you in good trim your-   A bheil sibh fhèin ann am fonn
  selves?   math?
I cannot bring it into proper   Chan urrainn mi a chur an òrdugh
  trim
They are in trim   Tha iad air gleus
Trim; give a dressing   Cuir an taic
Trim the lamp   Sgeadaich an làmpa

TRIP
A trip/excursion to the   Sgrìob don Ghalltachd
  Lowlands
A trip to the town   Sgrìob don bhaile
He tripped me   Chuir e cas-bhacaig orm
To take a trip   Gabh cuairt
Trip him; frustrate him   Cuir cas-bhacaig air

TRIVIAL
The trivial round, the common   A' chuairt shuarach
  task

TROT
On the trot; one after   Fear an dèidh fir
  another (S)
Trot out; quote (S)   Thoir mar ùghdarras

TROUBLE
Ask for trouble; be rash   Iarr trioblaid
Do not trouble him   Na cuir dragh air
Don't trouble trouble until   An rud nach buin dhut na buin
  trouble troubles you; mind   dha
  your own business
I put myself to the trouble   Shaothraich mi a-nuas
  of coming down

In sore trouble	An sàs teann
In time of trouble	An àm teannntachd
It is not worth the trouble	Chan fhiù e an t-saothair
Not to trouble	Gun dragh a chur
Tell your trouble	Innis d' iargain
Though trouble should arise	Ged dhìreadh dragh
To be troubled	A bhith fo chùram
To get someone into trouble	Trioblaid a tharraing air duine
Trouble brewing	Tha trioblaid ag èirigh
Trouble in store	Trioblaid an dàn
Who is troubling/offending you?	Cò a tha cur bruaillean ort?
You need not trouble yourself	Cha ruig thu leas a bhith aig do dhragh

TROUNCE

| We trounced him | Chuir sinn gu taic e |

TRUDGE

| We trudged along the road | Thriall sinn air èiginn suas an rathad |

TRUE

The true story of the trousers	Sgeul fhìor mun bhriogais
Is it true?	A bheil e fìor?
It is true enough	Is fìor e
Run true to form	A-rèir gnè
That's true	Tha sin fìor

TRUMP

A trump card; in cards	Buadh-chairt
A trump card; vital information	Brath no eòlas luachmhor
Trump up; state falsely	Cuir an cèill gu ceàrr
Turn up trumps; be invaluable	Bi buadhach

TRUMPET

Blow one's own trumpet	Mol thu fhèin; baraileach às fhèin
Trumpet call; a trumpet tune	Ceòl trumpaide
Trumpet call; an urgent summons	Bàirlinn chabhagach

TRUST

He will trust in her	Earbaidh e aisde
Put trust in	Cuir earbsa ann; cuir dòchas ann
Trust; confide	Dèan bun
Trust in God	Earb à Dia
Trust in him	Earb às
Trust in his name	Muinighin na ainm-san

TRUSTEE

| He is now under trustees | Tha e 'n dràsda fo chilleadairean |

TRUTH

Arrive at the truth	Thig chun na fìrinne
Don't take what that man says for gospel truth	Tha gabh idir na their am fear ud mar smior na fìrinn
Home truths; unpalatable facts	Fìrinnean neo-bhlasta; fìrinnean nach còrd
It is the truth that you have	'S e 'n fhìrinn a tha agad
Manifestation of the truth	Foillseachadh na fìrinne
The honest/naked truth	Tul-fhìrinn an leabhair
To tell the truth	Leis an fhìrinn innseadh
Truth is stranger than fiction	'S e fìrinn as èibhinn na uirsgeul

TRY

He tried it	Thug e oidhirp
He tried to deceive me but he failed	Dh'fheuch e ri mo char a thoirt asam,ach cha deachaidh leis
He tried to lay hold on him	Thug e ionnsaigh leis a' ghrèim mhòr
They are only trying to mislead you	Is ann a tha iad a' feuchainn ri do thoirt an caolas/a mhòinteach/ an t-slighe
They have severely tried me	Chuir iad chuige mi
They were trying to oust one another in an underhand way	Bha iad ag obair fo làmhan a chèile
They will try our mettle	Cuiridh iad rinn
Try again	Feuch tròth eile
Try conclusions	Cuir gu dùbhlan; thoir dùbhlan
Try (see) if he will come	Feuch an tig e
Try it	Feuch ris
Try on	Feuch ort
Try-on; trick (S)	Cleas
Try one's hand at	Feuch; dèan oidheirp
Try out	Cuir gu deuchainn
Try to keep cool	Feuch thusa nach caill thu do cheann

TUCK

I tucked it under my arm	Chuir mi fo m' achlais e
Tuck in; have a good meal (S)	Gabh tràth mòr
Tuck up; wrap up	Truis; paisg

TUMULT

You have created a tumult	Is mòr am bruaillean a dhùisg thu

TUNE

A heart-melting strain or tune	Port tiamhaidh
Change one's tune	Bi am fonn eile
He changed his tune	Dh'atharraich e port
In tune	An còrdadh
Is the harp in tune?	A bheil a' chlàrsach air seirm?
The one-tuned piper; monotony	Pìobaire an aona phuirt; aon-ghuthachd
To the tune of; at a cost of	Aig a' chosgais; aig a' phrìs
Tune the violin	Gleus an fhiodhall

TURMOIL

I am kept in the same turmoil day and night	Tha mi air mo chumail anns an aona choire-teth a là is a dh'oidhche
In the same turmoil; in hot water	Anns an aon choire-teth

TURN

A good turn	Làmh-chuideachaidh
A turn of work; performance	Car obrach
A wrong turn	Car-tuathal
As it turned out	Mar thachair
Do a bad (good) turn	Dèan olc (math) ri
Done to a turn; cooked perfectly	Bruich gu foirfe
Each to his turn; alternately	Gach aon mu seach

386

Give a turn over to
Has your turn come round yet?

He turned a somersault
He turned his head to look at
 it
He turned on me in no uncertain
 manner
He turned out his pockets
He turned sulky
I would not have turned tail

Let me have a turn at it
Skate on the turn
Take a turn (in health)
Take a turn around; circuit
Take turns; take in turns
They take turns at it
This is my turn

This will serve for my turn
To turn over the bay
To turn round
To turn up
Turn a deaf ear to him
Turn against
Turn aside
Turn down; literally fold over
Turn down; refuse
Turn in; go to bed
Turn inside out; examine
 thoroughly
Turn inside out; literally
Turn of events
Turn of phrase
Turn of speed; capacity for
 speed
Turn of the tide
Turn off; turn out
Turn on
Turn one's back on
Turn out; compel to leave
Turn out; empty, often to tidy
Turn out; manufacture
Turn out; transpire
Turn out; display
Turn out well; succeed in life
Turn over; hand over
Turn over; in sales
Turn over a new leaf
Turn the back on
Turn the corner
Turn the tables; reverse
 position
Turn to your right
Turn up; arrive
Turn up; find
Turn upon

Cuir car do
An tàinig do shioll-sa a-staigh
 fhathast?
Chuir e car-a-mhuiltein
Chuir e car na cheann a dh'amharc
 air
Thionndaidh e orm agus cha b' ann
 às leth-uair
Thug e gach nì às a phòcaidean
Chuir e bus mòr air
Cha robh mise air mo chùl a
 thoirt dha
Thoir dhomh fhìn speil air
Sgait ghort
Faigh nas fheàrr no nas miosa
Thoir sgrìob mun cuairt
Fear mu seach
Mun cuairt aca
'S e seo mo shioll-sa/shiubhal-
 sa/tharraing-sa/m' uair-sa
Cuiridh seo rubha seachad
Car a chur mun bhàgh
Tionndaidh
Tog ceann
Thoir cluas bhodhar dha
Tionndaidh an aghaidh
Tionndaidh a thaobh
Fill;paisg
Diùlt
Rach don leabaidh
Rannsaich

Cuir bun os cionn
Mùthadh
Gnàthas cainnte
Comas luaths

Tilleadh an t-siùil-mhara
Cuir às
Cuir air
Cuir cùl ri
Cuir a-mach;teann a-mach
Fàsaich(empty); sgioblaich(tidy)
Dèan
Thig am follais
Foillsich
Soirbhich ann am beatha; rach le
Thoir seachad
Bathar-luach
Tòisich às ùr
Cuir cùl ri
Thig air adhart
Cuir an suidheachadh bun os
 cionn
Tionndaidh chun na làimhe deise
Nochd
Lorg
Tionndaidh air

Turn your face to the light	Cuir d' aghaidh ris an t-solas
Turn your hand to	Cuir do làmh ri
When your back is turned	Nuair gheibh e cothrom ort

TWEAK

He tweaked her ear	Chuir e car den chluais aice

TWIDDLED

Twiddling your thumbs; wasting your time	A' cosg do thìde

TWINKLE

Be here in a twinkling	Bi an seo am priobadh
In the twinkling of an eye	Am priobadh na sùla

TWIST

He twisted it out of my hand	Shnìomh e às mo làimh e
Twist one's arm	Thoir air
Twist the string	Cas(or cais) an t-sreang

TYRANNY

Under your sway or tyranny	Fo do smàig/spìd

UNAVAILING
It is unavailing for you

Is faoin dhut

UNAWARE
I am unaware of that
That he was unaware
They attacked us unaware

Tha sin an an-fhios ormsa
Nach robh for aige
Thàinig iad oirnn nan sgealbaidh

UNBOLT
He unbolted the door

Thug e crann den doras

UNBOSOM
One to whom I would unbosom
myself

Duine ris an leiginn ris mo
bhriathran

UNCANNY
This is uncanny

Chan eil seo cneasda

UNCEASINGLY
Unceasingly; incessantly

Gun sgur

UNCERTAINLY
Uncertainly

Gu mì-cheart

UNDECIDED
He stands there undecided as
to whether he will go or stay
I am undecided as to what I
ought to do
He is undecided as to what he
should do, whether to go or
to stay

Tha e na sheasamh an siud,agus
gun ach thig no cha tig aige
Tha mi eadar dà bharail ciod è
as còir dhomh a dhèanamh
Chan eil aige ach cas a' falbh
agus cas a' fuireach

UNDER
Come under; fall under; be
classified under
Under-dog

Underdog; of lower status

Bi seòrsaichte le

A h-uile cù air a' chù choimh-
each
Iochdaran

UNDERHAND
They were trying to oust one
another in an underhand way

Bha iad ag obair fo làmhan a
chèile

UNDERLINE
He underlined his address

Chuir e loidhne fon t-seòladh
aige

UNDERMINE
He undermined the wall

We undermined his trust

Thug e an stèidh air falbh on
bhalla
Chladhaich sinn fon chreideas
aige

UNDERSELL
They undersold their books

Reic iad na leabhraichean aca
na bu shaoire

UNDERSTAND
He understood your heart
I could not understand a word
I understand full well what
your intentions are

Thuig e do chridhe
Cha dèanainn facal a-mach
Is math a tha mise a' toirt
fa-near dè a tha nad rùn

I understand that he is a cold
unapproachable man
I understood from him that he
was not very well off
I understand you now
I understand from what he
said
Just so, just so, I understand
you now
Then you will understand the
fear of the Lord
They understand each other

Who can understand all his
own errors
You will not understand his
idioms

Tha mi a' dèanamh dheth gur e
duine fuar fad às a tha ann
Thog mi dheth nach robh e gu math
air dhòigh
Tha thu agam a-nis
Thog mi on a thubhairt e

Dìreach air a shùil, tha mi a-nis
agad
An sin tuigidh tu eagal an
Tighearna
Tha iad ag iomairt an làmhan a
chèile
Cò a thuigeas uile sheachrain
fhèin
Cha tuig thu a ghnathasan-cainnte

UNDERSTANDING
Come to an understanding
To get understanding
Wisdom and understanding
She lacks understanding
With the understanding

Thig gu còrdadh
Faigh tuigse
Gliocas is tùr
Is e dìth na cèille a tha oirre
Air chùmhnant

UNDERTAKE
Undertake; engage; take a hand

Gabh os làimh

UNDOUBTEDLY
Undoubtedly
Yes, most undoubtedly

Neo-ar-thaing
Tha,gun amharas/cheist

UNEARTHLY
We heard a most unearthly
sound

Chuala sinn mothar

UNEASINESS
I feel no uneasiness on that
score

Is beag mo chùram air a shon sin

UNEASY
An uneasy seat

Either easy or uneasy

Àite-suidhe docair; carbhan
corrach
Socair no docair

UNFORTUNATE
It is an unfortunate affair
Unfortunate people
Unfortunate for them

Is cearbach an gnothach e
Luchd aimhleis
Mar a bha a' bhochdainn sa' chùis

UNFRIENDLY
In an unfriendly manner
He is unfriendly

Gu mì-choibhneil
Tha e gu mì-chàirdeil

UNFURL
Unfurl the sails

Leig às na siùil

UNGAGGED
He is ungagged

Thàinig an glomhar às

UNGUARDED
An unguarded mouth that cannot
keep a secret

Beul gun fhàitheam.

Unguarded expressions; diffuse language

Cainnt sgaoilteach

UNION

Union was established between the two churches

Chaidh aonadh a chur air bonn eadar an dà eaglais

UNITE

They united together

Chur iad an taic ri chèile

UNIVERSAL

The universal light of the sun

Làn-shoillse na grèine

UNIVERSE

For the whole universe
The universe and all it contains

Airson an t-saoghail
An domhan 's na bheil ann

UNKNOWN

They came in unknown to him

Thàinig iad a-steach gun fhios dha

UNLIKE

A portrait quite unlike the sitter
It is not unlike Uist Gaelic

Dealbh gun aon samhla ris an duine fhèin
Chan eil e ao-coltach ri Gàidhlig Uibhist

UNLOAD

They unloaded the ship

Thug iad an luchd den long

UNLUCKY

It is an unlucky garment

Is neo-sheannsar a' chulaidh i

UNMASK

We unmasked the thief

Leig sinn ris a' mheirleach

UNNERVE

We unnerved him

Thug sinn a mhisneach bhuaithe

UNROOF

John unroofed the house

Thug Iain am mullach den taigh

UNSTEADILY

He was walking unsteadily

Bha e a' coiseachd creubhach

UNTIL

Until he catches it
Until I would tell him
Until nightfall
Until the day comes to an end
Until they return

Gus am beir e air
Gus an innsinn dha
Gus an tig an oidhche
Gus an teirig an là
Gus an till iad

UNUSUAL

That is unusual
That is more unusual
That is the most unusual

Tha sin annasach
Tha sin nas annasaiche
'S e sin as annasaiche

UP

Come up to scratch
Not up to much
On the up and up; improving (S)
Up (no movement)
Up a tree
Up against it; desperate
Up aloft

A bhith math gu leòr
Cha mhòr as fhiach e
A' fàs nas fheàrr; a' leasachadh
Shuas
Tha e na staid eu-dòchasach
Ri uchd cruadail
Uthard suas

391

Up and about	Air a bonnan
Up and coming	A' sìor dhol am meud
Up and doing	A' cur chuairt
Up and down	A-suas is a-nuas
Up, my lad, .and at him	Suas leat, a bhalaich, is bi na dhosan
Up stage; front of the stage	Toiseach an ionaid-cluiche
Up stage; haughty (S)	Mòr às fhèin; àrdanach; uaibhreach
Up the pole; in difficulty; pawned	Ann an duilgheadas; cuirte an geall
Up there	Shuas an sin
Up today, down tomorrow	Reothart an-diugh, agus contraigh a-màireach
Up to date	Dh'ionnsaigh an là
Up to it	Comasach air
Up to something	Rudeigin fa-near dha
Up to the eyes (S)	Gu na sùilean
Up to the hilt; to the limit	Gu 'n chrìoch
Up to you	Do roghainn fhèin
Up with you!	Thoir suas ort!
Ups and downs	Sìos is suas

UPON

Upon my word	Air m' fhacal; air mo bhriathar
Upon my word, it is not so!	Mo riar-sa nach eil!
Upon which	An lorg sin

UPPERS

On one's uppers; destitute	Falamh; glè bhochd; gun sgillinn

UPSET

I was much upset	Bha mi air mo chur mun cuairt
Upsetting or inciting discord	A' cur troimh a chèile

UPSHOT

What will be the upshot of it?	Ciod e an deireadh a bhitheas air?

UPSIDE

I will be upsides with you yet	Bithidh mi romhad fhathast

UPWARDS

I proceeded upwards	Gabhar suas leam
Twenty men and upwards	Fichead fear is còrr
Upwards of one thousand men	Còrr is mìle fear

URGE

He urged me	Spàrr e orm
It is you that urged him	Is tusa a dh'fhùdaraich e
Urge him	Cuir ìmpidh air; cuir pùdar ris
Urging me to go along with him	A' faochnadh orm dol leis
She never required a second urging	Cha d' fheum i riamh an dara gluasad

USE

Are you using this?	A bheil thu ag iomairt seo?
He is used to it; is wont	Is àbhaist dha
He lost the use of his hand	Chaill e lùth a làimhe
He was of no use	Cha robh e gu feum
I have use for it	Tha feum agam dha
Is it of any use or value?	A bheil feum ann?

Make use of
Of any use
Of what use is a priest with-
out a clerk?
That is in common use

To be of use for
To get used to
Use it; apply it to use
Use up
What is the use of it?

USELESS
I have become very useless

You are quite useless

USUAL
It is as usual
You are, as usual, too ready
to speak
You are there as usual

USURP
He usurped the crown

UTILIZE
They utilized their knowledge

UTTER
I was so overcome I could not
utter a word
Will never utter a word

Dèan feum dheth; cuir gu feum
Gu feum sam bith
Ciod is fhiach sagart gun
chlèireach?
Tha sin ann an cleachdadh
cumanta
A bhith feumail
Fàs eòlach air
Thoir feum às
Crìochnaich; ùisnich
Dè as feum dha?

Chaidh mi bho obair,bho rath,
bho fheum
Is beag feum a tha annad

Tha e mar as àbhaist
Tha thusa mar an àbhaist le do
bheul air do ghualainn
Tha thusa an sin mar an àbhaist

Ghlac e le àinneart an crùn

Rinn iad feum den eòlas aca

Leis an làn a thàinig orm,bha
mi air mo ghlacadh gun fhacal
Facal cha tig às a cheann

393

VACANT

A vacant church	Eaglais bhàn/fhàs
The church has been declared vacant	Tha an eaglais air a h-èigheach bàn
The parish is vacant	Tha an sgìre bàn
Vacant land; not let at present	Fearann bàn

VACATE

He vacated his job	Chuir e air chùl an cosnadh aige

VAIN

A vain request	Iarrtas faoin
To take in vain	Gabh gu dìomhain

VALIANT

Good looking and valiant	Snuadhach treun

VALID

I have a valid claim to it	Is math mo chòir air

VALOUR

Feats of valour	Bearta treubhantais
The better part of valour	A' chuid as fheàrr de ghaisge
Your own valour	Do ghaisge fhèin

VALUATION

The valuation of the land	Meas nan taighean
To take someone at his own valuation	Duine a mheas a-rèir a thomhais fhèin

VALUE

I value; condescend	Is fhiach leam
I value that greatly	Is mòr agam sin
It was much valued by himself	Bu mhòr aige fhèin e
Set a value on	Cuir fiach/prìs air
They valued the crop and the steadings	Mheas iad am bàrr 's na taighean
This is of no value	Chan fhiach seo
We got good value for our money	Fhuair sinn luach ar cuid airgid gu math

VAN

In the van	Ri uchd catha
In the van of them	Air thùs dhiubh

VANISH

He vanished into thin air	Ghabh e a' ghaoth dha fhèin; chan eil sgial air

VANQUISH

Are you able to vanquish them?	An urrainn dhut ceann a thoirt dhaibh?

VARIANCE

At variance	A-mach air/thar a chèile

VAULT

Your grave is in the vault	D' uaigh sa' chrùist

VEER

The car veered about	Chuir an carbad mun cuairt/ timcheall

VEIL

Draw a veil over	Ceil

Take the veil	Rach fo riaghailt

VENTILATE

Ventilate a grievance	Leig gearan ma sgaoil

VENTURE

A throw or blow at a venture	Urchair an doill m' an dabhaich
At a venture	Thaobh thuairmeis
Nothing venture nothing win	Tha agad ri a bhith dàna
Venture on	Thoir ionnsaigh air
Who won't venture shall not win	Am fear nach meatraig cha bhuannaich

VERDICT

Bring in, or return, a verdict	Thoir binn seachad

VERGE

They verged on going	Theann iad ri falbh

VERY

A very kind person	Duine grinn
At that very time; very place	An sin fhèin; san dearbh àite
He has a very niggardly nature	Tha e fìor bheag na nàdur
He is very ill with pneumonia	Tha e glè ìosal leis a' ghrèim
I should very much like to come	Bu ro chaomh leam tighinn

VESTED

A vested interest; permanent rights	Còirichean maireannach
A vested interest, personal involvement	An sàs ann; bi do làmh fhèin ann

VET

Vet; veterinary surgeon	Lighiche bheathach
Vet; to examine and correct	Sgrùdaich

VEX

I was vexed at myself for allowing him to strike me	Cha bu lugha leam na a thàmailt gun do leig mi leis mo bhualadh
It will not vex me in the least	Cha chuir e smuairean orm idir
Let not that vex you	Na cuireadh sin campar ort

VICE

A vice-like grip	Grèim teanchrach
Vice versa; back to front	Cùlaibh air beulaibh

VICINITY

Deer in its vicinity	Fèidh air a h-àrainn

VICTORY

A landslide victory	Buaidh gu buileach
Be victorious over	Thoir buaidh air
If you obtain the victory	Ma gheibh sibh buaidh
Victory on the battlefield	Buaidh air magh

VIEW

A far away view	Fàth fad air falbh
Bird's eye view	Sealladh farsaing
Bring into view	Thoir am follais
Extreme views; unpopular opinions	Baralaichean neo-ionmhainn
Fixed view	Barail diongmholta
In full view	An làn shealladh

In my view	Nam bharail-sa/bheachd-sa
In view	San amharc
In view of	An lorg seo
In view of Sunday	An dàil an Dòmhnaich
In view of tomorrow	Fa-chomhair an là màireach
Meet a person's views; side with	Aonaich
On view	Ri fhaicinn
One-sided view	Sealladh claon-bhreitheach
Taking a long view	Fad-lèirsinneach
The extent of my view	Fad mo sheallaidh
The house was hidden from view	Bha an taigh falaichte bho fhradharc
To have in view	Bhith fa-near
With a view to	An dùil ri
You will keep that steadily in view	Cumaidh sibh sin nur beachd

VIGOUR

Losing vigour	Air tuiteam uaithe
My vigour has died away	Dh'eug mo threise; thrèig mo threòir

VILLAGE

That village has been famous for its fishing for ages	Bha am baile ud ainmeil airson iasgaich bho chian nan cian
The village has been left desolate without even sheep in it	Tha am baile air fhàgail lom fàs gun fiù caora air a shiubhal

VIOLIN

He played upon the violin	Chluich e air an fhiodhall
Learning to play the violin	Ag ionnsachadh na fìdhleachd
The violin in tune	An fhiodhall air ghleus

VIRGIN

As smooth as a virgin	Cho lom ri òigh
He loved the virgin	Ghràdhaich e a' ghruagach
The virgin's praise	Moladh na maighdeinn

VIRTUE

By virtue of; because	Do bhrìgh; a bhrìgh;a chionns
Have the virtue of	De mhathas air
His virtues outweigh his vices	Is truime air a shubhailcean na dhubhailcean
Make a virtue of necessity	A dhèanamh subhailce d' èiginn
Whisky has virtue in it	Tha buaidh air an uisge bheatha

VIRTUOUS

A virtuous woman	Boireannach beusach

VISIBLE

Becoming visible; suiting him	A' tighinn ris

VISIT

Going to visit my relatives	A' dol a chèilidh air mo chàirdean
He visited the town and had his photograph taken	Thug e sgrìob don bhaile mhòr is thog e a dhealbh
On a visit; gossiping	Air chèilidh
Pay a visit	Dèan cèilidh
To visit him	G' a amharc

Visit the sins on
Visiting me

VISUALIZE
He visualized the consequences
  accurately

VOICE
A plaintive voice; a warning
  from the dead
A voice came to him
At the top of his voice
Give voice to
Lower the voice
Raise the voice
The voice of men singing

VOLCANO
A volcano of lava

VOLLEY
The first volley or broadside
  they fired
They fired a volley or
  broadside

VOLUNTARILY
Roderick enlisted voluntarily
  in the army

VOMIT
He vomited his drink
Vomiting

VOTE
Abstain from voting

VOW
To pay a vow
You have vowed a vow

VOYAGE
A sea voyage

A' dìoghladh air
Gam amharc

Chunnaic e na toraidhean gu
  grinn

Guth caointeach

Thàinig guth da ionnsaigh
Àrd a chinn/chlaiginn
Cuir an cèill
Bruidhinn beag socair
Bruidhinn mòr/a-mach
Guth dhaoine a' gabhail ciùil

Mar mhòirneas de theine thein-
  tich

A chiad làmhach a leig iad

Leig iad dallanach/làmhach

Ghabh Ruaraidh anns an arm le
  thoil fhèin

Thilg e a dheoch
Cur a-mach

Bhòtadh a sheachnadh; diùlt
  bhòtadh

Ioc bòid
Bhòidich thu bòid; mhionnaich
  thu bòid

Bòidse; turas cuain

WAGER
I wager you	Cuiridh mi geall ort
I would wager	Chuirinn mo gheall
Wagered upon	An geall air

WAGES
Giving wages	A' toirt duais seachad
The wages of sin	Duais an uilc
Wages for work	Luach saoithreach

WAIST
About your waist	Mu do mheadhan
With a belt round her waist	Le crios mu a meadhan

WAIT
Lying in wait	A' feitheamh am fàth
To keep someone waiting	Duine a chumail a' feitheamh/-fantainn
To wait for	A dh'fheitheamh ri
To wait until	A dh'fheitheamh gus
Wait!	Fuirich ort!
Wait a moment!	Fuirich orm!
Wait for me	Feith rium
Wait here	Fan an seo
Wait on; attend to the wants of	Fritheil air
Wait on; pay a formal visit	Dèan cèilidh nòsach
Wait patiently	Fuirich gu faighdinneach
Waiting for a favourable wind	A' feitheamh ri gaoith

WAIVE
He waived his wages	Chuir e gu taobh an tuarasdal aige

WAKE
In the wake; in the footsteps of	Am bonnan; an lorg
In the wake; in a vessel's track	An uisge na stiùireach
Waken me early in the morning	Dùisg mi tràth sa' mhadainn

WALK
A short walk	Ceum sràid; cuairt ghoirid
A walk-over; an easy victory	Buaidh glè fhurasda
He walked majestically about	Cheum e gu mòr mun cuairt
I walked from one end of Islay to the other	Shiubhail mi Ile bho cheann gu ceann
It is two hours walk from here	Tha siubhal dà uair a thìde ann à seo
Let us go for a walk	Tiugainn cuairt
Malcolm would not walk a single step for it	Cha tugadh Calum cas an dèidh na tè eile air a shon
To go for a walk	A dhol cuairt
Take a walk	Gabh cuairt/sràid
Walk up	Coisich suas
Walk away with something	Coisinn rudeigin glè fhurasda/gun spàirn
Walk of life	Dòigh beatha
Walk out on	Coisich a-mach air
Walk-out; a protest departure	Stailc
Walking with great difficulty	Gliogradh nan cas

We shall take a walk through
  the town
You will take a walk

WALL
A garden wall
A partition wall
A town wall
The top of the wall ,
To run one's head against a
  brick wall
We built a wall of divots

WALLOW
To her wallowing in the mire

WANE
On the wane
The waning moon

WANT
A thing very much wanted
For want of
For want of protection
I want that very much
I wanted to be speaking

In want of
She wanted nothing
Want of courage
Want of sense
Wanting
What do you want?

Which he wanted
Which we wanted
What I wanted was that ...
Why do you want it?
You wanted nothing

WAR
A war of words
A warship
Cold war; a war of propaganda
In the wars; physically damaged
Tell us about the war

They warred
Wage/conduct war
War of nerves; a war of threats
War to the death

WARM
He has a warm side to me
It is very warm
Warm is the breath of the
  mother
Warm milk
Warm your hands
Warm yourself

Thèid sinn cuairt troimh 'n
  bhaile
Gabhaidh sibh sràid

Gàrradh lios; balla a' ghàrraidh
Balla dealachaidh; tallan
Gàrradh baile
Bàrr a' bhalla
Do chlaigeann a bhualadh an
  aghaidh balla crèadha
Thog sinn balla-tobhta

A chum a h-eabradh san làthaich

A' traoghadh
Gealach earradhuibh

Nì uireasbhach
A dhìth; air ghainnead
A' chion tèarmann
Is mòr tha sin a dhìth orm
Bha e bhuam gum bithinn a'
  bruidhinn
A dh'easbhaidh
Cha robh dìth no deireas oirre
Dìobhail misnich
Dìth cèille
A' faighinn air
Dè a tha uat; dè a tha thu
  sireadh; dè a tha d' uireasbhaidh;
  dè tha dhìth ort?
A bha dhìth air
A bha dhìth oirnn
Is e a bha uam gu ...
Carson a tha sibh ga iarraidh?
Cha robh dìth oirbh

Cath labhar
Luingeas chogaidh
Cogadh propaganda
Air do dhochann
Dèan seanachas dhuinn air a'
  chogadh
Chog iad
Dèan cogadh
Cogadh nam bagairt
Cogadh gu bàs

Tha taobh blàth aige rium
Tha e glè bhlàth
Is blàth anail na màthar

Bainne blàth
Gar do làmhan
Dèan do gharadh; gar thu fèin

399

WARN

He warned his friend of danger	Chuir e a charaid air 'aire/ 'fhaicill
I gave you warning	Thug mi rabhadh dhut
That will be a warning to him	Bheir siud sùileachan dha
We were warning you	Bha sinn a' sèamadh dhut

WARP

Abundance of warp and remainder of woof; enough and to spare	Nas leòr de dhlùth is fuidheall innich
A warping-mill	Muileann-deilbh
She is warping; setting a warp	Tha i a' deilbh

WARRANT

As circumstances may warrant	Mar a chithear iomchaidh dha

WARRIOR

On the warrior's side	Air slios an àrmainn
The dark warrior spoke	Labhair an dubh armach

WASH

It will not wash	Cha sheas e leis fhèin; cha dèan e chùis
Wash one's dirty linen in public	A' leigeil do chron mu sgaoil don bhaile muigh
Wash one's hands of	Seachainn
Wash out; obliterate	Dubh a-mach
Wash out; remove by washing	Nigh a-mach
Wash-out; a complete failure (S)	Fàillinn
Washed out; tired	Claoidhte

WASTE

Go to waste	Rach a dhìth
I am wasted with melancholy	Tha mi air mo chlaoidh leis an leann-dubh
It would be a waste of time on my part to go to see you	Is ann agam a bhiodh a' bhun-obair a dhol a shealltainn ortsa
Waste one's breath; talk in vain	Labhair an gòraiche; chan èisd e riut

WASTEFUL

A wasteful or prodigal person	Duine caithteach
They are wasteful; extravagant	Chan eil sgoinn air an làimh

WATCH

A watched pot never boils	Tha an ùine fada agus tu a' feitheamh gu dìomhain
Keep watch over	Thoir an aire air
Keeping watch	Ri faireadh
My watch is fast	Tha m' uaireadair a' dol air thoiseach
My watch is wrong	Chan eil m' uaireadair air an àm
My watch keeps very good time	Tha m' uaireadair a' cumail na tìde glè mhath
On the watch	Air faire
They set a watch	Shuidhich iad faire
Watch an opportunity for that	Gabh fàth air sin
Watch your opportunity	Gabh port air

WATER

A mass of water	Meall bùirn
A water-mill	Muileann-uisge
A water-tight house	Taigh dìonach
High water	Làn mara
Hold water; true and veri-fiable	A sheasas
Hold water; not leaking	Dìonach
In deep water	San doimhne; san doimhneachd
Make one's mouth water	Toirt seile uisge gu fiaclan
Much water will pass under the bridge before that	Is iomadh ceann a thèid an currac mus tachair sin. Currac =mutch; baby's cap
Of the first water	Na gnè as grinne
Piped water	Uisge nam pìob
Salt water and fresh water	Sàl is bùrn
Still waters run deep	Am fear sàmhach as doimhne smuain
The water pitcher leaks	Tha chuinneag a' call
The water was filtering	Bha an t-uisge a' sìoladh
The water's edge; ashore	Taobh tìr
The waters abated	Thraogh na h-uisgeachan
Throw cold water on; discourage	Cuir an dìmeas; mì-mhisnich
To keep one's head above water	Do cheann a chumail os cionn an uisge
Under water; immersed	Fon uisge
Water-brash; heartburn	Brùchd-ruadhain; losgadh-bràghad
Watering the earth; irrigating	Ag uisgeachadh na talmhainn
You have made the water muddy	Bhuair thu an t-uisge

WAULKING

I saw the big waulking in the barn	Chunnaic mi an luadh mòr san t-sabhal
There was waulking there also	Bha clèith-luaidh ann cuideachd

WAVE

A boat taking waves on board	Bàta fliuch
A wave came under her, that lifted her bodily on to a rock	Thàinig tonn fòipe,a thog beò slàn seachad air mullach na sgeire i
Crest of the waves	Bàrr/bil nan tonn
The backs of the waves	Druim nan sùgh
The raging noise of the waves	Nuallan nan tonn
The trough of the wave	Clais na tuinne
Wave length	Fad-thuinne
Wave to him; beckon him	Crath ris; smèid air
Waves breaking on the shore	Rot air a' chladach
Waves reared their head	Thog tuinn an cinn

WAY

A good way off	Treis air astar
A long way	Rathad fada
A long way off	Fad air falbh
According to the ways of the world	A-rèir gnàthachadh an t-saoghail
Across the way; road; street	Tha na sràide
All the way	Rè an rathad
All way; in any case	A dh'aon chuid

By way of doing that	Air sgàth sin a dhèanamh
By way of; as a substitute	Ann an àite
By way of; by passing through	A' dol troimh
Get in the way; get out of the way	Bi anns an rathad; tog às an rathad
Get into the way; become a habit	Dean cleachdadh
Getting under way	A' dol fo astar
Go the way of all flesh; die	Bàsaich/caochail/eug/siubhail
Go your own way	Gabh do rathad fèin; lorg do shlighe fhèin
Go your way	Gabh do cheum
Half-way	Leth-slighe; letheach rathaid
Halfway house	Letheach slighe
Have one's own way	Gabh do rathad fhèin
He came by way of Glasgow	Thàinig e tro Ghlaschu
He has a way of	Tha dòigh aige air
I have no way out	Chan eil rian dol às dhomh
In a small way	An dòigh bheag
In a way	An dòigh
In many ways	Ann an iomadh dòigh
In such a way; in such a way that	Air a leithid de dhòigh; air chor agus
In the usual way	San dòigh àbhaisteach
In the way (to)	Anns an rathad gu
In the way of; able to obtain	Le comas fhaotainn
In this way and that	Mar seo is mar siud
It is a long way	Tha an t-astar fada
Make one's way; succeed	Soirbhich
Make way; retire from office	Leig dheth dreuchd
Make way; step aside	Leig seachad
Make your way; progress on the road	Cùm romhad
On a right way	Air bealach ceart
On my way	Air mo thriall
On the way	Air an t-slighe
Over the way	Taobh eile an rathaid
Parting of the ways	An dealachadh
Pave the way for	Deasaich an rathad airson
Show him the way	Seòl an rathad dha
Shut the way	Druid am bealach
There is no way out for me	Chan eil às agam
Under way	A' dol; fo sheòl; air shiubhal
Where there's a will there's a way	Far am bi toil bidh gnìomh
Wing one's way; travel quickly	Siubhail gu luath
You will have to turn the way you came	Is e do chuid tilleadh an taobh às an tàinig thu

WEAK

His leg is weak	Is mall a chas
The weakest goes to the wall	A' mhuc as motha ag ithe na muice as lugha
To become weak	Fàs fann/lag

WEALTHY

A wealthy man; a just man	Duine cothromach
He is wealthier than all of you put together	Tha e nas beartaiche na h-uile fear agaibh an ceann a chèile

There is no one as wealthy as
he in the whole of Lewis

Chan eil cho beartach ris air
tìr tioram ann an Leòdhas

WEAR

Apt to exhaust or wear down
Fair wear and tear
He is worn out with the fatigue
He wore out his clothes
Wear away; disappear with
friction
Wear down; exhaust; tire
Wear off; diminish and
disappear
Wear on; pass or diminish
slowly
Wear one's heart on one's
sleeve
Wear out; exhaust
Wear out; render useless by
wear
Wearing a cloak
Wearing badly; wearing well
Wearing shoes and stockings
Worn out
You wear well

Caithteach air duine
Caitheamh reusanta
Tha e air fannachadh
Chaith e aodach
Cnàmh às

Sàraich
Lùghdaich

Lùghaich gu mall

Na bitheadh rùn do chridhe air do
bhois
Sàraich
Caith

A' caitheamh casaig
Bha caitheamh dona (math) ann
Brògach, stocainneach
Caithte gu tur
Is math a tha thu cumail ris

WEARY

Do not weary
I am wearying to get to the
moor
That made them weary; fagged
them
Wearying
What a weariness he is!

Na gabh fadachd/fadal
Is fada leam gus am faigh mi
chun na mòintich
Sgìthich sin iad

A' gabhail fadal
Cia mòr an sgìos e!

WEATHER

A weather cock; a weather vane
According to the weather we
have
Bad weather
Balmy weather and genial warmth
shall come
Fine weather; good weather
If she does not weather the
rock take the lee side of it
It looks like bad weather
On the weather side
Seasonable weather
Stormy weather
Sultry weather
Unsettled weather

The weather of the seven
elements
The weather side
The weather turned to rain
The weather was bad, cold,
fierce, fine, stormy, warm,
wet

Coileach-gaoith
A-rèir na h-aimsir a bhitheas
ann
Droch shìde
Thig tlus is blàths

Sìde mhath
Mur a tèid i air fuaradh air an
sgeir cùm leis oirre
Tha coltas droch shìde air
Air taobh an fhuaraidh
Tìde na h-ionad
Aimsir ghailleannach
Aimsir bhruicheil
Uair anshocair/-an-shocrach/
bhrisde
Sìde nan seachd sian

Bòrd-fuaraidh
Thàinig i gu uisge
Bha an uair dona,fuar,gailbheach,
brèagha, stoirmeil,blàth,fliuch

403

The weather will turn to rain	Brisidh an aimsir
Under the weather (S)	Ciùrrte
Weather the storm; survive	Mair beò

WEDDING
A wedding anniversary	Cuirm bhliadhnach pòsaidh
A wedding dress	Culaidh bainnse
A wedding ring	Fàinne-pòsaidh
The best man at a wedding	Fleasgach fear na bainnse; gille-comhailteach
The wedding day	Là a' phòsaidh

WEDGE
| The thin edge of the wedge | Ceann caol na geinne |

WEEK
A week	Seachdain
A week-day	Là seachdain
A week-end	Deireadh seachdaine
Every alternate week	Gach dara seachdain
In a week's time	Eadar seo agus ceann seachdain
Last week	An t-seachdain seo chaidh
Monday week	Seachdain Diluain
Next week	An ath sheachdain
This coming week	An t-seachdain seo tighinn
This day week	Seachdain gus an-dè
Today week	Seachdain an-diugh
Week about; a week in rotation	Seachdain mu seach
Yesterday week	A sheachdain gus an-dè

WEIGH
To weigh the pros and cons	Dà thaobh an sgèil a mheas
Weigh down; overburden	An-luchdaich
Weigh in; for a race or a fight	Cuir sìos d' ainm
Weigh in; enter forcefully	Cuir d' fhacal an cèill
Weigh one's words	Labhair gu faiceallach
Weigh the stone anchor	Tarraing a' chruaidh
Weigh up	Beachd-smuainich

WEIGHT
| Just weights | Tòimhsean fìrinneach |
| Our money is full weight | Ar n-airgead na làn chothrom |

WEIR
| A weir to deceive the fish | Cairidh gu caradh èisg |

WELCOME
A welcome	Gabhail roimhe
He always overstays his welcome	Tha e daonnan a' fantainn thar na fàilte
He made me very welcome	Chuir e fàilte mhòr orm
Welcome	Di-beatha
Welcome him	Dèan a bheatha
Welcoming; saluting	Altachadh beatha
You are quite welcome to it	Is e slàinte do bheatha e
You are welcome	'S e do bheatha;'s e ur beatha
You are most welcome	Gun dì sibh fhèin
You are welcome heroes	Bhur beatha-sa, a ghaisgich
You are welcome to it	Is e làn dìth do bheatha
You are welcome to the country; welcome home	Bhur beath an dùthaich

WELL

A draw-well	Tobar-tàirne
A spring-well	Tobar fioruisg
A well-built man	Duine dèanta
A well-endowed, resourceful man	Duine acfhainneach
A well-regulated heart suffers much before it breaks	Is mòr a dh'fhuilingeas cridhe ceart mum bris e
A well-shaped, persónable man	Duine deas
Are you quite well?	A bheil thu gu gasda/math?
He is not at all well	Chan eil e gu math idir
He is so well-behaved	Tha e cho lugha-mìobhaidh
He is well-praised	Tha e air a dheagh mholadh
I am quite well	Tha mi gun deireas
I am well on with it	Tha mi aig ìre mhaith leis
I am well seated	Tha mi socair
She is keeping up well	Tha i a' cumail ris gu math
So well	Cho math
That is well for me	Is math dhomh sin
The mouth of the well	Beul na tobrach
Things went well for them	Chaidh leotha gu math
Well and good	Math gu leòr
Well-deserving	Math an airidh
Well disposed to	An deagh ghean
Well done, my good fellow!	Sin thu,a laochain!
Well founded	Air deagh bhunait
Well-lined purse	Sporan làn
Well out of something	'S math bhith cùidhte 's e
Well rounded, or turned, phrases	Cainnt lìomhte
Well-to-do; prosperous	Beartach;forsail
You are well off, living at the expense of others	Tha thu gu math dheth,a' snàmh ann an cuid chàich
You are well off; you may well enjoy life	Is ann agad a tha an là dheth; is tu dh'fhaodas a bhith air do dhòigh
You have done well; done splendidly	Is math a fhuaras tu
You will be quite well	Cha bhi beud dhut

WEST

A blast from the west	Osag on iar
Go west (S); 1. literally; 2. perish	Dol an iar; rach a dhìth,faigh bàs
In the west	Air an dùthaich shiar
On the west side	Air taobh shiar
The west; the back	Taobh siar; an àirde an iar
To a western shore	Gu tràigh siar
To the westward of you	Siar ort
West-by-south	An iar 's an iar-dheas
Westward; westerly	An iar; iar(adverb)

WET

Quite wet (completely) wet	Buileach fliuch
Somewhat wet	Car fliuch

WHEEL

A wheel of fortune	Cuibhle an fhortain
Put a spoke in one's wheel	Cuir à alt
Wheel about	Cuir cuibheall dhiot

Wheels within wheels; secret
means

Dòighean diamhair

WHELP
She whelped or cubbed
Whelping

Rug i cuileanan
A' breith chuileanan

WHENCE
Whence are you? Where were you
born?

Cia às dhut?

WHERE
From where?
Where did you come from?
Where he is

Co às; co bhuaithe?
Ach co às a thàinig thu?
Far a bheil e

WHEREWITHAL
The wherewithal; the money
The wherewithal; what is
needed

Airgead
Gach nì a tha feumail a dhèanamh
rudeigin

WHETHER
I was not sure whether he
believed me or not
Whether it will be your will
or not
Whether it is....or
Whether....(is)....or not
Whether or no
Whether you go or stay

Cha robh fhios agam an robh no
nach robh e gam chreidsinn
Co-dhiù is deòin leat no 's
aindeoin
Co-dhiù tha....no
Co-dhiù tha....gus nach
A dheòin no dh' aindeoin
Co aca a dh'fhalbhas no
dh'fhanas tu

WHICH
Which of them is the elder?
Which side

Cò dhuibh as sine?
Cò 'n taobh?

WHILE
A good while

Deagh ùine; greis mhath; treis
mhath
A little while
Greiseag; ùine ghoirid
A little while from home
Sgobadh dheth
A little while of it
Sgobadh dheth
A long while
Greis mhòr
A while ago
O cheann ghreis/treise; o chionn
greis

Come here for a little while
Thig an seo car tiota
In a little/short while
An ceann tacain;an ceann tamaill
Once in a while
Corr uair
While he is away
Fhad 's a tha e air falbh
While I live
Fhad is beò mi; cian a bhitheas
mi beò
While I possess my faculties
Am feadh 's a bhitheas mo phurp
agam
While the pursuit lasts
Fhad 's a mhaireas an ruaig
Whiling away the time
A' cur seachad na h-ùine

WHIP
Have the whip hand
He scolded or whipped me
You will get a sound whipping

Bi làmh an uachdar aig
Bha e rium
Gheibh am màs agad greadanadh

WHISKY
Fond of whisky

Dèidheil air an uisge-bheatha

Son of the malt; whisky
The water of life
Whisky; son of the pot

WHISPER
What are you whispering about?
Whisper

WHISTLE
The whistling of the wind on
  the heath
Wet your whistle (S)
Whistle for; call by whistling
Whistle for; fail to obtain
Whistle to him

WHIT
Every whit
I am not a whit in his
  reverence
Not a whit
She is every whit as near the
  bone as her mother

WHITE
A white pudding; a mealy
  pudding
As white as the cotton flower
There are white heads on the
  loch
White as driven snow; pure
  white
White as a sheet
White at the lips; angry or
  afraid
White calm; on the sea

WHOM
To whom?
To whom....is/are?
Who is he, she, that, there,
  this?
With whom....is/are?

WHOEVER
Whoever is guilty I am the
  sufferer (said by Seumas a'
  Ghlinne at his trial)
Whoever is to blame I am the
  sufferer

WHOLE
Give it to me whole
He has a whole farm
In the whole village
On the whole
The whole way
Whole-hearted

WHOLLY
Altogether; wholly
They are so wholly and solely

Mac na bracha
Uisge na Beatha
Mac na praisich

Ciod an sainnsireachd a th' ort?
Cagair; dèan sanas

Fead na gaoith air an aonaich

Fliuch do shlugan
Dèan fead ris/rithe
Fàg soraidh aig
Leig fead ris

A h-uile buille
Chan eil mi bonn na eisimeil

Chan eil dad ann
Tha i a h-uile buille cho cruaidh
  spìocach ri a màthair

Marag gheal

Cho geal ris a' chanach
Tha coileach air an loch

Geal gu tur

Cho geal ri anart
Glè fheargach no glè eagalach

Finn fhèath

Cò thuige?
Cò ris....a tha?
Cò e,cò i,cò an siud,cò an sin,
  cò an seo?
Co còmhla ris....a tha?

Co air bith as coireach is mise
  an creanaiche

Ge b' e as ciontach,is mise
  chreanas air

Thoir dhomh slàn e
Tha tuath aige
Air druim a' bhaile
Am farsaingeachd
Rè an rathaid
Làn chridheil

Am fad
Tha iad mar sin imir-chuimir

Wholly and forever   Gu buileach is gu bràth

WHY
The why and wherefore   Bun is bàrr
Why so?   Carson seo?

WICKEDNESS
Taking pleasure in wickedness   A' gabhail tlachd an aingidheachd
The wickedness of the city   Aingidheachd a' bhaile
We have forsaken wickedness   Ri droch-bheart chuir sin cùl

WIDE
Broke to the wide   Gun airgead
Give a wide berth to; avoid   Seachainn
He went forth into the wide   Ghabh e an saoghal fo a cheann
  world
Wide awake; alert; aware   Fiosrach; furachail
Wide awake; completely awake   Dùisgte gu tur
Wide-eyed   Le sùilean mòra

WILD
He went wild; he was very angry Chaidh e air a' chuthach
The wild beasts of the field   Beathaichean allta na machrach
Wild goose chase   Ruaig na caorach don dris
Wild guess   Tomhas air thuaiream
Wild horses wouldn't get me   Cha rachainn air rud a chunnaic
  there   mi riamh

WILDFIRE
It spread like wildfire   Sin e a-mach mar theine-gradaig
Wildfire; phosphoric light   Teine sionnachain

WILL
A will of one's own   Do thoil fhèin
Against my will   An aghaidh mo thoile
At one's own sweet will   Air do shaor thoil fhèin
Of one's own free will   As a shaor-thoil fhèin
What is your will?   Dè as àill leat?dè b' àill leat?
Will you?   Am bi?
Willy-nilly   A chòir no a dh'eucoir; a dheòin
                           no a dh'aindeoin;a dh'olc no a
                           dh'èiginn
With a will   Le toil

WILLING
A willing heart   Cridhe toileach
Are you willing?   An deònach leat?
Every willing, skilful man   Gach duine toileach tùrail
I am most willing   Tha mi ro dheònach
I am very willing   Tha mi glè dheònach
I am willing; wish   Is deòin leam; tha mi deònach/
                           toileach
Willing to marry you   Toileach air do phòsadh

WILLINGLY
Most willingly would I do it Is deònach a dhèanainn e
Willingly   A dheòin; am dheòin-sa

WILY
Wily as a fox   Cho carach ris a' mhadadh ruadh

WIN
To win Mary's affection   Gu Màiri a thoirt a-mach

We won the goal from them
Win hands down; to win easily
Win over: to one's point of
view

WIND

A contrary or head wind
A half-gale
A wind with gusts and squalls
Does the wind show signs of
abating?
Don't keep her so close to
the wind, you have her almost
in its eye
He took the wind out of your
sails
He was carried off by the wind
How is the wind?
In the wind, likely to happen
Like the wind
Put the wind up (S)
Second wind
The east wind; north-east w.;
north-west w.; south-east w.;
south-west w.; south w.; ·
west w.
The teeth or face of the wind
The wind abated
The wind began to blow with
force
The wind has got so strong that
we cannot make headway rowing
against it
The wind is against us
The wind is dying
The wind is increasing in force
The wind is subsiding

The wind will subside
To the windward of you
When the wind abated we weighed
anchor
When the wind filled the sail
the mast broke
Which way the wind blows
Wind up
Winding and setting the web
Winding along the shore

WINDOW

Cutting out windows
Out of the window

The windows of heaven

WINE

A wine-glass; a glass of wine
Red, rosé and white wine

Chuir sinn an t-aoilidh orra
Soirbhich gu furasda
Tàlaidh gu do bheachd/thaobh

Gaoth an ceann
Coileach air a' ghaoith
Gaoth oiteach
A bheil guth aig a' ghaoith air
leigeil fodha?
Na bi cho teann oirre; is gann
nach eil is agad an sùil na
gaoithe
Thug e a' ghaoth às na siùil
agad
Bha e air falbh leis a' ghaoith
Ciod e mar a tha ghaoth?
Buailteach tachairt
Mar a' ghaoth
Cuir eagal air
An ath anail
Gaoth an ear; g.an ear-thuath;
g.an iar-thuath; g.an ear-dheas;
g.an iar-dheas; a' ghaoth deas,
gaoth à deas; g.an iar
Sùil na gaoithe
Thog a' ghaoth
Thàinig sgrìob chruaidh air a'
ghaoith
Tha a' ghaoth air èirigh cho mòr
agus nach cuir sinn i

Tha a'ghaoth an ceann oirnn
Tha a' ghaoth a' dol bàs
Tha a'ghaoth a' beothachadh
Tha a' ghaoth a' laighe/a'
sìoladh
Tuitidh a' ghaoth
Am fuaradh ort
Nuair a thog a' ghaoth,thog sinn
an acair
Nuair a ghabh an seòl a làn,
bhris an crann
Dè tha buailteach tachairt
Cuir crìoch air
Tachras is deilbh
Ag iadhadh mun tràigh

A' gearradh a-mach uinneagan
Air an uinneig; a-mach air an
uinneig
Uinneagan nèimh

Fìon-ghloinne; gloinne fìona
Fìon dearg; fìon bàn-dhearg;
fìon-geal

WING

Clip their wings	Cuir teadhair orra
On the wings of the wind	Air sgiathaibh na gaoithe
Take under one's wing	Dìon cuideigin
Take wing; start flying	Tòisich a' falbh air iteig
Under the shadow of your wing	Fo sgàil do sgèithe

WINK

A wink of sleep	Lochd/norradh/priobadh cadail
Forty winks	Norrag bheag
I did not get a wink of sleep	Cha d'fhuair mi neul/norradh cadail
I did not sleep a wink	Cha do phriob mo shùil
In the wink of an eye	An am prioba na sùla
Not a wink of sleep do I get	Chan fhaigh mi norradh
Wink at	Priob do shùil

WINNOW

| Winnowing in the barn | A' cathadh san t-sabhal |

WINTER

The dead of winter	Dùbhlachd/marbh a' gheamhraidh
The inclemency of winter has come	Thàinig an-iochd a' gheamhraidh
The winter season	Àm a' gheamhraidh

WISDOM

| The wisdom of the fairy women | Gliocas nam mnà sìthe |

WISE

Counsel from the wise men	Comhairle bho na gliocairean
Get wise to (S)	Fàs fiosrach air
However wise he be	Air a ghlicead 's ge 'm beil e
Is that wise?	Air an dòigh sin?
Put someone wise to	Thoir brath air cuideigin
Wise after the event	Eòlach an dèidh an tachartais
Wise head!	Mullach na cèille!
You are getting wiser and wiser	Tha thu a' dol an glicead
You should be wise	B' fheàrr dhut a bhith glic

WISH

As he wishes/wished	Mar a thogras e; mar bu mhiann leis
Do you wish that?	A bheil thu a' rùnachadh sin?
I wish/desire to do that	Is miann leam/tha toil agam sin a dhèanamh
I wish you would foot my stockings	B'àill leam gun cuireadh tu cinn nam stocainnean
I wished	Bu deòin leam
If you will or wish	Ma thoilicheas tu
It is exactly what one would wish	Tha e dìreach mar gun iarraidh tu às do bheul e
We wished you dead	Dhùraig sinn marbh thu
Wish a person joy	Beannaich an là/an t-slighe
Wish a person joy of	Cuir meal an naidheachd air
Wish to goodness; wish intensely	Miannaich gu dian
Wishful thinking	Smaoineachadh miannach
With every good wish	Le gach deagh dhùrachd

WIT

Addle one's wits	Bi seachran nad cheann gu tur
At one's wits end	A-measg a chèile
Have/keep one's wits about one	Bi furachail,aireil is eirmseach
He is half-witted; weak-minded	Tha a fad air ais
To sharpen someone's wits	Faobhar a chur air an eanchainn aig
Thomas has a witless head	Tha ceann gòrach aig Tòmas
Witless	Air bheagan cèille

WITHDRAW

Withdraw	Thoir air ais/falbh

WITHIN

Either within or without	A-staigh no a-muigh
Is it within the compass of your invention?	A bheil e nad innleachd?
It is not within a mile of me	Cha robh e mar mhìle dhomh
To keep within the law	A dh'fhantainn air taobh ceairt
Within an ace; close to	Glè fhaisg air
Within miles of me	Mar mhìltean dhomh
Within oneself	Gun do neart gu lèir
Within reach	A ghabhas a ruighinn; an comas

WITHHOLD

Withhold his wages	Cùm uaith a thuarasdal

WITHOUT

To be without	A bhith às aonais; a bhith dhìth
To do without	Dèan a chùis às eugmhais

WITNESS

A false witness	Fianais bhrèige
Bear witness	Dèan/thoir/tog fianais
They bore false witness against him	Thog iad fianais brèige na aghaidh
To witness	Thoir fianais

WITTY

He is very witty when he is in the mood	Tha e glè gheur air a theangaidh nuair a thogras e fhèin

WOE

Woe betide him if I overtake him	Is dubh dhasan,ma bheireas mise air
Woe is me, the night is pitch-dark	Mo chreach-sa a thàinig,tha an oidhche mar a' bhìth
	(Mar a' bhìth = dark as tar)
Woe's me!	Mo chreach-sa a thàinig; mo thruaighe mise; mo thruaighe!
Woe to you!	Mo thruaighe thu!
Woe to the woman who got him!	Is mairg tè a fhuair e!

WOLF

Cry wolf; spread false alarm/news	Cuir a-mach sgeul bhreugach
Keep the wolf from the door	Cùm thall an anntlachd
Wolf in sheep's clothing	An sionnach ann an craiceann na caorach

WONDER

A source of wonder	Adhbhar-iongnaidh

411

Do wonders; have great success	Obair mhìorbhuileach
I do not wonder	Chan iongnadh leam
No wonder, indeed!	Gu dearbh,cha b' iongnadh!
No wonder the people should speak highly of it	Cha b' iongnadh gum b' e a b' fhiach a ràdh

WOOD

A wood-ranger	Maor-coille
A wooden dish for potatoes	Clàr buntàta
Smooth wood	Fiodh rèidh
The wood is knotty	Tha meòir san fhiodh
The wood is seasoned	Shùgh am fiodh
You can't see the wood for the trees	Tha d' umhail air na rudan beaga ach cha lèir dhut na rudan mòra

WOOL

A woollen skein	Iarna de chlòimh
Be wool gathering	Tha do chiall air seachran
Woollen cloth	Aodach clòimhe

WORD

A word in one's ear	Cagar sa' chluais
As good as one's word	Cho math ri fhacal
Break your word	Bris do ghealladh
Every word shall be established	Bithidh gach facal seasmhach
Fine words butter no parsnips	Chan eil faclan cho freagarrach ri gnìomhan
Give your word	Thoir d' fhacal
Hard words	Faclan garga is mì-thaitneach
Have a word with	Bruidhinn ri
Have the last word	Bi am facal mu dheireadh aig...
Have words; quarrel	Dèan trod
Have you any word of going?	A bheil guth agad air falbh?
In a word	Ann am facal
In bitter words	Ann am briathraidh geur
In so many words; speak clearly	Labhair gu soilleir
Keep one's word	Glèidh d' fhacal
Leave word	Fàg fios
Mum's the word!; do not say a word	Na abair diog/smid
Say a good word for	Labhair airson duine; mol cuideigin
Send word; take at one's word	Cuir fios
That word may take a double meaning	Faodaidh dà chiall a bhith aig an fhacal sin
The last word	Am facal mu dheireadh
They told him word for word	Dh'innis iad facal air an fhacal dha
War of words	Trod
Waste words	Caith faclan
Word for word; verbatim	Facal air an fhacal
Word in edgeways, no chance to speak	Cuir d' fhacal a-steach
Word of honour; a solemn promise	Gealladh sòlaimte; mo riar fhèin
Word-perfect; completely accurate	Fìor-cheart gu lèir
Words failed to express my plight	Cha ghabh cainnt a chur air mo shuidheachadh

Words without meaning	Briathran gun bhrìgh
You completed/fulfilled your word	Thug thu d' fhacal gu buil; choimhlion thu d' fhacal

WORK

A day's work	Obair-là
At work on	Ag obair air
Attending to the work	Am bun na h-oibre
Donkey-work; rough or hard work	Saothair chruaidh; dubh-chosnadh
Fireworks; a steam engine	Obair-theine
Getting all worked up; agitated	A' cur nam both dheth
Handiwork; handwork	Obair-làimhe
Hard work	Dubh-chosnadh
Hewn work	Obair-shnaighte
His wonderful works	A bhearta iongantach
His work accumulates on his hands	Tha obair dol mu seach
I am going to work	Tha mi dol a dh'obair
Make short work of	Crìochnaich gu luath
Out of work	Gun obair; dìomhain
The work on which I set my heart	An obair anns an do chuir mi m' ùidh
To work off a fit of anger	A chur dhìot taoma feirge
Work as hard as you can at the fishing	Cuir ris an iasgach
Work done by machinery	Obair-chèardail
Work-force	Luchd-obrach
Work out; be calculated	Cùnnt
Work out; plan	Deilbh
Work out; solve	Fuasgail
Work up; by degrees	Dèan beag air bheag
Work up; rouse or incite	Brosnaich
Work wonders	Soirbhich gu sònraichte
Work your passage	Coisinn d' fharadh
Working for dear life	Aig peilear a bheatha
Working indefatigably	Ag obair gun ghearain/sgìos/tàmh; a' sìor-obair

WORLD

Everything in the world	Gach nì sa' chruinne-cè
For all the world; precisely	Gu pongail
For all the world; invariably	Air char sam bith
He has the world by the tail; he prospers	Tha 'n saoghal aige air sheot
He thinks the world of you	Tha meas an domhain aige ort
How small the world is!	Nach e an saoghal tha beag!
In a world of his own	Ann an saoghal dha fhèin
In all the world	Air an t-saoghal mhòr
It's the way of the world	Sin an saoghal agad
Make the best of both worlds	Co-chòrd; thig gu co-rèiteachadh
Of the world	Air an t-saoghal
She went forth into the world	Ghabh i an saoghal fo a ceann
The world is round	Tha 'n saoghal cruinn
The world which the sun encompasses	An saoghal mun iadh a' ghrian
The world is deceitful	Tha an saoghal seo cealgach
To the world's end	Gu sian-saoghail
What in the world	Dè fon ghrèin
Where in the world is he from?	Co às air an t-saoghal a tha e?

WORLDLY

A worldly mind	Inntinn thalmhaidh
He is as worldly as a man can be	Tha e a cheart cho làn den t-saoghal agus a tha an t-ugh den bhiadh
Worldly affairs keep him busy	Ghabh e an saoghal fo a cheann
Worldly care	Cùram an t-saoghail
Worldly wisdom	Gliocas saoghalta
Very worldly	Làn den t-saoghal

WORRY

Don't worry	Na bitheadh iomagain ort
He looks worried	Tha iomagain air

WORSE

Get worse	Fàs nas miosa
Getting worse	A' dol an cleas/an dorrad
He was none the worse	Cha robh e dad na bu mhiosa
The worse for wear; from use	Millte troimh fheum
The worse for wear; not himself	Sgìth gu lèir; tinn
To make matters worse	Mar bhàrr air an donas
We got the worst of it	Chaill sinn
Worse and worse	Nas miosa 's nas miosa
You are little the worse for that	Is beag as misd' thu sin
You are not a bit the worse	Cha mhisde thu siud

WORSHIP

Conducting worship	A' cuairteachadh an adhraidh
We conduct worship at ten o'clock	Bithidh sinn a' gabhail nan leabhraichean aig deich uairean
Worshipping him	Ag adhradh dha

WORST

At the worst	Aig a' char as miosa
If the worst comes to the worst	Ma thig e gu dibhirce; ma thèid cùisean nar n-aghaidh
The worst is always kept till last	Gach diùras deireadh
The worst lad of all	Diù nan gillean
The worst of all places	Diù nan uile àitean
The worst of men	Diù nam fear
The worst of the lot	Diùbhaidh nan uile

WORTH

A shilling's worth	Fiach tasdain
He wants his money's worth	Is math leis luach a chuid airgid fhaighinn
Is it worth your while?	An fhiach dhut do shaothair?
It is not worth a thing	Chan fhiach....hò-rò
It is not worth anything	Chan fhiù e dad
It is worth my while	Is fhiach dhomh
It is not worth your while	Chan fhiach dhut do shaothair
It is worth something	Tha càileigin de mhaith air
It's worth while	'S fhiach e an t-saothair
To be worth	'S fhiach
Worth its weight in gold	Glè luachmhor/fheumail
Worth little; of little value	Air bheagan maith
Worth one's keep	Bi airidh air do thuarasdal
Worth your pains; your while	Luach saoithreach

Worth your salt	Bi àiridh air do thuarasdal
Worth your while; worth it	Àiridh air do dhìcheall
Worthless; without debts	Gun fhiach
You are worth little	Is beag d' fhiù

WORTHY

He is worthy of	Is fhiach e
The worthy man	An duine còir

WOUND

Full of wounds	Làn lotan
I am wounded by you	Tha mi air mo leòn agad
The wound has healed	Shlànaich an lot
Wounded	Fo leòn
Wounded is my heart	Is ciùrrta tha mo chridhe

WRAP

She wrapped herself well	Phaisg si i fhèin gu math
Wrapped up in; absorbed in	Glè dhèanadach; gu shùilean ann

WRECK

Being wrecked	A' dol às an rathad
She was wrecked	Chaidh i na crannalaich

WRESTLE

Come to wrestle	Tiugainn a ghleac
I wrestled with my sister	Ghleac mi ri mo phiuthair
The boys are fighting/wrestling	Tha na balaich an sàs na chèile
They are wrestling	Tha iad a' cur spac gleacaidh

WRETCHEDNESS

He pitied her wretchedness	Ghabh e truas rithe
The wretchedness of my condition	Truas mo chor

WRING

He was wringing his hands	Bha e a' fàsgadh a làmhan
He wrung its head off	Shnìomh e an ceann dheth
Our hearts wrung	Ar cridheachan air an snìomh/am fàsgadh
Wring one's withers; in distress	Dèan àmhghar cruaidh

WRINKLE

Having a wrinkled face	Roc-aodannach
Stockings in wrinkles on my feet	Stocainnean nan cuaran mu mo chasan
Without a wrinkle on my face	Gun chaise am aodann
Without wrinkle or spot	Gun phreas gun smal

WRITE

Nothing to write home about	Suarach; gun fhiù
To write down	Sgrìobh sìos
To write out	Sgrìobh a-mach
Write off; treat as of no value	Meas gun luach
Write off; cancel bad debts	Math na fiachan
Write to him	Sgrìobh da ionnsaigh
Writing a book	A' sgrìobhadh leabhair
Writing on the wall; a clear warning of disaster	Rabhadh soilleir de thubaist
Writing-paper	Pàipear-sgrìobhaidh

Writing utensils   Acainnh sgrìobhaidh

WRONG
Don't take the wrong bus   Na gabh am bus ceàrr
Get hold of the wrong end of   Ceàrr gu tur; mì-thuigte gu lèir
  the stick (S)
Go wrong   Rach ceàrr
He went wrong   Chaidh e ceàrr/iomrall
I did not notice anything   Cha do chuir mi umhail air dad
  wrong   a bha tuathal
If I go wrong   Ma thèid mi iomrall
Nothing shall be wrong   Cha bhi beud ort
Nothing will be wrong with you   Cha bhi cnead/seud/stuth ort
That was very wrong of you   Is olc a rinn thu sin
The wrong side   An taobh ceàrr
To be wrong   A bhith ceàrr
To go wrong   A dhol ceàrr
What is wrong with you?   Dè a tha a' cur ort; dè tha
                                            ceàrr ort?

WROUGHT
Wrought up; tense and excited   Teann agus brosnaichte

YARD

| A yard long | Slat air fad |
| A yard-stick | Slat-thomhais |

YAWN

| He began to yawn | Thòisich e air meuranaich |

YEAN

| She yeaned | Rug i uan |
| Yeaning | A' breith uan |

YEAR

A year and a half	Bliadhna gu leth
A year ago	Bliadhna air ais
A year of scarcity	Bliadhna bhochd/dhaor
About this time last year	Mun àm seo an uiridh
All the year; during the year	Rè na bliadhna
All the year round	Fad na bliadhna
In a year's time	An ceann bliadhna
Next year	An ath-bhliadhna; a' bhliadhna a' tighinn
The New Year	A' bhliadhna ùr
The year before last	A' bhòn-uiridh
The year's end	Dèireadh na bliadhna
This time four years	Ceithir bliadhna na taic seo
This time last year	A' bhliadhna 'n àm seo/roimh an àm seo
This time next year	Bliadhna on àm seo
This year	Am bliadhna
Two thousand years	Dà mhìle bliadhna
Within a year	Eadar seo agus ceann bliadhna
Years of discretion	Sean gu leòr gu bhith glic

YEARN

| Yearning or longing | A' gabhail fadachd |

YELLOW

Yellow curled tresses	Cùl buidhe dualach
Yellow fever	Am fiabhras-buidhe;an teasach bhuidhe
Yellow-livered; cowardly	Gealtach
Yellow press; sensationalism	Na pàipearan

YEOMAN

| Yeoman service | Obair slàn is barrail |

YES

Yes indeed	Tha gu dearbh
Yes, it is so	Seadh
Yes, most certainly	Tha,gun amharas
Yes, my darling!; dear fellow!	Tha,a ghaolaich!
Yes, my dear madam/lassie!	Tha,nic-cridhe!

YESTERDAY

A week ago yesterday	Seachdain gus an-dè; seachdain an-dè
The day before yesterday	A' bhòin dè
Where were you yesterday?	Càit an robh thu an-dè?

YET

| As yet | Thuige seo; gu ruige seo |
| He will come yet | Thig e fhathast |

Not yet   Chan eil fhathast

YIELD
But after all he would not   Ach ged a bha,cha ghèilleadh e
  yield to them   dhaibh
Don't yield to him   Na aontaich thusa leis; cùm ris
Every tree that yields fruit   Gach craobh a thilgeas meas
I would not yield to anyone   Cha strìochdainn do dhuine
Keep up to them; supply them;   Cùm riu
  do not yield to them
She yielded to him   Dh'aontaich i leis
They gave it up; yielded   Thug iad gèill agus dubh ghèill
  totally
Yield, abdicate, cede, give   Thoir suas (e)
  up, surrender
Yield, submit   Thoir gèill
Yield to no such thing; do   Na toir gèill d' a leithid sin
  not believe or rely on it

YOKE
Yoke the horses in the plough   Cuir na h-eich sa' chrann

YONDER
Did you go yonder; to that   An deach thu an siud?
  place?
He went yonder   Chaidh e an siud
Yonder is the man   Siud an duine
Yonder is the place   Siud an t-àite
Yonder, there   An siud
Yonder town   Am bail' ud thall

YOUNG
A young Gael   Gàidheal glas
A young lad   Glas ghille
Gathering berries for her   A' solar dhearc da cuid àil
  young
He is but young   Chan eil aige ach an òige
The gentle, inoffensive young   An gille mìn
  man
The young minister obtained a   Fhuair am ministear òg
  benefice   beathachadh
The young people have the   Tha an òigridh air am baile a
  village at their feet   chur fòdhpa fhèin
To become young again   A dh'fhàs òg a-rithist/
                                           ath-nuadhachadh
What the young see the young   Rud a chì na big,is e a nì na
  do   big
When I was young and foolish   Nuair a bha mi òg is faoin
Youngest; last of the family   Deireadh linn

YOUR
Is this yours?   An leatsa seo?
Yours truly (S)   Mi fhèin

YOURSELF
Betake yourself to the   Tog ort chun a' mhonaidh
  mountains
How badly you acquitted your-   Is olc a rinn thu
  self
Pull yourself together   Gabh grèim ort fhèin`

YOUTH

He was only a youth under
  twenty years of age
The youth of today spend all
  their earnings on clothes
You are a youth that promises
  well
Youthful impetuosity.
Youthfulness

Is e a bha ann deth gille òg
  nach fhaca fichead bliadhna
Tha òigridh an là an-diugh a'
  cur air druim na choisneas iad
Is tu an t-aobharach ciatach

Braise fola is feòla
Òigealachd

Z

ZIG-ZAG

Climbing the brae in zig-zags   A' fiaradh a' bhruthaich